SOCIAL WELFARE ADMINISTRATION

개정판

사회복지 행정론

고재욱 전선영 황선영 박성호 이용환
공저

정민사

머리말

필자는 사회복지현장에 몸을 담고 20년 이상 장애인, 노인, 지역사회복지관에서 사회적 약자와 원조가 필요한 고객들과 함께 해 왔다. 가끔은 행정기관과의 업무 관계에서 원만한 파트너십을 형성하기 위해서 고민도 많이 했다. 오늘날 복지행정의 환경이 로컬 거버넌스와 복지다원주의로 변화되었기 때문이다.

우리나라 사회복지행정체계의 모순과 한계 그리고 항상 주인과 대리인이라는 사회복지기관의 계약・협약 관계는 어쩌면 오늘날 변화되어 가는 우리나라의 사회복지행정을 다시 한 번 점검해 보고자 하는 욕구일지도 모른다.

이제 필자는 현장을 떠나서 후학들에게 사회복지행정을 가르치고 공부하면서 부족한 미천이나마 우리나라의 사회복지행정에 대한 경험과 발전과제에 대하여 학문적 관점에서 함께 고민하고 싶다.

우리나라의 사회복지행정과목은 행정학에서의 복지행정과 사회사업기관에서의 사회(복지)사업기관행정과목이라 필자는 말하고 싶다.

따라서 본서는 현장의 사회(복지)사업기관행정의 시각과 행정의 기본원리를 토대로 집필하였다. 우리나라 국민들의 복지의식과 욕구도 선진국 수준 복지를 지향하고 있는 것이 사실이다. 우리사회를 50년 이상 이끌어온 선(先)성장・후(後)복지 패러다임에서 벗어나 성장 고용, 복지가 선순환으로 하는 포용적 복지 패러임으로 문재인 정부는 주장하고 있다. 포용적 복지국가는 어느 계층 소외됨 없이 경제 성장의 과실과 복지를 누리는 개인이 자신의 역량과 잠재력을 최대한 발휘하는 나라를 말한다고 하였다.

부족하지만 본서는 총 12장으로 사회복지행정의 이해와 조직 그리고 사회복지서비스 전달체계, 기획과정, 인적, 재정, 마케팅, 문서관리와 더불어 마지막 장에는 오늘날은 평가시대인 만큼 사회복지 평가에 대해서 수록하였다.

학생들이 실천분야보다 사회복지행정에 대한 관심과 흥미를 갖지 못하는 것을 보며, 본서를 통해서 사회복지행정에 조그마한 관심과 동기가 유발되길 바라면서 끝으로 애써주신 정민사 박세원 대표님과 편집과정에 애써주신 분들께 감사드린다.

2018년 2월

저자 고재욱

CHAPTER

01 사회복지행정의 개념적 이해

CHAPTER

02 사회복지행정의 역사

차 례

CHAPTER

03 사회복지조직이론

CHAPTER

04 미시적 조직관리: 동기이론과 리더십 및 슈퍼비전

차 례

CHAPTER 06 사회복지서비스 전달체계

CHAPTER 07 기획과 의사결정

CHAPTER

08 인적자원관리

CHAPTER

09 재정관리

CHAPTER
10 마케팅과 홍보

CHAPTER

11 정보 및 문서관리

CHAPTER

12 사회복지 프로그램 개발 및 평가

Social Welfare Administration

CHAPTER 01

사회복지행정의 개념적 이해

제 1 절 사회복지행정의 정의와 성격

1. 사회복지행정의 정의 : 사회복지서비스, 사회복지행정, 복지행정, 사회행정

먼저 사회복지행정의 정의에 앞서서 사회복지서비스, 사회서비스, 사회복지행정, 복지행정, 사회행정의 개념을 알아본다.

사회복지서비스(social welfare service or social service)는 가장 쉽게 표현해서 공적, 사적 사회복지기관이 제공하는 서비스 행위를 의미한다. 그러나 그 범위는 사회복지에 대한 개념만큼이나 모호할 수 있다. 사회복지 서비스의 범위를 가장 광범위하게 표현한다면, 사회복지체제에서 제공하는 모든 서비스를 의미할 수 있다. 따라서 종종 사회복지서비스는 사회복지를 대표하는 말이 되기도 한다. 그러나 사회복지, 사회사업 등과 비교하여 상대적으로 표현될 때는 좁은 의미의 대인적 서비스를 의미하는 경우가 많다. 대인적 서비스(personal service)는 주로 서비스의 대상이 구체적으로 명확히 분류된 노인복지, 여성복지, 청소년복지 등과 같은 사회복지서비스를 의미한다. 대인적 서비스는 노인복지의 연금제도 등과 같은 거시적 차원의 서비스보다는 독거노인의 삶의 질 개선, 가정폭력의 대상이 된 여성이나 청소년에 대한 정신치료 등과 같은 미시적 차원의 서비스를 의미한다. 사회서비스(social service)란 사회보장기본법(2012년 1월) 전면 개정으로 제3조 정의에서 "사회보장"이란 출산, 양육, 실업, 노령, 장애, 질병, 빈곤 및 사망 등의 사회적 위험으로부터 모든 국민을 보호하고 국민 삶의 질을 향상시키는 데 필요한 소득 · 서비스를 보장하는 사회보험, 공공부조, 사회서비스를 말한다. 또한 "사회보험"이란 국민에게 발생하는 사회적 위험을 보험의 방식으로 대처함으로써 국민의 건강과 소득을 보장하는 제도를 말한다. "공공부조"(公共扶助)란 국가와 지방자치단체의 책임 하에 생활 유지 능력이 없거나 생활이 어려운 국민의 최저생활을 보장하고 자립을 지원하는 제도를 말한다. 한편 "사회서비스"란 "국가 · 지방자치단체 및 민간부문의 도움이 필요한 모든 국민에게 복지, 보건의료, 교육, 고용, 주거, 문화, 환경 등의 분야에서 인간다운 생활을 보장하고 상담, 재활, 돌봄, 정보의 제공, 관련 시설의 이용, 역량

개발, 사회참여 지원 등을 통하여 국민의 삶의 질이 향상되도록 지원하는 제도를 말한다."라고 정의하고 있다. 더 나아가 "평생사회안전망"이란 "생애주기에 걸쳐 보편적으로 충족되어야 하는 기본욕구와 특정한 사회위험에 의하여 발생하는 특수욕구를 동시에 고려하여 소득 · 서비스를 보장하는 맞춤형 사회보장제도를 말한다."라고 정의하고 있다.

사회복지행정(social welfare administration)은 "행정"이란 단어로 인해 한국에서 종종 공적인 복지제도를 의미하는 것으로 오인되고 있다. 그러나 사회복지행정은 "기관행정"으로 이해되어야 한다. 사회복지기관을 효율적으로 조직하고 운영하기 위한 인력관리, 예산제도, 프로그램 평가 등을 의미한다. 최근에는 사회복지행정이란 용어보다는 "비영리기관관리(non-profit management)"라는 용어를 많이 사용한다. 사회복지기관들 대부분이 비영리기관이며, 최근에 비영리기관(non-profit organization: NPO)에 대한 관심이 높아졌기 때문이다. 복지행정은 한국에서 행정학과에서 사회복지를 가르치기 위한 분야로 이해될 수 있다. 행정학은 독립된 학문으로 강한 위치에 있는 한국적 상황에서 개발된 분야라고 하겠으나, 실질적으로 사회복지정책과 구분되기 어렵다고 하겠다. 복지를 담당하는 정부기관의 인력관리, 예산관리 등을 독립적으로 구분하여 연구한다는 것 자체가 한계가 있기 때문에, 사회복지정책으로 통합하여 개념화하는 것이 옳다고 하겠다. 사회행정이란 용어는 영국의 근대적 사회복지발전의 초기단계에서 공적 사회복지의 관리를 의미할 때 사용되는 용어이며, "무엇(What)을 할 것인가?"와 "어떻게(How) 할 것인가?"에 초점을 둔다.

사회복지행정은 사회복지와 행정의 합성어로서 사회복지의 한 분야로 독특한 학문적 체계를 이루고 있는 응용과학이다. 즉, 사람에게 봉사하는 조직들의 효과적 운영관리를 연구 · 실천하는 분야이다(성규탁, 2003 : 3). 따라서 사회복지행정은 순수과학에서와 같이 지식의 개발에도 목적이 있지만, 이보다는 사회복지실천을 위한 실제적이고 직접적인 행정 현상에 초점을 둔 학문으로 보아야 한다(김기태 외, 2005 : 24). 사회복지행정의 정의는 학자들에 따라 다양하게 정의되고 있다(〈표 1-1〉). 사회복지행정은 기관행정으로 이해되며, 복지행정은 행정학과에서, 사회행정이란 용어는 영국에서 관리

(management)의 의미로 사용된다.

트렉커(Trecker, 1971 : 24-25)는 여러 학자의 정의를 검토한 후 사회복지행정의 정의들에 공통 요소들을 다음과 같이 정리하였다.

첫째, 행정은 일련의 역동적인 과정이다.

둘째, 공통의 목적 또는 목표를 달성하기 위한 것이다.

셋째, 공통의 목적이나 목표를 달성하기 위해 인적・물적 자원이 동원된다.

넷째, 인적・물적 자원의 동원을 위해 협력과 조정이 필요하다.

다섯째, 기획, 조직화, 리더십 등의 요소들이 개념 규정에 포함되어 있다.

〈표 1-1〉 **사회복지행정에 대한 학자별 정의**

학 자	정 의	비 고
키드네이 (Kidneigh, 1950)	사회정책을 구체적인 사회적 서비스로 전환시키고, 그 경험을 정책의 수정을 건의하는 데 활용하는 쌍방의 과정	정책관계 중시 전환과정
스펜서 (Spencer, 1961)	목표달성을 향해 내적 관계와 사업활동을 의식적으로 지향하고 또한 기관과 기관이 속한 지역사회 간의 상호작용 과정에 의식적으로 개입하는 것	목표달성 상호작용 개입활동
던햄 (Dunham, 1962)	사회복지기관의 직접적 서비스 제공을 위해 필요하거나 부수적 활동을 지지하거나 촉진시키는 과정	간접적 혹은 지지적 과정
워햄 (Warham, 1967)	조직의 목적과 목표를 위해서 이루어지는 조직의 모든 활동 과정	목적지향적 과정
슈타인 (Stein, 1970)	체계화된 조정과 협력 노력을 통해 조직의 목표를 규정하고 이를 달성하는 과정	사회사업행정 조정과 협력
트렉커 (Trecker, 1971)	지역사회가 필요로 하는 서비스와 사업을 제공하려는 의도로 이용 가능한 모든 자원을 주민들이 사용할 수 있도록 그들의 에너지를 방출하고 관련시켜 주면서 주민들과 같이 일하는 과정	사회사업행정 협력활동과정
티트머스 (Titmuss, 1974)	단순히 사회복지기관이나 시설의 행정과는 달리 사회적 서비스의 관리운영이며, 사회복지서비스가 대상자에게 전달되도록 인적 조직과 기구 및 서비스의 선택 문제를 검토하는 것	서비스 관리

학 자	정 의	비 고
스키드모어 (Skidmore, 1983)	사회복지기관의 사회적 정책을 사회적 서비스로 전달되도록 전환시키기 위해 사회적 과정을 활용하는 기관의 요원들의 활동	사회사업행정 전환활동
패티 (Patti, 1983)	조직의 목적과 목표달성을 위해 관리담당자들이 활용하는 일련의 상호 의존적인 과업과 기능 및 관련 활동들로 구성된 하나의 체계적 개입활동	사회복지실천의 한 방법
엠브로시노 (Ambrosino et al., 2001)	문제해결 과정에서 기관(조직) 자원의 효과적인 활용을 극대화시키려는 사회사업의 한 방법	지원활동 사회사업방법
코울시드 (Coulshed et al., 2006)	사회복지행정은 세 가지 요소, 즉 장기 기획의 방향, 일상적 업무로서 체제를 유지하는 관리, 슈퍼비전을 결합하는 것	장기적 기획 및 일상적 유지 관리, 슈퍼비전의 결합

출처 : 신복기 외(2008). 사회복지행정론. 공동체, p. 20.

이상의 정의를 종합해 볼 때 사회복지행정이란 사회복지정책을 서비스로 전환시키는 사회복지조직의 목표달성을 위한 조직구성원의 협력 활동의 체계와 과정이라고 정의할 수 있다(황성철 외, 2009 : 21).

2. 사회복지행정의 성격

사회복지행정은 사회복지와 행정이 결합하여 형성된 것으로 휴먼서비스를 기초로 하는 사회복지적 관점과 서비스의 효과적 제공이라는 행정학의 관점이 어우러져 조화를 이루고 있다고 할 수 있다. 사회복지행정의 성격으로 서비스지향적, 대인서비스 행정, 휴먼서비스 행정, 지원 행정, 공익중심 행정, 재분배 행정으로 그 성격을 규명할 수 있다(허만형, 2004 : 26-29).

1) 서비스지향적, 대인서비스 행정

사회복지행정은 필요한 대상자에게 서비스를 제공하는 성격을 가지고 있는 행정으로 빈곤이나 질병 등으로 고통 받는 개인이나 가정을 대상으로 하는 서비스지향적 행정으로서의 성격을 가진다. 또한 사회복지행정은 대부분 비일상적(가족의 위기, 위급한 건강문제, 주택문제 등) 위험에 처한 클라이언트들의 가끔 돌발적이며 예측하기 어려운 사건을 다루게 되며, 궁극적인 효과 발생이 최종적으로는 개별화되어 나타나는 대인서비스 행정의 성격을 지닌다. 행정의 효과가 개인이나 가정에서 끝나지 않고 개인과 가정을 건강하게 함으로써 밝고 건강한 사회를 건설하도록 한다는 이상을 가지고 있다.

2) 휴먼서비스 행정

행정이 제공하는 서비스의 성격도 다양하게 나타난다. 사회복지와 같이 개인이나 가정을 주요 대상으로 하는 서비스가 있고, 환경정책처럼 사회를 대상으로 하는 서비스가 있다. 사회복지는 개인과 가정을 대상으로 제공하는 휴먼서비스를 본질로 하고 있으며, 휴먼서비스는 풍요롭고 건강한 삶을 누릴 수 있도록 사회구성원을 돕는 것을 의미한다. 사회복지행정은 휴먼서비스를 제공하는 행정 영역으로서의 성격을 가진다.

3) 지원 행정

행정은 관리라는 관점에서 통제와 지원으로 귀결되는데, 조직의 목적을 달성하기 위하여 규제하는 것을 통제로, 조직의 목적을 달성한 것에 대한 인센티브 같은 것을 지원으로 볼 수 있다. 사회복지조직은 내부관리라는 관점에서 보면 지원 행정의 성격을 가진다.

4) 공익중심 행정

사회복지행정은 국가나 지방단체, 공공기관이 중심이 되어 서비스를 제공할 경우 공공행정의 범주에서 공익행정의 특성을 가지며, 순수한 민간기관이 사회복지를 제공하더라도 그 성격상 영리를 목적으로 하는 것이 아니며, 사회복지법인도 비영리기관으로 영리를 목적으로 하는 것이 아니며 지역공동체 형성에 기여, 사회복지서비스의 질 향상을 위한 노력, 시민참여의 활성화를 위한 노력, 사회통합을 위한 노력 등 이 모두 사회공동체의 삶을 지원하는 행정이라는 측면에서 일반적 사행정과는 거리가 있다. 따라서 사회복지행정은 서비스 제공 주체가 누구이든 공익성을 추구하는 행정으로서의 성격을 가진다.

5) 재분배 행정

재분배 행정은 일부 사회구성원에게 부, 소득, 재산, 권력 등이 집중되어 있는 현상을 완화함으로써 사회구성원 모두에게 고루 돌아가게 하는 행정을 의미한다. 사회복지행정은 사회복지 프로그램, 누진세율 적용, 저소득층에 대한 세제혜택을 제공하는 행정이 대표적 재분배 행정이다. 사회복지행정은 재분배 행정으로서의 성격을 가진다.

3. 사회복지행정의 특성

행정은 미래의 바람직한 상태를 실현하기 위해서 문제의 확인, 해결 가능한 대안 선택, 기획실행, 효과성 평가 등을 포괄하는 문제해결 과정이다. 사회복지행정도 일반 행정과 같은 공통점을 가지고 있다. 그러나 사회복지행정이 다른 행정과 다른 특성은 패티(Patti, 1983)와 스펜서(Spencer, 1959) 등 여러 학자들의 견해가 있으나, 본 장에서는 패티의 견해에 대하여 살펴보고자 한다.

첫째, 조직목표에 대한 사회적 태도의 모호성과 지지 결여이다. 사회복지조직의 목표는 추상적으로 표현되는 경우가 허다하다. 그 이유로는 사회 일반의 사회복지조직에 대한 기대와 태도가 모호하고 분열되어 있기 때문이다. 또한 비교적 분명한 조직목표가 설정되어 있어도 위정자나 일반사회의 지지가 결여되는 경우가 흔히 있기 때문이다.

둘째, 다양한 기대를 갖는 과업환경으로부터 지원과 협력 확보이다. 사회복지기관은 누가 클라이언트가 되어야 하고, 어떤 과정을 거쳐 어떤 목적으로 서비스가 제공되어야 하는가에 관해서 다양하고 때로는 상호 모순적인 기대를 갖는 조직과 집단으로 구성된 과업환경 속에 운영되고 있다. 이러한 과업환경에서 사회복지기관의 관리자는 다양한 이해관계집단과 부단한 접촉을 유지하고 그들의 변화되는 요구와 기대를 이해하면서 그들에게 사회복지기관의 요구와 사정도 알려주고 필요한 서비스와 자원을 상호 교환하는 협상을 취할 수 있는 능력이 요구된다.

셋째, 다양한 조직구성원의 관점과 요구의 조정이다. 사회복지기관은 과업환경적 요구의 다양성만큼 조직 내부 구성원의 관점과 요구도 다양하다. 우선 클라이언트는 개인적으로 또는 집단적으로 조직의 목표와 서비스의 종류와 범위에 대해서 특별한 견해를 표명한다. 때로는 그들의 요구와 기관의 방침이 마찰을 빚는 경우가 있기에 갈등해소와 조정이 필요하다. 또한 사회복지기관은 다양한 전문직종의 사람들이 혼재되어 있는 경우가 일반적인데 직원들의 전문 분야에 따른 강조점이 상호 다르기 때문에 조정이 필요하다.

따라서 사회복지기관의 관리자는 서비스의 수혜자인 다양한 클라이언트 개인과 집단의 요구와 상호 모순된 견해를 조정해야 할 뿐만 아니라 내부적으로도 다양한 직원의 관점과 요구를 적절히 조정하는 관리전략과 기술이 요구된다.

마지막으로 서비스 기술의 불확실성과 관리통제의 한계이다. 사회복지서비스를 표준화하기는 어렵고 이에 관한 지식과 기술도 완전한 상태에 있는 것이 아니다. 따라서 서비스 제공과 기법의 사용에 대한 효과성 평가에도 어려움이 많다. 그러므로 사회복지기관의 서비스나 프로그램을 질적으로 관리하고 통제하는 데에는 상당한 한계가 있다(황성철 외, 2009 : 32–34).

제 2 절 사회복지행정의 가치와 필요성

1. 사회복지행정의 가치

사회복지행정이 추구하는 목적을 가치(value)라 한다. 사회복지행정의 가치를 세 가지로 나누어 살펴보면, 분배적 가치, 중도적 가치, 성장적 가치를 들 수 있다.

분배적 가치는 사회구성원에게 골고루 나누어지는 가치로, 형평성(equity) 혹은 공평성을 의미한다. 중도적 가치는 어느 하나의 가치에 치중하는 것이 아니라 중간자적 입장에 놓인 가치를 의미하며, 효과성, 접근성, 책임성, 대응성을 의미한다. 성장적 가치는 사회 전체의 부의 규모를 키우는 데 중점을 두는 행정의 가치로 효율성(efficiency) 혹은 능률성을 의미한다(허만형, 2004 : 30–33).

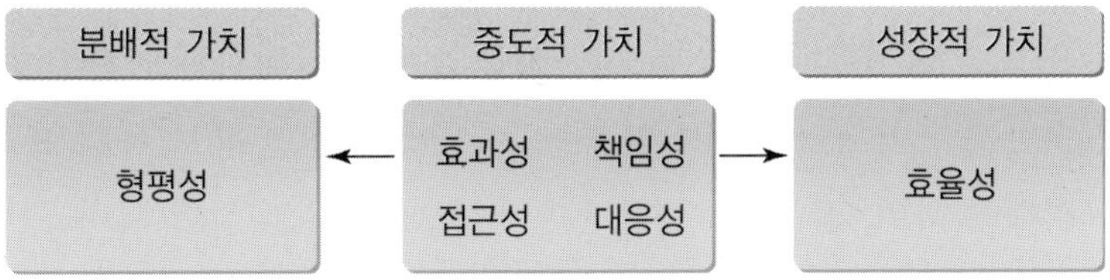

출처 : 허만형(2004). 사회복지행정론. 법문사, p. 30.

[그림 1–1] 사회복지행정의 가치체계

1) 형평성

형평성은 공평성(equity)과 유사한 의미를 가진다. 같은 상황에 있는 사람에게 유사한 수준의 대우를 제공하는 것을 형평성이라고 한다. 롤스(Rawls, 1971)는 비슷한 출발선상에서 출발을 할 수 있도록 함으로써 형평성을 제고할 수 있다고 주장하며, 궁극적으로는 사회구성원에게 인간이 가지고 있는 원래의 지위를 회복해 줌으로써 형평성 있는 사회를 만들 수 있고 이러한 사회를 정의로운 사회로 보았다. 형평성은 서비스를 받을 기회와 내용뿐 아니라 그 비용 등을 포함한다.

2) 효과성

사회복지조직에서 클라이언트의 욕구를 충족하기 위해 제공된 서비스나 프로그램 등이 클라이언트의 욕구와 문제에 대해 의도하거나 기대한 것과 같이 적절하고 효과적이었는가를 판단하는 가치이다.

효과성(effectiveness)과 효율성은 약간의 차이가 있다. 즉, 예를 들면, 효율성은 빈곤층의 경제적 자립에 들어가는 비용을 중심으로 측정할 수 있지만, 효과성은 주어진 행정을 집행한 후에 실질적으로 경제적 자립을 달성한 사람이 몇 명이나 되며 그 비율은 어느 정도인가를 중심으로 측정한다.

3) 접근성

접근성(accessibility)은 활용가능한 서비스가 있다는 사실과 어떤 경로를 거쳐 다가가면 그 서비스를 제공 받을 수 있다는 등과 같이 클라이언트가 사회적 서비스를 쉽게 이용할 수 있는 정도를 의미한다. 이러한 접근성을 높이기 위해서는 기관 위치, 교통수단 등의 물리적 수단뿐만 아니라 서비스의 비용, 서비스에 대한 홍보 등의 요소에 대해서도 충분히 고려해야 하며, 접근가능성을 높일 때보다 많은 대상이 서비스를 활용할 수 있고, 기대한 효과를 이끌어 낼 가능성이 높아진다. 따라서 접근성은 사회복지행정의 형평성과 효과성을 제고할 수 있는 유용한 도구이다.

4) 책임성

책임성(accountability)은 행정의 목적달성에 충실하게 임하였는지, 집행과정에서 법을 준수하였는지를 묻는 행정의 가치이다. 이를 위해 정보가 공개되어야 하며, 정보에 대한 접근이 용이해야 한다. 사회복지행정에서 책임성이 제고되면 합목적성과 합법성을 향상시킬 수 있으며, 자격 있는 수혜자가 복지혜택을 받도록 함으로써 복지의존성 문제나 복지남용 문제를 어느 정도 해결할 수 있다.

5) 대응성

대응성(responsibility)은 클라이언트의 요구에 부응하는 행정을 수행하였는지를 묻는 사회복지행정의 가치이다. 대응성을 제고하기 위해서는 먼저 클라이언트의 요구가 무엇이며, 어느 정도까지 제공해야 하는가에 대한 기준이 설정되어야 한다. 그 다음으로는 서비스에 대한 접근성이 보장되어야 한다. 무엇보다도 서비스를 제공하기 위한 자원이 확보되어 있지 않으면 사회복지행정의 대응성을 높일 수 없다(Gordon, 1982).

6) 효율성

효율성(efficiency)은 능률성이라고도 한다. 최소의 비용(자원)으로 최대의 효과를 추구하는 성향을 가지고 있다. 사회복지행정의 자원이 제한될 수밖에 없는 현실에서 사회복지서비스 집행에 중요한 가치이다. 이는 사회적 형평성을 제고하기 위한 가치가 우선되어야 한다고 해서 효율성을 고려하지 않아도 된다는 의미는 아니다. 사회복지의 효율성을 제고함으로써 주어진 예산으로 보다 많은 서비스를 적절히 공급하는 방안이 될 수 있음을 의미한다.

2. 사회복지행정의 필요성

사회복지에 대한 관리, 경영, 행정 등의 필요성은 일차적으로 현대사회의 복잡성과 사회복지적 기능이 전체 사회 영역으로 확대된 것으로부터 출발한다. 그 결과 사회복지 기능의 확대가 자연스럽게 이루어졌고, 공식적이며 체계적인 조직을 통하여 이 문제를 해결할 필요성이 제기된 것이라 할 수 있다. 아울러 조직활동을 기획, 실행, 평가, 수정할 수 있는 체계적인 지식에 대한 요구가 사회복지의 실천에서 등장하게 된 것이다.

특히 문제를 해결할 때 그것을 실천에 옮기는 조직적 과정에 대한 이해가 없이는 적절한 결과를 기대할 수 없다. 더구나 현대사회와 같이 복잡한 사회에서는 사회적 목적이 설정되고, 그 목표들이 구체화되어, 개인들에게 서비스의 형태로 전달되기까지에는 복잡한 과정이 존재한다. 그리고 이러한 과정은 대부분은 조직적 맥락을 통하여 수행되기 때문에 조직에 대한 이해는 필연적이다. 사회복지에서 행정이 필요한 것도 바로 이러한 이유 때문이다. 개별화되고 분화된 사회복지 활동들이 전체 사회적 목표 추구에 기여할 수 있도록 조정·통제하는 데 필요할 것이다(김영종, 2001 : 27).

사회복지행정의 필요성은 20세기 초 영국의 근대적 사회복지제도를 도입하면서 겪은 경험을 통하여 사회정책에 대한 이해와 실천을 포괄하는 사회복지행정의 필요성이 제기되었다(Titmuss, 1963 : 13-33, 황진수 외, 2010 : 61 재인용).

우리나라의 사회복지행정은 1990년대 이전까지도 사회복지조직에 수행된 실천활동이 사회복지행정의 중요성과 필요성에 대해 인식하지 못한 채 시행됨에 따라 시행착오를 범하다가, 1990년대 말에 이르러서야 사회복지법령과 제도가 구비되어 각종 사회복지조직이 급증함에 따라 이들 사회복지조직을 유지 · 발전시켜 나가기 위해 사회복지행정의 중요성을 새롭게 인식하기 시작하였다(최성재 외, 2001 : 20-21). 특히 2014~2018년간의 사회보장 장기발전 방향 수립(5년마다 수립)을 사회보장기본법 제16조는 사회보장에 관한 기본계획을 5년마다 수립토록 규정하고 있어, 관계부처 합동으로 2014년부터 적용하여 2018년까지 추진과제를 국민이 생애주기별로 겪는 다양한 위험에 대해 범정부적으로 구체화하기에 이른다.

사회복지행정의 필요성이 대두된 이유로는 다음과 같다.

첫째, 복잡한 현대사회와 사회문제의 대두이다. 산업화로 인한 사회변동은 빈곤, 의료, 주택 등의 다양한 사회문제를 야기하였고, 이에 따라 사회 전체에 사회복지제도와 정책적 개입이 필요하게 되었다.

둘째, 사회체계와 인간의 상관성이다. 인간은 사회적 체계와 관계 속에서 존재하고 있으며, 혼자 존재할 수 없다는 점에 따라 지역사회 내 인적 · 물적 자원의 효율적인 활용은 합리적 행정과정을 통해서 달성될 수 있다.

셋째, 사회복지행정의 효과성과 효율성 활용이다. 사회복지조직에 있어 무엇보다도 인적 · 물적 자원의 적절한 획득과 활용이 매우 중요하다. 이러한 사회복지의 유한한 인적 · 물적 자원을 효과적 · 효율적으로 활용하여 클라이언트에게 필요한 서비스를 적절히 제공하고 서비스의 효율성과 효과성을 높이는 데 사회복지행정 과정과 기술은 필수적이다.

3. 사회복지행정과 일반행정

사회복지행정은 본질적으로 휴먼서비스조직으로서 가지고 있는 사회복지조직의 독특한 특성으로 인해 다른 일반 행정의 원리를 그대로 적용하기 어렵다. 이러한 사회복지조직은 휴먼서비스조직으로 그 원료가 인간이며, 직원과 클라이언트 간의 인간 상호작용을 중시하며, 서비스의 효과성은 제도적 측면이 아닌 인간 가치의 측면에서 판단하며, 사회복지조직에 다양한 전문직종의 인력이 혼재하는 경우가 많아 내부적 목표설정과 이해관계자들 사이에 타협을 이루기가 매우 힘들고, 더불어 클라이언트와 지역사회, 정치・경제・사회적 변화 등의 환경 영역으로 확대되어 다양한 지식과 관리기술이 요구된다(황성철 외, 2008 : 26-28).

1) 유사점

① 문제해결 과정이다.

사회복지행정도 일반행정과 마찬가지로 사회복지조직이 당면한 인적 자원, 재정, 프로그램, 서비스 등 전달상의 문제를 규명하고 대안을 모색하여 선택한 후 평가하는 일반적 문제해결 과정을 거친다.

② 조력의 과정을 요구한다.

사회복지행정 관리자도 일반행정과 마찬가지로 조직원의 능력을 최대한 발휘하여 최선의 서비스를 클라이언트와 집단에 제공할 수 있도록 동기부여, 직무만족 등의 가능한 방법을 사용하는 조력의 과정을 요구한다.

③ 자원을 동원하고 조직화하는 기능을 갖는다.

사회복지조직도 효과적・효율적 사회복지서비스를 산출하도록 유한한 인적・물적 자원을 획득하고 이를 적절히 활용하기 위해 부서와 팀제 등을 형성하여 적절한 인력배치와 프로그램 수행에 필요한 예산을 관리하는 조직화 과정을 거친다.

④ 공공의지(public)의 실현이 중요한 가치이다.

사회복지행정에 있어서도 사회복지의 중요한 가치로서 다수의 의지를 뜻하는 공공의지의 실현이 중요한 가치이다. 공공조직과 마찬가지로 사회복지조직도 간접적으로 지역공동체 형성에 기여, 사회복지서비스의 질 향상을 위한 노력, 시민참여의 활성화를 위한 노력, 사회통합을 위한 노력 등 이들 모두 사회공동체의 삶을 지원하는 행정이라는 측면과 공공사회복지조직뿐만 아니라 민간사회복지조직의 재정도 어느 정도는 정부나 공적 관련기관의 공공자원에 의존하며 아울러 민간의 사회적 후원금도 사회적 책임으로 운영하여야 한다는 점에서 공공성을 지니고 있다. 이러한 재원으로 기관의 운영이나 프로그램 등을 통하여 서비스를 지원한다는 측면에서 사회복지행정은 서비스 제공 주체가 누구이든 공공성을 추구하는 행정으로서의 성격을 가진다.

2) 차이점

① 독특한 사회복지서비스를 산출한다.

사회복지조직의 서비스는 즉시성과 소멸성 그리고 비축 불가능한 독특한 성격을 지니고 있어 일반행정의 원칙을 그대로 활용하기 어렵다.

② 환경 영역의 확대와 변화에 따른 다양한 지식과 관리기술이 요구된다.

사회복지조직은 클라이언트와 지역사회의 다양한 욕구충족을 위하여 사회복지조직의 운영에 있어서 내부관리와 지역사회에 책임을 가지고 지역사회와 밀접한 관련을 가지고 있다. 이는 일반행정의 관리 영역을 초월하는 보다 다양한 환경 영역으로서 지역사회의 정치, 경제, 문화, 사회적 변화 등에 민감하게 반응하는 다양한 지식과 관리기술이 요구된다.

③ 모든 구성원이 행정에 참여하며 조직의 목표달성에 영향을 미친다.

사회복지행정은 행정가나 관리자에 의해서만 이루어지는 것이 아니라 사회복지조직의 모든 구성원들이 행정에 참여하는 사회복지기관의 특정한 목적을 달성하기 위해 목표를 설정하고 프로그램을 기획하며 자원을 동원 및 활용, 평가하는 전반적인 상호의존적 활동을 의미한다.

④ 사회복지행정은 전문사회복지사의 직무수행에 크게 의존한다.

사회복지조직의 사회복지사는 최일선에서 다양한 욕구를 지닌 클라이언트와 집단에 적절한 서비스를 제공하는 전문성과 자율성을 가진 조직구성원으로 이들의 자질과 업무수행능력에 의하여 조직의 목표달성은 크게 영향을 받는다. 전통적으로 사회복지행정은 사회복지사의 전문성을 인정하는 방향으로 민주적 행정의 성격을 보유한다. 하지만 사회복지사들은 실상적인 현장에서는 상급자나 기관장의 직접적인 지시와 통제에 의한 관료적 조직체계 요소가 많이 남아 있어 이율배반적인 딜레마에 처하는 경우도 적지 않다. 최근 급변하는 사회복지현장에서는 사회복지사들이 전문성과 자율성을 충분히 발휘할 수 있도록 상급자와 기관장의 열린 마인드와 리더십 및 환경에 민감하게 반응할 수 있는 조직체계 변화 등이 더욱 요구되는 실정이다.

Social Welfare Administration

CHAPTER 02

사회복지행정의 역사

제 1 절 미국 사회복지행정의 역사

패티(Patti, 1983 : 1-23)는 미국의 사회복지행정의 역사를 그 발달과정상에 나타나는 중요한 사항들과 전체 과정을 중심으로 인식기(19세기 말엽부터 1930년대 초반까지), 기초 정립기(1930년 중반부터 1960년까지), 정체기(1960년대), 발전기(1970년대부터 1980년 중반까지), 그리고 새로운 도전과 응전기(1980년대 후반부터 현재까지)로 구분하였다(신복기 외, 2009 : 57-72; 한국복지행정학회, 2010 : 43-54). 황성철(2009 : 41-52)은 미국의 사회복지 역사를 민간사회복지기관이 출현한 남북전쟁 이후 1870년대부터 사회복지가 전문직으로 출발하는 시기인 1920년대까지의 형성기, 1935년 사회보장법 제정으로 공공행정이 시작된 시기부터 1960년대 연방정부 지원하에 설립된 각종 민간사회복지기관이 양산된 시기인 발전기, 사회복지행정이 확립된 1970년대 이후의 확립기로 분류하였다. 김영종(2008)은 미국의 사회적 배경을 토대로 하여 전문직의 발달, 사회복지의 팽창, 사회복지의 본격적 등장, 1990년대 이후 현재의 4단계로 구분하였다. 여기서는 미국 사회복지행정의 역사를 패티(1983)가 분류한 인식기, 기초 정립기, 정체기, 발달기, 도전과 응전기로 나누어 고찰한다(신복기 외, 2009 : 57-72).

1. 인식기

사회복지는 산업혁명 이후 사회적 환경 변화에 따른 다양한 사회적 문제가 출현한 19세기 중반에 나타났지만, 사회복지행정에 대한 관심이 최초로 이루어진 것은 19세기 말엽이라고 볼 수 있다. 그 시기 아담스(Adams), 리치몬드(Richmond), 홉킨스(Hopkins), 라스롭(Lathrop) 등의 학자들이 사회복지 프로그램의 개발과 관리에 노력의 결과들이 나타나기 시작했기 때문이다. 그러나 사회복지행정에 관한 것은 전혀 존재하지 않았으며, 사회복지행정은 20세기에 들어와서부터 시작되었다.

20세기 초반은 미국 사회복지의 역사에 있어서 전문화의 시대였으며, 전문직업으로서 사회복지의 독자적 영역이 형성되고, 전문직 실천의 지배적이고 독특한 방법으로서 케이스워크가 확립되는 시기였다(Lubove, 1965 : 119). 이 시기에 사회복지의 모든 이론, 지식, 기술, 사회복지교육까지도 전부 케이스워크에 초점을 두고 있었으므로 케이스워크가 전체 사회사업 전문직을 대표하는 것으로 생각되었다. 그러나 이에 대한 비판과 반성이 몇몇 학자들 그리고 전문직 협회 및 관계 문헌들에서 나타나기 시작했는데, 이 것이 사회복지행정에 대한 인식의 시초라고 할 수 있다.

사회복지전문가들은 빈민들의 사회적 조건을 개선하고, 과거부터 내려오는 사회사업기관들의 실천을 합리적으로 관리할 책임이 있었고, 또한 사회사업전문가들의 활동이 직접 또는 간접으로 불가피하게 행정과 관련되어 있기 때문에 행정에 무관심하기는 어려웠다(Lubove, 1965 : 22-34). 따라서 사회복지기관들을 합리적으로 관리하고 그것의 효율성을 높일 수 있는 전문적 방법의 필요성을 인식하게 되었던 것이다. 그리고 애보트(Abbort)와 던햄(Dunham), 해거티(Hagerty) 등은 케이스워크가 사회적 서비스의 목적, 조직, 그리고 전달에 영향을 미치는 하나의 전문직으로서는 너무 좁은 영역이므로 보다 광범위한 접근을 하는 전문직을 강조해야 한다고 주장했다(Patti, 1983 : 3-4).

사회사업대학의 교과과정에 최초로 행정이 나타난 것은 1914년이었다고 저술하였지만 구체적인 내용은 제시하지 않았다(Skidmore, 1983 : 24). 따라서 사회사업대학의 교과과정의 행정에 관한 인식은 1929년의 밀포드회의 이후로 볼 수 있다. 이 회의에서는 전문직 사회사업교육기관은 사회사업가 양성을 위하여 케이스워크, 그룹워크, 지역사회조직, 사회사업조사 그리고 행정을 망라하는 하나의 교과과정을 제안하였다(NASW, 1929 : 78). 이 제안에는 사회복지기관에 필요한 조직구조의 틀과 기준, 효과적인 서비스 전달체계, 조직을 언급하고 있다. 그러나 그 시대의 영향력 있는 보고서의 내용으로 미루어 볼 때 당시 사회사업실천가나 교육을 담당하는 사람들은 사회복지행정의 필요성을 인식하면서도 행정업무나 행정가의 역할 등 구체적 내용은 정립하지 못했던 것으로 보인다.

이 시기에는 미국 사회복지행정이 대도시를 중심으로 각종 사회문제를 효과적으로 대처하는 하나의 방법으로 지역의 실업인이 주축이 되어 형성된 COS와 공동모금회,

지역사회복지협의회의 창립과 운영을 중심으로 사회복지행정이 시작된 시기로 볼 수 있으며, 사회복지행정에 대한 특별한 인식과 관심이 미약한 시기이다.

2. 기초 정립기

초기 사회복지행정의 인식을 바탕으로 사회사업가들이 행정 지식과 기술적 요구를 이해하려는 노력과 당시 대공황의 문제해결을 위해 수립된 공공복지정책의 실현과 연계가 이루어지면서 사회복지행정의 개념과 이론의 기초가 정립되는 시기였다.

대공황으로 인한 실업자와 경제적 파탄자를 위한 연방정부가 관여하여 1934년 연방긴급구호청(FERA: Federal Emergency Relief Administration)을 설립하고 1935년의 사회보장법을 제정하여 연방정부와 주의 공적부조제도를 창설함에 따라 형성되었다. 연방긴급구호청의 설립으로 각 주 및 지방에는 공공구제기관이 설치되어 그 기관에서 업무를 행할 많은 직원이 필요하였고 또한 이러한 직원들의 업무를 용이하게 하고, 효과적인 구제를 하기 위한 많은 관리자가 필요하였다(Brown, 1940 : 280-289).

또한 주와 지방이 공공복지부를 창설하게 하거나 기존의 조직을 확장시키는 데 공헌하였다. 이러한 제도들의 창설 및 확장은 연방에서 위임된 사회적 서비스를 계획하고 조직하며, 관리하고 감독할 많은 훈련된 직원을 필요로 하였다(Brown, 1940 : 273-298). 이같이 행정적 훈련을 받은 직원의 수요가 급증한다는 것은 사회복지행정의 실천 영역이 형성되어 행정발전의 기초가 형성되었음을 의미한다.

이러한 사회적 변화에 따라 사회사업대학들은 케이스워크를 중심으로 한 직접적 실천가를 양성하는 데서부터 공공복지행정에 속하는 하나 혹은 그 이상의 과정을 두고 공공행정의 봉사자를 양성하는 방향으로 교과과정을 개정하였다(Street, 1940 : 6).

제2차 세계대전을 전후로 한 1950년대에 들어서 행정학의 발전의 가속화와 더불어 사회복지행정의 개념 및 이론은 학자들과 사회사업대학에서 행정에 관한 집중적 · 전문적 교육을 받은 실천가들이 협력하여, 의도적으로 사회복지행정을 사회복지의 핵심적 지식, 가치, 기술과 체계적으로 관련되는 하나의 실천방법으로 정립하려고 노력하는 과정에서 사회복지행정은 일반행정과는 차별이 가능하였다.

사회복지행정의 개념과 이론을 정립시키려는 노력들은 다음과 같이 나타나고 있다(신복기 외, 2009 : 60-63).

첫째, 일반행정의 요소들은 모든 조직적 영역에 일반화될 수 있지만 사회복지기관 및 사회서비스가 가지는 독특한 특성은 사회복지 영역에 실천되는 행정을 조건화한다. 따라서 복지행정은 사회복지조직 외에는 적용할 수 없는 독특한 특성이 있으며, 그 특성은 급여와 서비스의 적합성, 클라이언트 중심의 서비스, 전문적 능력, 프로그램의 효과성, 운영의 효율성 등 서비스의 질을 강조하는 것이라 생각하였다(Kidneigh, 1950 : 57).

둘째, 사회복지행정도 케이스워크, 그룹워크, 지역사회조직 등과 같은 전문성이 있는 방법론으로 확립하고자 하는 노력이다. 즉, 행정과 다른 전문적 방법론이 그 가치, 원리 및 지식과 기술 측면에서 서로 밀접한 관계가 있음을 확인하려는 것이었다. 그리고 사회복지행정가의 역할은 자신과 직원들, 기관 내・외의 많은 집단들, 그리고 그들 모두와의 관계 및 기관의 공식 목적과 구체적 목표 사이의 관계를 발달시키는 데 있다고 보았다(Johnson, 1947 : 257).

셋째, 사회복지행정은 일반행정보다 그 과정에 있어 민주적이고 참여적인 경향이 더욱 강조된다는 것이다. 사회복지행정 과정에서는 행정가에 의한 일방적 권력의 행사가 아니라 직원, 이사회, 자원봉사자, 회원 및 이용자를 포함하는 모든 집단 및 이해관계자들이 참여하고 책임을 공유하는 것이 강조되었다(최성재・남기민, 2000 : 43). 사회복지행정 실천에는 독특한 기술과 전문적 지식이 요구된다는 점을 확인하는 과정에서 민주적 과정과 참여의 강조가 일반행정과 구별되는 것으로 나타나 사회복지행정의 실천 영역과 개념, 이론, 원리 등이 정립되었던 것이다. 이와 같은 사회복지행정의 실천 영역과 개념, 이론, 원칙들의 기초 정립을 통해 행정을 하나의 도구나 보조적인 것이 아닌 독립적인 영역으로 확립되게 하였다(Trecker, 1946 : 16).

3. 정체기

사회복지행정은 실천 영역 및 이론적 기초 정립을 바탕으로 1960년대 초반에는 상당한 발달이 기대되었다(한국복지행정학회, 2010 : 48-49).

첫째, 1960년대 초반 사회사업가협회(NASW)의 후원하에 사회복지조직 및 행정에 이용할 수 있는 많은 이론이 연구되었고 또한 행정발달에 대한 건의안이 발표되었고, 사회복지협의회(NCSW : National Council of Social Welfare)가 사회복지행정에 관한 요소를 다룬 많은 논문이 발표하였다(Reed, 1961 : 18).

둘째, 1961년 사회사업교육협회(CSWE : Council on Social Work Education)는 사회사업대학의 교과과정에 사회복지행정을 포함시키고 있었다(Skidmore, 1983 : 10). 또한 사회복지행정 영역에서 일하려는 실천가들을 위한 연구과정의 필요성이 주장되었고(Burns, 1961 : 78), 이러한 주장에 따라 사회사업교육협회는 개별 대학들이 사회복지행정 교육을 강화하는 교과과정을 인정하였다(CSWE, 1965 : 73-75).

셋째, 위와 같은 사회사업행정에 대한 전문적 관심의 증대와 사회사업대학에서의 행정교육 강조의 영향으로 1963년 NASW 산하에 사회사업행정위원회가 창설되었다.

이러한 중요한 사실에 입각하여 1960년대는 사회복지행정의 주요한 발전이 이루어질 것으로 생각하였으나, 기대는 충족되지 못하였는데 그 원인으로는 빈곤투쟁(War on Poverty)정책 수행에 따른 커다란 사회적 변화 요구에 사회복지기관들이 적절히 대처하지 못한 데 대한 국민들의 불신과 사회복지행정의 대안으로 지역사회조직사업이 급격히 발달하였기 때문이다.

그 배경에는 빈곤문제를 해결하기 위하여 사회복지 프로그램 개발과 프로그램들의 효과적 관리와 실천을 위해 많은 재원을 투자하여 경제원조국(OEO : Office of Economic Opportunity) 및 지역사회행동기관(CAA : Community Action Agency)을 비롯한 수많은 기관을 설립했다. 그러나 많은 노력과 재원의 투자에도 불구하고 빈곤문제를 비롯한 사회문제를 해결하는 데 실패하였는데, 이는 사회변화의 흐름과 클라이언트의 욕구에 적절하게 대응하지 못하고 기관의 유지와 안전에 더욱 치중하였기 때문이다(Morris & Rein, 1967 : 40-55).

이러한 국민들의 비판은 사회복지조직 및 기관의 사회복지행정가에 대한 불신으로 이어져 행정가의 결함 때문이라고 인식하는 계기가 되어 사회복지행정의 발달을 정체시키는 결과를 가져왔던 것이다.

반면에 지역사회조직사업은 사회변화의 욕구에 맞는 인권운동과 인종차별방지운동 및 도시재개발운동 등 많은 사회문제 해결에 직접 개입하여 전문적 활동이 미국 국민들에게 긍정적인 인식을 갖게 되어 지역사회조직사업은 급격하게 발전하였으나, 상대적으로 사회복지행정 발달을 정체시키는 결과를 가져왔다.

4. 발달기

1960년대는 사회복지행정의 발전이 정체가 있었지만, 지역사회조직의 발달로 인한 사회복지기관 및 프로그램들의 개발은 사회복지행정 발달을 위한 여건을 마련해 주었다. 이러한 토대를 마련한 계기가 된 것은 1970년대에 들어와서 베트남전쟁으로 인한 경제악화와 인플레이션, 사회복지에 대한 정부 책임의 증가에 따른 비용 증가 등으로 심각한 도전에 직면하게 되면서 기존의 사회복지 프로그램 중에서 사회문제 해결에 필수적이면서 효과성과 생산성이 큰 프로그램을 선택해야만 하는 상황 때문이다.

따라서 정책결정자들은 사회복지 프로그램을 선택하는 데 전문적 정보를 제공해 줄 수 있는 사회복지행정가가 필요하게 되었다. 사회복지행정가에게 어떠한 프로그램을 선택하고 실시해야 할 것이며, 그 비용은 얼마가 소요되고 어떠한 효과를 가져올 것인가에 대한 정보를 요구하였다. 이러한 요구에 부응하기 위해서 사회복지행정가의 관심과 임무는 프로그램의 유지·확장에서 프로그램의 해석, 선택, 통제 그리고 평가로 변하게 되면 사회복지조직들은 새로운 행정 지식 및 기술 영역의 개발에 노력을 하게 되었다.

또한 사회사업 전문직과 대학 그리고 사회복지조직들도 새로운 시대의 요구에 부응하기 위한 지식과 기술의 발전은 물론 이러한 지식과 기술을 겸비한 행정가들을 양성하기 위한 적극적 노력을 하게 되었다. 이러한 과정에서 경영학에서 관리기법(PPBS,

PERT 등), 비용효과분석, 자원동원들이 사회복지 영역에 도입되면서 행정은 효과적이고 효율적인 사회서비스의 계획, 유지, 관리, 평가의 고유한 방법으로 발전되었다.

지식과 기술을 겸비한 행정가들을 양성하기 위한 사회적 요청을 충족시키기 위해 1975년까지 미국 84개 사회사업대학들 중에서 19개 대학이 사회복지행정이란 과목으로 교육을 실시했으며, 그 외 많은 대학도 명칭은 다르지만 기획, 조직 그리고 행정이라는 내용들을 학생들에게 교육하고 있었다(Kazmerski & Macarow, 1976 : 18).

1970년대 이후 사회복지행정 교육의 확산은 행정 실천방법에 대한 학문적 관심을 증가시켜 CSWE, NASW, NCSW 등에서도 행정 실천에 관한 논문을 게재하여 발전적인 토론의 장을 마련해 주었으며, 그 외에 사회복지 관련 저널에도 행정 및 관리에 대한 논문들이 급격하게 증가하였다. 또한 사회복지행정에 관한 전문적 문헌과 잡지가 출현하게 되었는데, 대표 문헌은 『사회사업행정(Social Work Administration; A Resource Book)』과 『사회사업행정사례집(A Casebook in Social Work Administration)』이다(Skidmore, 1983 : 25). 1976년 복지행정에 지대한 공헌을 한 최초의 저널로 『사회사업행정(Administration in Social Work)』이 출간되어 지금까지 가장 영향력 있는 학술지로 간주되고 있다. 이 시기에 사회복지행정 이론에 관한 전문적 논의를 용이하게 하였고, 행정 연구를 위한 자료를 제공해 주었을 뿐만 아니라 행정실천을 위한 지식과 기술을 검증하는 데 공헌하였다(Austin, 1981 : 47). 그 결과로 사회복지행정의 원칙, 이론, 역할 등에 대한 다양한 사례 및 모델이 정립되었다.

5. 도전과 응전기

1980년대 이후 레이건 행정부에 의해 가속화된 연방정부의 사회복지 역할 축소 정책과 함께 1990년 이후 급변하는 사회복지환경에 따라 사회복지행정에 있어서도 변화가 나타났다. 1990년대의 사회복지환경 변화는 첫째, 기획에서 서비스 전달까지 직접 담당했던 거대 공공 관료조직들의 퇴조, 둘째, 계약이나 서비스 구입 등의 방법을 통한 민간부문의 직접서비스 전달에서의 역할 증대, 셋째, 민간과 공공의 엄격한 조직적 구분의 퇴조, 넷째, 서비스 목적 실현을 위해서는 느슨하게 연결되어 있는 다양한 서비스 조직들을 연계할 서비스 전달체계의 통합이 필요하다는 인식의 확산, 다섯째, 사회복지서비스의 책임성에 대한 구체적인 행정 실천 등이다(김영종, 2001 : 66). 이러한 사회복지환경의 변화는 사회복지행정을 통한 효율성과 효과성의 강화를 요구하는 도전이기 때문에 이러한 도전에 대응하기 위한 시도가 나타나게 되었다.

즉, 사회복지서비스의 제공 및 전달체계를 민영화하는 것에서 시작했다(Austin, 1995 : 1645). 민영화는 정부의 부담을 줄이면서도 서비스의 다양성과 범위를 확보할 수 있도록 하기 위해 정부재원으로 공공복지조직을 운영하는 대신 민간 사회복지 프로그램에 대해 정부가 보조금을 지급하거나 민간서비스 구입 계약을 체결하는 방법으로 민간부문을 적극 참여시키는 것이었다. 그 결과 서비스를 판매하거나 정부 보조금에 의해 운영되는 많은 민간복지기관이 설립되었고, 이윤추구를 목적으로 하는 기업들까지 사회서비스 조직 및 프로그램에의 참여가 가속화되어 결과적으로 이를 효율적으로 관리할 행정적 전문지식과 기술을 겸비한 행정가를 요구하게 되었다. 또한 사회복지서비스를 제공하는 조직에서 전통적으로 공공, 민간서비스기관의 중심된 조직형태에 제3섹터 조직의 형태가 나타나게 되었고, 이들 조직은 계약을 통해 서비스를 구입하여 제공하였다.

따라서 이러한 조직을 관리 · 운영하는 행정가에게는 직접적 서비스에 관한 지식과 기술보다는 구입에 필요한 서비스의 선택과 계약의 체결, 서비스의 조정 및 연계, 직접 서비스 기관의 지도 · 감독과 통제, 평가 등에 대한 지식과 기술이 더욱 중요하게 되었다. 따라서 사회복지 전문직에서도 행정가에게는 임상훈련보다는 행정적 지식과 기술에 대한 훈련과정을 더욱 효과적으로 시행할 것을 요구하였다(Patti, 1983 : 19).

또한 지역사회를 중심으로 제공되는 서비스들을 연계하면서 그 효과성과 효율성을 제고시킬 수 있는 망(network)을 구축하여 제각기 다른 유형의 자금원을 가진 기관들이 차츰 복잡한 연계망을 형성하고 유사한 정보시스템을 공유함으로써 급격하게 변화하는 정보교환기술에 대한 합의를 이루기 위해 노력하고 있다. 한편 민간기관들은 점차 대규모화되어 다양한 프로그램과 복합적인 자원 제공처를 갖게 되었는데, 서비스 구매

계약과 보조금에 의한 프로그램 개발 및 운영 등이 일반화되면서 연방정부와 주정부 및 공동모금회를 비롯한 다양한 민간지원법인과 단체들이 주요 자원 제공처로 등장하게 되었다. 이처럼 다양화 및 효율적 서비스 연계망 구축을 요구하는 사회복지 환경변화는 사회복지행정가의 조정 및 연계의 역할과 책임성이 요구되었다(신복기 외, 2009 : 69-70).

최근에는 사회복지조직의 환경변화는 기존의 조직구조 전통적 관료조직의 변화를 가져오게 했으며, 또한 조직의 리더십과 경쟁력 있는 조직을 위한 경쟁우위 전략 등이 사회복지조직에 가시적 현상으로 나타나고 있다. 즉, 21세기에는 이러한 환경변화를 정확히 예측하고 효율적으로 대응하기 위해서 새로운 경영철학과 기법이 사회복지행정에도 도입·적용되고 있다.

지금까지 논의한 미국 사회복지행정의 역사를 정리하면 〈표 2-1〉과 같다.

〈표 2-1〉 미국 사회복지행정의 역사

구분	연 도	내 용
인식기	19C 말 ~ 1930년대 초반	• 사회복지행정에 대한 최초 관심 • 사회사업 교과과정에 최초로 행정 등장(1914) • 개별사회사업 개발 시기 : 병원, 법정, 학교, 정신과 분야에 사회사업 도입 • 애보트 : 1927년 사회사업가들에게는 공공복지행정 포함, 교육과정 필요 언급 • 던햄 : 사회복지행정을 실천의 보조적 방법으로 인식 • 해거티 : 교과과정 내 행정에 관한 내용 포함 주장 • 밀포드회의(1929) : 사회사업 기본 기술 및 행정을 포함한 교과과정 제안 • 미국 사회사업대학협의회 채택 : 교과과정에 행정(선택과목에 포함, 1923) • 사회사업 연감에 처음 행정논문 수록(1933)
기초정립기	1930년대 중반 ~ 1950년대 후반	• 연방긴급구호청(1934) 설립 : 대공황 극복을 위한 실업문제 해결 시도 • 사회보장법 제정(1935) : 연방, 주 공적부조제도 창설 → 행정 발전의 기초 형성 • 사회복지행정 개념, 기초 정립 → 독립적 영역으로 확립 – 사회복지행정은 일반행정보다 민주적·참여적 경향 더욱 강조 – 사회복지행정과 개별 사회사업의 지배적인 가치, 방법 연결 노력 – 인간관계기술이 사회복지행정의 기초를 이루는 데 기여

구분	연 도	내 용
정체기	1960년대	• 사회사업가협회 : 행정 관련 이론 연구 및 행정발달 건의안 발표 • 사회복지협의회 : 사회복지행정에 관한 요소를 다룬 논문 발표 • 사회사업교육협회(1961) : 사회복지행정 교육 강화(교과과정 인정) • NASW 산하 사회사업행정위원회(1963) 창설 • 빈곤투쟁정책 수행에 따른 커다란 사회적 변화 요구 – 사회복지기관의 대응 미숙 – 사회복지기관에 대한 국민 불신, 민간 지역사회조직사업 발달 → 행정발달 정체 초래
발달기	1970년대 ~ 1980년대 중반	• 역사상 사회복지 지출 : 가장 많이 증가한 시기 • 미국 국민 전체 관심사로 인식(사회복지가 정부만의 활동 아님) • 베트남 전쟁의 영향 – 경제성장 둔화 – 만성적인 인플레이션 등 재정상 문제 초래 – 프로그램 비용부담의 어려움 발생 – 사회복지정책 선택 문제 직면 → 새로운 관리기법 도입 • 1975년까지 미국 84개 대학 중 19개 대학에서 사회복지행정 과목 교육 실시 • 1977년 – 사회복지행정 필수과목 적용 대학 35개로 증가 • 행정 관련 논문 수 급증 • 사회복지행정 관련문헌, 잡지 출현 → 원칙, 이론, 역할, 모델 정립 • 1976년 최초의 정기적 저널 –『사회사업행정』 창간
도전과 응전기	1980년대 후반 ~	• 레이건 행정부 사회복지의 역할 축소 이후 사회복지행정에 대한 도전과 응전 – 사회복지서비스 전달체계의 민영화의 시도 본격화 – 서비스 구입 계약과 보조금에 유지되는 민간 사회복지기관들 출현 • 민간 사회복지행정에의 참여 증대(공공관료조직 퇴조, 민간부문 직접서비스 전달 역할 증대, 민간·공공의 엄격한 조직적 구분 퇴조) • 조정, 연계, 책임성 이행기술 강조(서비스 연계조직 출현, 자원제공처 다양화) • 1990년대 들어서 보수주의적인 성향(비용긴축) – 기획에서 서비스 전달까지 담당했던 거대 공공관료조직들의 퇴조 – 민간부문 직접 서비스 전달 역할 증대 – 민간, 공공의 조직적 구분 퇴조 – 다양한 서비스조직들 연계할 서비스 전달체계 통합 필요 인식 확산 – 사회복지서비스 책임성에 대한 구체적인 행정 실천 – 다원복지주의 확산 – 거버넌스 행정 실천

출처 : 신복기 외(2009). 사회복지행정론. 공동체, p. 72 인용하여 작성.

제 2 절 한국 사회복지행정의 역사

한국 사회복지행정의 역사는 매우 짧고, 복지행정에 대한 자료 부족 등으로 사회복지행정의 역사를 분류하기는 매우 어렵고, 학자마다 견해를 달리하고 있다.

최성재와 남기민(2006 : 61–73)은 한국사회복지행정의 역사를 사회복지행정의 미인식 단계(1950년대 및 이전), 명목상 인정단계(1960~1970년대), 그리고 실질적 중요성 인식단계(1980~1990년대)로 구분하고 있다. 장인협 등(1999)은 한국사회복지행정의 역사를 산업화와 연계하여 산업화 이전(1945~1950년대), 산업화 시기(1960~1970년대), 산업화 이후(1980~1990년대), 2000년 이후는 후기 산업화(지식정보화 시대)로 필자는 추가하고자 한다. 신복기 등(2009 : 73–87)은 한국 사회복지행정의 역사를 일제와 미군정하의 사회복지행정, 제1・2공화국 시대의 사회복지행정, 제3・4공화국 시대의 사회복지행정, 제5공화국의 사회복지행정, 제6공화국의 사회복지행정, 2000년대 이후의 사회복지행정으로 구분하고 있다. 본 장에서는 신복기 등(2009)이 구분한 사회복지행정의 역사를 참고하여 정리하고자 한다.

1. 일제와 미군정하

일제와 미군정하의 사회복지행정에 관한 사항은 사회복지행정이라기보다는 구호행정이었다. 그러나 구호행정도 이 시기 이후 우리나라 사회복지행정의 발전에 많은 영향을 미치고, 근대 사회복지행정 역사의 시발점이 된다는 점에서 중요하다. 이러한 맥락에서 일제와 미군정하의 사회복지행정의 역사를 개관하고자 한다.

1910년 한일합병이 이루어짐에 따라 종래의 구제사업은 거의 자취를 감추고, 1921년 조선총독부 내무국에 사회과를 신설하여 우리나라 사회복지사업의 지도・통제를 전담하게 되었다. 이것은 한국사회복지행정 실천의 효시로 볼 수 있으나 광복되기까지 공적 조직의 사회복지활동은 시혜적 활동에 국한되어 공적 사회복지조직이라고 보기는 어렵다(최성재 · 남기민, 2000 : 53).

그 후 1944년 3월 전문 제33조로 된 조선구호령이 공포 · 실시되었는데, 동령에는 국민의 빈곤, 불구, 폐질 등에 대처하는 구호의 종류로 생활부조, 의료부조, 조산부조, 생업부조의 4가지를 규정하였고 특정한 피보호자에게는 매장부조도 규정하고 있었다. 구호의 방법은 거택구호와 수용구호로 구분하였으나 거택구호를 원칙으로 하였다(동령 제10~16조).

이와 같이 조선구호령에는 조선총독부, 즉 국가가 국민의 빈곤, 불구, 폐질 등에 대하여 생활을 구호할 의무를 가지는 것으로 나타나 있어 이들을 실현하기 위한 공공구호행정이 전개되어야 할 상황이었다. 그러나 이 법령은 당시 총독부가 국민들을 회유하고 종속시키기 위한 정치적 맥락에서 시행한 법령상의 명문규정에 지나지 않았기 때문에 그 실현을 위한 구호행정도 형식적이고 명목적인 것에 불과하였다. 그러나 조선구호령에 근거한 구호행정은 「생활보호법」의 제정에 기초가 되었으며, 공공 구호행정의 근거가 되었다는 데 그 근거를 찾을 수 있다.

광복 이후 우리나라는 독자적 정부를 수립하지 못하고 약 3년간의 미군정이 시작되었다. 미군정은 1945년 10월 27일 군정법령 제18호로 보건후생국을 설립하였으며 보건후생국은 1946년 3월 2일 보건후생부로 승격하였다. 보건후생국은 1946년 1월 12일 후생국보 3호를 발표하여 1944년 일제가 제정 · 공포한 조선구호령과 함께 시행하였다. 1946년 9월 18일의 후생국보 3A호에는 재해민과 피난민 구호계획이 발표되고, 그들에게 식량, 의료, 연료, 긴급의료, 매장, 치료 등의 편의를 제공하고자 했다. 동보 3C호는 빈민 및 실업자 구호계획을 제시하고 있다.

보건후생국의 설치와 조선구호령과 함께 시행하기는 했지만 후생국보 3호의 발표는 계획적 구호행정의 필요성과 그 기준을 제시한 것으로 평가될 수 있다. 그러나 이는 근대적 사회복지행정과는 거리가 있다. 즉, 미군정의 구호정책은 요구호자에 대한 구호의 필요성에 대응한 것이 아니라 그들에 의해 야기되는 정치적 불안에 대응하여 전개되었고 구호의 범위와 수준이 열악하며 구호행정이 배제적 · 일방적인 성격을 가지고 있었다(최향순, 1993 : 121).

특히 미군정은 1946년 9월 18일 법령 제112호로 아동노동법규를 공포·시행함에 이어 1947년 5월 16일에는 과도정부 법령 제4호로 「미성년자노동보호법」을 공포·시행하였다. 이것은 당시 선진국들이 채용하고 있었던 인도적·계몽적 원리에 따라 아동 및 미성년자의 노동을 보호하게 함으로써 아동복지행정의 기초를 이루었다고 볼 수도 있으나 아동의 구호행정에서 벗어나지 못하였다.

미군정 시기에는 사회사업실천의 장이 없었기 때문에 사회복지교육에 대한 필요성과 욕구도 전혀 없었다. 그럼에도 불구하고 1947년 이화여자대학교에 기독교사회사업학과가 설치되어 시작된 전문사회사업교육도 기독교의 교육이념을 수용하기 위한 것이었다.

이 시기의 구호행정은 계획적이거나 장기적 관점에서 이루어지지 못하고 주로 혼란 과도기에 대처하기 위한 기아 방지, 최저생계 유지, 의료보호 등의 임시구호 형태로 시행되었다는 것이다. 따라서 이 시기의 사회복지행정은 근대적 사회복지 개념에 입각한 행정이라고 보기는 힘들다(신복기 외, 2009 : 74-76).

2. 제1·2공화국 시대

1948년 8월 15일 대한민국 정부가 수립되고 제1공화국이 탄생하였지만, 당시의 정치적 상황과 사회적 불안 등은 매우 불안정하였고 1950년에 6월에 한국전쟁이 발발하였다. 휴전 이후 외국의 원조기관이 실시하는 자선 및 구제가 전부라고 할 수 있다. 제1·2공화국의 사회복지행정을 보면 제1공화국은 미군정 당시 보건후생부(1946. 3. 2)와 노동부를 병합하여 사회부로 개칭하고 보건, 위생, 노동, 부녀 행정을 관장하였다. 그 후 1949년 3월 사회부의 관장하에 있던 보건행정을 분리하여 보건부를 신설하였다가 1955년 2월 다시 보건부와 사회부를 보건사회부로 통합하여 사회, 복지, 보건, 부녀 행정을 총괄하는 중심 부서로 운영하였다.

제헌헌법 제19조에 근거하여 이러한 공적 조직을 설치하였으나 보건사회부의 사회복지활동은 월남피난민과 전쟁고아 및 피해자의 긴급구호에 급급한 상황이었기 때문에 현대적 의미의 복지행정은 실시되지 못하였다.

한국전쟁 이후 들어온 많은 외국의 원조기관들은 현대적 민간사회복지기관들을 설립하고, 사회복지행정을 실천하였다. 그러나 이러한 외원기관들의 활동은 전쟁피해자인 고아, 미망인, 무의탁 노인 및 빈민들에 대한 긴급구조를 위주로 하였기 때문에 조직적 원조활동과 전문적 사회복지활동을 수행할 수 없는 상태였다(최성재 · 남기민, 2000 : 53).

제1공화국 중반부터 사회복지현장에서는 사회복지교육의 필요성은 강조되지 않았지만 대학에 사회사업학과가 설치되었다. 1953년 강남대학교의 전신인 중앙신학교, 1956년 사회복지전문인력 단기양성소인 국립 중앙사회사업종사자 훈련소가 창설되었고, 1947년 이화여자대학교(기존의 기독교사회사업학과를 개칭), 1958년 서울대학교 학부 및 대학원에 사회사업학과가 각각 설치되었다.

이러한 사실을 감안한다면 제1 · 2공화국 시기의 사회복지행정에서는 외원의 배분과 대학에 추가적으로 사회사업학과가 설치되면서 교과목상에 사회사업행정이 포함되었다는 사실 이외에 달리 언급할 사항은 없었다.

3. 제3 · 4공화국 시대

5 · 16 군사 쿠데타에 의해 탄생한 제3공화국 정부는 경제개발을 최우선의 목표로 설정하고 절대빈곤의 탈피에 주력하였다. 이러한 목표는 그 당시의 생활무능력자들에 대한 생계보호를 시행하기 위해 조선구호령을 모방한 「생활보호법(1961. 12. 30. 법률 제913호)」을 제정하였다. 그러나 「생활보호법」은 정부재정의 부족으로 인해 민간 외원단체가 시급한 사회복지 문제나 욕구를 해결하는 실정이었다. 또한 「생활보호법」은 조선구호령 내용을 크게 벗어나지 못하였기 때문에 행정에 있어서도 질적인 개선은 별로 없었다.

주무부서인 보건사회부의 역할도 전반적으로 생활보호 위주의 정책수행이었고, 123개의 외원기관도 거의 전부 저소득층에 대한 원조를 위주로 하였다. 이러한 상황에서 공적 사회복지행정조직의 역할은 단순한 정책적 계획과 비전문적 활동 위주였으며, 사회복지서비스의 효과성과 효율성을 생각할 수 있는 정도가 되지 못하였다(최성재 · 남기민, 2000 : 55). 그리고 공공부조행정과 관련된 「군사원호보상법」과 「재해구호법」은 사회질서 유지 차원에서 제정되어 사회복지행정과는 괴리가 있었다.

그리고 이 시기에 제정된 「고아입양특례법」, 「아동복리법」과 같은 법률을 제정하여 아동복지행정에 법적 근거의 토대를 마련하였지만, 사회복지행정이라는 용어가 포함되어 있지 않았다. 1970년 사회복지사업에 대한 기본적인 사항을 규정한 「사회복지사업법」이 제정되면서 민간 사회복지사업의 체계 확립뿐만 아니라, 국가와 지방자치단체에 의한 사회복지법인에 대한 보조와 지도 · 감독이 가능하게 되어 민간 사회복지행정과 공공 사회복지행정을 위한 토대가 마련되었다.

1970년대 후반부터 경제개발정책으로 국민소득과 국가의 재정능력이 향상됨에 따라 독자적 복지문제 해결이 가능하다는 외국의 평가로 외원단체들의 원조 감소 및 중단, 철수가 있었으나 사회복지법인 및 시설의 설립은 저조하였다. 한편 중앙대학교, 숭실대학교 등 10개 대학이 사회사업과를 추가로 설치하여 사회사업교육을 실시하였다. 각 학과의 교과과정에 사회사업행정을 포함시키고 있었지만 대학에 따라 필수 또는 선택과목으로 개설하고 있었다. 또한 이 시기에 복지행정에 관한 연구가 거의 없었고 전공하는 학생들도 거의 없었다. 제 3 · 4공화국에서는 공공부조제도의 수립과 사회복지법인제도의 도입 등으로 공공 및 민간 사회복지행정의 발전 기초를 마련하였다고 평가할 수 있다.

4. 제5 · 6공화국 시대 이후

제5공화국은 제4공화국 아래 계속되어 온 선 경제개발 후 분배주의 정책에 따른 소득분배상의 불균형 문제, 소득격차, 상대적 빈곤, 지역 간의 격차, 지속적 산업화, 도시화에 따른 각종 새로운 사회문제, 가치관 분열, 광주민주화 운동에 따른 후유증, 그리고 민주화 운동과 반정부 운동 등의 많은 부담을 내포한 채 출범하였다(김만두, 1991 : 112).

제5공화국은 복지사회의 구현을 사회목표로 설정하였기 때문에 건국 이래 사회복지에 대한 논의가 가장 고조되었던 시기였다. 즉, 복지사회의 건설은 민주주의의 토착화, 정의사회 구현, 교육혁신 및 문화 창달과 더불어 제5공화국의 국정지표였다. 제5공화국은 유신체제의 잔재를 청산하고 사회정의와 기회균등에 입각하여 전 국민의 행복이 보장되는 복지이념을 천명하면서, 경제 일변도의 계획개발에서 벗어나 경제와 사회의 균형적 발전을 기본 목표로 삼았다.

제5공화국의 헌법에서 "국가는 사회보장·사회복지 증진에 노력할 의무를 진다"라고 하여 제3·4공화국에 비해 사회복지에 대한 국가의 책임을 명백히 하였다. 여기서 사회보장은 소득보장, 의료부조를 말하고 사회복지는 아동, 모자, 장애인, 노인복지 등을 포괄하는 대인사회서비스를 말한 것이라 이해할 수 있다(김만두, 1991 : 115). 이러한 국가책임의 원리에 입각하여 국가와 지방자치단체의 책임을 강화하는 조치를 시행하여 사회복지행정의 범위를 보다 확장시켰다. 또한 생활보호급여에 교육보호와 자활보호를 첨가하여 공공부조 행정의 범위를 확대하고 종래의 생계보호 중심의 보호 목적과 자활 목적을 중시하는 행정을 병행하도록 하였다.

이와 같이 제5공화국의 사회복지행정은 이전과 비교할 때 발전된 면이 있었지만 다양한 사회복지 욕구를 가진 국민들의 인간다운 생활보장 목적을 달성하는 데는 한계가 있었다. 다만, 사회복지행정의 범위를 전보다 확대시켰다는 데 그 특징이 있다(한동일 외, 2010 : 55–62).

제6공화국는 6·29 민주화 선언, 88올림픽 개최, 남북통일을 위한 창구의 마련, 금융실명제 실시, IMF의 경제위기로 인한 기업의 구조조정 및 대량실업, 남북 정상회담 등 일련의 정치적·경제적·사회적 변화의 흐름 속에서 아동의 유기, 학대를 포함한 가족해체 문제, 청소년의 폭력, 약물사용, 자살문제, 실업자, 노숙자, 고령화문제 등의 심각한 사회문제가 표출되었다. 이러한 각종 사회문제 대두와 국민의 복지수요 팽창으로 정부는 노인, 아동, 청소년, 장애인 등에 각종 사회복지서비스 관련법을 제정 또는 개정하여 민간사회복지기관으로 하여금 이러한 서비스를 제공하도록 복지정책을 실시하였다. 그 결과 1990년대 후반부터 종합사회복지관이 급격히 증가하게 되었다.

또한 1987년부터 연차적으로 저소득층 밀집지역 읍·면·동 단위에 사회복지전문요원을 배치한 것이 공공사회복지행정의 전환점이 되었다. 초기에는 법적 근거 없이 배치되었으나 1991년「사회복지사업법」개정에서 사회복지전담공무원과 복지사무전담기구를 설치할 수 있는 법적 근거가 마련되었고, 사회복지 직렬을 5급까지 설치하면서 전문직에 의한 공공복지행정 수행의 기초를 마련하였다.

1980년대 후반부터 사회복지학과의 신설 대학이 급속도로 증가하였고, 이 시기에 사회복지행정에 관한 단행본과 교재가 출현하게 되었는데 주로 행정학계에서 복지행정의 관점에서 교재가 발간되었다. 이는 1988년 성규탁 교수의 '사회복지행정론'이 처음이다. 1999년 3월에는 사회복지행정학회를 창립하고 학술지를 발간하였다.

사회복지행정이 실제적으로 중요성을 인정받고 사회복지행정에 관한 연구활동이 활성화된 시기는 1990년대 이후부터이다. 특히 사회복지시설 및 기관에서 사회복지행정에 관한 수요를 촉발시킨 계기는 다음과 같은 세 가지 요인에서 찾을 수 있다.

첫째, 민간복지재단이 사회복지사업에 관한 사업계획서를 엄격히 심사하여 재정적 지원을 하기 시작한 것과 사회복지공동모금제의 본격적 시행으로 사회복지 프로그램 관리에 관한 중요성이 부각되었다. 1995년 삼성복지재단은 전국 사회복지시설 및 기관을 대상으로 접수된 사업계획서를 심사하여 지역적 특성에 부합하는 우수한 프로그램을 선별하여 재정적 지원을 함으로써 사회복지기관의 프로그램 기획 및 수행에 전문성을 향상시키는 계기가 되었으며, 이후 1998년부터 본격적으로 민간 주도 공동모금제도가 시행됨으로써 공동모금회의 재정적 지원을 받게 된 사회복지기관들의 전문성에 관심과 노력을 기울이게 되었다.

둘째, 사회복지시설 및 기관의 평가 실시이다. 1997년 정부는「사회복지사업법」을 개정하여 보건복지부 장관이나 시・도지사는 사회복지시설을 3년에 1회 이상 평가하도록 규정하였다. 이에 따라 1999년 한국보건사회연구원에서 사회복지관을 비롯한 각종 사회복지시설에 대한 평가지표를 개발하여 2000년 전국 사회복지시설에 대한 평가를 실시하였다. 시설의 평가는 기관운영의 책임성, 효율성, 효과성을 높일 수 있다는 관점에서 사회복지행정의 중요성을 증대시키는 역할을 하였다.

셋째, 사회복지기관 및 시설의 증대에 따른 지역사회에서 기관운영에 대한 경쟁적 분위기가 고조되고 이에 자원 확보의 중요성이 강조되었다. 1990년대 후반부터 종합사회복지관이 급격히 증가하였고, IMF 외환위기 이후 제정된 「국민기초생활보장법」의 시행에 따른 자활후견기관과 지역사회 각종 NGO기관의 출현은 기존 사회복지시설로 하여금 한정된 지역사회의 자원을 놓고 서로 경쟁을 벌이는 상황이 되었다. 이에 사회복지시설 및 기관을 운영하는 데 필요한 현대적 관리 및 경영기법이 요구되어 사회복지행정에 대한 관심이 크게 고조되었다(황성철 외, 2009 : 55–56). 2006년부터 지역공공복지전달체계로 7월부터 시·군·구 단위에 주민생활지원국이라는 새로운 복지행정 조직이 개편되어 2007년 7월부터는 도·농 복합도시 및 군의 모든 읍·면 지역을 단계적으로 확대 실시하게 되었다. 주민생활지원서비스 전달체계로 개편되었음에도 기대한 효과에 비해 실효성이 떨어져 여전히 복지체감도가 낮고, 현장지원서비스의 부재 및 신속성이 저하되는 문제가 있다. 따라서 전달체계 개선을 노력한 결과, 2012년 상반기(5월)에 전국 시·군·구에 희망복지지원단을 설치하였다. 또한 기존의 지역사회복지대표협의체란 용어가 2015년 7월 1일자로 지역사회보장대표협의체로 명칭이 변경되어 복지사각지대에 놓여 있는 주민의 욕구를 적극 반영할 수 있는 지역사회보장협의체가 시행되고 있다.

2000년대에 들어와서는 인구의 저출산과 고령화의 사회적 급변 현상에 대한 정부의 시책 마련을 본격적으로 시작한 시기였다. 그 시책으로 나온 것이 저출산·고령화 정책이라 할 수 있다. 그 대표 시책으로 2004년에 공적노인요양제도 실행위원회가 구성되어 제도모형이 개발되고 이를 토대로 2007년 4월 「노인장기요양보험법」이 제정되어 2008년 7월부터 시행하였고, 또한 2012년 0~2세 보육료전액지원정책(무상보육)이 시행되었다.

2017년 문재인 정부가 출범하면서 대표적인 공약은 치매국가책임제였다. 핵심은 치매의료비의 90%를 국가가 보장한다는 내용이다. 그리고 치매안심센터 설치, 장기요양보험 확대 적용, 치매 전문 시설 및 인력 확충 정도를 상세 계획이라 볼 수 있다.

2018년 9월부터 아동수당을 도입해 5세 이하 아동을 키우는 가정에 월 10만 원씩 지급하면 기초연금도 9월부터 월 25만 원으로 인상되고, 치매 국가책임제 등 노인 의료·

요양 체계도 개선된다. 문재인 케어의 핵심 가운데 하나인 건강보험 보장성 강화대책도 본격 추진하기로 했다.

지금까지 논의한 한국의 사회복지행정의 역사를 정리하면 다음과 같다(〈표 2-2〉).

〈표 2-2〉 **한국 사회복지행정의 역사**

구분	연도	내용
일제시대	1921 1944.3	• 1906년 – 우리나라 최초의 민간기관 반열방 설치(원산 : 미국 감리교선교단체) • 1921년 – 태화여자관 설치(서울 인사동). 현대적 의미의 민간사회복지관 활동 전개 • 조선총독부 내무국 내 사회과 개설 : 시혜적 활동에 국한, 공식적 사회복지조직이라 보기 어려움 • 조선구호령 공포 · 실시 – 국민의 빈곤, 불구, 폐질 생활구호
미군정시대	1945.10 1946.1 1946.3 1946.9 1947.5	• 보건후생국 설립 • 후생국보 발생, 조선구호령 함께 실시 → 긴급구호에 관한 규정 발표 • 보건후생국 – 보건후생부로 승격 • 후생국보 3A호 – 재해민, 피난민 구호계획 발표 • 후생국보 3C호 – 빈민, 실업자 구호계획 → 근대적 사회복지행정과는 거리가 있음
미군정시대	1947	• 아동노동법규 공포 · 시행 • 보건후생국, 노동부 통합 – 사회부 신설 • 미성년자노동보호법 공포, 시행 • 이화여대 – 기독교사회사업학과 설치
1·2공화국	1949 1950.5 1952 1953 1955 1956 1958 1959	• 사회부 내 – 보건행정을 분리하여 보건부 신설 • 후생시설설치기준령 제공 – 구호시설 운영, 지도 · 감독 준칙 • 후생시설 운영 요령 – 전쟁고아, 수용보호시설, 기존 구호시설 운영 지도, 감독 • 중앙신학교(현, 강남대) – 사회사업학과 개설 • 외국 원조기관이 들어옴 – 사회복지행정 실천의 장 마련 • 보건부, 사회부 – 보건사회부로 통합 • 구립중앙사회사업종사자 훈련소 창설 : 사회복지 전문인력 단기양성소 • 이화여대 – 기존 기독교사회사업학과 개칭 • 서울대학교 대학원 – 사회사업학과 개설 • 서울대학교 학부 – 사회사업과 개설
3·4공화국	1961 1960년 초반 1970	• 생활보호법 제정 : 일제의 조선구호령 내용을 벗어나지 않아 질적 개선 없음 • 보건사회부 역할 – 생활보호 위주 외원기관 – 저소득층 원조 위주 → 사회복지행정조직 역할 매우 단순, 비전문적 활동 전개 • 고아입양특례법, 아동복리법, 고아후견직무에 관한 법률 제정 → 한국사회복지행정 발전과 연결되지 못함 • 사회복지사업법 제정

구분	연 도	내 용
		– 사회복지사업에 대한 기본적 사항 규정 – 민간 사회복지행정 지도, 감독 포함 – 공공 사회복지행정의 발전 토대 • 총 13개 대학 – 사회사업학과(사회복지학과) 설립 : 그러나 행정을 전공 분야로 하는 학생들은 거의 없음 • 70년대 – 토착적 사회복지기관 설립은 저조 – 주로 외원기관, 민간 사회복지기관 주류, 그리고 외원기관의 원조 감소 및 중단, 철수
5공화국	1980년대	• 사회복지서비스 행정 대두 • 사회복지서비스 중요성 인식, 국가, 지방자치단체 책임 강화 • 사회복지행정 범위 확장 • 생계보호 목적, 자활보호 목적 중시, 행정 병행 • 사회복지학과, 사회사업학과 집중적 설립(30개 대학)
6공화국 이후	1987	• 사회복지전문요원 배치 : 공공 사회복지행정의 획기적 발전 전환점
	1990	• 사회국, 가정복지국 – 사회복지정책실로 개편
	1991	• 사회복지사업법 개정 : 사회복지전담공무원 및 복지사무전담기구 설치 근거 신설 • 지방공무원임용령 개정 – 사회복지직렬 설치(5급까지)
	1992	• 지방자치제도 실시 – 중앙, 지방 역할분담
	1995	• 시설설치의 신고제, 설치주체의 다양화, 사회복지시설평가제 도입
	1997	• 국민기초생활 보장법 제정 : 수급권의 보장, 자활후견기관을 통한 자활 우선 행정 강조
	1999	• 한국사회복지행정학회 창립, 한국사회복지행정학 창간 • 국민기초생활보장제도 시행
	2000.10	• 보건복지부 조직 개편 – 보육과, 의료급여과, 공공보건과 신설
	2002.5	• 사회복지사 1급 자격 – 국가자격증 시험 시행
	2003	사회복지환경 변화 – 사회복지사무 지방이양과 재정분권화 – 사회복지서비스 중심축 이동(중앙 → 지방) – 공공복지 전달체계 개편 – 사회복지실천 영역 세분화, 통합화 • 참여복지 비전21 발표 • 노인장기요양보험법 제정/주민생활지원국이 확대
	2005. 10	• 노인장기요양보험법 실시
	2007. 4	• 2012년 보육료 지원(0~2세) : 무상보육
	2008. 7	• 주민생활지원국의 복지자와 관리팀을 희망복지지원단(팀) 개편
	2012. 5	• 2013년 3월 23일부터 개정 사회보장기본법 시행 • 2013년 0~5세 무상보육 – 여·야 대통령후보공약사업 • 2016년부터 2020년까지 제3차 저출산·고령사회 기본계획 시행 • 2017년 치매국가책임제 시행(문재인정부 대선 공약) • 포용적 복지

출처 : 신복기 외(2009). 사회복지행정론. 공동체, pp. 87-88 인용하여 재작성, 보건복지부(2017).

Social Welfare Administration

CHAPTER 03

사회복지조직이론

고전적 관리이론은 크게 두 가지의 관점으로 분류할 수 있다. 하나는 미국에서 발전한 것으로 작업과 작업자의 관리에 중점을 둔 과학적 관리이론이며, 다른 하나는 유럽과 미국에서 발전한 것으로 조직 전체의 관리에 관점을 둔 고전적 조직이론이다.

1. 과학적 관리론(Scientific Management School, 과학적 관리학파)

과학적 관리론(Scientific Management Theory)은 19세기 말엽에서 20세기 초엽에 이르는 미국에서의 급격한 산업 발전과 대기업의 출현으로 초래된 기업 간의 격화된 경쟁과 공황을 타개하는 과정에서 노동자가 반대하는 임금인하를 하지 않으면서도 노동생산성과 기업능률을 향상시키려는 새로운 경영합리화의 요청으로 성립하게 된 이론이다. 테일러는 노동의 효율성 문제를 해결하는 데 많은 관심을 두었다. 그는 필라델피아에 있는 미드베일 제철회사(Midvale Steel Company)에서 근무하면서 자신의 관리이론을 개발하기 시작하였다.

과학적 관리론은 기업경영 합리화(능률성 · 생산성 제고)를 위한 관리운동으로서, 테일러(Taylor, 1856~1915)의 노동자를 대상으로 시간연구와 동작연구를 기초로 객관적 · 표준적 과업을 설정하고 경제적 동기부여를 통하여 기업경영의 절약과 능률성을 추구하던 기업경영 합리화 운동으로부터 시작되었다. 즉, 조직 내 직원의 업무를 과학적으로 분석하여 이에 관한 지식을 적극적으로 활용한다면 조직의 능률성은 극대화될 수 있다고 보았다. 그래서 업무수행에 관한 과업형태와 소요시간을 표준화하여 일일작업량을 산출하여 분업을 해서 과업부여와 성과를 임금과 연계시키면 조직의 생산성은 높아진다는 것이다. 과학적 관리법의 주요 내용은 다음과 같다.

1) 과업관리

경영자와 근로자의 직책과 기능을 분명히 구분하여 근로자의 임의적 판단을 방지하고, 경영자의 적극적인 직무연구와 직무설계를 통하여 공장의 생산관리를 합리화 및 효율화시켜야 한다는 것이다.

2) 과학적 선발과 훈련

직무내용과 작업조건을 중심으로 인간공학 측면에서 직무에서 요구되는 육체적 · 지능적 자격을 갖춘 근로자들을 선발하고, 또 직무조건에 맞추어 표준생산량을 감당할 수 있도록 근로자들을 훈련시키는 것이다.

3) 성과에 의한 보상

근로자를 보상하는 데 있어 성과에 비례하여 임금을 지불하여 근로자의 경제적 동기를 유발시켜 생산성을 극대화를 시키려는 것이다.

이와 같은 과학적 관리론은 정치 · 행정이원론의 성립에 기여, 행정의 절약과 능률운동의 촉진, 기타 행정의 과학화 · 자동화에 기여, 합리적 · 경제적 인간관의 정립에 영향을 미쳤다.

4) 기능적인 감독제도

공장의 생산성에 가장 중요한 역할을 하는 관리자의 임무가 너무 많아서 감독자의 관리기능이 떨어져 생산성을 저하시키는 요인으로 보고, 기능적 감독제도를 제안하였다. 일선 감독자의 직책을 여러 기능으로 전문화시켜 담당 감독자가 각기 전문적으로 맡은 기능을 수행함으로써, 일선 감독업무가 효율화될 수 있다는 것이다(이학종 외, 2009 : 33–36).

테일러의 과학적 관리론은 ① 인간을 기계시함으로써 인간소외 현상을 야기시켰고, ② 인간을 경제적 존재로만 인식함으로써, 인간의 사회 · 심리적 · 감정적 요인을 경시하였으며, ③ 조직 내의 현실적 인간관계(비공식적 인간관계)를 무시하고, ④ 인간에 대한 욕구체계가 단순(획일적)한 것으로 이해하였으며, 동기부여의 피동성(동기부여의 외재적 요인 강조 : 경제적 보수)으로 이해하고, ⑤ 능률논리의 행정에 대한 적용상의 문제점 및 ⑥ 체제의 환경적 영향을 간과한 폐쇄체제적 이론이며, ⑦ 가치와 철학이 배재된 수단적 능률관에 입각하고 있으며, ⑧ 작업 실행에서 계획을 분리함으로써 작업 향상에 대한 책임으로부터 노동자를 배제시켰으며, ⑨ 노동자의 권익을 위한 학문이라기보다는 관리자를 위한 학문(인간조종의 기술)적 성격을 띠었다는 문제점이 지적된다. 그러나 20세기 초 산업사회에서 생산조직이 추구하는 목표를 분명히 인식하고 과학적이며 체계적으로 생산성 극대화를 위한 과학적 관리기법을 사용하였다.

사회복지조직에서 과학적 관리기법의 적용을 해 보면, 사회복지조직은 조직의 목표를 정하고 업무를 분화하여 업무에 적합한 전문인력을 채용・배치하여 업무를 수행한다는 점, 제한된 재원을 가지고 다양한 사업과 프로그램을 수행하여 효율성과 능률성을 향상시키기 위해 노력하며, 사회복지서비스가 민영화로 인한 비영리조직도 영리조직과의 경쟁 속에서 생존하기 위한 서비스 원가분석과 인력배치의 효율성이 강조되는 점에서는 과학적 관리원칙과 방법이 적용된다고 할 수 있다. 그러나 비영리조직인 사회복지조직은 경영조직과는 근본적으로 추구하는 목표의 성격이 다르고 조직구성원을 단지 목표달성을 위한 수단으로 간주하는 과학적 관리론은 한계가 있다(황성철 외, 2009 : 73-74).

2. 행정관리론(Public Administration School, 행정원리론, 공공행정학과)

과학적 관리이론의 아버지인 테일러(Taylor)의 과학적 관리론이 과업방법과 과정을 분석하여 합리적 조직구조에 도달하려 한 것이라면, 행정관리론(administration management theory)은 조직의 임무와 목적을 성취하기 위해 과업을 분업하고 구조화하기에 최적의 방법을 모델화하고, 그에 따라 필요한 조직구조를 설계하는 과정을 추구하였다. 즉, 조직의 목적을 달성하기 위해 조직의 계층적 구조에 광범위하게 적용할 수 있는 보편타당한 조직원리를 개발하였다. 이 이론의 대표 학자는 귤릭(Gulick), 어윅(Urwick),

페이욜(Fayol), 라일리(Railey) 등이다.

이 이론의 창시자인 페이욜(Fayol, 1916)은 경영관리이론의 아버지라고 불릴 만큼 경영이론의 발전에 많은 영향을 준 인물이다. 페이욜은 본래 프랑스의 광산기사였으며, 1916년에 「산업 및 일반 산업관리론(General and Industrial Management)」을 저술하였다. 그의 저서 일반 및 산업관리에서 조직의 규모가 확대됨에 따라 업무 담당자의 수가 늘어나고 실무자들의 관리가 필요하다고 생각하여 경영활동을 완수하기 위한 경영 원칙 14개 제시하였다.

① **노동의 분업** : 노동의 전문화(socialization)는 노력의 증가 없이 생산성을 증대시킬 수 있다.

② **권위와 책임감** : 복종을 기대하고 명령을 할 수 있는 권위는 책임감과 관련이 깊다. 책임감은 권위의 자연적 결과물이다. 따라서 관리자는 다른 사람들이 책임감을 받아들이도록 그리고 갖도록 해야 한다.

③ **훈육 또는 교육** : 훈육은 노동자와 고용주와의 협약의 부분이다. 또한 훈육은 조직의 원만한 가능을 위해 필요하다.

④ **명령의 통일** : 노동자들은 지도를 받아들여야 하며 한 사람의 상관에게 책임이 있어야 한다. 이 외의 다른 상황은 조직 내에서 문제를 야기하며 권위를 손상시킨다.

⑤ **지도의 통일** : 같은 목적을 성취하기 위해 설계된 한 집단의 행동들은 한 개의 계획과 한 지도자를 가져야 한다.

⑥ **일반적 이익으로 개인적 이익의 종속** : 이기적이고 게으름 같은 인간 성격이 자기 이익만 추구하는 조직을 만든다.

⑦ **보수 또는 급여** : 직원과 소유자 둘 다 만족할 수 있다고 중앙화되어 있다고 한다.

⑧ **중앙집중** : 조직 안에는 항상 정도의 차이는 있지만 중앙화되어 있다. 조직의 중앙화와 또는 탈중앙화의 균형은 다양하며 관리자의 역할은 가장 적절한 균형을 찾는 것이라고 믿었다.

⑨ **명령체계** : 적절한 대화가 필요할 때 엄격한 명령체계는 문제를 일으킨다. 비록

명령체계에서는 벗어날지라도 효율적으로 대화를 할 수 있는 짧고 직접적인 방법이 필요하다.

⑩ **질서** : 개인과 조직은 적절한 위치에 있어야 한다. 즉, 직원들을 적절한 위치에서 일하도록 일치시켜야 한다. 그렇게 되면 직원들은 적절한 일에서 커다란 기여를 할 수 있다.

⑪ **형평** : 공평(fairness)을 강조했다. 상식을 위한 욕구와 공평하다고 인식할 수 있는 의사결정에 있어서의 온정(kindliness)을 강조했다.

⑫ **인사에서의 안전보장** : 번영하는 기업은 안정적이다. 또한 기업의 번영은 낮은 이직률과 관련이 있다. 새로운 사원을 교육시키는 데 있어서의 높은 비용과 영원한 직원 지위를 부여한다든지 또는 재직권을 줌으로써 직원들의 일자리를 보장해야 한다.

⑬ **주도력** : 조직에 있는 노동자들 속에서 주도력(initiative)을 증진시키기 위한 방편으로 관리자의 중요성을 강조했다.

⑭ **단결심** : 조직 안에서의 조화에 가치를 두었다. 조화는 관리자에 의해서 증진된다.

그후 귤릭(Gulick)은 이에 영향을 받아 조직 행정적 기능을 POSDCoRB라는 일곱 가지를 표현하였다. Planning(기획), Organizing(조직화), Staffing(인사관리), Directing(지휘, 지도), Co-ordinating(조정), Reporting(보고), Budgeting(예산)이 그것이다. 여기에 후기산업화 이후 Information(정보화)을 추가하였다.

관리론은 관리 그 자체를 하나의 과정으로 보고, 업무의 계획, 집행 및 통제가 이루어지는 전체 과정을 합리화하는 원칙이나 절차를 탐구하였다.

관리론은 효과적인 관리실천에 관한 일반화를 시도했다는 점에서 그 공헌을 인정받고 있으나, 관리과정의 요소 및 원칙이 서로 중복되고 그 이론적 근거를 과학적 방법으로 제시하는 데 불충분하다는 한계점이 지적되고 있다.

3. 관료제이론(Bureaucracy Theory)

관료제(bureaucracy)란 베버(Weber, 1864-1920)는 테일러 및 페이요와 같은 시대에 활동한 독일의 사회학자이다. 산업혁명 이후 서구 자본주의 사회의 지배적 형태로 제시한 조직의 유형으로, 조직구성원들 간의 권력관계를 연구하여 조직의 권한구조이론을 정립하였는데, 조직의 운영과 구성원의 통치방법을 다음과 같이 세 가지로 분류하였다.

조직이 바탕으로 삼는 권위의 유형은 전통적(traditional) 권위, 카리스마적(charistimatic) 권위, 합법적(rational) 권위이다. 전통적 권위는 족장이나 군주에 대한 존경과 순종이 세습적으로 승계되는 것처럼 전통적 관례에 따라 하급자가 상사의 명령을 정당한 권위로 받아들이는 것이고, 카리스마적 권위는 상사의 비범한 특성과 자질에 기초하여 하급자가 상사의 명령을 정감적으로 수용하는 것이다. 합법적 권위는 인간적 지배가 아닌 법과 규정에 의한 지배만이 인정되는 권위이다.

베버는 그동안 국가조직이나 사회조직이 전통적・세습적 혹은 카리스마적 권력자에 의해 지배되어 온 경우가 많았으며 그 때문에 많은 모순과 비용이 초래했다고 보고, 어느 조직이나 미리 정해진 규칙과 법에 따라 운영되는 관료제 형태를 적용해야 하며 관료조직이야말로 시대와 공간을 초월하여 언제 어디서나 합법적 통치를 할 수 있는 조직형태라고 주장했다. 관료제라는 말은 'bureau'(사무실, 책상)와 'cracy'(kratia : 관리, 지배)의 합성어로서, 사무실 책상에서 미리 규정과 절차를 정해 놓고 나서 전체 구성원은 그에 따라 현장실무를 진행해야 한다는 의미이다. 베버의 관료제 조직의 특성은 다음과 같다.

〈표 3-1〉 **관료제 조직의 주요 특징**

조직 특징	내 용
과업분화	직무는 단순하고, 일상화된, 잘 정의된 과업으로 할당한다.
계층화	각 지위는 단계적으로 조직화하고, 상급자가 하위자를 감독하도록 한다.
공식적 선발	모든 조직구성원은 기술적 능력에 따라 선발한다.

조직 특징	내 용
표준화	관리자는 조직의 규정에 따라 구성원의 행동을 통일, 조정한다.
비인격성	개인적 친분과는 상관없이 모든 구성원에게 규정과 규칙을 일관되게 적용해야 한다.
경력개발	관리자는 전문가로서의 역할을 수행하도록 경력을 개발한다.

출처 : 김영재 외(2009). 조직행동론, p. 31.

이와 같이 관료제이론은 조직의 합법성과 공정성을 높이는 것이 조직의 합리성과 효율성을 높이는 것으로 전제하고, 전문화된 직무설계로부터 시작하여 권한계층과 규칙에 의한 관리에 이르기까지 철저한 경영관리를 주장하였다. 그리하여 개인의 임의적 판단과 변칙적 의사결정을 없애고 객관성과 일관성 그리고 예측성이 높은 합리적 조직체를 형성하려고 노력하였다. 따라서 이 이론은 조직경영에 있어서 합법성과 공정성 그리고 객관성이 중요한 공공조직과 행정기관에서 많이 적용되고 있는 것을 볼 수 있다(이학종 외, 2009 : 41–42).

베버의 관료제이론은 규정에 의해 정서적·감정적인 면을 배제하고 규정에 집착하다 보면 조직이 경직화되어 상황변화에 대처하는 융통성이 부족해질 뿐만 아니라 개인의 재량권이 좁아지고 다양성과 창의성 개발이 제한된다는 것이 단점이다. 이러한 단점으로 개인의 로봇화 가능, 개인의 성숙한 성장 저해로 상사에 의존, 예외 발생 시 대처능력 부족, 계층화로 의사소통 왜곡, 주어진 지위와 권리만 주장하고, 고객에게 거만함과 무관심, 분화된 업무만 알고 전체적인 업무 이해 부족, 보이는 것, 계량화된 것만 맹종하고 추상적인 것, 불확실한 것을 무조건 배제, 복종과 집단사고 현상 만연 등의 소위 관료병리학적 문제가 나타난다. 반면에 관료제이론은 정확성, 신속성, 연속성, 통일성, 엄격한 복종, 비용 감소의 장점이 있다(임창희, 2010 : 68–70).

사회복지조직에 관료제이론을 적용하면 복지조직은 계층화와 분업화, 공식적 선발 등의 측면에서는 유용한 이론으로 간주될 수 있다. 그러나 엄격한 규정의 적용과 위계질서는 사회복지조직에서의 한계가 있다.

제 2 절 인간관계이론(Human Relations Theory)=인간행동학파

고전이론은 인간 자체보다는 객관적 관리방식이나 조직체계를 형성함으로써 조직목적을 달성하는 데 기여하였다. 그러나 사회문화의 발달과 산업발전의 고도화가 진행되면서 조직체도 복잡해지고 조직구성원의 태도와 행동에 많은 변화가 일어났다. 따라서 조직경영에 있어서도 새로운 문제가 발생하기 시작하였고 조직구성원의 관계도 복잡해져서 새로운 관점에서의 조직체에 관한 연구가 대두되었다. 이와 같은 변화 속에서 1920년대 후반기에 들어서 하버드 대학의 산업심리학자인 메이요(Mayo)와 뢰슬리스버거(Roethlisberger)는 시카고 근교에 위치한 웨스턴 전기회사(Western Electric)의 호손(Hawthorne) 공장에서 1927년부터 1932년까지 연구를 진행하였는데, 인간관계이론은 여기에서 제시된 조직이론이다.

이 연구는 처음에는 과학적 관리원칙에 따라 작업조건 개선에 신경을 쓰고, 동작연구에 의한 작업방법 개선과 표준화를 실험했고 조명도, 휴식시간, 보상제도의 변형 등을 통해서 실험했는데 이들은 생산성 향상과 별 관계가 없음을 알아냈다. 예를 들면, 작업장의 조명도를 높인 경우 그 작업팀의 생산성은 올랐으나 조명도를 다시 원위치시켜도 생산성은 꾸준히 향상되고 있다는 사실을 발견했다. 즉, 생산성의 변화는 작업환경 등 외부에 있는 것이 아니라 작업자 자신의 심리적・내부 요소와 더 밀접한 관계가 있으며, 작업자 집단의 소속감과 공동체 의식도 매우 큰 영향을 미친다. 따라서 생산성을 좌우하는 것은 권한체계나 규정 준수가 아닌 상사, 동료관계, 집단 내의 분위기, 비공식집단 등의 인간관계라는 사실을 발견하였다.

이 연구의 계기로 조직구성원들은 조직목표 달성의 도구로써 조직이 짜놓은 규정대로 움직이는 피동적이고 기계적인 인간이 아니고, 오히려 자신들의 심리적 만족을 얻기 위해 구성원들 간의 상호관계에 신경을 쓰며 행동한다는 것이다. 그 후 이들의 주장은 인간관계론이라는 명칭을 얻게 되었다.

그러나 인간관계이론은 실험연구의 타당성의 문제로 비판의 대상이 되었다가

1960년대 조직인간주의(organizational humanism) 학자들에 의해서 발전시켰는데, 매슬로우(Maslow)의 욕구단계 연구에서 개인과 조직의 욕구가 통합될 수 있음을 제안되었으며 경제적 보상이 없이도 개인의 동기가 가능하다는 사실이 부각되었다.

맥그리거(McGregor, 1960)는 조직관리자가 직원을 보는 기본적 시각의 차이에 따라 전혀 다른 방법이 고안될 수 있다는 XY이론을 제시하였다. X이론은 직원은 근본적으로 일을 싫어하고 이기적이며 변화에 저항적이기 때문에 관리자는 엄격한 지시와 통제가 있어야 조직의 효과성이 확보된다는 관점이다. 반면 Y이론은 직원은 일을 자연스럽게 받아들이고 자신의 책임하에 스스로 일의 방향을 정하고 창의적 활동을 하여 조직 목표달성을 하기 때문에 관리자는 그들의 가능성을 믿고 자율성을 부여하는 민주적 의사결정이 필요하다는 것이다.

인간관계론은 조직에 인간들의 상호작용이라는 시스템 사고가 적용되었으며 조직운영의 비용중심(logic of cost)에서 감정중심(logic of sentiment)으로 이동된 것이 그 핵심이다. 인간관계론의 특성으로는 다음과 같다.

1) 비공식집단의 중요성

조직의 움직임 혹은 구성원의 행태는 규정과 제도에 의한 공식적 집단보다 비공식적 집단에 의해 정해지는 경우가 더 많다.

2) 사회적 욕구

개인 행동은 경제적 욕구뿐만 아니라 사랑, 소속감 등 사회적 · 인간적 욕구에 지배된다.

3) 인간중심의 경영

합리와 능률보다는 직무만족, 자율권 부여, 인정이 조직성과를 좌우한다. 즉, 동기부여 문제에 관심을 가진다.

4) 참여의 경영

민주적 리더십, 하의상달적 커뮤니케이션은 인간중시 관리에 매우 효과적이다. 그러나 인간관계론은 공식조직은 무조건 무시하고 비공식집단을 지나치게 강조하여 합리적·경제적 요소를 등한시하고 감정의 충족과 인간관계 유지에만 관리력을 집중했다는 것이 한계이다(임창희, 2010 : 73-75).

사회복지조직에 이 이론을 적용되었을 때 갖는 장점은 사회복지사에게 자율성과 능력을 발휘할 수 있도록 적절한 관리가 이루어진다면 조직의 효과성을 가져올 수 있다. 반면에 단점으로는 조직의 목표달성을 위해 통제와 지도가 필요하기 때문에 자율성만을 부여할 수 없다는 것이다.

참고로 과학적 관리론과 인간관계이론을 비교해 보면 다음 〈표 3-2〉와 같다.

〈표 3-2〉 과학적 관리론과 인간관계이론의 비교

구 분	과학적 관리론	인간관계이론
구조 측면	공식구조 중심	비공식구조 측면
인간관	경제적·합리적 인간관계	사회적 인간관(참여의식 인정)
조직관	인간을 기계의 부품으로 인식	인간을 정서적 존재로 인식
능률관	기계적 능률성	사회적 능률성
동기부여방식	경제적 유인의 제공	사회심리적 요인 충족
조직관리방식	권위적 권리	민주적 관리
생산성 향상	구성원 간의 경쟁	구성원 간의 협동

제 3 절 개방체계이론(Open System Theory)

1. 체계모형이론(Systems Model Theory, 사회체계이론(Social System Theory))

조직을 폐쇄적인 것이 아니라 개방적인 체계로 인식하기 시작한 것은 사회학의 구조기능주의와 일반체계이론이 조직에 적용되기 시작하면서부터이다. 과학적 관리론에서 조직을 하나의 기계로 규정하고 인간관계이론에서는 조직을 가족으로서 규정하고 있는 반면에 체계이론은 하나의 유기체로 규정하고 있다.

체계이론은 조직을 다양한 역동성과 메커니즘에 기초를 둔 구체적 기능을 수행하는 많은 하위체계로 구성된 복합체로 보고 있다(한국복지행정학회, 2010 : 74-75). 즉, 조직의 각 하위체계들이 어떤 기능, 역동성, 기제 등을 수행하는가의 표준을 제시함으로써 조직의 성과를 비교 · 평가할 수 있는 이론이다.

기본적으로 이 이론은 각 하위체계들이 생존과 발전을 위한 경쟁의 역동성 때문에 부단히 활동하며 하위체계 간의 갈등과 모순은 불가피하고, 조직이 최적으로 기능하기 위해서는 조직의 목표에 따라 모든 하위체계가 기능하도록 해야 한다는 가정을 설정한다(양승일 외, 2010 : 106). 체계모형에는 조직을 다섯 가지 하부구조(하위체계)로 구성된 복합체로 보고 있다. 이는 ① 생산하위체계, ② 유지하위체계, ③ 경계하위체계, ④ 적응하위체계, ⑤ 관리하위체계로 구별된다.

첫째, 생산하위체계(production subsystem)는 조직의 생산품(제품, 서비스)을 생산하는 기능을 갖고 있으므로, 고전이론에서 주장하고 있는 업무의 숙련 정도와 전문화 원리가 중요하게 취급된다. 사회복지조직 측면에서 이 체계는 클라이언트에게 서비스를 제공하는 것이다. 이 체계는 모든 사회복지조직의 기본 역할과도 일맥상통하는 것이다.

둘째, 유지하위체계(maintenance subsystem)는 조직의 욕구에 개인 욕구를 통합하는 데 강조를 두고 있는 인간관계이론으로부터 나온 것으로 조직의 현재 상태대로 조직의 계속성을 확보하는 체계를 말한다. 이를 위해서는 공식적 조직활동 구축, 보상체계 확립, 새로운 구성원의 사회화, 직원의 선발과 훈련 등의 메커니즘이 사용된다.

셋째, 경계하위체계(boundary subsystem)는 조직이 주위 환경에 영향을 미치기 위한 체계의 의미로서 구조주의 모형(고전이론과 인간관계이론의 총합)과 관련한 가정에 기초를 두고 있다. 사회복지조직에서는 조직의 생존과 발전을 위해 필요한 체계가 된다. 특히 외부 환경의 변화에 대한 적절한 반응과 대응은 조직의 목표달성과 조직의 유지를 위해 필요하다.

넷째, 적응하위체계(adaptive subsystem)는 연구와 계획을 강조한다는 점에서 합리성과 숙련을 강조하는 고전이론에 기초를 두고 있으며 환경을 강조한다는 점에서 구조주의 모형에 기초를 두고 있다. 이 체계는 조직의 연구와 기획의 기능을 담당하여 업무수행능력을 평가하고, 외부 환경의 요구에 대응하여 조직의 변화 방향을 제시한다. 따라서 프로그램의 효율성·효과성을 정확히 파악하고, 클라이언트의 변화된 요구나 자금조달 문제를 경쟁에서 뒤지지 않도록 가능한 빨리 해결하고자 한다.

마지막으로, 관리하위체계(managerial subsystem)는 통제를 강조한다는 점에서 고전이론의 특징을 가지고 있으며 외부 환경을 강조한다는 점에서는 구조주의 모형의 특징을 갖고 있고 타협을 강조한다는 점에서는 인간관계이론의 특징을 갖고 있다. 이 체계는 조직구성원 간 혹은 부서 간의 갈등 해결과 조정, 적절한 업무환경의 제공, 외부 환경의 영향에 대한 조직의 대응책을 모색하기 위한 노력 등의 방법을 사용한다(Neugeboren, 1985 : 74).

체계이론에서 각각의 하위체계는 생존과 발전을 위한 경쟁의 역동성 때문에 부단히 활동하고 있으며, 하위체계 간의 갈등과 모순은 불가피하다는 것을 가정하고 있다(한동일 외, 2010 : 79-80; 최성재·남기민, 1995 : 67-72).

결과적으로 이 이론은 조직 외부의 환경과 교환관계를 강조하고, 조직을 형성하고 있는 다양한 구성체와 단위 간의 상호의존성을 통해 생존과 성장을 꾀하는 것이다. 그러나 이 이론은 조직 내의 상호의존성을 너무 강조하여 자율성과 독자성을 저해할 우려가 있으며, 통합성을 강조하여 조직 내의 갈등과 불화 등에 대해서 소홀할 수 있다는 한계가 있다.

체계이론은 사회복지조직 관리자에게 복잡한 조직현상을 포괄적으로 거시적 관점에서 파악하는 데는 효과적이지만 이론의 추상화 수준이 지나치게 높아 구체적 연구방향의 제시가 어렵고, 고려해야 하는 변수가 너무 많이 관련되어 있다는 점이 지적된다(강용규 외, 2007 : 71).

2. 상황(개연성)이론(Contingency Theory)

상황이론은 고전이론과 인간관계이론 등의 연구에 대한 비판으로서 1960년 이후 등장한 이론이다. 즉, 기존 연구이론에서는 조직에서 완전한 기술적 합리성 혹은 구성원의 만족이 달성된다는 가정하에서 생산성을 높이는 유일한 조직설계에 초점을 맞추었으나, 상황이론은 조직설계가 조직이 둘러싸고 있는 상황조건에 의해 달라져야 한다는 패러다임을 제시하고 있다. 따라서 조직의 구조 및 과정은 상황과 인과적으로 연결되어 있다는 데 초점을 두고 있다(김영재 외, 2009 : 43).

상황이론은 상황적합이론, 상황적응적 접근방법, 합리적・상황적응적 모형으로 불리며 기존 이론들이 조직을 폐쇄체계로 보고 내부 문제에 주안하여 이론적 전제와 주요 개념을 제시하는 데 반해 조직을 개방체계로 보고 상황에 적합한 조직구조와 형태를 유지하는 것이 바람직하다고 보는 입장이다(황성철 외, 2009 : 81).

상황이론의 핵심은 조직이 잘되기 위해서는 조직 내 하위시스템 간의 적합(fit)과 조화가 이루어져야 한다는 것이다. 특히 조직 유효성에 중요한 영향을 미치는 것이 조직구조라고 보기 때문에 조직구조와 여러 상황요인과의 적합성 여부에 중점을 두고 있다([그림 3-1]). 따라서 조직이 환경에 적합해야 효과적이기 때문에 상황적합이론이라고 부르기도 한다.

사회복지조직에서 관리자가 상황이론을 활용할 경우 가장 우선적으로 고려해야 할 사항은 자신이 운영하는 사회복지조직의 특성과 요구를 분명히 파악하는 것이며, 그 다음은 환경적 특성을 잘 이해하는 것이다(Lewis et al., 2001 : 95). 이 이론은 사회복지조직의 특성을 잘 설명하고 상황과 환경의 중요성을 강조한다는 점에서 시사하는 바가

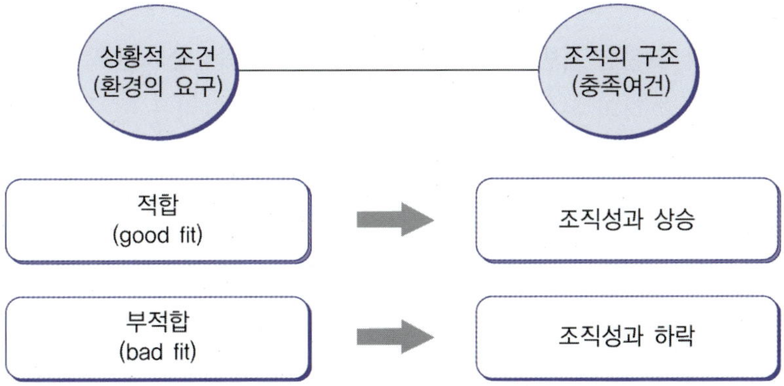

[그림 3-1] 상황이론의 기본 개념

크며, 실제로 사회복지조직은 환경 변화에 영향을 받기 때문에 이론적 타당성은 충분하다.

이처럼 상황이론은 조직환경, 조직규모, 조직기술이 조직구조 형성에 결정적 영향을 미친다는 것을 밝혀냈고, 경제, 기술적 상황 이외에 사회, 인간적 상황까지도, 또한 조직 외부 요인 이외에 조직 내부 요인도 중시함으로써 조직을 환경－조직－과업－인간의 유기적 관계 속에서 파악했다는 점에서 의의가 있다(한국복지행정학회, 2010 : 76). 그러나 특정 상황의 특수한 범위 안에서만 이 이론을 적용하기 때문에 학문의 보편타당성의 목적에 위배되며, 상황은 너무 다양하고 수시로 변하기 때문에 상황과 적합한 이론이 구축되었다고 하더라도 현실적으로 이론을 적용하는 데 한계가 있다(임창희, 2010 : 90).

3. 정치경제이론(Political Economy Theory)

정치경제이론은 상황이론처럼 조직과 환경의 상호작용에 초점을 두고 있지만 자원과 권력관계를 중심으로 전개되는 역동적 상호작용의 역할관계에 따라 조직의 성패가 좌우된다는 점을 유달리 강조하는 이론이다(Eamsley & Zald, 1076). 정치경제이론에 의하면 조직의 생존과 발전에는 두 가지 기본적 자원이 필수불가결하다. 하나는 합법성과 권력 같은 정치적 자원이고, 다른 하나는 서비스에 요구되는 경제적 자원이다. 조직에서 합법성은 조직의 설립 기반과 모든 활동의 근거가 되는 중요한 요소이며 권력과 같은 정치적 자원은 조직의 목표달성 및 생존에 지대한 영향력을 행사하는 요인이다. 또한 재원, 클라이언트, 인력과 같은 생산과 서비스를 위한 경제적 자원이 확보되지 않는다면 조직은 정상적으로 가동될 수 없다.

정치경제이론은 조직이 서비스 전달체계를 형성하는 데 있어서 환경의 중요성, 특히 과업환경(task environment)의 중요성, 특히 과업환경에서의 재원을 둘러싼 권력관계를 부각시킨다(Hasenfeld, 1992 : 31). 과업환경이란 조직에 직접적으로 영향을 미치는 환경으로 대개 지역사회 내의 다른 조직과 클라이언트 집단을 포함한다. 이러한 과업환경의 요소들은 조직이 필요로 하는 중요한 자원(합법성, 재원, 클라이언트)을 통제하고 있고 조직을 통해서 자신들의 목적을 실현시키려 하기 때문에 밀접한 이해관계를 형성하고 있다.

정치경제이론은 사회복지조직의 내・외부 정치경제적 관계가 조직의 서비스 전달체계에 어떤 영향을 미치는지를 현실적 차원에서 너무도 생생하게 잘 설명해 주기 때문에 이론적으로 기여하는 바가 크다(Hasenfeld, 1992 : 32). 특히 사회복지조직이 외부 환경에 크게 의존하고 있다는 사실을 강조하고 환경의존성을 탈피하려는 조직의 적응 전략을 사용했을 때 어떤 영향이 나타나는가를 명확히 설명해 준다는 점에서 사회복지조직에의 적용성은 매우 높다고 평가된다.

그러나 조직과 환경과의 역학관계에서 행태를 현실적으로 생생하게 설명하는 잠재력을 갖고 있지만 사회복지조직은 정치경제적인 힘과 자원에 의해서 전적으로 좌우되는 것은 아니며 그 조직을 이끄는 가치와 이념을 간과하고 있다는 점에서 적용상의 한계가 있다고 본다(황성철 외, 2009 : 83-86).

4. 제도이론(Institutional Theory) 및 신제도이론(Neo Institutional Theory)

제도이론은 관료제를 연구한 셀즈닉(Selznick, 1948)에 도입된 것으로서 조직의 합리성보다 조직의 생존을 우선시하는 이론이다. 이는 조직의 규범과 조직을 둘러싼 사회적 가치와 규범의 결집체인 제도적 환경이 조직의 특성과 행태를 좌우한다는 점에서 환경의 영향력을 강조하는 관점을 갖는다. 메이요와 로완(Meyer & Rowan, 1977: 343-363)은 현대사회 조직들에서는 조직의 위상, 정책, 프로그램, 사회적 여론, 주요 이해관계자의 시각, 교육과정에서 인정된 지식, 사회적 지위, 법률과 법원의 판결 등에 의해서 규정된다고 보았다.

하센필드(Hasenfeld, 1992: 36)는 사회복지서비스와 같은 유형의 조직들에서는 조직구조가 기술에 의해서 결정되는 것이 아니라, 제도적 환경에서부터 나오는 규칙들에 의해 결정된다고 보았다. 그는 제도적 환경 개념을 소개하면서 제도적 규칙들의 핵심 원천으로 국가, 전문직, 여론 등을 들고 있다.

특정 조직의 제도화된 규칙은 동일한 영역에서 활동하는 조직들의 네트워크나 개별 조직들의 성공적 실천사례에 대한 모방적 행동(mimetic behavior)에 의해서 만들어질 수 있다고 한다. 제도이론에서 조직의 제도적 환경이 요구하는 바와 같은 모습을 취하게 되는 과정을 정부나 법률의 규정에 의한 강제적 과정, 모방적 과정, 전문직의 규범으로 자연스럽게 그 절차를 수용하게 되는 과정으로 나누어 설명하고 있다(DiMaggio & Powell, 1983).

제도이론은 개별 조직의 이해뿐만 아니라 특정 영역에서 활동하는 조직들의 전반적 특성을 잘 설명한다는 점에서 유용한 조직이론으로 볼 수 있다. 특히 사회복지조직은 도덕적 이념이나 가치에 의해서 그 존립의 정당성이 부여되는 측면이 많으므로 제도적 조직들의 정형이라고 보아도 무방하다(Hasenfeld, 1992: 36, 한국복지행정학회, 2010: 78 재인용). 그러나 제도이론은 조직의 다양성보다는 유사성에 있기 때문에 조직의 관리자들로 하여금 자신만의 아이디어로 남다른 고유의 조직을 만들려는 동기를 저하시키는 조직의 창의성 상실을 가져오며, 조직들 간의 유사성이나 이해관계자의 기대에 맞추어야 한다는 점을 강조하면서도 조직 자체의 효과성이나 조직목표를 달성하기 위한 효율에 대해서는 무관심하여 조직의 효율성을 상실하게 하는 비판을 받고 있으며, 조직 간의 유사성을 강조하고 있지만 동형화된 많은 조직들 가운데에서도 어떤 조직은 성공하고 어떤 조직은 멸망하는가에 대한 설명을 명확하게 내리지 못하고 있다는 점이 이 이론의 한계점이다(임창희, 2010: 270-271).

5. 자원의존이론(Resource Dependence Theory)

자원의존이론은 조직이 생존하는 데 필요한 인적·물적·무형적 자원에 초점을 두면서 조직과 환경과의 관계를 설명하고자 하는 이론이다. 자원의존이론은 조직과 환경과의 상호관계를 강조하고 있지만 그렇다고 환경이 조직의 모든 것을 결정한다는 환경결정론을 따르는 것은 아니다. 오히려 그와 반대로 조직의 생존과 번영에 대한 환경의 영향력을 인정함과 동시에 조직도 스스로의 생존력을 높이기 위해 환경을 조작할 수 있다는 점을 강조한다(임창희, 2010 : 312). 즉, 조직은 환경적 결정에 수동적이기만 한 것이 아니라 환경적 영향에 적극적으로 대처하고 환경을 조직에 유리하도록 관리하려는 실체라고 규정한다. 자원의존이론에는 다음과 같은 세 가지 전제가 있다.

첫째, 환경에 대한 조직의 의존이다. 조직은 자원을 획득하는 데 있어 그 환경에 의존한다. 자원의 종류는 원자재, 인력, 서비스, 쇄신적 기술 등 다양하다. 자원의 주요 출처는 다른 조직들이다.

둘째, 조직의 전략적 선택이다. 환경과의 관계에서 중요한 것은 조직에 의한 전략적 선택(strategic choice)이다. 조직이 환경에 의존한다고 하지만 환경이 조직에 의한 선택의 여지를 완전히 봉쇄하지는 않는다. 조직은 스스로 선택할 수 있는 여러 가지 대안을 갖는다. 환경에 적응하고 환경을 조종하려는 의사결정은 조직 내에서 이루어진다. 그러한 의사결정은 조직의 권력구조와 외부 집단들의 요구가 어우러져 빚어내는 조직 내의 정치적 상황 속에서 이루어진다.

셋째, 환경에 미치는 조직의 영향이다. 조직은 능동적으로 환경에 영향을 미치려 한다. 환경에 의한 선택과정이 중요한 요소이기는 하지만 조직은 그에 대한 대응방안을 주체적으로 결정하며 환경을 조직에 유리하도록 능동적으로 관리하려 한다. 결국 조직과 환경의 관계는 일방적인 것이 아니라 교호작용적인 것이라 할 수 있다(오석홍, 2008 : 56).

자원의존이론에 따라 관리자가 취할 수 있는 효과적인 전략은 완충(buffering)과 연계(bridging)이다. 완충 전략은 조직이 환경의 혼란으로부터 조직을 보호하기 위하여 조직구조와 주요 절차를 정비하는 방법으로서 내부지향적이며 다소 수동적인 환경대응 전략이다. 연계 전략은 조직이 필요로 하는 주요 자원을 획득하기 위해서 환경의 다른 요소 또는 여타의 조직들과 협력관계를 형성하고 발전시키는 전략으로서 외부지향적이고 능동적인 조직의 변화대응 전략이다(이목훈, 2008 : 140).

사회복지조직의 관리자들은 자원 공급자들에게 전적으로 의존만 하지 말고 전략적으로 이들을 관리하고 조절하며 서로 간의 이해 상충의 균형을 잡아주어야 한다는 것이다. 즉, 정부나 지방자치단체에 거의 의존하는 재원만 전적으로 의존하지 말고 재원의 다각적인 확보 노력과 클라이언트의 욕구를 자신들이 공급할 수 있는 자원을 요구하도록 변화시켜, 조직에 새로운 수요를 창출하기도 하여 자신의 조직에게 도움이 되는 정부, 지방자치단체에 활동을 요구하기도 하면서 생존에 필요한 자원을 안정적으로 확보하려는 노력이 필요하다. 이를 위해서는 사회복지조직의 리더 역할이 매우 중요하며, 자원의존도를 약화시켜 환경의 불확실성을 낮추고, 차별화와 다원화 전략이 필요하다.

6. 의사결정이론(Decision-Making Theory)

고전적 관료제이론이 조직에서의 합리성 원칙을 강조한 반면, 인간관계론 관점에서는 이 원칙이 지나치게 과소평가되었다. 마치와 시몬(March & Simon)은 이 두 가지 극단적인 이론을 조직행동의 의사결정모델과 연결시키려고 하였다(성규탁 역, 1985 : 46). 이 이론은 인간의 합리성보다는 조직 내 인간의 심리적 측면을 중요시하는 개인적・행태론적 접근방법의 의사결정모형이다.

마치와 시몬 이론의 초점은 조직 속에서 상이한 지위를 점하고 있는 개인들의 의사결정이다. 그들은 인간의 제한된 합리성(bounded rationality)에 근거해 인간의 합리적 행동의 한계를 지적하고 순수한 합리성이 아닌 주관적 합리성이 추구될 수 있을 뿐이며, 조직의 문제해결과 목표달성을 위해 의사결정은 최적이 아닌 만족할 만한 수준에서 이루어진다는 것이다. 완전한 합리성이 제약받는 이유는 인간에게 모든 가능한 대안적 선택, 선택에 따르는 결과, 그리고 각 예상된 결과의 미래 가치에 대한 완전한 지식이 결여되어 있기 때문이다. 결과적으로 의사결정자들은 과거의 경험, 현존하는 자극의 선택적인 인식, 관습적 대안들을 토대로 하여 단순한 현실모델을 구성함으로써 만족할 만한 해결책을 모색한다.

그들의 조직행동모델은 개인의 의사결정을 결정하는 조직적 요인에 초점을 둠으로써 사회복지조직의 종사자들이 클라이언트에 관하여 내리는 결정을 이해하고 설명할 수 있는 분석적 도구를 제공하여 준다는 것이다(강용규 외, 2008 : 68-69).

그러나 이 이론은 의사소통 형태 등 조직 내에서 권력과 자원에 대한 상이한 권한과 분배, 그리고 조직 내 부서 간에 이권을 둘러싸고 일어나는 갈등에 관한 문제들이 무시되고 있는 것이 단점이다(장인협 · 이정호, 1993 : 35-36).

제 4 절 현대적 이론(Modern Theory)

1. 목표관리론(MBO : Management By Objectives)

목표관리론은 참여의 과정을 통해 조직단위와 구성원들이 맡아야 할 생산활동의 단기적 목표를 명확하고 체계 있게 설정 및 그에 따라 생산활동을 수행하도록 하며 활동의 결과를 평가 · 환류시키는 체계로, 드러커(Drucker)가 1954년 최초로 소개한 것이다. 이 경영관리기술이 공공기관에 도입된 것은 1973년 닉슨대통령이 연방정부의 21개 주요 기관에 MBO를 실시하라고 지시함에 따라 공공부문에 채택되면서이다.

MBO의 의의는 첫째, 공식적 목표를 실체화하는 과정이며, 둘째, 명확한 목표설정과 책임한계의 규정, 셋째, 참여와 상호협조, 넷째, 환류의 개선을 통한 관리계획의 개선, 다섯째, 조직참여자의 동기유발, 여섯째, 업적평가의 개선을 도모하고, 일곱째, 궁극적으로 효율성을 증진시키려는 것이다(신복기 외, 2009 : 100-101).

MBO는 목표설정, 참여, 그리고 환류로 구성되는데, 먼저 목표설정은 주로 측정 가능하고 비교적 단기적인 생산목표를 의미하는 것으로서, MBO가 목표설정을 통해 관리한다는 것은 목표추구에서 재량권이 있다는 것으로, 이는 목표가 설정된 다음에 이를 실현하는 사람이 그 수단을 선택할 때 자율성을 누린다는 것이다. 그리고 MBO에서는 참여과정을 통해 목표설정을 강조하는데, 부하직원이 수행할 목표는 상관과 부하의 협의를 거쳐 설정하는 것이다. 마지막으로 환류는 MBO에서 활동과 결과를 평가하고 이를 참고가 될 수 있도록 반영하는 행태로, MBO에서 환류를 중요시하는 이유는 명확한 환류가 집단의 문제능력을 증진시키고 개인의 직무수행능력을 향상시킨다고 보기 때문이다.

이러한 MBO의 구성요소를 근거로 기본적 과정을 살펴보면 목표설정과 행동계획의 입안, 시행과 중간평가 그리고 최종평가와 환류의 과정을 거치게 되는 것이다(양승일 외, 2010 : 108–109).

MBO의 장 · 단점을 보면 다음과 같다.

〈표 3–3〉 MBO의 장 · 단점

장 점	단 점
• 구성원의 동기부여 • 구성원의 목표에 대한 몰입과 참여도 증진 • 구성원의 자기통제 기회 제공 • 토의 및 협력과정을 통해 의사소통 원활 • 객관적인 성과평가 • 조직의 체계적 관리	• 최고관리층의 지원이 없이는 불가능 • 계량적인 목표에 치우칠 경우 서류작업 등의 업무 증가 • 완전한 실행까지 장기간의 시간(3~5년) 소요 • 비계량적 분야는 목표설정과 평가가 불가능

출처 : 윤종훈 외(2007). 경영학원론, p. 217.

2. 총체적 품질관리론(TQM : Total Quality Management)

총체적 품질관리론은 조직이 산출하는 서비스의 질을 향상시켜 궁극적으로 소비자 만족을 추구하기 위해서 조직문화와 서비스의 질적 향상을 위한 효과적인 관리기법을 통합적으로 운영하는 조직관리 방법이다. TQM은 일본 기업들이 생산품의 결함을 제거하여 소비자 만족을 극대화하는 조직관리 방법을 효과적으로 사용하고 있는 데 착안하여 1980년대 초반부터 미국 기업에도 적용한 경영이론 기법이다(Martin, 1993 : 22).

TQM이 전통적 관리기법과 구별되는 가장 큰 특징은 고객의 요구나 필요에 따라 조직의 목표가 설정된다는 고객중심의 관리가 강조되어 조직운영과 서비스의 지속적인 개선을 통해 양질의 서비스를 산출하여 조직의 경쟁력을 증대시키고 이를 위해 전 조직구성원들이 참여하며 노력하는 경영 시스템을 갖추는 것이다. 따라서 TQM은 단순히 제품이나 서비스의 결함을 발견하여 그것을 제거하는 데 있는 것이 아니라 총체적으로 소비자가 만족할 수 있도록 제품과 서비스를 향상시키는 혁신적인 조직관리와 경영기법으로 이해해야 한다. 스위스(Swiss, 1992)는 TQM의 7가지 주요 원리를 다음과 같이 제시한다.

① 서비스의 질은 궁극적으로 고객이 결정한다.
② 서비스의 질은 제공 과정보다는 서비스 계획 단계부터 고려한다.
③ 서비스의 변이(variation) 가능성을 사전에 방지하는 것이 고품질의 서비스 산출에 중요하다.
④ 고품질의 서비스는 개인의 노력보다는 조직 내 다양한 직원의 협력적 활동의 결과로 나타난다.
⑤ 투입과정에 대한 지속적인 개선 노력이 질적 우월성을 가져다 준다.
⑥ 질적 개선은 직원들의 적극적인 참여를 통해서 이루어진다.
⑦ 전체 조직의 사명감이 투철해야 질적 개선은 이루어질 수 있다.

TQM은 1980년대 후반부터 공공행정 분야와 사회복지서비스 조직에도 적용되기 시작하였다. 사회복지조직은 최근 클라이언트의 삶의 질이 강조되면서 서비스의 질적 향상을 위한 관리이론과 기법을 적극적으로 활용할 필요가 있다는 인식이 확산되면서 미국과 캐나다의 아동을 위한 재가복지 및 지역사회서비스, 보건 및 의료시설, 재활서비스기관, 공공복지서비스기관 등에서 적용되기 시작했다(Gunther & Hawkin, 1991 : 9).

우리나라 사회복지조직에도 TQM을 도입하여 활용할 필요가 있다고 주장하는 학자들(최재성, 1997 ; 김영란, 1999 ; 박경일, 2000)이 있지만 조심스럽게 그 적용을 탐색하는 것이 바람직하다. 사회복지조직이 산출하는 서비스의 효과성과 질을 객관성 있고 타당하게 측정할 수 있는 척도가 부족하기 때문에 TQM 도입 이후 질적 향상을 가늠하기가 어렵기 때문이다. 또한 TQM을 성공적으로 시행하려면 조직의 리더의 의지와 직원들의 자발적 참여가 전제조건이 되어야 하는데 한국의 사회복지조직의 특성상 선행조건의 충족이 어렵다(황성철 외, 2009 : 89–91; 한국복지행정학회, 2010, 79–80).

3. 학습조직이론(Learning Organization Theory)

학습조직이란 끊임없이 지식을 창출 · 획득 · 확산하는 데 능숙한 조직, 새로운 지식과 통찰력을 통합하여 행동을 수정하는 데 능숙한 조직, 잘못된 지식을 폐기하여 구습을 버리고 새로운 것을 학습하는 데 능숙한 조직을 말한다. 급변하는 환경 속에서 어제의 성공이 오늘의 성장을 보장하지 못하며, 새로운 지식의 학습 없이 기존 능력의 효과적인 관리만으로는 성공적인 기업이 될 수 없다.

예를 들면 싱가폴 항공사가 세계 최고의 기내 서비스로 명성을 얻을 수 있었던 이유는 조직구성원들을 대상으로 연간 7,000~1억 3,000만 달러의 훈련과 개발비용을 투입하여 인력자원개발 프로그램을 운영하는 데 있었다. 이 조직은 지속적이고 반복적인 학습을 통해 구성원들의 잠재력을 개발하는 데 중점을 두었기에 가능했던 것이다. 학습조직(learning organization)은 조직구성원들이 진실로 원하는 결과를 창출하기 위한 능력을 지속적으로 확대해 가는 곳, 새롭고 팽창적인 사고의 패턴이 자라는 곳, 집단적인 획일성에서 해방되는 곳, 그리고 사람들이 함께 학습하는 방법을 끊임없이 배우고 있는 곳으로 정의하였다(Senge, 1990 : 4). 많은 학습인이 있을수록 좋은 학습조직이 된다. 그러나 좋은 학습조직의 조건은 많은 학습인만으로는 안 되며 학습조직의 활동을 지원하고 일상적인 운영을 위해 학습을 보다 효과적으로 관리하기 위해서는 다음과 같은 것이 필요하다.

① **체계적인 문제해결 활동** : 학습이란 정확성과 정밀성이 필수적이다. 따라서 계획-실행-점검-행동(Plan-Do-Check-Act : PDCA)의 사이클과 같은 과학적 방법으로 문제해결을 해나가야 한다. 진실한 학습이 이루어지려면 평범한 생각으로는 불필요한 것으로 느껴지더라도 증거를 수집하면서 근본 원인을 진단하여야 한다.

② **실험을 통한 시범적 운용** : 이 활동은 체계적으로 새로운 지식을 찾고 이를 테스트하는 것이다. 따라서 프로그램 형태로 나타나게 된다. 조직 외부로부터 새로운 관행과 기술을 이해한 후 학습한 것을 조직으로 가져와서 일상적인 작업에 적용해 보는 것이다.

③ **과거의 경험으로부터의 학습** : 조직은 학습조직을 구축하기 위해 성공과 실패의 내용을 재검토하고 이를 체계적으로 평가하며 구성원들이 공개적으로 이용할 수 있도록 얻은 교훈을 기록해야 한다. 오늘날 관리자가 과거에 대해 무관심하거나 심지어 적대시하여 소중한 지식을 신중하게 반영하지 못하는 경우가 있다.

④ **다른 조직으로부터의 학습** : 모든 학습이 반성과 자기분석으로부터만 이루어지는 것은 아니다. 경우에 따라서 외부에 눈을 돌릴 때 생기기도 한다. 이는 부끄럼 없이 아이디어를 도용하는 것, 남이 하는 것을 보고 모방하기 등인데 이들을 가리켜 벤치마킹(benchmarking)이라고 한다.

⑤ **정보지식의 이전** : 학습이 지엽적인 일로 국한되지 않으려면 정보와 지식이 조직 속속들이 빠르고 효율적으로 확산되어야 한다. 아이디어는 몇 사람의 손에 쥐어져 있는 것보다는 폭넓게 공유될 때 최대 효과를 가져온다.

학습조직은 조직의 본질을 부단한 혁신과 끊임없는 파괴로 보는데 이 시스템은 변하지 않으려는 관성도 내포하고 있다. 즉, 변화에 대한 저항이 있는 것이다. 따라서 성급한 변화는 저항에 의해 변화작업 자체가 유야무야되기 십상이다. 그러므로 학습조직의 구축을 위해서는 조직 내의 저항을 극복하고 적극적 참여를 이끌어 내기 위해 이완학습(unlearning)이 선행되어야 한다. 또한 이를 바탕으로 조직에 체계적으로 학습을 투입하여 지속적이고 습관적인 학습이 반복될 수 있는 조직역량을 만드는 것이 필요하다(임창희, 2010 : 395–396).

그러나 사회복지조직에 학습조직화하는 것은 매우 어렵고 시간과 자원이 많이 소요될 것이다. 특히 만성적인 인력과 재원의 부족을 안고 변화하는 환경에 적응해야 하는 사회복지조직은 더욱 어렵다. 그러나 이런 어려운 환경에서도 변화하는 환경에 대응하는 사회복지조직에서는 학습여건이 되도록 조직문화와 리더십을 갖추어 새로운 지식과 기술을 축적하여 활용한다면, 그 조직은 경쟁력 있는 조직으로 변모되고 궁극적으로 조직의 역량은 크게 강화될 것이라는 확고한 신념을 가져야 할 것이다(황성철 외, 2009 : 94).

4. 지식관리이론(Knowledge Management Theory)

21세기는 산업사회는 지식사회로는 전환이 확실히 이루어지고 있는 추세이다. 과거 산업사회에서는 자본과 노동을 집약적으로 사용하였지만, 오늘날은 인간의 창의력과 정보기술이 결합된 지식사회로 세계경제구조가 재편되고 있다. 따라서 지식사회에서는 자본과 노동의 투입비율보다는 창의력과 정보기술이 결합된 지식의 투입비율이 훨씬 커진다. 지식을 중요한 자원으로 활용해야 하는 지식사회에서는 조직활동도 기존의 방식에서 변화해야 한다. 이에 따라 대두되는 것이 지식관리이다.

지식관리(knowledge management)은 조직이 갖고 있는 지적 자산뿐만 아니라 구성원 개개인의 지식이나 노하우를 체계적으로 발굴하여 조직 내부의 보편적인 지식으로 공유하고, 공유지식의 활용을 통해 조직 전체의 문제해결능력과 조직가치를 향상시키는 관리 접근방법이다. 지식경영의 절차는 기초 데이터(data)를 정보(information)로 전환시키고, 이어서 그 정보를 조직의 보편적 지식(knowledge)으로 전환한 후 전사적으로 공유시키는 것이다. 이렇게 조직 내부의 한 조직이 습득한 지식을 다른 조직도 이용함으로써,

조직 전체의 비효율을 제거하고 경쟁력을 향상시키는 데 그 목적이 있다.

성공적인 지식관리활동을 위해서 조직은 내부에 보유된 지식뿐만 아니라 외부로부터도 지식을 축적하고 이를 활용함으로써 보유지식의 가치를 극대화시킬 필요가 있다. 이러한 지식은 끊임없이 변화하고 혁신된다는 속성을 지니고 있다. 따라서 인간의 지식능력에 기반을 둔 지식사회에서는 조직이 보유할 수 있는 지식을 끊임없이 혁신하고, 새롭게 창조해 나가야 한다.

Social Welfare Administration

CHAPTER 04

미시적 조직관리: 동기이론과 리더십 및 슈퍼비전

제 1 절 동기부여의 개념과 이론

1. 동기부여 개념

동기라는 용어는 사람으로 하여금 어떤 행동을 일으키게 하는 내적 요인 또는 마음의 상태를 의미한다. 동기부여는 이와 같은 상태로 되거나 또는 가져오게 하는 것을 의미한다(권정호 외, 2008 : 229).

동기부여(motivation)란 라틴어인 'movere(to move)'에서 유래된 것으로서 일반 심리학 분야에서 인간 행동을 예측하는 이론 전개를 위하여 개발된 용어로 어떤 사람을 자극하는 행동을 불러일으키거나 또는 다른 사람으로 하여금 바람직한 행동을 수행하도록 이끄는 것이라고 정의할 수 있다. 다시 말하면, 동기부여는 사람들에게 자발적 내지 적극적으로 책임을 지고 일을 하고자 하는 의욕이 생기게 하는 것으로 목적달성을 위한 행동을 유발시키는 행동과정이라고 할 수 있다(이원우 외, 2008 : 473). 따라서 사회복지조직에서의 동기부여는 사회복지사들의 바람직한 행동을 지속적으로 수행하도록 이끄는 힘을 의미한다.

2. 동기부여의 제 이론

동기에 관련된 이론은 내용과 과정이론으로 구분되며, 내용이론은 동기를 유발하는 내용, 즉 무엇이 동기를 유발하는지에 초점을 두고 있으며, 사람이 가지고 있는 욕구가 무엇이며, 그것의 우선순위가 어떤지에 관심을 둔다. 대표 이론으로 욕구단계이론, ERG이론, 동기－위생이론 등이 있다.

과정이론은 동기가 유발되는 과정, 어떻게 동기가 유발되는지에 초점을 두고 인간이 목표를 달성하기 위하여 노력하는 행동과정에 관계되는 요인이 무엇이며, 어떻게 상호 관계되는지에 관심을 둔다. 대표 이론으로 기대이론, 목표설정이론, 공정성이론 등이 있다.

1) 매슬로우의 욕구단계이론

1943년 심리학자 매슬로우(Maslow)가 발표한 욕구단계설에 따르면 인간은 모두 다섯 가지 종류의 욕구범주를 갖고 있으면서 최하위의 욕구를 모두 채우고 나면 다음 단계의 욕구가 생겨나고, 그것을 다 채우면 또 그 다음 단계의 욕구가 생겨나기를 반복한다는 것이다. 즉, 한 단계의 욕구 발생과 충족하려는 행동은 하위욕구가 충족되었을 때 가능하다는 의미이다.

이후 매슬로우는 다섯 가지 욕구를 하위욕구와 상위욕구로 나누고, 생리적 욕구와 안전욕구를 포함하는 하위욕구는 주로 외부 요인(임금 · 고용기간) 등에 의해서 충족되는 반면 나머지 세 욕구를 포함하는 상위욕구는 내부 요인에 의해 충족된다고 주장하였다. 또 그는 자아실현욕구와 다른 네 가지 욕구를 구분하여 자아실현욕구를 성장욕구, 나머지를 결핍욕구라 하고, 전자는 성장하려고 해서 발생하는 욕구인 반면 후자는 무엇인가 부족하기 때문에 느끼는 욕구라고 주장하였다(윤종훈 외, 2007 : 294-296).

〈표 4-1〉 매슬로우의 욕구단계이론

욕구수준	일반 요소	조직체 요소	일반 만족도
자아실현	자율성, 성장, 성숙	창의적 업무, 보람 있는 직무, 성취감, 경력 발전	욕구결핍
존 경	인정, 성립, 신분, 자존심	직위, 직무내용, 책임감, 상관 · 동료 · 부하로부터 인정	
애 정	교제, 친분, 친애	리더십, 집단소속감, 준거집단 관계	
안 전	안전, 안정, 기본 실력	작업환경, 방침, 후생복지, 안정된 직업 또는 직장	
생리적	공기, 의, 식, 주, 성	봉급, 안전하고 건전한 작업환경	욕구충족

2) ERG이론

매슬로우의 욕구단계 이론을 수정하여 조직환경하에서 개인의 욕구동기를 보다 현실적으로 제시한 이론이 알더퍼(Alderfer)의 ERG이론이다. 그는 욕구를 크게 세 가지로 범주화하여 영어의 첫 자를 따서 ERG이론으로 명명하였다. 그는 하위욕구와 상위욕구는 기본적 차이가 있다고 보고 경험을 토대로 핵심이 되는 욕구를 세 가지로 분류하였다.

① **존재욕구**(E : Existence)

배고픔, 목마름, 거처 등과 같은 모든 형태의 생리적 · 물리적 욕구를 말한다. 조직에서는 임금이나 쾌적한 물리적 작업조건에 대한 요구가 이 범주에 속한다.

② **관계욕구**(R : Relatedness)

직무에서 타인과의 대인관계와 관련된 모든 욕구를 말한다. 이 욕구는 매슬로우의 소속 및 애정욕구와 유사하다.

③ **성장욕구**(G : Growth)

창조적 · 개인적 성장을 위한 한 개인의 노력과 관련된 욕구이다. 성장욕구 충족은 한 개인이 자기 능력을 그대로 이용할 수 있을 뿐만 아니라 새로운 능력개발을 필요로 하는 일에 종사함으로써 성취할 수 있다. 매슬로우의 자아실현욕구와 본질적으로 같다고 볼 수 있다.

ERG이론에 의하면 하위 수준의 욕구가 충족될수록 상위욕구의 자극은 더욱 강하게 나타나고, 상위욕구가 충족되지 않을수록 하위욕구의 강도는 더욱 커진다. 예를 들면, 자기 능력에 맞는 보람 있는 일을 하지 못하게 되는 경우에 개인은 동료와의 관계를 더욱 깊게 함으로써 충족되지 않은 성장욕구 대신에 관계욕구를 한층 더 만족시키려고 노력한다(이학종 외, 2009 : 176–177).

3) 동기–위생이론

심리학자인 허츠버그(Herzberg)는 펜실베이니아 주의 피츠버그를 중심으로 기업에 고용되어 있는 203명의 경리직원과 엔지니어에게 직무와 관련하여 가장 즐거웠고 만족했던 상황과 가장 불만스러웠던 상황을 12회에 걸쳐 인터뷰 조사를 하였다. 그 결과 월급이 적어 불만인 사람이 많았고, 자신의 실력을 인정해 주고 칭찬을 들은 사람은 만족도가 높게 나왔다. 이를 통하여 그는 무조건 욕구를 충족시키면 사기가 오르는 것이 아니라 어느 욕구를 충족시키느냐에 따라 사기가 오를 수도 있고, 아무리 충족시켜 주어도 사기가 오르지 않는 욕구가 존재한다는 사실을 발견하였다. 그래서 모든 욕구를 두 개의 요인, 위생요인(hygiene factors)과 동기요인(motivator)으로 분류하여 사기 향상을 위해서는 동기요인을 집중적으로 충족시켜야 한다고 강조하였다.

이러한 주장을 2요인이론(Two Factor Theory)이라고 한다.

위생요인은 개인의 욕구를 충족시키는 데 있어서 주로 개인의 불만족을 방지해 주는 효과를 가져오는 것을 의미하는 것으로 이들 요인을 위생요인(hygiene factor) 또는 불만족요인(dissatisfier)이라고 부르며 주로 임금, 안정된 직업, 작업조건, 지위, 경영방침, 관리, 대인관계 등을 포함한다.

허츠버그는 조직체에서 이들 요인이 갖추어지지 않으면 조직구성원은 극도로 불만족해져서 조직체를 떠나거나 성과에 좋지 않은 영향을 주지만 그 반면에 이 요인들이 잘 갖추어진다 하더라도 이들 요인은 조직구성원으로 하여금 열심히 일하도록 동기를 자극하지 않는다는 것이다. 즉, 위생요인은 주로 개인의 직무환경과 관련된 직무외재적 성격을 지니고 있는 것이 특징이다.

동기요인(motivator)은 개인으로 하여금 열심히 일하게 하고 성과도 높여주는 요인으로서 성취감, 인정, 책임감, 성장, 발전, 보람 있는 직무내용, 존경과 자아실현욕구 등을 포함하는 직무내재적 성격을 지니고 있다.

위생요인이 동기행동을 작동시키지 못하는 것과 같이, 동기요인의 결여가 불만족을 초래하지는 않는다. 다시 말해서 동기요인이 갖추어지지 않더라도 개인은 극도로 불만족해지지는 않는다는 것이다(이학종 외, 2009: 178-180). 그 요인이론은 동기유발 요인을 지나치게 과대평가하는 것이 한계점이나 리더십 개발에 많이 적용되고 있고 경영현장에 실질적 공헌을 했다는 점을 인정받고 있다.

〈표 4-2〉 허츠버그의 동기-위생이론

동기요인	위생요인
• 도전감 • 성취감 • 안정감 • 성장 가능성 • 책임감 • 승진 기대	• 임금 • 작업조건 • 회사의 정책과 경영 • 작업안정 • 대인관계 • 감독, 상사와 부하

4) 성취동기이론

우리는 일반적으로 성공한 사람들의 특징을 뽑는다면, 그 사람이 다른 사람에 비하여 성취욕구가 매우 강했기 때문에 성공한 사람이라고 한다. 이처럼 강한 성취동기가 성공을 불러온다는 이론이 맥클리랜드(McClelland)가 제시한 성취동기이론이다. 그는 인간 욕구를 성취욕구, 권력욕구, 친교욕구의 세 가지로 분류하였다.

① **성취욕구**(Need of achievement)

성취욕구는 표준의 달성을 위하여 높은 기준을 설정하고 이를 달성하고 성공을 추구하려는 욕구를 말한다. 성취욕구가 높은 사람은 성공에 강한 희망을 가지고 있으며 실패에 대해서는 강한 두려움을 가지고 있다. 그들은 도전하기를 원하며 어렵지만 불가능하지 않은 목표를 설정한다. 또 위험에 대해서는 현실적인 입장을 취하고 있다. 즉, 직무에 대하여 책임을 가지고, 수행방법에 대한 피드백을 좋아하고 오랜 시간 동안 일하기를 좋아하면서 실패에 대해 두려움을 지나치게 갖고 있지 않다.

② **권력욕구**(Need of power)

권력욕구는 다른 구성원에게 통제력을 행사하거나 영향을 미치는 욕구로 이러한 욕구가 강한 사람들은 일반적으로 지도자로서의 일을 추구하고, 강압적이고, 거리낌 없이 말하고, 완고하며 자기중심적이고, 또한 남을 가르치고 대중 앞에서 말하기를 좋아한다.

③ **친교욕구**(Need of affiliation)

친교욕구는 구속욕구라고도 하며, 이 욕구는 다른 사람과 친밀한 관계를 유지하려는 욕구를 말한다. 이러한 욕구가 강한 구성원은 유쾌한 사회적 관계 유지에 관심을 가지며, 친밀감과 이해감을 공감하고, 어려운 처지에 있는 다른 사람을 위로하고 도와주며 친근한 상호작용을 즐긴다. 따라서 타인을 존중하며 이해하는 것을 중요시하며 사회집단으로부터 소외되는 아픔을 피하려는 경향을 지닌다.

맥클리랜드의 이론을 바탕으로 사회복지기관에서의 사회복지사의 행동 특성을 살펴보면 다음과 같다. 성취동기가 강한 사회복지사는 다른 사회복지사에 비하여 목표설정을 중요시하며 목표설정의 기준이 본인의 능력에 따라 도전적으로 점차 상위수준에 목표를 설정하고, 목표설정 과정에서의 성과분석에 피드백을 중요시하며, 성과지향적 동료와 일하는 것을 선호한다. 권력욕구가 강한 사회복지사들은 조직에서의 조직구성원에 대한 통제와 영향력을 행사하는 데 관심을 갖고 자기중심적으로 타인을 움직이려는 성향이 있다. 친교욕구가 강한 사회복지사는 조직 내의 원만한 인간관계를 유지하고 상호작용하는 것을 선호한다. 이상에 살펴본 내용이론을 종합하여 분석하면 [그림 4-1]과 같다.

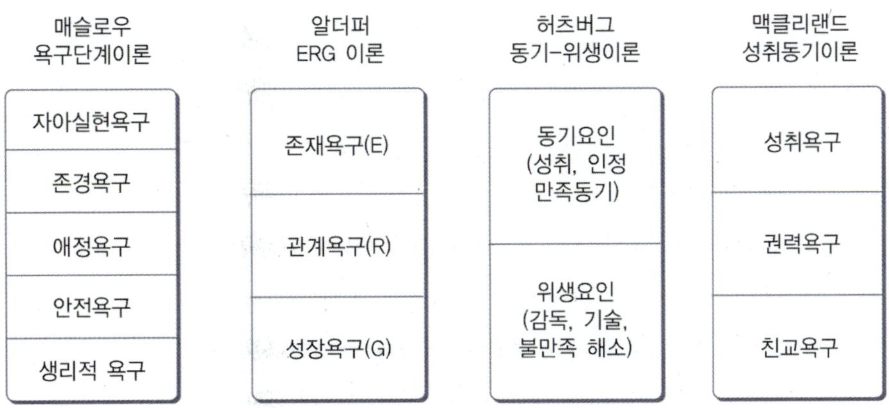

[그림 4-1] 모티베이션 내용이론의 비교

5) 기대이론

기대이론(Expectancy Theory)은 심리학자인 브룸(Vroom)이 적용한 이론으로, 개인이 특정한 방식으로 행동할 가능성은 그 행위가 특정한 결과를 얻어낼 것이라는 개인의 믿음의 강도와, 개인이 그 결과에 가치를 부여하느냐의 여부에 달려 있다는 것이다.

기대이론은 세 가지 중요한 관계에 의해 영향을 받는다. 첫째, 조직원 누구나 열심히 노력하면 성과를 낼 수 있다는 기대(effort-to performance expectancy), 둘째, 성과를 내면 누구나 정당한 보상을 받을 수 있다는 기대(performance-to-reward expectancy), 셋째, 보상에 대해 느끼는 매력(perceived attractiveness of reward)이다. 위 요인을 토대로 기대이론에서 동기부여가 되려면 노력의 결과로 주어지는 보상에 대한 기댓값이 일정 수준을 넘어서야 한다고 가정한다. 또한 동기부여가 일정 수준 이상이 되기 위해서는 가치의 크기와 달성의 가능성 모두가 균형적으로 어느 수준 이상이 되어야 한다.

동기부여 ≥ 가치의 크기 × 달성의 가능성

기대이론의 문제점으로 보상의 크기나 달성 가능성을 객관적이고 합리적으로 결정하기 어렵다는 데 있다.

따라서 사회복지기관의 관리자들은 기대이론에 근거해서 직원들에게 동기부여를 하려면 다음과 같이 행동해야 한다(정재영 외, 2007 : 353).

① 각각의 직원이 가치 있게 여기는 보상을 결정한다.

② 바람직한 성과수준을 결정하고 난 후 직원들에게 그 수준을 명확하게 전달한다.

③ 도달 가능한 성과수준을 설정한다.

④ 보상과 성과 사이의 관계를 명확히 한다.

⑤ 보상의 효율성에 역효과를 낼지 모르는 요인들을 결정한다.

⑥ 성과수준을 놓고 볼 때 보상이 적절한 수준인지를 확인한다.

6) 공정성이론

아담스(Adams)의 공정성이론(Equity Theory)은 기대이론의 문제점을 보완하기 위해 제시된 이론으로 자신이 동료들과 비교해 볼 때 얼마나 공정하게 대우받고 있느냐에 대한 개인의 인식에 기초한다. 공정성은 공명정대함을 의미하며, 사회복지기관에서 자신들이 취급받는 방식과 자신들이 받는 보상에 대해 직원들이 인지하는 공정성을 가리킨다. 직원들은 그들 자신의 산출물(즉, 급여와 복지혜택)을 그들의 투입물(즉, 근무시간, 교육수준, 훈련시간)과 관련해서 평가하고 그 다음에는 산출/투입 비율이 개인들 간에 같으냐 아니면 다르냐에 크게 세 가지 반응이 나타날 수 있다.

첫째, 본인의 비율이 다른 사람들의 비율과 같거나 비슷할 때 만족감을 느낀다.

둘째, 본인의 비율이 지나치게 크다고 느낄 때 죄책감을 느낀다.

셋째, 본인의 비율이 지나치게 작다고 느낄 때 불만족을 느낀다.

따라서 공정성이론의 가정은 모든 사람이 공정한 기준과 방식으로 평가되고 보상받는다는 인식을 주어야만 만족감을 느끼면서 동기부여가 될 수 있다고 주장한다. 한마디로 보상의 크기는 절대적 수치 차이가 아니라 상대적 느낌의 차이라는 것이다.

결국 공정성이론은 동기부여 프로그램의 설계과정에서, 절대적 보상 크기를 확대하는 것 못지않게 상대적 보상의 공정성을 확보하는 것이 중요하다. 그러나 공정성이론은 공정성이라는 그 자체가 주관적 판단에 의해 결정되기 때문에 사람마다 상대적 차이를 인식하는 기준이 다르고 또 차이에 대해 반응하는 태도가 상이할 수 있다는 것이 문제점이다(박용태, 2006 : 123-124).

3. 사회복지조직에서의 동기부여

사회복지조직에서의 동기부여는 크게 업무상의 동기부여, 과업환경상의 동기부여, 인사관리상의 동기부여, 후생복리상의 동기부여로 구분하여 살펴볼 수 있다.

첫째, 업무상의 동기부여로서 사회복지조직의 구성원들이 전문적 기술을 발휘할 수 있도록 기회를 제공하고 과업을 실행하는 과정에서는 과업의 의미, 중요성, 공헌 등을 인식시켜 주며, 그들을 통제하고 억압하지 않으며 스스로가 과업 참여에 신바람이 나도록 자율성을 부여하여 관리스타일과 통제규정을 개선하며 창의성을 발휘하는 직무수행 방법을 도입해야 한다.

둘째, 과업환경상의 동기부여로서 과업을 수행하는 데 작업환경과 작업조건, 그리고 안정감을 줄 수 있는 환경개선이 필요하며, 조직 내 환경의 분위기, 즉 기관의 분위기를 조성하여 안정감을 갖고 일을 할 수 있는 기관 분위기가 조성되어야 한다. 특히 우리나라의 사회복지조직은 사회변화에 따른 조직사회의 변화에 대응하지 못하고 권위주의와 형식주의의 조직문화로 변화하는 조직사회에 대응할 수 있는 조직문화가 필요하며, 이에 그 조직사회의 구성원들이 이러한 변화에 맞게 자발적으로 동기부여가 될 수 있도록 환경의 변화가 필요하다.

셋째, 인사관리상의 동기부여로서 조직구성원들에 대한 신분보장과 적재적소의 인력배치를 통한 책임감을 갖고 일할 수 있도록 해야 하며, 구성원들에 대한 안정적 보수체계와 인사평가에 대한 객관적 평가기준을 통한 인사고과제도의 개선 그리고 급속하게 변화되고 있는 환경에 대응할 수 있는 구성원들의 전문적 기술 습득을 위한 교육, 훈련의 기회도 다양하게 부여해야 할 것이다.

넷째, 후생복리상의 동기부여로서 사회복지조직의 구성원들이 기관에서의 근무환경에 대한 개선으로 복지 프로그램을 운영하여 구성원들이 복지후생에 만족할 수 있도록 해야 한다. 기존의 사회복지조직의 후생복리로서 휴가, 건강진단, 교통비 지급 등의 다양한 후생복지가 되어 있지만 구성원들이 적합하게 이용할 수 있도록 하여 구성원들의 단합과 개개인의 라이프스타일에 맞는 복지후생이 이루어져 조직에 새로운 활기를 불어넣을 수 있도록 해야 한다(신복기 외, 2008 : 296-297).

제 2 절 리더십의 이해

1. 리더십의 개념 및 필요성

이순신 장군이 명량해전에서 거북선 12척만을 이끌고 수적으로 우세했던 왜군을 무찌름으로써 수세에 몰려 있던 전황을 완전히 뒤바꿔 놓은 것은 이순신 장군의 리더십을 알지 못하고서 설명할 수 없는 사건일 것이다. "난세에 영웅이 나온다"는 말은 조직환경이 어려울 때 난국을 전환시킬 수 있는 리더십이 중요함을 알려 준다.

조직체의 목적을 효과적으로 달성하려면 조직을 구성하고 있는 개인과 집단의 협조가 매우 중요하다. 그리고 개인과 집단의 협조는 그들과 직접적으로 상호작용을 하는 리더의 역할이 없이는 실현될 수 없다(이학종 외, 2009). 리더십에 대한 과학적인 연구는 20세기에 들어오면서 시작되어 리더십에 대한 많은 정의와 이론들이 제기되면서 리더십에 대한 과학적 연구가 시작되었고, 갈수록 조직의 발달과 더불어 조직 내 구성원의 상호 지원과 협력이 요구되면서 효율적으로 이끌어갈 수 있는 리더십에 대한 연구가 이루어지고 있으나, 효과적인 리더십에 관해서 공통된 이론과 확고한 결론은 아직 미흡하고 조직체에서의 실제 적용도 매우 어려운 현실이다.

리더십은 이를 다루는 연구자들의 관점에 따라 다양하게 정의되고 있다. 플레쉬맨(Fleishman, 1973)은 리더십이란 어떤 목표나 목표들의 달성을 지향하도록 의사소통과정을 통해서 개인 간에 영향력을 행사하려는 시도라고 정의하고 있으며, 트렉커(Trecker, 1977 : 53)는 리더십을 공동목표의 달성에 있어서 사람들이 협동하여 일하도록 영향을 주는 능력이라고 정의하고 있으며, 스토그딜(Stogdill, 1981 : 7-14)은 리더십의 정의를 다음과 같은 11가지 범주로 나누고 있다. ① 집단과정의 초점, ② 인성과 그 영향, ③ 순응을 이끄는 기술, ④ 영향력 행사, ⑤ 행동, ⑥ 설득형태, ⑦ 권력관계, ⑧ 목표달성 수단, ⑨ 상호작용 결과, ⑩ 분화된 역할, ⑪ 조직의 구조주도로서의 리더십이다. 로빈스(Robbins, 2003 : 112)는 설정된 목표를 향해 매진할 수 있도록 사람들에게 영향력을 행사하는 능력이라 하였다.

리더십에 대한 관점의 차이, 연구대상 및 영역, 리더십 유형, 리더십의 본질에 대한 이해방법 등의 차이로 다양한 견해들이 정의되고 있다. 따라서 리더십 개념을 정의할 때, 다음 세 가지 하위 차원이 동시에 포함되어 있다.

첫째, 리더십에는 집단이 성취해야 할 목표가 있다. 구성원 각자의 목표가 아니라 집단의 목표를 달성하기 위해 노력하도록 한다.

둘째, 구성원이 자발적으로 목표지향적 행동을 하도록 촉진한다.

셋째, 구성원의 행동을 촉진하도록 영향력을 발휘한다. 리더가 부하의 행동을 촉진하기 위해 조직에서 주어진 합법적 권한은 물론, 개인적 능력을 포괄적으로 사용한다(김영재 외, 2007 : 313–314).

리더십은 조직성과에 영향을 미치는 중요한 요소의 하나일 뿐만 아니라 조직의 관리자에게 있어서 조직의 목표를 달성하는 활동의 핵심인 것이다(최성재 외, 2000 : 433). 사회복지조직에서의 리더십은 변환과정, 즉 블랙박스(black box)에 해당된다고 볼 수 있다. 따라서 조직의 산출(output)요소의 차이는 대부분 리더십의 차이에서 결정된다고 볼 수 있다. 비록 사회복지조직의 인적 · 물적자원, 즉 투입(input)에 있어서 열악한 환경이지만 리더십이 훌륭하면 좋은 산출물(서비스 질, 고객만족, 프로그램 등의 효과성)을 생산할 수 있다는 것이다. 사회복지조직에서 리더십이 필수불가결한 이유는 다음과 같다(Neugeboren, 1985 : 145).

첫째, 많은 전문가가 고용되어 있는 사회복지조직에는 전문가의 자율성 욕구와 조직의 통제욕구 사이에 부단한 긴장이 존재하며 이와 같은 긴장은 자칫 구성원들의 갈등을 유발할 수 있다. 따라서 조직구성원들이 조직의 규칙과 규정을 준수하게끔 동기부여를 할 리더십이 필요하다.

둘째, 사회복지조직은 끊임없이 변화하는 환경에 압력이 증가하고 있기 때문에 이러한 변화에 대처하기 위한 조직을 변화시켜야 한다. 그러나 조직을 수시로 변화시키는 것은 곤란하므로 조직구성원들이 자발적으로 달성하는 데 기여할 수 있도록 리더십이 필요하다.

셋째, 사회가 변화함에 따라 사회복지서비스 분야에서 새로운 지식·기술·기법을 도입해야 함은 물론 새로 형성된 조직이론을 도입하여 조직의 목적이나 프로그램의 목표를 달성해야 한다. 즉, 내부적 변화를 도모함과 동시에 변화에 따른 조직구성원이 무리없이 수용할 수 있도록 하기 위해서는 리더십이 필요하다.

넷째, 사회복지조직에서 구성원들의 전문적 목표는 조직의 목표와 완전히 일치하지 않을 수 있다. 조직이 추구하는 목표와 조직구성원이 추구하는 목표가 다를 수 있고 이때 생기는 괴리를 해소하고 일치된 목표를 가져올 수 있도록 리더십이 필요하다.

2. 리더십 이론

리더십에 관한 연구의 이론은 리더의 개별 성향에 초점을 둔 특성이론, 리더의 효과적인 행동에 초점을 둔 행동이론, 리더십과 환경과의 개연성에 초점을 둔 상황이론, 그리고 최근 리더십(변혁추구이론 또는 육성이론을 포함)으로 변혁적 리더십, 카리스마 리더십, 감성 리더십, 서번트 리더십, 셀프 리더십 등으로 분류할 수 있다.

〈표 4-3〉 **리더십 이론의 발전과정**

리더십 이론	연구 시점	중요한 연구 측면
특성이론	1940년대	성공적인 리더의 자질(지능, 성격 및 사회, 신체적 특성)에 대한 리더십 이론
행동이론	1950~60년대	효율적인 리더가 보이는 행동유형에 대한 리더십 이론
상황이론	1970~80년 초반	효율적인 리더십에 작용하는 환경적 상황요소를 밝히는 리더십 이론
변혁추구이론	1980년 초반 이후	조직의 구성원들의 몰입과 헌신을 이끌어내기 위한 정서적 측면의 리더십 이론(거래적-변혁적 리더십)
육성이론	2000년 이후	조직의 효율성을 위하여 조직의 모든 구성원이 리더십을 갖추어야 하며 교육을 통하여 리더십이 개발될 수 있다는 리더십 이론(셀프, 서번트, 감성 리더십)

1) 특성이론

리더십의 초기 이론으로 리더의 성격적 특성을 강조한 것이다. 특성이론(Traits Theory)은 리더의 개인적 자질에 초점을 맞추고 이러한 자질들이 어떻게 리더의 유효성에 미치는가를 연구하였다.

대비스(Davis, 1972 : 103–104)는 지능, 사회적 성숙과 폭, 내적 동기 여부와 성취욕구, 인간관계의 태도 등 4가지의 특성이 리더십과 높은 관계가 있다고 하였으며, 버나드(Barnard, 1962 : 92–95)는 지도자에게 필요한 특성으로 박력과 지구력, 결단력, 설득력, 책임감, 지적 능력 등을 들고 있으며, 스토그딜(Stogdill, 1974 : 74–75)은 1748년 이후 특성 연구들을 분석한 결과 효과적인 리더의 특성을 다음과 같이 6가지로 분류하고 있다(이원우 외, 2008 : 483).

① **신체적 특성** : 연령, 외모, 신장, 체중
② **사회적 배경** : 교육, 사회적 지위, 이동성
③ **지능과 능력** : 지능, 판단력, 결단력
④ **성격** : 민첩성, 창의성, 독립성, 자신감
⑤ **과업 관련 특성** : 주도성, 성취욕구, 안전욕구, 책임감
⑥ **사회적 특성** : 관리능력, 통합력, 인간관계 능력, 협동감 등

그러나 특성이론이 입증되려면 모든 리더가 갖고 있는 보편적 특성을 찾아낼 수 있어야 하는데 이러한 특성을 찾아내지 못하였다는 점에서 유용하지 못하다. 그 이유로 첫째, 리더의 행동과 인성 간의 일관성 있는 상관관계를 발견하지 못하였으며, 둘째, 신체적 요인은 효율적 리더십과 관련이 있으나, 상황에 따라 반드시 필요한 점은 아니라는 것, 셋째, 상황요인은 때때로 인성요인을 무시하게 되며, 넷째, 인성기술과 측정 자체가 부적절하다는 것이다(Hellriegelel & Slocum, 1976 : 296–297). 따라서 특성이론은 상황에 따라 요구되는 리더십이 다를 수 있는데, 모든 상황에서 보편적인 특성을 추구하려는 점이 한계로 지적되고 있다.

2) 행동이론

행동이론(Behavioral Theory, 행위이론)은 특성이론의 한계점을 극복하기 위하여 리더의 행동을 관찰하는 방향으로 전환하면서 1940년대 말부터 행동과학자들이 리더의 행동에 관심을 두기 시작하였다. 이는 효과적인 리더는 그들의 특별한 리더십 행동에 의해 비효과적인 리더와 구별된다는 이론으로 행동이론에는 오하이오 연구, 미시간 연구, 관리격자이론 등이 있다.

(1) 오하이오 연구

1950년대 들어오면서 리더십을 위한 대형 프로그램들이 시도되었는데, 그중에서 가장 큰 공헌을 한 것은 스토그딜과 에드윈, 플레쉬맨이 이끌었던 오하이오 주립대학 리더십 연구로 초기 리더십 연구는 조종사와 운항 승무원을 대상으로 하였다. 운항 승무원을 대상으로 그들을 지휘하는 조종사의 리더십 행위에 대한 다양한 행동 스타일을 설문지 리더행동기술 질문지(LBDQ : Leader Behavior Description Questionnaire)를 통해 측정하였다. 그 결과 리더행동을 구조주도행동(initiating structure)과 배려(consideration)로 구분하였다. 구조주도행동은 작업관계와 역할을 정의하고 조직화하는 리더행동을 의미한다. 뿐만 아니라 조직의 형태, 의사소통, 작업방식 등을 말한다. 배려행동은 신뢰, 상호존경, 우정, 지원, 구성원의 복지를 위한 관심을 나타내는 행동을 의미한다(김영재 외, 2007 : 318-319).

이 두 가지 차원을 사용하여 [그림 4-2]와 같은 네 가지 리더십 유형을 통해 본 결과, 구조주도가 높고 배려도 높은 리더십일 때 가장 효과적인 유형인 것으로 나타났다. 오하이오 주립대학의 리더십 연구는 리더십을 매우 체계적이고 상세하게 설명하고 있다는 점이 높이 평가할 만하다.

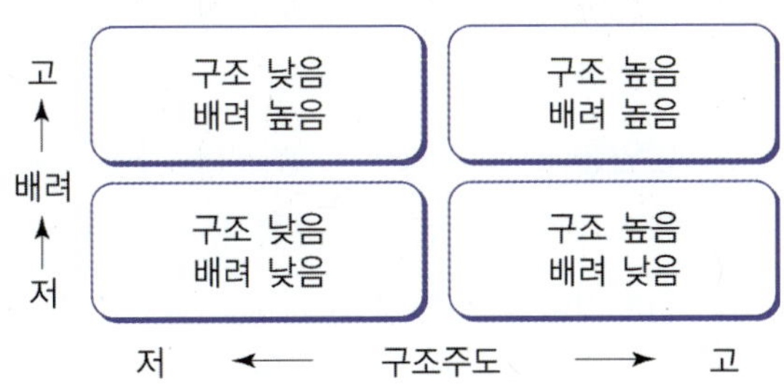

[그림 4-2] 리더십의 4분면

(2) 미시간 연구

오하이오 연구와 비슷한 시기에 미시간(Michigan) 대학의 사회연구소는 성과가 높은 리더가 사용하는 일반적인 리더십 유형을 발견하기 위하여 폭넓은 연구를 실시하였다.

연구결과 2가지 유형의 리더십 유형이 확인되었는데, 첫째, 직무중심적 리더십 유형(job-centered leadership)과 직원(부하)중심적 리더십(employee-centered leadership)이었다.

직무중심적 리더십은 세밀한 감독과 합법적이고 강제적 권력을 활용하며, 업무계획표에 따라 실천하고 성과를 평가하는 데 초점을 둔다. 반면 직원중심적 리더십은 보다 인간지향적이며 권한과 책임의 위임과 구성원의 복지와 욕구, 승진, 개인적 성장에 초점을 둔다. 그 결과 직원중심적 리더십이 보다 높은 생산성과 직무만족도를 나타내는 반면, 직무중심적 리더십은 상대적으로 낮은 집단 생산성과 직무만족도를 보여주었다.

(3) 관리격자이론

블레이크와 모튼(Blake & Mouton, 1964 : 136)은 오하이오 연구와 미시간 연구의 리더십 행동연구들을 바탕으로 생산과 인간관계의 개념을 교차시킨 관리격자이론(Managerial Grid Theory)을 정립하였다. 이 이론은 리더가 지향할 수 있는 방향을 2차원으로 구분하였는데, 횡축은 생산에 대한 관심의 정도를 파악할 수 있도록 9등급으로 나누고, 종축은 인간에 대한 관심의 정도를 파악할 수 있도록 9등급으로 나누었다. 그 결과 나타난 81개의 리더 유형 중 기본적인 형태로서 (1. 1)형의 방임형, (1. 9)형의 컨트리클럽형, (9. 1)형의 과업형, (5. 5)형의 중간형, (9. 9)형의 이상형 등을 들고 있다(Blake & Mouton, 1964 : 136 ; 이원우 외, 2008 : 487–488 재인용).

① **방임형**(impoverished : 1. 1) : 리더의 생산과 인간에 대한 관심이 모두 낮아서 리더는 조직구성원으로서 자리를 유지하는 데에 필요한 최소한 노력만 투입한다.

② **컨트리클럽형=인기형**(country club : 1. 9) : 리더의 인간에 대한 관심은 높으나 생산에 대한 관심은 낮다. 리더는 부하와의 만족한 관계를 위하여 부하의 욕구를 사려깊게 관심을 가져주고, 편안하고 우호적인 조직 분위기로 이끌어간다.

③ **과업형**(task or authority-obedience : 9, 1) : 리더의 생산에 대한 관심은 매우 높으나 인간에 대한 관심은 매우 낮다. 리더는 일의 효율을 높이기 위해 인간적 요소를 최소화하도록 작업조건을 정비하는 등 과업상의 능력을 우선적으로 생각한다.

④ **중간형**(middle of the road : 5, 5) : 리더는 생산과 인간에 적당한 관심을 가진다. 리더는 과업의 능률과 인간적 요소를 절충하여 적당한 수준에서 성과를 추구한다.

⑤ **이상형**(team : 9, 9) : 인간과 과업 모두에 대한 관심이 매우 높다. 리더는 구성원들과 조직의 공동목표 및 상호의존 관계를 강조하고, 상호신뢰적이고 상호존경적인 관계에서 구성원들의 몰입을 통하여 과업을 달성한다. 그들의 연구결과 팀형 리더 밑에 있는 집단들이 가장 높은 성과를 보이고 있다고 말하고 있다.

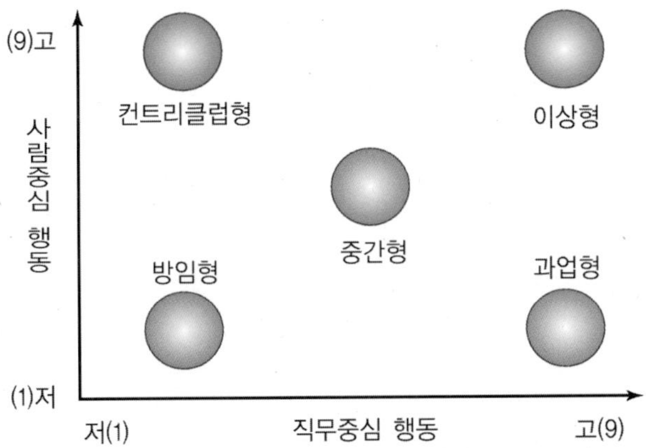

[그림 4-3] **관리격자모형**

이상 세 가지의 행동이론들은 리더십의 행동유형과 리더십의 효과성 간에 상관성을 확인하는 데 실패하였으며, 또한 이 이론들의 연구결과들이 상황에 따라 다르게 나타나고 있기 때문에 일반화하기가 어렵다. 따라서 리더십의 행동이론은 타인에게 영향력을 발휘하는 진정한 리더십 유형을 갖추기 위해서 상당한 개발 노력이 필요하다는 것을 제시하고 있다.

3) 상황이론

상황이론(Situational Theory)은 1960년대 말부터 1970년대에 이르면서 행동이론의 한계를 인식하고 새로운 리더십 연구를 진행하면서 등장하였다. 이 이론에 의하면 리더의 행동이 특정의 상황과 부합될 때 비로소 그 리더십 유형이 유효적이다. 리더십 유효성은 리더의 스타일뿐만 아니라 리더십 환경을 이루는 상황에 의해서도 결정된다고 보고 양자의 적합성에 초점을 두는 이론이다.

따라서 상황이론이란 리더십 유형과 상황적 요인의 효율적 결합을 의미한다. 즉, 특정의 상황에 가장 적합한 리더십이 발휘될 때 그 집단의 성과와 구성원의 만족감이 증대될 수 있다. 그러므로 상황과 리더십의 유형화를 어떻게 시도하느냐에 따라 여러 상황적응적 리더십 이론이 나타나게 되었다. 대표 상황이론으로 피들러(Fiedler)의 상황적합이론, 하우스(House)의 경로-목표이론, 헤르시와 발란차드(Hersey & Blanchard)의 상황이론 등이 있다.

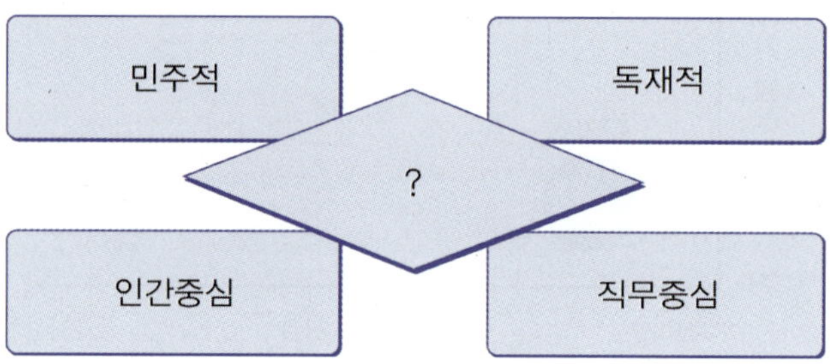

[그림 4-4] **상황이론**

(1) 피들러의 상황적합이론

피들러는 산업계, 교육계, 군 리더 등을 대상으로 16년에 걸친 리더십 연구결과 리더십 유효성의 상황이론(Contingency Theory)을 주장하였다. 그는 리더 유형을 관계지향적 리더와 과업지향적 리더로 분류하였다. 또한 리더에게 호의적이냐의 여부를 결정하는 상황변수를 첫째, 부하가 리더에 대해 느끼는 신뢰성, 확신, 존경의 정도로서 상하 간의 관계가 좋고 나쁨을 의미하는 리더와 부하의 관계, 둘째, 작업목표의 명료성, 목표에 이른 수단의 다양성 정도, 의사결정 결과의 확인 가능성 그리고 의사결정의 구체성과 관련되어 있는 직무가 절차화된 정도의 과업구조, 셋째, 리더가 부하들에 대한 채용, 해고, 보상, 승진, 임금인상에 대한 추천권이나 결정권을 행사할 수 있는 직위권력 등이다.

〈표 4-4〉 **피들러의 상황적합이론**

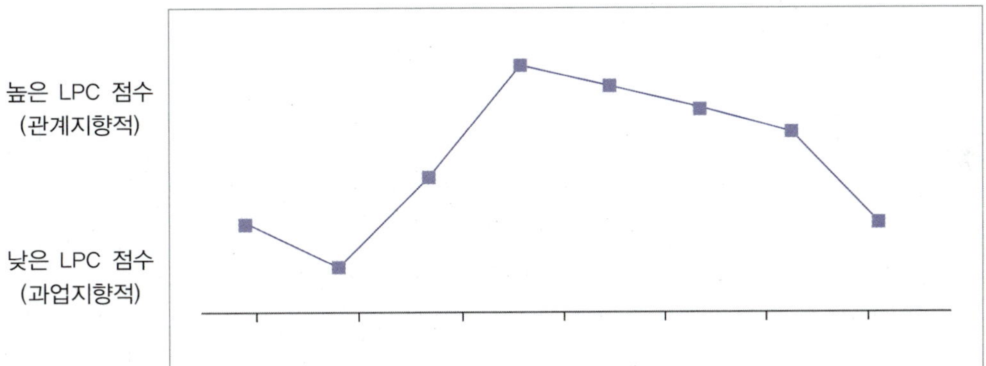

상황	1	2	3	4	5	6	7	8
리더-부하관계	좋음	좋음	좋음	좋음	나쁨	나쁨	나쁨	나쁨
과업구조	구조적	구조적	비구조적	비구조적	구조적	구조적	비구조적	비구조적
리더의 지위권력	강	약	강	약	강	약	강	약
리더의 입장	유리함			중간			불리함	
상황의 확실성	유리함			중간			불확실함	

출처 : 이학종 · 박현준(2009). 조직행동론. 법문사, p. 359.

피들러는 개인에 대한 리더십 영향력 정도를 측정하기 위해 최소선호동료(LPC : the Least Preferred Coworker)척도를 고안하였는데, 이 척도는 구간별로 1에서 8까지로 표시되어 있으며 총 20개 항목으로 이루어져 있다. 높은 LPC점수를 보이는 리더를 다른 사람과 보다 사이좋게 보내려는 관계지향적 리더로, 낮은 LPC점수를 보이는 리더를 동료와의 관계보다는 일에 몰두하는 과업지향적 리더로 분류하였다(이원우 외, 2008 : 490-491).

피들러의 이론은 몇 가지 한계점도 지적되고 있다. 우선 그가 리더십 유형을 구분하기 위해 사용한 LPC척도이다. LPC척도란 싫어하는 사람에 대해 평가한 것인데, 이것을 리더 자신의 행동 스타일로 정의할 수 있느냐는 논리적인 문제가 제기된다. 또한 상황의 호의성을 실제로 적용하는 것이 용이하지 않다. 현실적으로 리더-부하 관계의 호의성, 과업의 구조화, 리더의 지위권력을 명확히 정의하는 것은 어렵다. 이러한 한계점에도 불구하고 이 이론은 리더십이 효과적으로 발휘되기 위해서는 상황이 중요하다는 것을 인식하는 계기를 마련했다는 데 큰 의의가 있다.

(2) 하우스의 경로-목표이론

하우스(House)의 경로-목표이론(Path-Goal Theory)은 동기부여의 기대이론(the Expectancy Theory of Motivation)과 오하이오 연구를 통합한 리더십 이론이다. 이 이론에서 리더는 목표달성에 대한 경로를 명확히 하는 데 도움을 주어 부하의 행동에 도움을 줄 수 있다. 이 이론은 리더가 어떻게 부하들의 유의성, 수단성, 기대에 영향을 미치는가에 초점을 두고 있기 때문이다.

경로-목표이론은 구조주도적 그리고 고려적 행동의 두 측면을 사용하여 리더행동을 주도적 리더(instrumental leader), 후원적 리더(supportive leader), 참여적 리더(participative leader), 성취지향적 리더(achievement oriented leader) 등의 네 가지 유형으로 분류한다. 주도적 리더는 구조구도적 측면을 강조하는 리더로서 부하들의 과업을 계획하고 구체화하여 그들을 적극적으로 지시·조정해 나가는 리더십 스타일, 후원적 리더는 고려 측면을 강조하는 리더로서 부하들의 욕구와 그들의 복지문제, 그리고 온정적이고 친밀한 집단분위기에 많은 관심을 보이는 리더, 참여적 리더는 부하들과 정보 자료를 많이 활용하여 부하들의 의견을 의사결정에 많이 반영시킴으로써 팀 또는 집단중심의 관리를 중요시하는 리더 스타일이다. 성취지향적 리더는 도전적 과업을 부여해서 성취를 향한 욕구를 높여서 부하가 높은 동기를 갖고 도전적 과업을 위한 노력을 실행할 수 있게 하는 리더 스타일이다.

그런데 이러한 리더십 스타일을 선택함에 있어 중요한 상황적 요소들은 부하들의 특성과 과업환경 상황을 고려해야 한다. 즉, 부하의 특성으로 부하의 능력, 욕구, 경험, 내(외)재론적 성향과 과업환경 요소로 과업의 성격, 집단성격, 조직체 요소들을 들 수 있다.

이와 같이 경로–목표이론은 리더십의 상황적 요소에 따라서 이에 요구되는 효과적 리더행동이 다르다는 것을 강조한다. 따라서 리더는 부하들의 특성 및 과업의 환경적 요소들과 상호작용을 하면서 적절한 리더행동을 통하여 부하들의 목표에 대한 유의성과 기대감에 영향을 줌으로써, 그들의 동기수준과 노력 그리고 성과와 만족감을 높일 수 있다는 것이다(이학종 외, 2009 : 365–369).

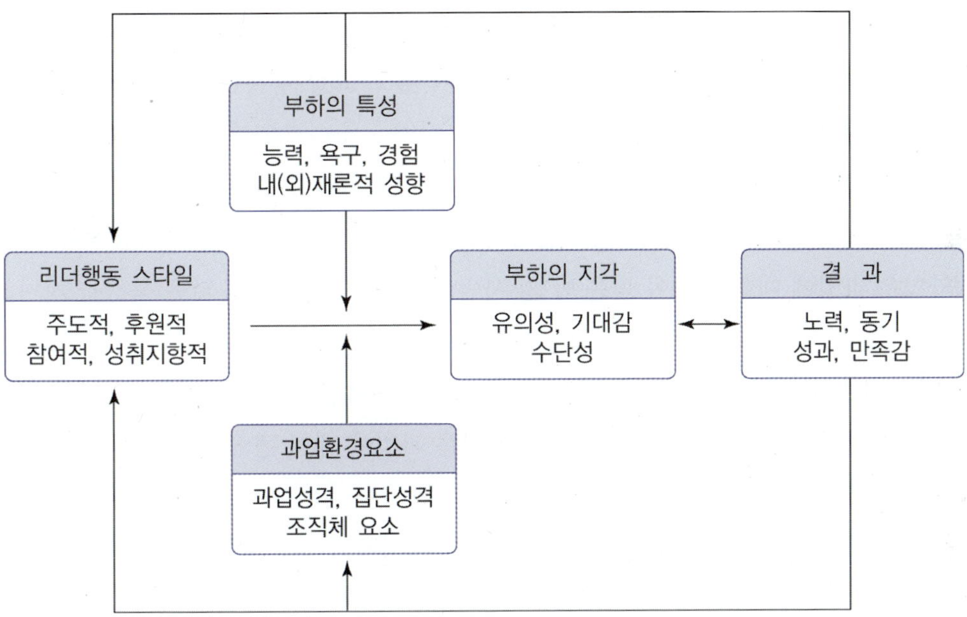

[그림 4–5] 하우스의 경로 – 목표모형

이 이론은 리더십 과정의 중요한 상황적 요소들을 정립했을 뿐 아니라, 여러 상황적 조건하에서 효과적인 리더행동을 설명해 줌으로써, 복잡한 조직환경 속에서 리더십을 이해하는 데 큰 도움을 주었으나, 리더행동의 측정에 있어서 정확성과 신빙성의 문제가 아직 남아 있고, 이론 모형의 복잡성으로 인해 전체를 완전히 입증하기가 어렵고, 부하의 행동에 일관적인 예언성이 의문시된다는 비판도 받고 있다.

(3) 헤르시와 발란차드의 상황이론

수명주기이론(Life Cycle Theory)으로 불리는 헤르시와 발란차드(Hersey & Blanchard, 1974 : 1-15)의 상황이론은 리더십 유형을 과업지향과 관계지향의 복수적 행동 측면에서 리더의 효율성 측정 설문지(LEAD : Leader Effectiveness and Adaptability Description)를 사용하여 리더들에게 회답한 결과를 사용하여 리더의 행동유형을 지시적, 설득적, 참여적, 위양적 리더십으로 나누고 상황변수를 부하의 성숙도에 따라 적합한 리더십 스타일을 4가지로 제시하였다. 부하의 성숙도란 달성 가능한 목표설정 능력, 책임질 의사와 능력, 교육과 경험 등을 말하며, 부하가 업무수행에 있어 자발적 의사를 갖고 있으며, 업무를 수행할 능력을 갖추고 있을 때 부하의 성숙도가 높고 그렇지 않은 경우 미성숙하다고 보는 것이다.

1단계에서 부하가 싫어하고 아무것도 모르는 성숙도의 수준이 가장 낮은 경우에는 리더가 주도적으로 지도, 설득, 밀착 감독하는 지시적 리더십 스타일이 바람직하다. 이 스타일은 과업에 대한 관심이 높은 반면, 사람에 대한 고려는 매우 낮은 특징을 지니고 있다.

2단계의 부하 성숙도에는 설득적 리더십 스타일이 바람직하다. 이 상황은 부하가 의욕이 있으나 능력이 부족한 경우이다. 리더십은 과업에 대한 관심과 사람에 대한 고려가 높은 스타일이다.

3단계의 부하 성숙도는 부하가 능력은 있지만 의욕이 없는 경우이다. 이때 리더는 구성원과의 관계를 중시하여 부하의 정보를 공유하는 참여적 리더십 스타일을 발휘하는 것이 바람직하다.

마지막으로 부하의 능력과 의욕이 모두 높은 4단계 성숙도에서는 부하에게 책임과 결정권을 부여하는 위양적 리더십을 발휘하는 것이 효과적이다.

이 헤르시와 발란차드의 상황이론은 부하들의 성숙 수준에 맞추어 이에 적합한 리더십 행동을 적용함으로써 부하들이 성숙한 개인으로서 그들의 자아실현 욕구를 충족시킬 수 있는 동시에, 개인과 조직체의 통합이 이루어져 조직구성원의 만족감은 물론 조직체의 성과도 극대화시킬 수 있다고 전제하고 있다(이학종 외, 2009 : 370-371).

이 이론은 이론적 기반이 약하다는 한계점이 있지만, 포춘 500대 기업 중 400개 이상의 기업에서 리더십 교육 프로그램으로 실용화되고 있어 활용성이 매우 높다고 할 수 있는데 이 이론은 상황으로서 부하의 성숙도를 능력과 의욕 차원에서 구체화하였다는 데 그 의의가 있다고 하겠다(김영재 외, 2007 : 327-328).

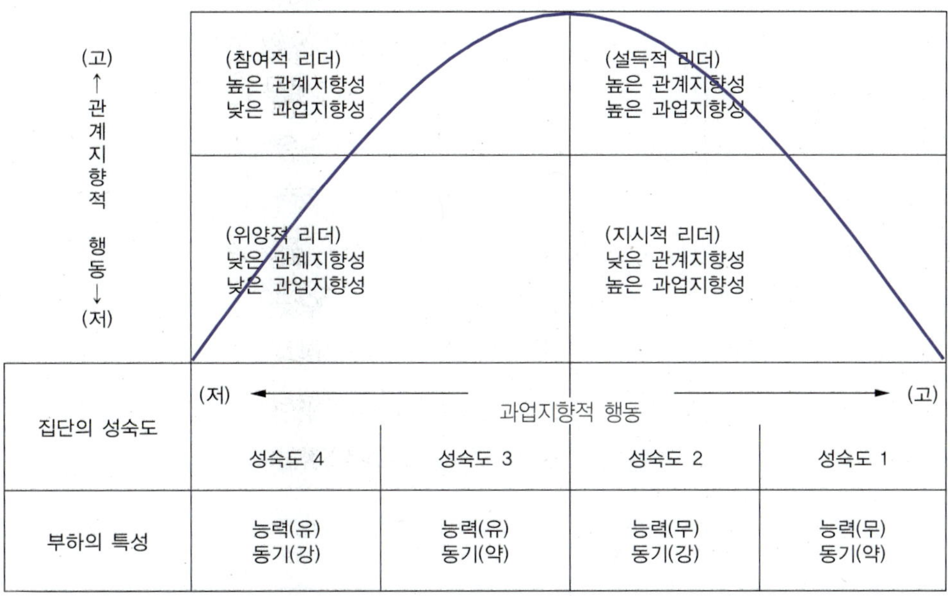

출처 : 이학종 · 박헌준(2009). 조직행동론, p. 371.

[그림 4-6] 헤르시와 발란차드의 상황이론

〈표 4-5〉 **상황이론의 비교**

상황이론	리더 스타일	상황적 요소	연구초점
피들러의 상황적합이론	• 과업지향적 • 관계지향적 (단일연속선 개념)	• 리더-부하관계 • 과업구조 • 리더의 지위권력	• 리더의 입장 : 유리 또는 불리한 상황에 따른 효과적 리더십 스타일
하우스의 경로-목표이론	• 주도적 • 후원적 • 참여적 • 성취지향적 (복수연속선 개념)	• 개인적 특성, 능력 • 내(외)재론적 성향 • 욕구, 동기 과업환경요소 • 집단, 조직체 요소	• 동기행동에 관련된 상황에 대한 인지과정 : 유의성, 기대감을 높이기 위한 적절한 리더행동
헤르시와 발란차드의 수명주기이론	• 과업지향적 • 관계지향적 (복수연속선 개념)	• 부하의 성숙도	• 집단의 성숙수준에 적합한 리더십 행동

이상의 이론은 특성이론이나 행동이론과 달리 리더십 과정에서 작용하는 부하 및 조직체의 상황적 요소들을 중요시하고, 리더와 이들 상황관계를 연구함으로써 리더십에 관한 보다 총괄적인 분석을 〈표 4-5〉에서 제공해 준다. 이들 상황이론을 그 연구방법과 초점이 달라 통일된 이론을 제시하고 있지 않지만, 각기 리더십 연구결과를 통하여 리더십에 대한 이해를 도와주고 체계적 리더십 이론 정립에 많은 공헌을 하고 있다.

4) 최근 리더십 이론

(1) 거래적 - 변혁적 리더십

거래적-변혁적 리더십(Thansactional-Transformational leadership)은 전통적인 리더십을 통칭하는 것으로, 거래적 리더십은 거래적 교환 역할을 하는 거래적 리더는 부하들이 작업의 결과로 얻고자 하는 것이 무엇인가를 인식하고, 부하들이 과업을 완수했을 때 그들이 원하는 바를 제공해 주고, 노력에 대해 보상 혹은 보상에 대한 약속으로써 교환을 하고 그들이 과업을 수행하고 그에 따른 즉각적인 자기 이익을 추구할 때 그에 보답하는 유형이다. 이 이론은 번즈(Burns, 1978)가 그의 저서 「리더십(Leadership)」에서 처음 소개한 것으로 거래적-변환적 이론으로 부르기도 한다.

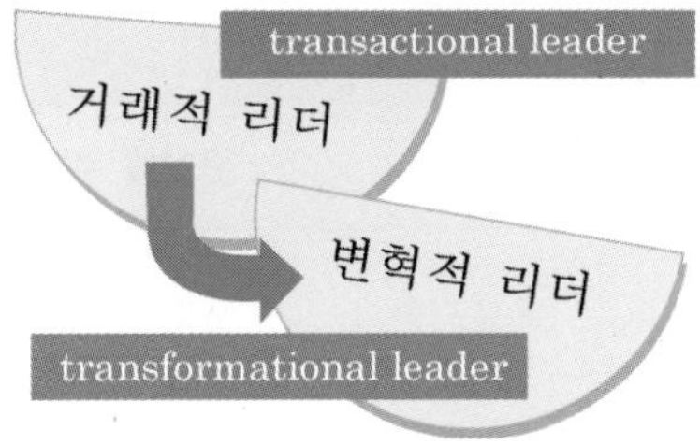

거래적 리더십 과정은 첫째, 부하들이 원하는 보상을 얻기 위해 무엇을 해야 하는지 인식하고 부하들의 역할을 명확히 해야 하고, 둘째, 부하의 욕구를 인식하여 부하들이 노력을 기울일 때 그러한 욕구가 어떻게 충족될 것인지를 명확히 인식시켜 준다.

변혁적 리더십은 1980년대 이후 급변하는 환경 속에서 기업의 경쟁우위를 점하기 위한 인적자원의 중요성이 증대되면서 조직의 통제보다는 구성원들의 조직몰입을 유도하고 정서적으로 고양시키는 차원에서 리더십이 요구되면서 변혁적 리더십이 대두되었다. 변혁적 리더십은 부하들로 하여금 장래 비전의 공유를 통해 그들의 몰입도를 높임으로써 그들이 당초 생각했던 것보다 훨씬 높게 목표를 초월한 성과를 달성할 수 있도록 동기를 부여해 주는 리더를 말한다.

변혁적 리더십은 카리스마, 지적 자극, 개별적 배려 등 세 가지 중요한 요소를 포함하고 있다. 첫째, 카리스마는 구성원들로 하여금 리더에 대한 존경과 신뢰감을 만드는 리더의 독특한 매력과 힘을 의미하며, 둘째, 지적 자극은 리더가 구성원들에게 새로운 방식으로 생각하도록 일깨워 주고 문제해결과 행동을 하기 전에 이성적 사고를 할 것을 강조하는 것을 의미한다. 마지막으로 개별적 배려는 리더가 구성원들의 관심사항을 공유하는 것으로 부하들의 개개인이 갖고 있는 욕구나 능력에 따라 부하들을 개별적으로 배려함으로써 부하들 스스로 욕구를 높은 차원을 가질 수 있도록 하는 것이다. 거래적-변혁적 리더십의 특성을 비교하면 〈표 4-6〉과 같다.

〈표 4-6〉 거래적 리더십과 변혁적 리더십의 차이점

구 분	거래적 리더십	변혁적 리더십
현 상	현상을 유지하기 위해 노력	현상을 변화시키고자 노력
목표 지향성	현상과 너무 괴리되지 않은 목표지향 조건적 보상(계약관계)	보통 현상보다 매우 높은 이상적인 목표지향 이상적인 영향(비전과 사명감, 자부심을 중시)
시 간	단기적 전망, 기본적으로 가시적인 보상으로 동기부여	장기적 전망, 부하들에게 장기적 목표를 위해 노력하도록 동기부여
동기부여 전략	부하들에게 즉각적이고도 가시적인 보상으로 동기부여	부하들에게 자아실현과 같은 높은 수준의 개인적 목표를 동경하도록 동기부여
행위표준	부하들은 규칙과 관례를 따르기를 좋아함	변환적이고도 새로운 시도에 도전하도록 부하를 격려함
문제해결	부하들을 위해 문제를 해결하거나 해답을 찾을 수 있는 곳을 알려줌	질문을 하여 부하들이 스스로 해결책을 찾도록 격려하거나 함께 일함

출처 : 윤종훈 외(1997). 경영학원론. 학현사, pp. 281-282.

(2) 서번트 리더십

서번트 리더십(Servant Leadership)이란 현장 실무자들에게 권한과 책임을 위임하고 업무를 잘 수행할 수 있도록 지원해 주는 리더십이다. 오늘날 급변하는 경영환경 속에서 고객과 시장의 요구에 신속하게 대응하기 위해서는 현장 실무자의 권한과 책임을 행사해야 한다. 구성원에 주인의식을 부여하여 자발적인 헌신과 참여를 제고하는 리더의 역할이 서번트 리더십이다(김영재 외, 2007 : 341-342).

종래의 리더십은 전체적(autocratic)이고 수직적(hierarchical)인데 비해 서번트 리더십은 부하들의 성장을 도우며, 팀워크와 공동체를 형성하는 리더십이다. 서번트 리더십은 1977년에 처음으로 그린리프(Greenleaf, 1977)에 의해 소개되었으며, 그는 서번트 리더십을 타인을 위한 봉사에 초점을 두고 종업원, 고객 및 커뮤니티를 우선으로 여기며 그들의 욕구를 만족시키기 위해 헌신하는 리더십이라고 정의하였다.

스피얼스(Spears, 1996)는 수많은 영리 조직과 비영리 조직들 안에서, 팀제와 공동체에 기반하고, 의사결정에 참여하게 하고, 윤리적이며 배려적인 행동에 기초하고, 종업원들의 인격 성장을 추구하는 리더십과 서비스에로의 접근을 서번트 리더십이라고 정의하고 있다.

따라서 서번트 리더십은 인간존중을 바탕으로 조직구성원들이 업무를 수행하는 데 있어 자신들의 잠재력을 최대한 발휘할 수 있도록 도와주는 리더십이며, 조직구성원들이 공동의 목표달성을 위하여 상호협력과 원조환경을 조성해 주는 것이 서번트 리더십이다.

서번트 리더십의 특징으로 스피얼스는 그린리프의 서번트 리더십을 바탕으로 경청, 공감, 치유, 설득, 인지, 통찰, 비전 제시, 청지기 의식, 구성원의 성장, 공동체 구축 등의 10가지 특성을 제시하고 있다.

(3) 셀프 리더십

셀프 리더십(Self-leadership)의 개념은 노우레스와 노우레스(Knowles & Knowles, 1995)에 의해 시작되었다. 그들은 모든 조직은 처한 상황에 맞는 리더십 요구를 가지고 있는 역동적 기관이라고 가정하였다. 또한 리더와 구성원의 경계가 분명하지 않은 리더십이 공유된 분위기에서 집단적 차원의 성취가 이루어진다고 하여 셀프 리더십의 기초를 닦았다.

그들의 셀프 리더십과 관련된 계기가 된 것은 1980년대 미국 기업들의 국제경쟁력에서 밀려 경기침체가 되면서 이를 극복하기 위한 10여 년간의 경영혁신 추진과정을 통하여 신세대 노동자의 관리에 문제가 있음을 발견하고 이를 해결하기 위한 개념으로 셀프 리더십이 재조명되었다. 맨즈와 심즈(Manz & Sims, 1998)는 교육수준이 높은 신세대 근로자들이 작업능률이 저하되는 이유가 권위와 위계질서를 강조하는 전통적 관리방식에 문제가 있음을 발견하고, 또한 신세대들이 자신들의 열정을 조직이 아닌 자신의 일에 바치고자 하기 때문에 지시와 통제만을 받을 경우 조직에 견디지 못하고 자신들의 잠재된 능력을 충분히 발휘하지 못하는 특징을 발견하고, 신세대 근로자의 특성에 맞는 새로운 리더십으로 개인적 통제와 책임감을 강조하는 셀프 리더십을 제시하였다(김민정, 2007 재인용).

셀프 리더십이란 자아발견과 자기만족을 향한 여행이고 스스로에게 영향력을 행사하는 방법이며, 자기효능감을 위한 기술이고 행동통제의 기초이며 자아완성의 학습과정이다(Manz, 1986 : 585-600). 즉, 셀프 리더십은 기본적으로 상사의 통제, 규정, 규칙과 같은 외적 조건 없이도 주도적으로 책임감 있게 업무를 수행한다는 것을 가정하고 있기 때문에 구성원은 스스로 자신의 행동을 돌아보고 개선해 나가는 것이라고 할 수 있다.

리더가 조직의 구성원을 셀프 리더로 육성하기 위해서는 다음의 과정이 필요하다.

첫째, 셀프 리더십 모델을 만든다. 리더 스스로 목표를 설정하고, 이를 달성하는 과정을 연습하고, 그런 다음 자신의 행동을 구성원에게 제시하여 반복하도록 한다.

둘째, 구성원 스스로 목표를 설정하도록 하며, 구성원이 셀프 리더십에 대한 구체적이고 양적 지표를 갖도록 한다.

셋째, 스스로를 보상하여 바람직한 행동을 강화하도록 유도한다. 설정한 목표를 달성했을 때, 자신을 인정하고 성취감을 느끼는 자기보상이 중요하다. 대신 자신을 벌주는 경우는 특별한 경우를 제외하고는 활용하지 않는 것이 좋다.

넷째, 구성원이 긍정적 사고패턴을 만들도록 한다. 구성원이 미래의 목표를 충분히 달성할 수 있다는 긍정적인 사고방식을 갖도록 용기를 북돋운다.

다섯째, 분위기를 만든다. 구성원이 업무수행 결과에 스스로 만족할 수 있도록 직무를 재설계한다. 구성원이 셀프 리더십을 발휘할 수 있도록 제반 여건을 구비한다.

여섯째, 구성원 스스로 현재 수행한 업무결과에 만족하지 않고 개선하려는 노력을 전개하도록 한다. 따라서 구성원들이 더 높은 목표를 설정하고, 보다 나은 작업방법을 개선하는 노력을 기울이게 된다(Manz & Sims, 1991 : 18-35).

셀프 리더십은 오늘날 조직에서 자율적으로 업무를 수행하는 팀제도를 실시하고 있는 조직에서 필요하다. 기타 진성 리더십(Authentic Leadership)은 리더가 자신이 가지고 있는 가치관과 사상, 그리고 신조에 따라 실천하고 행동하는 것을 의미한다.

제 3 절 사회복지조직의 리더십 – 슈퍼비전

사회복지조직은 일반 행정조직과 많은 차이가 있다. 그러므로 리더십의 특성을 충분히 고려하여 사회복지조직 내에 적용한다면 분명히 효과적이고 효율적인 조직활동을 수행해 나갈 수 있을 것이다. 사회복지조직에서의 리더들의 리더십 조건은 다음과 같다(장동일, 2004 : 234–238).

첫째, 목표달성을 위한 기술활동과 직원의 능력계발이 요구된다.

둘째, 직원들의 정책과 의사결정의 참여 확대와 긍정적이고 발전적인 방향 설정으로 만족감을 높여주어야 한다.

셋째, 조직의 리더는 솔선수범하며 방향을 제시하고 먼저 실천함으로써 목표 정당화, 후원자와 정부, 지자체로부터 협력을 얻을 수 있어야 한다.

넷째, 리더는 문제해결 능력이 있어야 하며, 조직과 관련된 부서 간의 협력과정이 요구되고 적절한 기회와 시기를 잘 선택할 수 있어야 한다.

특히 사회복지조직은 슈퍼비전의 역할과 기능이 중요하다. 다음은 사회복지조직의 슈퍼비전에 대해서 살펴보자.

1. 슈퍼비전의 개념

슈퍼비전(supervision)이라는 말의 어원은 "위에서 내려다보다", "감독하다", "통제하다"이지만 어원처럼 상급자와 하급자와의 관계에서 상급자가 감독하고 지도하는 의미는 약하다. 슈퍼비전을 주는 사람인 슈퍼바이저(supervisor)의 역할은 주로 슈퍼비전을 받는 상대방(supervisee)을 지지하고, 용기를 북돋워 주고, 정보를 제공하고, 상대방의 말을 듣는 것이다(Skidmore, 1990 : 206). 이러한 의미에서 보면 슈퍼비전이라는 말을 지도・감독으로 번역하는 것은 적합하지 못하다고 본다. 사회복지의 핵심적 활동인 사회복지전문직(profession of social work)에서 슈퍼비전은 사회복지조직의 직원이 서비스를 효과적이고 효율적으로 전달하기 위하여 지식과 기술을 잘 사용하도록 도움을 주는 활동을 말한다. 이와 같은 슈퍼비전은 잘 훈련되고 경험이 많고 능력이 있고 전문지식과 기술을 갖추고 있으면서 전문직업적 태도를 가진 사람은 경험과 지식과 기술이 부족한 사람들에게 도움을 줄 수 있다는 전제 위에서 이루어지는 것이다.

슈퍼비전의 필요성은 전통적으로 인정되어 사회복지조직에서 행해지고 있고 실제로 슈퍼비전을 주고받는 사람들이 그 유용성을 크게 인정하고 있다. 1973년에 카두신(Kadushin)이 조사한 바에 따르면, 슈퍼바이저의 73%와 슈퍼비전을 받는 사람의 약 60% 정도는 슈퍼비전에 만족하고 있는 것으로 나타났다. 그런데 슈퍼비전의 부작용을 내세워 필요가 없다고 주장하는 사람들도 있다. 이러한 주장의 근거로는 첫째, 슈퍼비전은 전문직의 자율성을 해친다는 것이고, 둘째, 슈퍼비전은 관료주의적 발상이라는 것이며(Coulshed, 1990 : 130), 셋째, 사회복지사는 일정한 전문적 훈련(석사학위 이상의 교육)을 받고 일정 기간 동안 전문직에 종사하면 서비스를 잘 전달할 수 있는 능력이 갖추어지므로 슈퍼비전은 받지 않아도 된다는 것이다. 결국 문제는 슈퍼비전은 일률적으로 누구에게나 필요하다는 것이라기보다는 개인의 능력과 업무경험에 따라 슈퍼비전의 질이 정해져야 할 것으로 본다.

2. 슈퍼비전의 주요 기능

슈퍼비전에는 여러 가지의 기능이 있지만 주로 다음과 같은 세 가지의 기능이 가장 중요하다고 본다(Skidmore, 1990 : 206-207).

1) 교육의 기능

슈퍼비전은 다른 사람을 가르쳐주는 것을 주요 기능의 하나로 하고 있는데 교육기능의 목적은 상대방으로 하여금 전문직업적 태도를 확립하고 지식과 기술과 이해를 증진시키는 것을 목표로 하고 있다. 일반적으로 사람은 실행함으로써 배우게 되는데 슈퍼비전을 받는 사람이 실제로 행한 일에서 잘된 것과 어려웠던 것을 슈퍼바이저와 같이 토의하면서 배우게 된다. 교육내용에 포함되어야 할 사항은 ① 사회복지 철학과 역사 및 기관의 정책, ② 사회복지적 지식과 기술, ③ 자기인식, ④ 기관 내외의 가용자원, ⑤ 서비스의 우선순위와 시간관리를 포함하는 것이 바람직하다.

〈표 4-7〉 ○○**종합복지관 슈퍼비전 일지 예**

슈퍼비전 일지

결재	담당	팀장	과장	부장	관장

작성일 : 년 월 일 요일 작성인 : (인)

제 목		슈퍼바이저	(인)
참 석 인		슈퍼바이저 내용	교육 지지 행정
정 의	• 교육적 슈퍼비전 – 업무의 지식과 기술 제시 • 지시적 슈퍼비전 – 심리적, 인간관계적인 자료 제시 • 행정적 슈퍼비전 – 조직구조와 실무자 업무 협조기관 및 지역사회 자원 접근법		
슈퍼비전 내용			
평가 및 소견 작성자 : ________________(인)			

2) 행정의 기능

슈퍼바이저는 행정적으로 하급자에게 지시하고 그들을 지도하며 업무의 질과 양에 있어서 통일성과 효율성을 기하기 위하여 봉급, 승진, 사례의 할당, 위원회의 약속 등을 포함하는 행정적 일을 돕는 역할을 한다. 행정 기능에는 ① 의사소통 체계 연결, ② 직무수행의 책임성, ③ 프로그램 평가, ④ 사례의 배당 및 업무분담, ⑤ 정서적 지지, ⑥ 각 직원의 경험 활용 등이 포함되는 것이 바람직하다(Watson, 1973 : 81).

3) 업무촉진(서비스)의 기능

슈퍼바이저는 하급자들이 사회복지서비스 전달업무에서 맡겨진 일을 스스로 노력하여 잘 감당할 수 있도록 장애요소나 방해요소를 제거해 주고, 용기를 주고 지지해 주는 역할, 즉 업무촉진자의 역할을 한다. 즉, 슈퍼바이저는 하급자를 앞서서 이끌어가는 것이 아니라 하급자가 스스로 할 수 있도록 옆에서 도와주는 역할을 해야 한다.

3. 효과적인 슈퍼바이저의 조건

슈퍼바이저로서 효과적인 슈퍼비전을 할 수 있는 조건을 규정한다면 다음과 같은 것이 될 수 있다(Skidmore, 1990 : 209–210).

① **지식 구비** : 슈퍼바이저는 전문직에 대한 지식과 기관에 대한 종합적인 지식을 갖추어야 한다.

② **실천기술과 경험 구비** : 슈퍼바이저는 자신이 클라이언트에 대한 문제를 해결해 본 경험과 기술을 갖추고 있어야 한다. 즉, 슈퍼바이저는 사회복지의 일반적 실천에 대한 능력과 특별한 실천방법에 대한 능력을 갖추고 있어야 한다.

③ **개방적 접근의 허용** : 슈퍼바이저는 필요시 하급자가 쉽게 접근하여 질문하고 어떤 지도를 받을 수 있는 기회를 마련해야 한다.

④ **헌신적인 사명감** : 슈퍼바이저는 기관, 하급자, 자신과의 역동적 관계에 대하여 진실하고 지속적인 관심을 가져야 한다. 진실하고 지속적인 관심은 하급자에게

적극적인 동기부여를 하고 그의 지식과 기술을 향상시키는 데 크게 도움이 될 것이다.

⑤ **솔직한 태도** : 슈퍼바이저는 하급자가 제기한 질문이나 문제해결에 대한 해답을 모르거나 제시할 수 없을 때는 자신의 입장을 솔직히 밝히고 또한 실수가 있을 때도 그것을 솔직히 인정할 수 있어야 한다.

⑥ **감사와 칭찬의 태도** : 사람은 인정받고 칭찬받기를 갈망하기 때문에 가능하면 감사와 칭찬의 태도를 가지고 하급자의 동기를 유발하고 전문직업적 발전을 도모해야 할 것이다.

4. 슈퍼비전의 기본 원칙

효과적인 슈퍼비전을 주기 위한 원칙으로 다음의 다섯 가지를 제시할 수 있다 (Skidmore, 1990 : 211-212).

① 슈퍼바이저는 그 기관과 서비스에 대한 올바른 지식, 원칙, 기술을 사회복지사에게 가르치고 사회복지사가 자율적으로 업무를 처리하도록 해야 한다. 이렇게 가르치는 것은 사회복지사가 공식적 또는 비공식적 교육에서 배운 지식과 경험을 확인하고 사회복지사의 지식과 기술을 기관에서의 실무를 통하여 증진시키도록 하기 위해서이다.

② 슈퍼바이저는 사회복지사로 하여금 슈퍼바이저가 제시한 지식과 원칙에 일치하는 목표를 설정하게 하여 자신을 스스로 관리하도록 해야 한다. 즉, 슈퍼바이저는 사회복지사로 하여금 기관의 직원으로서 그리고 한 개인으로 적합한 목표를 스스로 설정하도록 하고 무엇을 할 것인가를 스스로 결정하도록 한다는 것이다.

③ 슈퍼바이저는 일상적인 가르침과 학습경험을 제공하는 것 외에 슈퍼비전에 대하여 준비하고, 필요할 때는 사회복지사를 도울 수 있는 시간을 마련하여야 한다.

④ 슈퍼바이저는 사회복지사와 원칙과 규칙을 정하여 필요 시 사회복지사가 연락할 수 있도록 하여야 한다. 이러한 체계가 없으면 많은 문제가 악화되고 결정이 연

기되는 경우가 많아 적시에 효율적으로 서비스를 제공할 수 없게 된다.

⑤ 슈퍼바이저는 사회복지사가 슈퍼바이저에게 자신의 활동에 대하여 책임있는 설명을 하고 상의하여 장래의 목표를 설정할 수 있도록 해야 한다. 사회복지서비스의 효율성과 효과성에 대한 평가와 이에 대한 책임의 문제는 사회복지조직의 전반적인 관심사가 되고 있고 이를 중요시하는 경향으로 나가고 있다. 따라서 슈퍼바이저는 사회복지사가 업무 전반에 대하여 정기적인 평가회를 가지고 자기평가와 타인평가를 받을 수 있도록 해야 한다.

Social Welfare Administration

CHAPTER 05

거시적 조직관리: 조직구조와 환경, 문화

제 1 절 조직구조

1. 조직구조의 개념과 특성

조직은 인간이 함께 어울려 살아가는 공간이다. 인간은 사회적 동물이기 때문에 혼자서는 살 수 없으며, 조직의 울타리에서 살아가야 한다. 그래서 조직이 인간의 사회생활에서 중요한 행위자로 등장한 현대사회를 조직사회 또는 조직국가라고 한다(Presthus, 1985; Lauman & Knocke, 1987). 이러한 개념은 현대사회에서 조직이 그만큼 중요한 역할을 수행하고 있음을 말해주고 있는 것이다.

조직(organization)이란 다수의 인간이 공동의 목표를 달성하기 위하여 노력하는 과정에서 형성된 틀을 의미한다(Fulmer, 1978). 즉, 인간의 집합체로서 일정한 목표와 추구를 위하여 의식적으로 구성한 사회적 체제이다. 조직은 이처럼 한 사람이 아니라 다수의 사람으로 구성되어 있다. 다수의 사람이 다른 목표를 가지고 있을 경우에는 조직이 형성될 수가 없다. 조직은 공동 목표를 위하여 끊임없이 자원을 동원하고 새로운 산출물을 생성하는 동태성(dynamic)을 지닌다. 조직은 어느 정도의 차이는 있지만 틀(구조)을 가지고 있고, 틀(구조)이 유지되는 한 조직은 살아 있다고 할 수 있다. 이러한 조직의 구조(structure)는 조직구성원들의 '유형화된 교호작용'(patterned interaction)을 의미하고, 이러한 사람들의 행동 또는 교호작용이 되풀이되어 일정한 유형이 형성되면 그것이 바로 조직의 구조가 된다(오석홍, 2004 : 271-272).

이러한 조직구조는 세 가지 요소로 정의할 수 있다.

첫째, 조직구조는 개인 및 부서에 부과된 공식적 과업의 집단으로, 개인을 부서로, 부서를 전체 조직으로 집단화한 것이다.

둘째, 조직구조는 권한의 흐름, 의사결정 책임성, 계층의 수, 통솔범위 등 공식적 보고관계를 규정한다.

셋째, 조직구조는 부서 간 의사소통, 조정, 통합을 확보할 수 있는 체계를 포함한다(이종수 외, 2008 : 319).

또한 조직은 다음과 같은 특성을 가진다.

첫째, 조직은 그 자체의 목표를 가지고 있다. 대규모의 조직이 추구하는 목표는 대개 복수이며 그 종류도 여러 가지이다.

둘째, 인간활동에 의한 구성이다. 조직은 사람의 행동으로 구성되나, 개별적인 구성원의 존재와는 구별되는 실체를 형성한다.

셋째, 조직에는 분화와 통합에 관한 공식적인 구조와 과정이 있다. 공식적 구조와 과정은 비공식적·자생적 관계에 의하여 수정된다.

넷째, 비교적 높은 합리성이 있다. 조직활동은 다른 사회적 집합체들의 경우보다 비교적 높은 합리적 지배를 받는다. 그러나 합리성은 완전한 것이 아니다. 비합리적 요인의 개입으로 인해 합리성은 제약된다.

다섯째, 경계의 존재와 환경과의 교호작용이 있다. 조직에는 경계가 있어 조직과 그 환경을 구별하게 해 준다. 조직은 사회적 체제 또는 개방체제로서 경계를 가지고 있으며 경계 밖의 환경과 교호작용을 한다.

여섯째, 조직은 시간선상에서 움직여 가는 동태적 현상이다.

2. 조직구조의 구성요소

조직구조는 복잡성, 공식화, 집권화의 세 가지 요소로 구성되는데, 이들 구성요소는 조직의 특정 변수로서 조직구조 설계에 직접적으로 영향을 미치는 요인들로 이들 요소의 결합되는 정도에 따라 조직은 다른 모습을 가지게 된다.

1) 복잡성

복잡성(complexity)은 조직 내에 존재하는 분화의 정도를 의미하는 것으로 복잡성은 수평적 분화와 수직적 분화 그리고 지역적 분산의 세 가지 형태로 구분할 수 있다. 이 중 어느 하나가 증가해도 조직은 더 복잡해지고, 조직의 복잡성이 높으면 높을수록 의사소통의 곤란성과 조정 및 통제의 곤란성이 그만큼 더 증가하게 된다.

(1) 수평적 분화

분화란 조직의 하위단위로 세분화되는 과정 또는 상태로, 수평적 분화는 조직의 목표나 계획을 효과적으로 달성하기 위해서는 이에 필요한 업무활동을 명확히 파악한다. 다음 이를 세분화해서 개인에게 할당해 주고 또한 조직의 규모가 점차 커짐에 따라 세분화된 업무활동을 다시 유사한 업무들로 묶어 집단화해서 부문화하는 과정이 필요한데 이를 '수평적 분화'라 한다. 즉, 수평적 분화는 조직의 단위부서들 간의 횡적 분화의 정도로서 구성원들의 지향성, 과업의 성격 및 구성원들의 교육과 훈련을 기준으로 하여 분화되어 있는 것을 말한다. 그러므로 조직 내에서 전문화된 지식이나 기술을 필요로 하는 상이한 직무의 수가 많으면 많을수록 그 조직의 수평적 분화의 정도는 더욱 높아진다고 말할 수 있고, 이에 따라 조직의 복잡성은 더욱 증가하게 된다.

수평적 분화에는 직무전문화와 부문화가 있는데, 직무전문화는 분업의 원리에 따라 직무를 세분해서 각 구성원은 단일의 전문화된 일만을 할당받아 전담하는 것을 말한다. 직무전문화는 분업을 통한 경제적 능률을 가져오는 이점이 있지만, 작업자가 지나치게 단순하고 반복적인 작업을 계속 수행함에 따라 직무에 대한 권태감과 피로, 노동의 소외와 비인간화 등을 가져와 결과적으로 품질 저하, 생산성 저하, 이직률 증가 등과 같은 부작용도 초래한다.

부문화는 개인들에게 할당된 전문화된 다양한 업무들을 효과적으로 관리하기 위하여 일정한 기준에 의해 서로 유사한 과업활동이나 업무들을 다시 결합해서 별개의 단위나 부서로 집단화시키는 것을 말한다. 조직규모가 커지면서 직무전문화에 의하여 다양하게 세분화된 일들이 많아지게 되면 업무 중복에 따른 낭비와 업무를 하나하나를 관리할 능력을 가진 사람도 없으므로 이를 통일적으로 조정 · 관리하기 위해 부문화를 한다.

(2) 수직적 분화

수직적 분화란 과업의 분화가 상하관계를 가지고 이루어지는 것으로 조직구조의 길이(깊이)를 의미한다. 이를 계층적 분화 또는 위계(hierarchy)라고도 한다. 그러므로 수직적 분화가 증가할수록 조직의 계층이 증가하여 조직의 복잡성은 더욱 증가한다. 공식조직에서 위계는 명령계통을 이루는 권한과 역할의 피라미드 구조를 이루는데, 그 길이, 즉 계층 수에서는 조직마다 차이가 있다.

(3) 지역적 분산

지역적 분산은 조직의 물리적 시설, 즉 사무실, 공장 및 인력이 지역적으로 분산되어 있는 정도를 말한다. 조직은 동일한 정도의 수직적·수평적 분화의 조직구조를 가지고 동일한 경영활동을 여러 지역에서 수행할 수 있다. 이 같은 여러 지역에서의 분산된 경영활동이 증대될수록 의사소통, 조정 및 통제가 더 어려워져 복잡성도 증가하게 된다.

2) 공식화

공식화(formalization)란 조직 내의 직무가 표준화되어 있는 정도로서 조직이 조직구성원들의 행동을 지휘·통솔하기 위해 규정이나 규칙, 절차에 의존하는 정도를 의미한다. 조직에서 공식화의 정도가 높은지 낮은지는 규정이나 규칙, 표준화된 절차가 문서화되어 있는 것이 많은지 적은지로 알 수 있다.

공식화의 정도가 높은 조직에서 직무담당자는 무엇을, 언제, 어떻게 할 것인가가 이미 문서로 명시화되어 있어 그만큼 재량권이 줄어든다. 자유재량은 비용을 수반하기 때문에 공식화의 경제성이 그 장점으로 거론된다.

또한 공식화는 조직구성원들의 행동을 표준화하여 목표달성의 방향으로 나아가도록 통제함으로써 업무 흐름의 일관성과 신속성 및 명확성을 높이고 권한과 책임소재를 명확히 한다.

이처럼 공식화는 조직에 긍정적인 효과를 가져다주지만, 지나친 공식화는 조직구성원들의 태도나 행위에 부정적인 영향을 주거나 조직을 경직화시켜 변화하는 환경에의 신속한 적응을 어렵게 만들기도 한다.

3) 집권화

집권화(centralization)란 의사결정권이 조직계층 내에 어느 단일점에 집중되어 있느냐 하는 것으로 조직의 상층부에 의사결정 및 통제권한이 집중되어 있는 상태를 말한다. 기업경영상 모든 의사결정권이 조직의 상위계층에 집중되어 있으면 집권화 정도가 높은 것이고, 반면에 하위계층에 대폭 위양되어 있으면 집권화 정도가 낮은 것으로 이를 분권화되어 있다고 말한다. 따라서 집권화와 분권화는 절대적 개념이 아니라 상대적 개념이다. 이러한 집권화와 분권화는 조직에서 권한 배분방식의 문제이다(Robbins, 1990 : 82–91).

3. 조직구조의 형태

1) 공식조직과 비공식조직

공식조직은 분업과 권한, 책임의 계층제를 통해 일정한 목표를 달성하려는 조직으로서 법률, 규칙, 직제에 의하여 형성된 인위적 조직이며 인간관계를 규제하는 데 중점을 두는 구조가 명확한 조직이고, 비공식조직은 가시적이고 일상적이고 계획된 구조 밖에서 존재하는 구조이다.

비공식조직은 구성원 상호 간의 접촉과 친근성으로 인해 자연발생적으로 형성된 조직으로, 사실상 존재하는 현실적 인간 상호 관계나 인간의 욕구를 기반으로 하며 구조가 명확하지 않으나 공식조직에 비하여 신축성을 가진 조직이다(김규정, 2002 : 293).

비공식조직은 구성원들에게 심리적 안정감과 행동기준을 제공하고 계층제의 경직성을 완화시키는 장점을 지니나, 정실행위의 만연 등으로 인한 조직질서를 해칠 수 있기 때문에 적절한 통제와 감독이 요구된다.

2) 집권적 조직과 분권적 조직

집권적 조직구조와 분권적 조직구조는 주로 권한위양의 조직구조 결정요소에 의하여 형성되는 조직구조 형태이다. 일반적으로 하위계층에 권한이 많이 위양될수록 분권적 조직이 형성되고, 반면에 권한위양이 제한되어 상위계층에 집중되어 있는 경우 집권적 조직이 형성된다. 이러한 권한의 수직적 계층에 의한 위양은 조직구조 설계에 있어 부문화 방법과 조직의 수직적 또는 수평적 조직구조 결정에 작용하는 관리한계와 밀접한 관계가 있다.

집권적 조직은 경영활동의 집중화로 일관된 의사결정을 할 수 있다는 장점이 있다. 반면에 단점으로는 모든 의사결정권이 집중되어 명령체계가 너무 길어지므로 변화에 신속하고 탄력적으로 적응할 수 없고 의사소통이 신속하게 이루어지지 않는다는 점이다.

3) 위원회 조직

위원회 조직은 분화된 각 담당자들이나 또는 부서 간의 협조와 조정을 통하여 전사적 입장에서 의사결정을 하기 위하여 구성되는 조직구조 형태이다.

위원회의 장점으로는 각 전문 분야의 정보를 반영할 수 있기 때문에 합리적 의사결정을 할 수 있는 가능성이 높고, 결정과정이 민주적이고 구성원들의 창의력이 발휘될 수 있다는 점이다.

단점으로는 책임이 명확하지 못하거나 책임이 분산된다는 점과 회의과정에 시간적 낭비가 많다는 점, 위원들 상호 간에 논쟁으로 반목이 생기거나 타협적인 결정이 이루어져 최선의 결정이 되지 못한다는 점이다.

4) 기능별 조직

기능별 조직구조는 조직의 형태 중에서 전통적이고 가장 기본적인 것으로 업무내용이 유사하거나 상호 관련성이 있는 업무들을 기능상의 특성별로 분류하여 결합시킨 조직구조이다. 기업의 목적달성을 위한 여러 전문화된 활동들을 구매, 생산, 마케팅, 인사, 재무활동 등과 같이 기능별로 집단화, 즉 부문화하고 상이한 기능부서의 관리자는 업무활동에 대한 제반 사항을 최고경영층에 보고하도록 설계된 조직구조를 말한다.

기능별 조직의 장점으로는 여러 업무들을 유사한 것끼리 한데 묶어 기능별로 전문화시켜 업무의 효율성을 증대시킬 수 있고, 구성원들도 필요한 기능을 단위부서 내에서

짧은 시간에 습득하고 숙달시킬 수 있어 학습효과를 극대화할 수 있다는 점이다. 단점으로는 기능부서들은 각기 상이한 목표와 관점을 갖고 있기 때문에 부서 간의 갈등을 초래하기 쉽고, 이에 따라 능률이 저하될 수 있으며, 단위부서 간의 조정이 어려우며, 환경변화에 신속한 대응이 어렵다는 것이다.

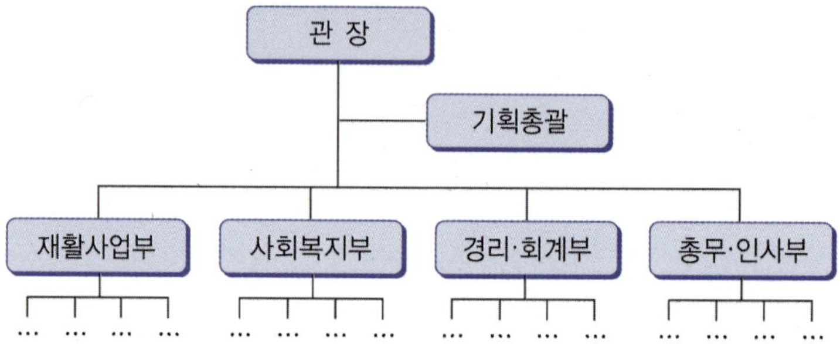

[그림 5-1] **기능별 조직**

5) 사업부제 조직

사업부제 조직은 조직의 규모가 대규모이면서 시장환경의 변화가 빨라 불안정적이고 예측하기 힘든 상황, 시장제품별 또는 지역별로 세분화가 가능한 상황에서 효과적인 조직형태이다.

사업부제 조직의 장점으로는 업무수행에 대한 통제와 평가를 용이하게 할 수 있다는 점, 사업단위별로 책임경영과 자율경영을 실시할 수 있다는 점, 이에 따라 미래 최고경영자를 양성할 수 있는 학습기회가 제공된다는 점, 조직구성원에 대한 동기부여와 능력개발을 촉진할 수 있다는 점이다.

단점으로는 업무부서 간의 과다경쟁으로 인한 역기능적 갈등상태가 나타나기 쉽고, 각 사업단위의 자율경영으로 전체 조직의 일관성이 상실되면서 중복투자가 증가할 수 있으며, 자원의 분산이나 관리비의 증대와 같은 요인들 때문에 능률이 저하될 수 있다는 점이다.

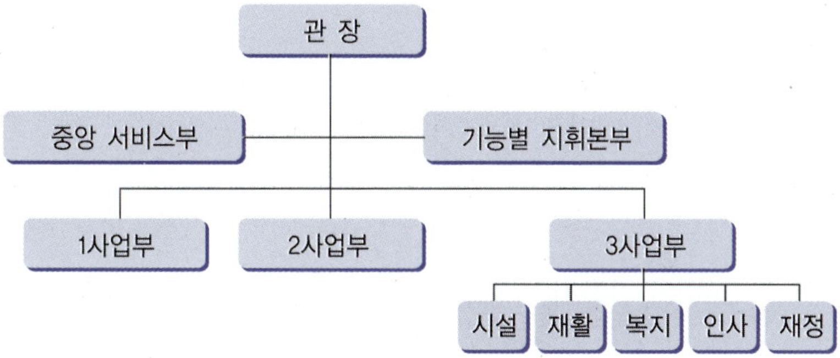

[그림 5-2] **사업부제 조직**

6) 동태적 조직

종래의 전통적 조직형태들은 지나치게 기능별로 전문화·부문화되고 경직화되어 있기 때문에 환경변화에 신속히 대응해서 증대되고 있는 각종 신제품 개발이나 신규 사업과제 등을 효과적으로 처리할 수 없는 문제점을 지닌다. 그래서 보다 환경변화에 유연하게 대처하기 위하여 신속하게 대응할 수 있는 동태적 조직이 요구되어 등장한 조직형태로 여기에는 프로젝트 조직과 매트릭스 조직형태가 있다.

(1) 프로젝트 조직

프로젝트 조직(Task Force Team)은 어떤 특정한 과제나 목표달성을 위하여 관련되는 여러 기능부서들로부터 전문 지식과 능력을 갖춘 사람을 선발하여 편성한 임시적 조직이다. 따라서 특정 과제가 달성되면 조직은 해산되고 각 구성원은 원래 소속되어 있던 부서로 복귀하거나 새로운 프로젝트 조직에 배치된다. 따라서 앞서의 기능별 조직이나 사업제 조직이 고정화된 정태적 조직인 데 반해서 프로젝트 조직은 가동적이며 동태적 조직으로 태스크 포스(task force), 프로젝트 팀 등으로 불린다.

프로젝트 조직의 장점으로는 조직의 여러 계층으로부터 파견된 숙련된 전문가들이 풍부한 상호작용과 집단문제해결 방식을 통하여 임무를 수행함으로써 일정한 과업에 인력과 자원을 집중할 수 있다는 점과, 특정 목표달성이나 임무를 수행하기 위하여 업무수행의 유연성을 가진다는 것이다.

단점으로는 한시적인 성격 때문에 추진 업무의 일관성이 유지되기 어렵고, 다양한 기능 관리자들을 통합하기 어려워 실패하는 경우도 많다는 것이다.

(2) 매트릭스 조직

매트릭스 조직(Matrix)은 전통적 기능별 조직과 프로젝트 조직이 결합해서 양 조직의 단점을 보완하고 장점을 살리기 위하여 설계된 조직구조이다. 즉, 기능별 조직의 기능적 분화를 통한 전문화로 부분적 업무수행의 효율성을 증대시키고자 하는 목적으로 설계되었다. 매트릭스 조직은 권한이 이원적인 두 상사(上司) 시스템(two boss system)과 기능부서의 관리자와 프로젝트 관리자 간의 균형된 권력 유지라는 두 가지 특성을 지닌다(김영재 외, 2009 : 389-393).

매트릭스 조직의 장점으로는 자원을 효율적으로 사용할 수 있다는 것과 새로운 시장의 새로운 변화에 융통성 있게 대처할 수 있으며, 최고 경영자는 권한위양으로 장기계획에 집중할 수 있다는 것이다.

단점으로는 2인의 상사 사이에 권력갈등의 가능성이 존재하고, 둘 중 누가 더 많은 권한을 갖게 되는지 불분명하며, 팀 목표를 지나치게 강조한 나머지 조직 전체의 목적 달성에 장애가 될 수 있다는 것이다.

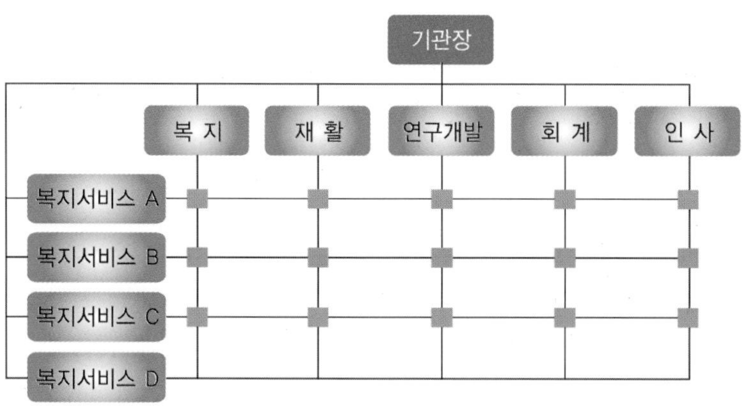

[그림 5-3] **매트릭스 조직**

7) 현대적 조직

오늘날 환경이 다양해지고 변화가 극심한 상황에 대처하기 위해 조직유형은 더욱 변형되고 있다. 이러한 환경에 대응하기 현대적 조직으로 모듈형(modular) 조직, 오케스트라 조직, 모래시계 조직, 꽃송이 조직 등이 있다(임창희, 2010 : 251–255).

(1) 모듈형 조직

버츄얼(virtual) 조직의 첨단형태로서 조직의 설계 자체를 고정시키지 않고 필요한 경우에 즉흥적으로 짜맞추어 조직을 만들어 사용하고 다시 헤쳐 모이기를 반복하는 조직이 모듈형 조직이다. 즉, 조직의 설계 자체를 고정화하지 않고 각 부서나 조직의 규정을 유연하게 해놓는 것이다. 이 조직의 장점으로는 전통을 유지하면서도 필요한 곳만 부분적으로 혁신이 가능하며, 환경의 신속한 인지와 환경감수성의 제고를 할 수 있으며, 창의적 해결책 모색이 가능하고, 부서 간 조정비용을 절약할 수 있으며, 각 부서의 정체성과 독립성을 유지할 수 있다.

(2) 오케스트라 조직

조직구조가 교향악단과 비슷해서 붙인 조직으로 음악을 연주하는 교향악단의 지휘자는 각기 다른 소리를 내는 여러 단원들에게 자율적으로 연주하도록 권한을 주고, 비전이나 경영방침에 비유되는 악보와 같은 가이드라인만 나누어 주고 지휘를 한다. 그럼에도 지휘자의 리더십은 어느 조직보다도 강조되며 모든 단원의 행동은 지휘자를 중심으로 조화를 이룬다. 각 연주자들은 자기가 맡은 자리에서 자율적으로 코드에 맞추어 자기가 할 일만 하면 전체적으로 조화를 이루어 멋진 연주를 할 수 있다. 오케스트라(orchestra) 조직은 분권화되어 있고 실무자가 많은 낮은 계층의 플랫(flat)한 조직, 그리고 조직의 최고 책임자 이외에 중간관리자의 수가 매우 적고 실무자의 수가 많다는 것이 장점이다.

(3) 모래시계 조직

전통적 조직에서는 조직의 상부의 지시사항을 중간관리층에 전달해 주고 지시하고 감독하고 평가하는 조직형태로 많은 중간관리층이 필요하게 되었다. 그러나 정보기술의 발달로 전체를 쉽게 관리할 수 있게 되면서 과거 상부에서 하부로 전달되는 시간과 필요 이상의 관리통제를 통한 실무자들의 창의력을 억압하는 등 단점이 있었으나, 이 조직은 모래시계처럼 상층과 하층으로만 되어 있어 하층 구성원들의 능력과 급여, 교육과 훈련을 통한 개인의 개발 욕구 충족을 시켜주는 장점이 있다. 그러나 단점은 조직의 상층과 하층의 사이의 갈등과 괴리를 조절하는 중간관리층이 없다는 것이다.

(4) 꽃송이 조직

기능별로 설계된 전통조직이 이제는 여러 가지 기능을 갖춘 개별 구성원들이 여러 팀을 넘나들며 다양한 업무에 참여할 수 있어야 하는데 이를 위해 여러 기능팀들이 서로 겹치도록 조직을 구성해야 하며 이러한 조직구조를 교차다기능(cross functional) 조직이라고 할 수 있다. 그 모양이 꽃송이 모양이라서 붙여진 이름이다.

이 조직은 조직의 가장 핵심이 되는 중앙부서가 맡고 전체 연결망을 지휘하는 팀이 맡게 되며 각각의 꽃잎들(부서)은 필요에 따라 만들고 없애는 것이다. 즉, 고객들이 한 곳에서 원스톱 서비스를 받을 수 있도록 하여 고객만족을 높일 수 있다는 것이 이 조직의 장점이다.

4. 현대적 조직혁신이론

1) 리스트럭처링(Restructuring)

과거에는 리스트럭처링이 단순히 단기적인 재무구조 개선이나 부실사업의 정리를 통해 위기에 빠진 조직을 희생시키는 수단으로 여겨졌으나, IMF 이후 시장중심의 전략적 리스트럭처링이 자리를 잡아감에 따라 오늘날에는 다수의 조직이 경쟁력을 강화하고, 미래의 성장엔진을 창출하기 위한 옵션으로 리스트럭처링을 고려하고 있다. 리스트럭처링이란 사업구조를 재편하는 것을 말하며 구조조정이라고도 부른다. 이는 수익성이나 성장성이 낮은 사업(부서) 등을 축소하거나 철수하며, 중복된 사업을 통합함으로써 조직의 경쟁력을 확보하기 위한 경영전략기법이다. 다시 말하면 불필요한 사업의 과감한 정리를 통해 조직이 보유한 역량을 주력사업에 집중하여 조직을 운영하는 경우이다. 리스트럭처링은 다운사이징과 유사한 개념으로 특히 점진적인 변화보다는 급진적인 변화를 통해 조직의 운영상태를 개선하는 데 초점을 두고 있다. 조직은 국내의 환경변화, 경쟁사의 동향, 기술혁신, 고객욕구 변화 등을 고려하여 현재의 전략이나 기존 사업만으로는 미래의 비전을 달성하기 어렵다고 판단되면 과감하고도 신속한 리스트럭처링을 실시해야 하는 것이다.

2) 리엔지니어링(Reengineering)

리엔지니어링(business process reengineering: BPR)이란 비용 · 품질 · 서비스 · 속도 등의 기업 핵심요소를 극적으로 향상시키기 위하여 업무 프로세스를 근본적으로 다시 생각하고 과감하게 재설계하는 것이다. 이 기법은 1990년 미국 MIT 대학의 마이클 해머(Michael Hammer) 교수가 오랫동안의 기업 컨설팅 경험을 통해 창안해 낸 개념이다. 다시 말하면 리엔지니어링 기법은 직무수행의 과정과 방법에 관련된 방침 · 절차 · 서식 · 결재 · 회의 등 모든 제도와 활동을 상세히 분석하여 불필요한 부분은 철폐하고 낭비적 요소는 제거하며 필요한 부분은 효율화시키는 경영전략으로서 조직의 업무과정 혁신이라고도 불린다.

리엔지니어링은 고객을 위한 가치창조를 목적으로 제품이나 서비스의 질을 높이고, 업무수행과정을 간소화시켜 서비스 시간을 단축시키는 데 초점을 두고 있다. 따라서 리엔지니어링은 다음과 같은 특징을 갖는다.

첫째, 리엔지니어링은 근본적인 개혁을 추구한다. 기존의 업무관행이 옳은 것인가 또는 과연 필요한 것인가를 근본적으로 분석하고 판단하여 혁신적으로 재설계 하는 것이다.

둘째, 리엔지니어링은 과감한 개혁을 설계한다. 기존의 업무를 개선하거나 변경시키는 것이 아니라 새로운 업무처리 절차와 방법을 만들어 내는 것이다.

셋째, 리엔지니어링의 대상은 업무 프로세스이다. 조직혁신의 대상을 직무 · 부서 · 사람 중심으로 이해하지 않고, 직무의 방법 · 절차 · 흐름과 같은 행동을 대상으로 이해하고 분석한다.

리엔지니어링은 비용을 절감할 뿐 아니라 서비스의 생산이나 업무처리 시간을 단축시키며, 소비자의 수요에 신속하게 대응할 수 있다. 이러한 결과는 고객만족으로 연결되어 빠른 기간에 생산성 향상, 불황극복, 경쟁력 제고를 가져오게 한다.

3) 다운사이징(Downsizing)

다운사이징은 원래 컴퓨터를 이용한 정보처리 기법에 대한 것으로 기업의 신경망인 전산 시스템에 가장 먼저 도입된 개념이다. 이 단어의 어원은 일반인들의 상식과는 달리 사이즈를 다운시킨다는 뜻의 합성어가 아니라 미국 IBM 왓슨연구소의 연구원인 헨리 다운사이징(H. Downsizing)의 이름에서 유래되었다. 그 이유는 그가 1980년대 초반에 메인 프레임보다 더 작으면서 우수하고 저렴하며, 유연하고 신뢰성 있는 컴퓨터의 개발을 제안하였기 때문이다.

다운사이징이란 비용절감이나 조직의 효율성을 향상시키기 위해 조직이 의도적으로 조직의 규모(예: 종업원, 조직계층, 직무, 부서 등)를 줄이는 것을 말한다. 그리고 조직재설계(organization redesign)의 두 가지 유형으로 나눌 수 있다. 인건비 절감을 통한 효율성 제고를 목표로 하는 인력 감축은 해고, 퇴직, 전출 등을 통해 이루어지게 되고, 조직재설계는 직무와 업무수행 부서의 변화를 목표로 기능이나 계층의 축소, 직무재설계, 부서 통폐합 등을 시행하는 것을 의미한다.

조직의 경우 다운사이징이란 우리말로 기구 축소 내지 감원에 해당한다. 이것은 원가절감을 목표로 하기는 하지만 원가절감과는 다소 개념이 다르다. 업체가 오랫동안 불필요하게 붙어온 군살은 없는지, 과도한 기구 팽창은 없었는지, 필요 이상의 인력을 수용하고 있는지를 과학적으로 검토 · 분석하여 기구 축소 및 감원을 시도하는 경영정책이다. 다운사이징은 단기적인 비용절약을 위한 미봉책이 아니라 장기적인 경영전략이다. 원가절감을 통한 경쟁력 강화가 궁극적인 목적이지만 장기적인 경영전략이라는 데 특징이 있다.

다운사이징은 무엇보다 비용을 줄일 수 있다는 점, 관리자 수가 줄어들어 의사결정을 신속하게 할 수 있다는 점, 고객과 더욱 밀접한 관계를 유지할 수 있다는 점, 불필요한 인력을 감축하여 핵심인력을 중심으로 조직을 이끌 수 있다는 등 여러 가지 장점이 있다. 하지만 단순한 인력 감원이나 기구 축소는 그에 따른 부작용도 나타날 수 있기 때문에 신중하게 추진해야 한다.

4) 6시그마 경영

최근 6시그마 경영에 대한 관심이 높아지고 있다. 이를 채택한 조직들이 품질향상으로 고객만족을 달성하고 이를 통해 경쟁우위를 획득하는 사례들이 보고되고 있기 때문이다. 이로 인해 우리나라에서도 많은 조직들이 6시그마 관리기법을 도입하고 있다. 6시그마 기법은 1987년 모토롤라(Motorola)에 근무하던 마이클 해리(Michael J. Harry)가 창안한 것으로 품질을 획기적으로 향상시키기 위해 통계지식을 활용하자는 데서 출발하였다. 모토롤라에서 출발한 이 방법은 텍사스 인스트루먼트, ABB, GE, IBM, SONY 등에서 도입하였다. 국내에서도 삼성, 현대, LG 등 대기업은 물론 중견기업과 공기업, 공공행정, 합작기업도 6시그마를 통한 조직혁신에 나서고 있다. 여기서 시그마(σ)라는 것은 통계학에서 표준편차를 의미하는 것으로 오류가 발생할 확률을 의미하는 용어이다. 과거에 시행하던 운동인 1백 PPM은 1백만 개당 1백 개 이하의 불량을 목표로 하였으나, 6시그마는 1백만 개당 불량품 3~4개를 목표로 하기 때문에 무려 30배가량 차이가 나는 수치이다.

그러나 6시그마 은 1백 PPM운동과 같은 단순한 품질개선 활동이 아니라 총체적인 경영혁신전략으로 조직문화 자체를 바꾸는 경영혁신운동으로 제품설계에서 출하까지의 모든 경영활동과정을 대상으로 하고 있다.

해리의 견해에 따르면 6시그마 기법은 첫째, 통계적 측정치로 객관적인 통계수치로 나타나기 때문에 제품이나 업종, 업무 및 생산프로세스가 다르더라도 비교할 수 있게 해주며 둘째, 기업전략으로 시그마 수준을 높이는 만큼 제품의 품질이 높아지고 원가는 떨어지므로 고객만족 경영을 달성할 수 있다. 셋째, 철학적 사고로 접근하는 6시그마는 기업의 사고방식을 바꿔준다.

6시그마는 QC, TQC, TQM 등 전통적 품질관리 기법과는 큰 차이가 있다. 과거 품질관리기법이 대량생산시대에 부합하는 공장중심의 운동이었다면, 6시그마는 정보화 사회에 알맞은 21세기형 전방위 경영혁신운동으로 요약할 수 있다. 즉, 6시그마는 특정부문의 '개선'이 아니라 조직 전반을 대상으로 한 혁신활동이라 할 수 있다. 한편, 이러한 6시그마 기법을 조직에서 추진해야 하는 이유는 다음과 같다.

(1) 6시그마는 조직의 최고의 덕목이다. 무한경쟁시대에서 조직이 생존하기 위해서는 제품의 제조품질이나 또는 서비스나 사무 간접부문의 품질을 불문하고 실수나 비효율 같은 것들은 기업경영의 적으로 간주하여야 한다.
(2) 6시그마는 조직의 품질비용을 효과적으로 절감할 수 있다.
(3) 모든 분야의 조직에서 적은 비용으로 큰 효과를 볼 수 있다.
(4) 6시그마 기법은 체계적이고 과학적인 품질 혁신방법이다.
(5) 6시그마 기법에 의해 새로운 조직문화가 정착된다.

5) 균형성과표(Balanced Score Card: BSC)

균형성과표(Balanced Score Card)란 기업의 사명과 전략을 측정하고 관리할 수 있는 포괄적인 측정지표의 하나로서 1992년 하버드 대학의 교수 로버트 카플란(Robert Kaplan)과 컨설턴트인 데이비드 노튼(David Norton)에 의해 개발되었다. BSC는 카플란과 노튼에 개발되어 민간기업의 성과평가에 주로 활용되었으며, 이후 그 유용성을 인정받아 비영리 및 민간조직의 성과평가에까지 다양하게 활용되고 있다. BSC가 다양한 조직 및 기관의 성과평가에 활용되고 있는 이유는 조직의 사명 및 비전을 성공적으로 달성하기 위해 재무 및 비재무, 내부 및 외부, 단기 및 장기적인 종합전략을 세우고 이에 따른 성과목표를 설정한 뒤 조직성과에 영향을 미치는 요소들 간의 균형 추구를 통해 단기적인 성장보다는 지속적인 성장 발전을 도모할 수 있는 전략적 성과관리 방법론이기 때문이다(Kaplan & Norton, 1992). BSC는 재무적인 측면과 더불어 고객, 내부 프로세스, 학습과 성장 등 기업의 성과를 종합적으로 평가하는 균형잡힌 성과측정 기록표이다. 현재의 조직 상황을 평가하는 것뿐만 아니라 미래에 대한 경고등의 역할을 하며 사업전략을 세울 때 중요한 정보로서 역할을 수행한다. 기업의 경영에 있어 비재무적 지표에 대한 관심은 새로운 것이라 할 수 없으나 이를 체계화시켜 동일된 시각을 제공했다는 점에서 그 의의가 크다. 카플란과 노튼은 성과측정에 있어 전통적인 재무측정치를 보완하기 위하여 3가지 관점을 추가함으로써 기업의 재무적 결과를 추적함과 동시에 장래의 성장에 필요한 무형자산을 획득하고 역량을 구축할 수 있는 BSC를 제시했다.

BSC의 4가지 관점이란 재무 관점, 고객 관점, 내부프로세스 관점 및 학습과 성장의 관점이다.

(1) 재무 관점(Financial Perspective)

재무 관점은 재무적인 성과와 관련된 측정지표로서 구성되어 있으며 기업의 전략실행과 집행이 기업의 손익개선에 어느 정도 기여하고 있는지를 나타낸다. 재무적인 목표들은 전형적으로 수익성, 성장성, 주주가치와 연관이 있다.

일반적으로 기업의 재무목표는 생존하는 것, 성공하는 것, 번영하는 것으로 간단히 요약해 볼 수 있다. 여기서 생존은 현금흐름으로, 성공은 각 사업부의 분기별 매출액의 증가와 영업이익의 발생으로, 번영은 세분 시장별 시장점유율 확대와 ROE개선으로 측정되기도 한다. 민간 기업에서는 4대 관점 중 일반적으로 최상위에 위치한다. 카플란과 노튼(1996a)에 따르면, 재무 관점은 영리를 추구하는 기업의 장기적이고 분명한 목표이지만, 정부와 비영리 조직과 같이 영리 추구가 목적이 아닌 곳에서는 제약요건으로 작용한다.

(2) 고객 관점(Customer Perspective)

모든 조직은 고객을 만족시키는 것이 존립의 근거이며, 기본적인 전략방향이다(김영생 외,

2007: 9). 고객 관점이란 고객의 입장에서 효과가 증가하는 방향을 의미한다고 할 수 있다. 고객 관점은 고객만족도 등 고객과 관련된 성과지표로 구성된다. 고객중심 사업전개의 중요성은 오래전부터 꾸준히 제기되어 왔던 문제이다. 그 결과 오늘날 대부분의 기업들은 저마다 각 분야에서 '고객이 원하는 가치를 제공할 수 있는 기업이 되자'라는 목표와 비전을 가지고 있다. 이에 따라 경영자들은 BSC를 통하여 자사의 고객서비스에 관한 비전에 고객들의 주요 관심사항을 반영한 구체적인 성과지표를 나타내어야 한다. 재무관점을 중시하는 민간기업에 비해 공공성 등을 목적으로 하는 공공기관에서는 일반적으로 4대 관점 중 고객 관점을 최상위에 둔다. 고객 관점에서 중요한 것은 과연 고객이 누구인지 분명하게 정의하는 것이며, 고객에게 전달하고자 하는 가치가 무엇인가를 분명하게 하는 것이다. 조직과 관련된 이해관계자, 즉 외부 환경에 초점을 두는 것으로 고객 관점은 이해관계자들(중앙정부, 지방정부, 공무원, 지역주민 등)이 요구하는 것으로 구성되며, 고개의 관심사는 시간, 품질, 성과 및 서비스, 원가 등의 범주로 구분할 수 있다(김주원, 2007: 13).

(3) 내부프로세스 관점(Imternal Business Process Perspective)

내부프로세스 관점은 균형성과 표를 활용하는 과정 중에서 고객 관점에서 회사에 요구하거나 바라는 것이 파악되었다면 그 다음은 고객들의 기대에 부응하기 위해 내부적으로 무엇을 해야 하는 것에 대한 측정지표를 구해야 한다. BSC 내부프로세스 관점에서는 고객을 위한 가치창출을 꾸준히 증가시키기 위해 조직이 더욱 노력해야 할 핵심프로세스들을 식별해 낸다. 이 관점과 관련된 조직의 과제는 고객만족 원칙을 달성하기 위한 핵심프로세스를 식별하고 그 프로세스 수행 결과를 추적하기에 적합한 성과지표를 개발하는 것이다. 내부프로세스 관점은 조직이 내부적으로 무엇을 해야 하는가에 대한 지표로서 성과를 최대한으로 달성하기 위해 어떠한 프로세스에서 탁월해야 하는지를 규정하는 것이 목표이다(김주원. 2007). 따라서 조직의 가치를 증대시킬 수 있는 핵시점 역량을 찾는 것이 중요하다.

(4) 학습 및 성장 관점(Learning and Growth Perspective)

학습 및 성장 관점은 조직의 비전을 달성하기 위해서 조직원의 능력을 어떻게 유지하고 향상시킬 것인지와 관련된 지표들로 구성된다. 학습・성장 관점은 BSC의 다른 세가지 관점 즉, 재무 관점, 고객 관점, 내부프로세스 관점의 목표를 성취하는 데 필요한 기업의 핵심역량을 파악하고 세부적인 성과지표를 선정하는 토대가 된다. 기존의 업무프로세스를 개선하고 신제품을 지속적으로 개발하기 위해서는 조직원의 역량을 향상하고 하습능력을 개발하는 것이 필요하다. 기업의 가장 근본이 되는 자산은 인적자원이다. 개개인이 보유하고 있는 성장의 잠재력이 결국은 기업의 미래를 이끌어 낸다고 해도 과언은 아닐 것이다. 학습과 성장 관점은 BSC의 4가지 관점 중에서 가장 미래지향적인 관점이다. 미래지향적 관점에서 기업이나 조직의 장기적 잠재력에 대한 투자가 기업 성장에 중요하다. 특히 보다 큰 비중이 주어져야 할 곳은 '교육'이 아닌 '학습'이며, 이를 위한 다양한 지식관리와 혁신이론이 제시된다(김영생 외, 2007).

6) 벤치마킹(Benchmaking)

벤치마킹이란 어느 특정한 분야에서 우수한 대상을 찾아 그의 뛰어난 운영 프로세스를 창의적으로 모방하는 것을 의미한다. 즉 타 경쟁사의 우수한 성공사례를 배우자는 것이다. 벤치마킹은 1970년대 말 미국의 복사기 회사인 제록스(Xerox)가 신생기업인 일본 캐논(Canon)의 비용절감 성공요인을 분석하여, 이를 자사에 도입하는 데서 시작되었다. 특정 제품의 품질이나 서비스 수준, 업무 프로세스 및 방법, 조직의 성과, 전략 등 모두는 벤치마킹의 대상이 될 수 있다.

벤치마킹을 수행하는 과정은 다음과 같다.

(1) 벤치마킹 목표와 대상기업 선정

벤치마킹을 실시하고자 하는 문제의식과 벤치마킹을 통해 달성하고자 하는 목표를 구체적으로 설정한 다음, 벤치마킹하고자 하는 대상조직을 선정해야 한다. 또한 상품, 서비스, 운영 노하우, 프로세스나 조직구조 등 대상조직의 어떤 부분을 벤치마킹할 것인가를 결정해야 한다.

(2) 자사의 수준 파악 및 대상기업의 정보수집

본격적인 벤치마킹에 앞서 현재 조직의 수준을 파악하여 격차를 분석하여야 한다. 그런 다음 벤치마킹 대상 조직에 대한 직 · 간접 조사를 실시한다. 직접 조사는 현장방문과 견학, 실무자 면담 등이 해당되고, 간접 조사는 대상조직의 제품 분석 및 제조공정과 마케팅 등에 대한 매뉴얼 분석 등이다.

(3) 벤치마킹의 실행과 평가

대상 조직에서 파악한 내용을 자사의 수준과 전략에 맞게 실천하기 위한 방안을 마련한 후, 단계별로 실행한다. 수시로 중간점검을 거쳐 계획대로 진행되고 있는지를 파악하고 필요한 수정조치를 취한다. 벤치마킹이 완료된 후에는 계획대로 추진되었는지 그리고 자사의 상태와 대상 기업의 상태를 비교하는 등 평가를 실시한다.

7) 아웃소싱(Outsourcing)

아웃소싱은 계약에 의해 자사의 조직기능을 전문업자(vendor)에게 위탁하는 것으로 외부조달이라고도 한다. 다시 말하면 아웃소싱은 내부조직을 유지하기보다 외부 공급기관에 의존함으로써 비용을 절감하고, 보다 효과적으로 서비스와 품질을 제공하기 위하여 핵심능력이 없는 행정이나 부가가치활동은 자체 내에서 조달하는 것보다 외부의 전문기관에 주문하여 더 좋은 품질의 행정서비스를 더 값싸게 산출 또는 제공 받는 기법을 의미한다.

조직은 아웃소싱을 통해 상대적으로 중요도가 낮은 업무를 외부 공급업체에 위임하여 충분한 기술력을 확보하고, 자신은 조직 본연의 핵심업무 또는 핵심분야에 자사의 역량을 집중함으로써 운영의 효율성을 높일 수 있게 된다.

아웃소싱으로 인해 조직이 얻을 수 있는 효과는 다음과 같다.

(1) 조직의 우수한 인력과 제한된 내부자원을 꼭 필요한 업무에 집중 활용하여 내부

자원에 대한 행정을 극대화할 수 있다.

(2) 조직 내부에서 수행할 때 과다한 비용이 소요되는 업무를 외주함으로써 비용절감의 효과를 가져올 수 있다.

(3) 외부 공급자의 투자나 기술혁신의 성과, 전문적인 능력을 최대한 활용할 수 있다.

(4) 급속히 변화하는 시대 상황이나 기술 환경 변화에 보다 유연하게 대응할 수 있다.

(5) 정보기술에 투자한 자산을 외부 공급업자에게 매각함으로써 재무자산을 효율적으로 활용할 수 있다.

예를 들면 A라는 조직에는 경리나 총무·인사를 담당하는 직원이 없다. 핵심업무, 즉 영업·상품개발·전산지원이라는 세 가지 업무를 제외하고는 모두 아웃소싱하기 때문이다. 총무·회계·홍보·법률자문은 물론이고 시장조사도 다른 전문회사들에 맡긴다. 사회복지기관에서 전문적 욕구조사 시 외부 연구기관에 의뢰하는 경우이다.

5. 사회복지조직의 유형

조직의 구성요소, 기능, 권력의 형태, 수혜자의 종류 등에 따라 분류할 수 있으나 여기서는 권력형태, 수혜자의 유형, 업무의 통제성, 수혜자의 상태와 조직기술을 기준으로 사회복지조직을 분류하고자 하며, 사회복지조직의 특성에 대해 살펴보고자 한다.

1) 권력형태에 따른 조직의 유형

에치오니(Etzioni)는 권력의 형태를 강제적, 보상적, 규범적 권력으로 나누고 권력에 대한 관여형태를 소외적, 타산적, 도덕적 관여의 형태로 구분하여 이들 각각의 세 가지 형태를 연관시켜 아홉 가지 조직형태를 제시하고 있다. 이 아홉 가지 형태는 모두 가능한 분류형태이지만 이 중에 세 가지(1, 5, 9 형태)가 가장 효과적인 분류이며 실제로 많이 나타난다(장인협 역, 1984 : 51–53).

권력형태에서 강제적 권력은 위협이나 신체적 탄압에 근거하고, 보상적 권력은 금전과 같은 물질적 보상에 근거하며, 규범적 권력은 지위, 존엄, 위신 등의 상징적 보상 또는 도덕적 가치에 근거한다. 강제적 조직으로는 강제수용소, 교도소, 정신병원 등이 있고, 보상적 조직은 산업조직, 즉 기업체를 들 수 있으며, 규범적 조직으로는 종교조직, 정치조직, 병원, 학교, 사회복지조직 등이 있다.

관여유형으로 소외적 관여는 권력 행사자에 대해 강하게 부인하므로 강제적 권력이 필요하고, 타산적 관여는 획득한 보상에 따라 권력에 대해 관여하는 것이고, 도덕적 관여는 권력행사에 강한 시인을 나타내므로 규범적 권력이 필요하다.

〈표 5-1〉 **권력의 종류와 관여형태에 따른 조직유형**

관 여 / 권 력	소외적	타산적	도덕적
강제적	유형 1 (강제적)	유형 2	유형 3
보상적	유형 4	유형 5 (공리적)	유형 6
규범적	유형 7	유형 8	유형 9 (규범적)

출처 : 장인협 역(1984). 사회복지조직론, 집문당, p. 52.

2) 수혜자의 종류에 따른 조직의 유형

블라우와 스콧(Blau & Scott, 1970)은 조직활동의 일차적인 수혜자가 누구냐에 따라 상호수혜조직, 사업조직, 서비스조직, 공공조직으로 분류하고 그 가운데 어느 범주의 사람들(조직의 구성원, 조직의 소유주 또는 관리자, 고객 또는 클라이언트, 국민)이 주된 수혜자인가에 따라 네 가지의 조직유형을 구분하였다(장인협 · 이정호, 1993 : 130).

(1) 상호수혜조직

상호수혜조직의 주된 수혜자는 조직구성원들이다. 상호수혜조직에서 가장 중요한 문제는 구성원의 참여와 구성원에 의한 통제를 보장하는 민주적 절차를 조직 내에서 유지하는 것이다. 이 조직의 예로는 정당, 노동조합, 전문직업단체, 종교단체 등을 들 수 있다.

(2) 사업조직

사업조직의 주된 수혜자는 소유주이다. 여기서 가장 핵심이 되는 문제는 경쟁적 상황 속에서 운영의 능률을 극대화하는 것이다. 이와 같은 사업조직의 예로서 제조회사, 은행, 보험회사 등이 해당한다.

(3) 서비스조직

서비스조직의 주된 수혜자는 고객집단이다. 고객에 대한 전문적 봉사와 행정적 절차 사이에서 생기는 갈등은 이러한 조직의 중요한 특성이다. 서비스조직의 예로는 사회복지기관, 병원, 학교 등을 들 수 있다.

(4) 공공조직

국민 일반을 주된 수혜자로 한다. 이러한 조직에 관련하여 제기되는 가장 중요한 문제는 국민에 의한 외재적 통제가 가능하도록 민주적 장치를 발전시키는 문제이다. 공공조직의 예로는 각종 행정기관, 군대조직, 경찰조직 등이 해당한다.

〈표 5-2〉 **블라우와 스콧의 수혜자의 종류에 따른 분류**

구 분 / 조직유형	1차적 수혜자	조직의 예
호혜적 조직	조직구성원	정당, 노동조합, 전문직업단체, 종교단체 등
사업조직	사업체 소유주	제조회사, 은행, 보험회사 등
서비스조직	고객집단	사회복지기관, 병원, 학교 등
공공조직	일반 국민	각종 행정기관, 군대조직, 경찰조직 등

3) 업무의 통제성에 따른 조직의 유형

스미스(Smith)는 사회복지조직과 관련하여 업무의 통제성에 따른 조직의 유형을 관료조직, 일선조직, 전면적 통제조직, 투과성 조직으로 분류하였다(장인협 역, 1984 : 62-112; 최성재 · 남기민, 2006 : 144 재인용).

첫째, 관료조직으로 공식적 규정, 위계적 권위구조, 명확하고 전문화된 분업, 문서에 의한 업무처리, 기술적 자격에 기초한 신분의 보장 등을 특성으로 하는 합리적 통제체제의 조직을 말한다. 관료조직은 능률성 추구를 장점으로 하지만 민주성과 전문성에서 취약하고 관료적 이기주의가 폐단으로 나타나는 약점을 가지고 있다.

둘째, 일선조직은 공식적인 위계제도가 있지만 실제적으로는 권한의 분산이 행해지고 있는 조직이다. 조직의 주도권이 일선업무 단위에 있고, 각 업무 단위는 자율성을 가지고 상호 독립적으로 업무를 수행하며, 사무 단위의 직접적인 감독과 통제가 쉽지 않다.

셋째, 전면적 통제조직은 클라이언트의 유지관리 과정에서 엄격한 규칙에 의하여 전반적 통제를 가하는 조직이다. 이 조직은 강제적 수용과 철저히 계획된 업무, 수용자와 직원 간의 근본적 차이와 문화적 차이로 인한 고통, 개인의 개조, 특수한 문화 형성을 그 속성으로 한다. 정신병원, 기숙사, 교도소, 양로시설, 아동보호시설 등이 대표적이다.

넷째, 투과성 조직은 조직의 구성원 또는 참여자가 자발적으로 참여하며 개인의 가정과 사적 생활에 침해받지 않고 조직의 문화나 규정에 의한 통제성이 약하고 조직활동이 거의 노출되는 조직이다. 이 조직은 자발적인 참여, 조직의 업무와 사적인 활동 사이의 분명한 구분, 영역유지구조가 약하고 역할구조의 복잡성, 개인주체성의 강조, 업무활동의 자율성, 사회와 문화적 일치 등을 들 수 있으며, 자원봉사조직이 대표적이다.

4) 수혜자(클라이언트)의 상태와 조직기술에 따른 조직유형

하센필드(Hasenfeld)는 사회복지조직이 대상으로 하는 클라이언트와 조직기술에 따라 조직을 6가지로 분류하였다(성규탁 역, 1985 : 5-11). 즉, 클라이언트를 정상기능(normal functioning)과 비정상기능(malfunctioning)으로 구분하고 복지조직에서 클라이언트를 변화시키기 위한 기술을 인간식별기술(people-processing technologies), 인간유지기술(people-sustaining), 인간변화기술(people-changing technology)로 나누어 이들의 유형을 다음과 같이 구분하였다.

첫째, 인간식별기술이란 클라이언트의 개인 속성을 변화시키지 않고, 오히려 다른 사회집단으로부터 바람직한 반응을 야기하는 사회적 명칭부여(labelling)와 공식적 지위를 부여함으로써 클라이언트 변화를 시도하는 것이다. 이는 정신질환자, 암환자와 같은 클라이언트를 식별하는 분류 및 배치체계이다.

둘째, 인간유지기술이란 클라이언트의 개인적 상태의 악화, 약화, 퇴보를 예방하고 현 상태로 유지하며 완화시키려는 기술이다. 노인의 요양보호, 생활보호, 빈곤 악화 예방 프로그램 등이다.

셋째, 인간변화기술이란 클라이언트의 개인적 속성에 직접 변화를 주려는 기술이다. 교육, 의학적 치료, 사회심리적 상담 등을 들 수 있다.

〈표 5-3〉 수혜자의 상태와 조직기술에 따른 유형

사용기술 유형 / 수혜자의 상태	인간식별기술	인간유지기술	인간변화기술
정상기능	유형 1 대학(신입생 선발) 신용카드 회사	유형 3 사회보장청 양로시설	유형 5 국공립학교 YMCA
비정상기능	유형 2 소년법원 진료소	유형 4 공적부조사무소 요양시설	유형 6 병원 수용치료센터

출처 : 성규탁 역(1985). 사회복지행정조직론, p. 8.

제 2 절 조직환경

1. 사회복지 조직환경의 개념

오늘날 환경의 불확실성 속에서 조직을 둘러싼 외부 환경은 조직에게 이에 대처하고 적응하도록 압력을 가하고 있으며, 이러한 변화에 적응하지 못하는 조직은 퇴보하도록 하는 조직 메커니즘을 형성하고 있다(지은구, 2007 : 348). 사회복지서비스 조직도 이와 같은 조직 메커니즘에 직면하고 있다.

사회복지서비스 조직에서 현재 직면하고 있는 조직의 환경변화는 거버넌스(governance) 또는 복지다원주의(welfare pluralism)에 의한 사회복지서비스 조직의 변화에 따른 경쟁개념 도입, 클라이언트의 욕구 다양화에 따른 대응 전략, 지식정보화 사회 도래에 따른 조직 환경변화 등을 대응하여야 한다. 따라서 사회복지조직의 환경과 관계를 이해하고 이에 대응하는 방법을 파악하는 것이 복지조직의 책임성과 정당성 확보를 위해서도 필수적이다.

조직환경이라는 개념은 매우 포괄적인 개념으로 여러 학자의 연구논점에 따라 다양한 차원과 내용을 포함하고 있어 이론의 일반화가 용이하지 않으며 그 정체성을 명확하게 정의하기 어려운 개념이다. 조직환경에 관한 몇몇 학자들의 개념을 살펴보면, 리트윈과 스트린져(Litwin & Stringer, 1968 : 5)는 조직환경을 조직의 중요한 환경적 요인과 그 특정 조직에서 일하는 사람들의 가치, 태도, 신념 간의 상호작용으로 인지되는 주관적 개념이라고 정의하였고, 대프트(Daft, 1992 : 71)는 조직환경이란 조직의 경계 밖에 존재하면서 조직 전체나 일부분에 영향을 미칠 가능성이 있는 모든 것이라고 정의하였다.

루썬즈(Luthans, 1998)는 물리적 배치, 참여자들 간의 상호방식 및 조직구성원의 고객이나 외부인에 대한 행동 등에 의한 전체적인 느낌을 조직환경이라고 정의하였다.

이상의 조직환경에 학자들의 정의를 종합해 보면 사회복지조직의 조직환경이란 사회복지조직의 외부 환경들이 조직구성원과 소비자(서비스 수혜자)에게 전체 또는 일부분에 영향을 미칠 가능성이 있는 모든 것이라 할 수 있다.

2. 사회복지조직의 환경유형

조직환경의 유형은 상위기관과의 관계, 동급기관과의 관계, 상사, 동료와의 관계, 업무환경으로 나눌 수 있으며, 또한 그 조직만이 가지고 있는 특성이나 조직분위기를 의미하는 내부 환경과 조직 밖에 존재하면서 조직의 설계, 조직관리에 영향을 주는 외부 환경으로 나눌 수 있다. 따라서 일반적으로 조직환경은 외부 환경을 의미하며, 이러한 외부 환경은 다시 일반환경과 과업환경으로 구분된다. 일반환경은 사회 내의 모든 조직에 일반적으로 나타나는 것으로 범위가 넓고 조직에 미치는 영향이 간접적인 환경이다. 케이트와 칸(Kate & Kahn, 1978 : 124)은 일반환경을 문화적, 정치적, 경제적, 정보 및 기술 환경, 물적 환경 등 5가지로 분류하였고, 홀(Hall, 1991 : 203–210)은 기술, 법적, 정치적, 경제적, 인구통계학적, 생태학적, 문화적 상황으로 분류하였다. 대프트(Daft, 1992 : 40–50)는 산업요소, 원자재, 인력자원, 재무자원, 시장, 기술, 경제적 상황, 정부, 사회문화적 상황, 국제적 상황 등으로 분류하였다.

반면에 과업환경은 조직이 조직의 목표설정과 목표달성에 관한 의사결정을 내릴 때 직접적으로 영향을 미치는 환경을 말한다. 캐스트와 로젠즈웨그(Kast & Rosenzweig, 1979 : 133)는 과업환경을 고객환경, 경쟁자 환경, 공급자 환경, 사회 및 정치환경, 기술환경 등으로 분류하였다(안춘윤, 2008 : 36–40 재인용).

사회복지조직의 환경유형을 하센필드(Hasenfeld, 1985)는 홀의 분류를 기준으로 일반환경을 인구사회학적, 정치적 · 법적, 기술적, 문화적, 경제적 조건으로, 과업환경을 클라이언트 제공자, 서비스 수혜자, 경쟁조직, 합법성 및 권위의 제공자, 보충적 서비스 제공자, 재정자원 지원 등으로 분류하였다. 이러한 그의 분류는 사회복지조직은 외부 환경이 차지하는 비중이 큰 조직임을 알 수 있다(김영종, 1998 : 75–76 재인용).

[그림 5–4]의 사회복지조직의 환경유형을 보면 다음과 같다.

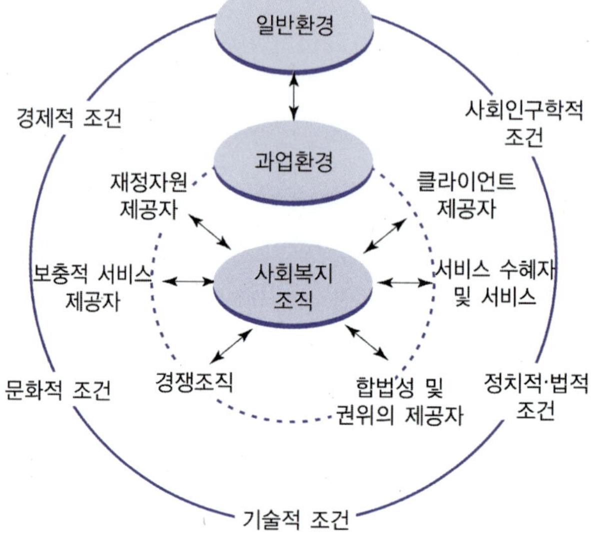

[그림 5-4] 사회복지조직의 환경유형

1) 일반환경(General Environment)

(1) 경제적 조건(Economic Conditions)

경제적 조건은 조직에 영향을 미치며, 국가나 지방자치단체의 경제상태는 조직에 직접적으로 영향을 미친다. 사회복지재정은 경제성장과 더불어 일반적으로 증가하는 경향이 있고, 특정 부문(경기가 불황인 경우)의 경우 복지재정이 증가하는 경우가 많다.

(2) 인구 · 사회 · 통계학적 조건(Demographic Conditions)

연령과 성별 분포, 가족구성, 거주지역, 사회적 계급은 여러 가지 문제와 욕구의 발생빈도와 밀접한 관계를 가지고 있다. 예를 들면, 저출산 · 고령화로 농어촌지역에 자녀 수가 급속하게 감소되고 노인의 비율이 높아져 독거노인이 증가하고 지역별 노인인구 비율의 차이가 나타나 사회복지서비스 수요 변동에 영향을 미친다.

(3) 문화적 조건(Cultural Conditions)

문화적 조건은 사회의 가치와 규범에 대한 것으로 사회복지조직의 목표와 방향에 영향을 미치게 된다. 예를 들면, 선진국들은 WHO에서 정하고 있는 장애인 분류에 의거하여 장애인 범위를 포괄적으로 분류하여 많은 장애인이 복지혜택을 많이 받고 있지만, 우리나라에서는 장애인의 범위를 「장애인복지법」에 규정된 분류에 의하여 장애인으로 인정하고 있어, 선진국처럼 장애인을 포괄적으로 분류를 하면 그 수가 크게 늘어날 것이다.

(4) 정치적 · 법적 조건(Political & Legal Conditions)

사회복지조직이 가용자원을 대부분 정부에 의존하고 있는 상황에서 자원배분을 통제하는 과정으로서 정치적 환경이 매우 중요하다. 즉, 정치적 과정에 의해 자원에 대한 접근이 통제된다. 많은 법적 규제는 사회복지조직이 서비스를 제공하는 데 준수해야 할 많은 조건을 만들어 내어 클라이언트를 통제한다. 예를 들어, 요양시설의 종사자 규정, 규모, 급여자격 등을 들 수 있다.

(5) 기술적 조건(Technological Conditions)

사회복지조직이 적용하는 서비스 기술은 인간문제와 욕구에 대응하기 위하여 개발된 전반적 기술발전을 반영한다. 즉, 과학기술의 진보나 변화는 사회복지조직의 서비스 기술에 영향을 미친다. 예를 들면, 의약기술의 발전으로 정신건강 분야에 치료가 진전되었고, 심리학 이론은 사회복지서비스 기술을 향상시키는 데 기여하고 있다(최성재 · 남기민, 2006 : 170-174).

2) 과업환경(Task Environment)

(1) 재정자원의 지원자(Resource suppliers)

재정자원의 제공자는 조직이 재정자원을 얻는 정부, 지방정부, 기업, 공적 및 사적 사회단체, 개인후원, 공동모금, 유료이용자 등이 포함된다.

(2) 합법성과 권위의 제공자

조직이나 집단이 소유하고 있는 권위의 일부를 다른 조직에 이양하거나 그 조직의 위신이나 지위를 보고 사회적 지지를 해 주는 자를 말한다. 여기에는 정부, 전문직 협회, 운영법인, 시민단체 등을 들 수 있다,

(3) 클라이언트 제공자

클라이언트를 조직에 의뢰하는 집단과 조직뿐만 아니라 조직으로부터 직접 서비스를 받고자 하는 개인과 가족이다. 즉, 개인, 가족, 의뢰기관, 정부기관 등이다.

(4) 보충적 서비스 제공자

조직이 성공적으로 서비스를 제공하는 데 필요한 활동을 해주는 기타 사회복지조직이 해당된다. 가정폭력상담센터는 정신과병원, 경찰서 등과 연계하여 의뢰서비스가 필요하다. 사회복지조직은 보충적 서비스 제공자와 공식적・비공식으로 협력관계를 유지해야 한다.

(5) 조직이 산출한 것을 소비・인수하는 자

사회복지조직은 문제나 욕구가 있는 인간을 외부로부터 내부로 투입하여 기술을 사용하여 변화된 상태를 산출한다. 변화된 상태를 받아들이는 것이 인수자이며, 인수자는 클라이언트 자신, 가족, 지역사회, 국가 등이 포함된다.

(6) 경쟁조직들(Competitors)

조직의 자원과 클라이언트에 대해 경쟁관계에 있는 다른 조직들을 말한다(신복기 외, 2008 : 162–163).

제 3 절 조직문화

1. 조직문화의 개념과 기능

조직문화는 조직체가 주어진 환경 속에서 자체의 목적을 달성해 나가는 과정에서 오랜 기간에 걸쳐서 형성된다. 우리들의 개성이 오랜 기간에 걸쳐서 형성되는 것과 같이, 조직문화도 오랜 기간에 걸쳐서 형성된다. 그리고 우리들의 개성이 일단 형성되면 쉽게 변하지 않고 계속 유지되어 나가는 것과 마찬가지로 조직문화도 쉽게 변하지 않고 계속 유지되면서 조직구성원의 행동에 영향을 주고 나아가서는 조직체의 성과에도 많은 영향을 준다(이학종 · 박헌종, 2009 : 451).

조직문화에 대한 구체적이고 학문적인 연구는 1960년대에 와서 시작되었으며, 1980년 이후에 많은 연구가 실시되어 조직문화에 관한 다양한 개념이 제시되고 있다. 어취(Ouchi, 1981)는 조직문화는 조직의 전통에 의해서 영향 받는 것으로서 조직의 분위기를 결정하는 조직의 가치관, 신조 및 조직 내에서의 행동패턴을 규정하는 기준이라고 정의하였다. 스체인(Schein, 1983)은 조직문화란 조직체 또는 집단이 내외환경과의 적응 및 통합과정에 적용하는 기본 전제로서 조직구성원의 가치관과 사고방식 그리고 행동을 지배하는 기본 요소라고 정의하였다.

로빈슨(Robbinson, 2005)은 조직문화를 구성원들이 공감적으로 형성시킨 가치시스템으로서 다른 조직으로부터 구분되도록 해주는 특성이라고 정의하고 있다. 가치시스템은 혁신과 모험성, 분석과 정확성, 업적과 목표성, 배려와 인본성, 팀워크와 응집성, 경쟁과 적극성, 전통과 보수성 등과 같은 주요 특성 간의 다양한 혼합체계로 형성된다고 하였다. 조직문화는 조직구성원들이 집단적으로 공유하는 조직행동의 기본 전제로서 여기에는 조직의 가치와 신념, 규범, 관습 및 행동양식이 모두 포함된다(Hatch, 1997). 보다 단순하게는 조직문화는 조직에 대해서 구성원이 공유하는 이해체계 혹은 의미체계라 할 수 있다(황성철 외, 2009 : 151 재인용).

이 외에 조직문화에 관한 학자들의 정의를 보면 다음과 같다.

〈표 5-4〉 조직문화의 개념

학 자	개 념
페티그레 (Pettigrew, 1979)	상징, 언어, 이념, 신념, 의식, 전통 등의 조직체 개념의 총체적 근원
어취 (Ouchi, 1981)	조직의 전통에 의해서 영향 받는 것으로서 조직의 분위기를 결정하는 조직의 가치관, 신조 및 조직 내에서의 행동패턴을 규정하는 기준
스체인 (Schein, 1983)	조직체 또는 집단이 내외환경과의 적응 및 통합과정에 적용하는 기본 전제로서 조직 구성원의 가치관과 사고방식 그리고 행동을 지배하는 기본 요소
데니선 (Denison, 1990)	조직의 핵심적 정체성을 형성해 주는 가치, 신념, 행동유형의 집합
카메론과 큐인 (Cameron & Quinn, 1999)	리더십 유형, 언어와 상징, 절차와 일상생활, 그리고 성공의 척도를 통해서 조직원들에게 가치 있다고 여기는 것들의 총체
데레스키 (Deresky, 2003)	문화는 과거 세대로부터 학습되고, 현 세대에 의해 부과되고, 미래세대까지 계속될 공유된 가치, 가정, 이해와 목표 등을 포함한 것
모간 (Morgan, 2006)	문화은유는 주요 이념, 가치관, 신념, 행동지침을 전달하는 언어, 규범, 민속, 행사, 사회관행에 영향을 줌으로써 조직화된 행동을 창출하는 또 다른 수단
신유근 (1991)	조직의 전체 구성원들이 공유하는 가치의식 및 행동양식 그리고 조직 차원에서 표출된 관리관행 및 상징 특성
이학종 (2000)	한 조직의 구성원들이 공유하고 있는 가치관과 신념, 이념과 관습, 규범과 전통, 지식과 기술 등을 포괄하는 종합적 개념이며, 조직원들과 조직체 전체의 행동에 미치는 기본 요소

조직문화는 공유된 핵심적 가치관과 신념이라고 정의하고 이의 역할을 조직이 하나로 결속될 수 있도록 하는 기능으로 본다면 조직문화는 다음과 같은 기능을 가진다.

첫째, 조직문화는 조직 내의 구성원에게 일체감과 정체성을 부여한다. 이와 같은 일체감과 정체성은 외부 상황이 급변할 때 조직구성원의 결속력을 강화시켜 주고 일체화된 조직으로 뭉치게 하는 힘이 된다.

둘째, 조직문화는 개인보다는 조직 전체의 전념도(commitment)를 높이게 한다. 조직의 전념도란 조직구성원이 조직에 대해 갖게 되는 충성심과 조직의 목표를 달성하기 위해 자신의 모든 노력과 능력을 기꺼이 바치고자 하는 마음자세를 의미하는데, 일단 조직에 소속하게 되면 시간이 지남에 따라 동질감을 느끼게 되고 공유의식과 문화의 수용은 집단의 번영 내지는 영속적 활동을 위해 전념하도록 만들어 준다.

셋째, 조직문화는 조직 전체의 안정성을 높여 준다. 강한 조직문화를 보유한 조직은 조직의 전념도가 향상되며 따라서 결근율과 이직률이 줄어들며 구성원의 사기는 증대된다. 이와 같은 조직의 안정적인 상태는 구성원의 단결심과 일체감을 높여준다.

2. 조직문화의 구성요소

성공적 조직들이 공통적으로 가지고 있는 조직문화의 특징은 무엇이며, 그것은 어떻게 하여 이루어지는가에 대한 해답은 조직문화를 이해하는 데에 중요한 접근법이 될 수 있다. 따라서 조직문화를 구체적으로 이해하기 위해서 조직문화의 구성요소에 대해 살펴볼 필요가 있다(홍신의 외, 2009 : 402). 조직문화의 구성요소에 있어 많은 연구 학자 중에서 본 장에서는 파스칼 등(Pascale & Athos, 1982 : 200–226; Peters & Waterman, 1982 : 13–16)의 7S 개념과 스체인(1985 : 9–20)의 구성요소를 다루기로 한다.

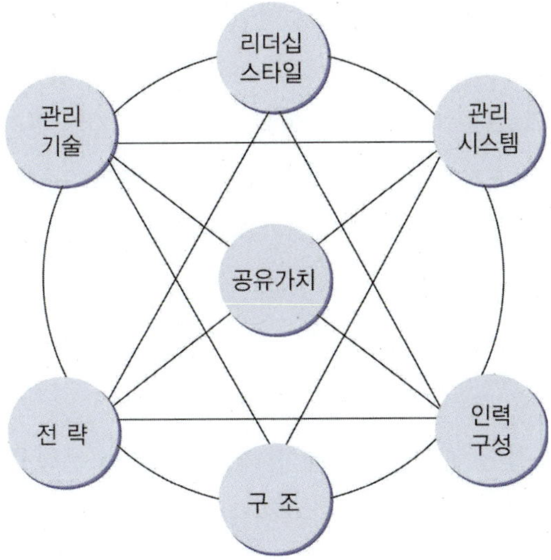

[그림 5-5] 조직문화의 구성요소 : 7S 개념

이 개념은 기업문화를 구성하고 있는 일곱 가지의 주요 요소들이 모두 S자로 시작되기 때문에 조직문화의 7S 개념으로 불린다. 7가지 구성요소는 다음과 같다.

① **공유가치**(Shared value) : 조직구성원들이 공동으로 가지고 있는 가치관으로서, 다른 조직문화 구성요소에 지배적인 영향을 주는 핵심요소이다. 따라서 조직문화 형성에 가장 중요한 역할을 한다.

② **전략**(Strategy) : 조직체의 장기목적과 계획 그리고 이를 달성하기 위한 자원배분의 패턴을 포함하며, 조직체의 장기 방향과 기본 성격을 결정하고 다른 조직문화의 구성요소들에게 많은 영향을 준다.

③ **구조**(Structure) : 조직체의 전략 수행에 필요한 틀로서, 조직구조와 직무설계 그리고 권한 한계와 방침 등 구성원들의 역할과 그들 간의 상호관계를 지배하는 공식요소들을 포함한다.

④ **관리시스템**(Syatem) : 조직경영의 의사결정과 일상운영의 틀이 되는 보상제도와 인센티브, 경영정보와 의사결정시스템, 경영계획과 목표설정시스템, 결과측정과 조정 · 통제 등 경영 각 분야의 관리제도와 절차를 포함한다.

⑤ **구성원**(Staff) : 조직체의 인력 구성과 구성원들의 능력, 전문성, 신념, 욕구와 동기, 지각과 태도, 그리고 그들의 행동패턴 등을 포함한다.

⑥ **관리기술**(Skill) : 조직체의 각종 하드웨어 기술과 이를 작동시키는 소프트웨어 기술 그리고 구성원들에 대한 동기부여와 행동강화, 갈등관리와 변화관리, 목표관리와 예산관리 등 조직체 경영에 적용되는 각종 관리기술과 기법들을 포함한다.

⑦ **리더십 스타일**(Style) : 구성원들을 이끌어 나가는 경영자들의 관리 스타일로서, 구성원들의 행동조성은 물론 그들 간의 상호관계와 조직분위기에 직접적 영향을 주는 중요한 요소이다.

이들 요소는 서로 밀접한 연결관계하에 전체적으로 조직문화를 형성하며, 이들 요소가 매우 밀접하게 그리고 일관성 있게 상호의존적으로 연결되어 있을수록 전체적으로 강한 문화를 형성한다(이학종 · 박헌종, 2009 : 454–456).

스체인(1985 : 9-20)은 조직문화의 구성요소를 조직원과 조직의 전체 행동에 영향을 주는 의식체계를 중심으로 조직문화 구성요소 상호 간의 관계를 설명하였는데, 조직원과 조직의 행동에는 가시적(visible), 인식적(awareness), 잠재적(invisible, preconscious)의 3가지 수준에서 의식체계가 작용한다고 하였다. 조직문화의 가시적 수준으로서 인공물과 창조물은 표면적으로 나타나고 눈으로 볼 수 있는 물질적 · 상징적인 것이다. 인공물과 창조물은 제품과 기술, 기구와 도구, 방침과 규율, 서류와 문서, 전통과 일화, 의례와 의식, 행동패턴 등이 해당된다. 이 인공물과 창조물들은 조직에 대한 전체적인 인상과 이미지, 조직의 문화적 특성을 형성하는 데 직접적이고 가시적 구성요소로 작용한다.

인식적 수준으로서 가치는 조직원들이 일반적으로 인식하고 있는 행동의 지침으로서 가시적 수준의 인공물과 창조물을 지배한다. 가치는 조직원들의 상황이나 행동 및 대상 그리고 조직원을 판단하는 평가의 기초가 된다. 또한, 조직의 진정한 목표, 이상, 표준, 문제결정에서 조직원들이 선호하는 수단으로 개인 존중, 창의성, 개방적 의사소통, 참여와 합의의 중요성 등이 해당된다.

잠재적 수준으로서 기본 가정은 가치와 밀접한 관계가 있는 개념으로 공유된 기본 가정은 조직문화의 핵심이다. 기본 가정은 조직이 직면하는 모든 현실과 사실, 시간과 공간에 있어서 조직원들이 겪게 되는 사건과 상태, 당면한 상황과 문제에 대해 그들의 의욕과 동기, 태도 형성에 결정적인 역할을 하게 된다. 예를 들어, 조직원들의 협력과 경쟁, 갈등과 조정 등에서 저항을 받거나 좌절할 때 모든 조직원 상호 간에 무엇이 옳고 그릇된 활동과 관계인지 판단하는 기준으로 적용된다.

스체인은 조직문화를 한 조직의 구성원들이 공유하고 있는 기본 전제들을 바탕으로 중시되는 공유가치나 신념이 다양한 형태의 문화적 표상물로 나타난 것이라 말했다. 조직문화의 구성요소와 수준을 보면 다음과 같다.

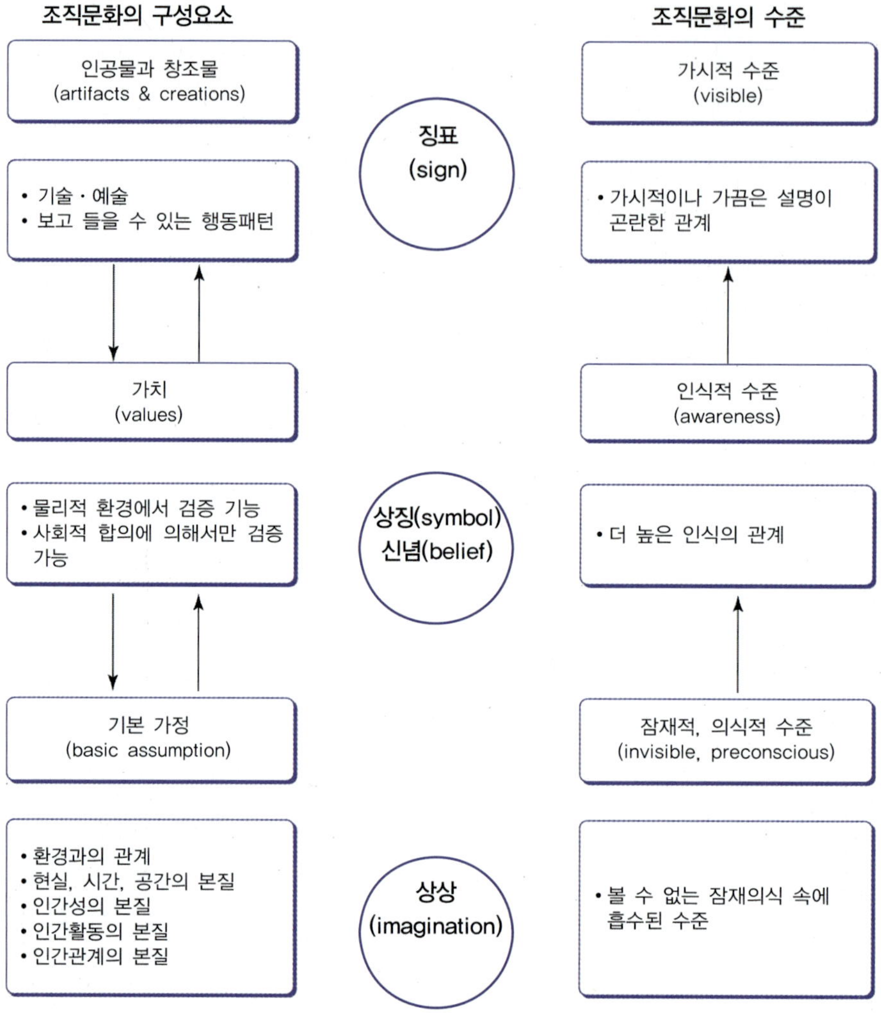

출처 : Schein, E. H.(1985). Three culture of management : Key to organizational learning. A Dynamic View. *Sloan Management Review*, 38(1), pp. 9–20.

[그림 5-6] **스체인의 조직문화의 구성요소와 수준**

3. 조직문화의 유형

조직문화에 유형에 대한 분류는 학자들에 따라 다양한 유형분류가 있으나, 아직 일치된 개념들은 없다. 중요한 것은 이러한 유형 중에서 어떤 유형이 가장 좋은 것이냐의 문제가 아니라 업종과 전통, 구성원들의 특성과 조직의 환경에 따라 가장 알맞은 유형을 조화시켜야 한다.

조직문화 유형은 유연·질서 지향과 내·외지향 기준, 사교성과 단결성 기준, 모험성과 시간성 기준 등으로 분류할 수 있다(임창희, 2010 : 582–586).

1) 유연 · 질서지향과 내 · 외지향 기준

큐인(Quinn, 1985)은 조직이 몇 가지 상호 모순되는 가치를 동시에 충족시킬 수 있다고 주장하면서 다음 네 가지 문화속성 중에서 일시적으로는 어느 한쪽 면이 강조될 수는 있지만 지나치게 한쪽으로만 치우치면 생존이 어려우며 균형을 유지하는 것이 성공의 관건이라고 한다.

첫째, 인간중심문화는 내부지향이며, 비공식적인 유연한 문화로서 가족적 공동체와 비슷해서 참여, 충성, 안락을 중시하고 상호배려와 팀워크를 기반으로 움직인다. 둘째, 개방체계문화는 공식이 없어 모험을 감수하고 외부지향이기 때문에 창의적이고 도전적이며 혁신과 자율이 보장되는 분위기이다. 셋째, 위계질서문화는 질서를 중시하고 내부통합적이며 예측 가능한 일만 하고 비용통제와 철저한 관리로 안정적 조직을 지향한다. 넷째, 생산중심문화는 질서와 규정이 배어 있지만 외부지향이기 때문에 경쟁우위를 위해 시장을 침투하고 생산성 향상에 주력한다.

	내부통합	외부지향
유연성	인적자원개발형	개방체계형
질 서	위계질서형	생산중심형

[그림 5-7] 큐인의 조직문화유형

2) 사교성과 단결성 기준

고페와 존스(Goffe & Jones, 1998)는 사교성과 단결성 두 개의 서로 독립적인 차원을 축으로 하여 다양한 조직문화들을 네 개의 범주로 나누었다. 구성원들의 인간관계 양상을 결정하는 두 가지 요소는 사교성과 단결성이 있다. 사교성은 구성원들 간의 친밀한 우정과 서로 자유롭게 대화하고 정보를 교류하는 정도로서 구성원들 모두 같은 또래의 여자들만이라면 사교성이 클 것이다. 단결성은 조직목표와 업무를 공동으로 나누고 상호협조하는 정도로서 경찰수사팀은 단결성이 강할 것이다.

이 두 개의 축을 중심으로 다음 네 가지 문화유형이 있다.

① **인간관계형** : 인간관계에 초점을 두고 서로 친하게 터놓고 지낸다. 갈등이 없고 비공식적이며 서로를 잘 안다.

② **성과중심형** : 이익창출과 업적 향상에만 주력하고 필요한 말만 하는 직선적 대화를 하며 경제적이고 열심히 일만 한다.

③ **개별독립형** : 서로 대화도 없고 알지도 못하며 꼭 필요해야 말을 건다. 오직 자기 일만 혼자 하고 집단이나 조직애착은 아예 없다.

④ **공존공생형** : 단결력과 사교성이 모두 강하여 인간적으로나 업무적으로나 매우 효율적이다. 의사소통도 빠르고 공사를 잘 구별하며 상호신뢰하고 조직애착도 크다.

		단결성	
		고	저
사교성	고	공존공생형	인간관계형
	저	성과중심형	개별독립형

[그림 5-8] 고페와 존슨의 조직문화 유형

3) 모험성과 시간성 기준

딜과 케네디(Deal & Kennedy, 1982)는 시간성의 차이, 즉 위험을 감수하는 수준의 고저와 성과를 산출하는 기간의 장 · 단기에 따라서 조직문화를 네 가지 유형으로 분류하였다.

① **거친 남성형 문화** : 모험감수성이 높고 단기적이므로 거칠고 최근 흐름과 유행에 민감한 문화이다.

② **노력 · 유희형** : 단기적이나 위험감수는 낮은 문화이다. 따라서 서로 협조하며 팀으로 일하되 저돌적이고 신속히 실천하는 문화이다.

③ **전심전력형** : 장기적이나 모험성이 강하여 창조적이며 의사결정을 신중히 한다. 기술력도 강하고 질서와 규정을 중시하되 환경변화에는 약하고 시간이 걸리는 문화이다.

④ **관료 · 절차형** : 모험도 피하고 장기적으로 일의 속도가 매우 느리며 차근차근 처리하며, 방어적이고 위계적 지시와 절차에 따르되 꼼꼼하되 창의적이지 못한 문화이다(임창희, 2010 : 582-586).

		모험감수성: 고	모험감수성: 저
시간성	단 기	거친 남성형	노력 · 유희형
	장 기	전심전력형	관료 · 절차형

[그림 5-9] 딜과 케네디의 조직문화 유형

쿡크와 스주멀(Cooke & Szumal, 1993)은 건설적 주도형, 수동적 방어형, 능동적 방어형 등 조직문화를 세 가지 유형으로 구분하여 각각 상이한 기본 신념과 연계되어 있다는 점을 보여준다. 기본 신념이란 특정 집단이나 조직구성원들이 업무수행이나 대인관계를 맺는 방법에 대한 개인적 사고체계 또는 신념체계를 의미한다.

건설적 주도형 조직문화는 직원들 간에 상호 육성을 위한 지원을 아끼지 않는 풍토가 조성된 유형으로 기본 신념은 성취감, 자기실현, 인본주의 정신 및 친교적 동료관계 등에 두고 있으며, 반면에 수동적 방어형 조직문화는 상대방의 고용안전을 저해하지 않는 범위에서 소극적 관계를 유지하는 유형으로 상호인정, 보수성, 의존성 및 회피성에 기초한 기본 신념을 갖고 있다. 능동적 방어형 조직문화는 적극적으로 자신들의 지위와 고용안정을 보호하는 유형으로 기본 신념은 대립적 · 권위적 · 경쟁적 그리고 완벽한 목표달성에 두고 있다.

이 외에도 여러 학자의 조직문화유형 분류를 보면 다음과 같다.

〈표 5-5〉 **기타 조직문화 유형**

연구자	유형 구분	구분 기준
큐인과 맥그래스 (Quinn & McGrath, 1985)	합리적, 적응적, 계층적, 합리적 문화	환경의 인식 유형 / 조직의 반응 유형
엘네스트 (Ernest, 1985)	상호작용, 통합적, 체계적, 기업가적 문화	인간차원, 활동차원
브라이즈와 밀러 (Vries & Miller, 1986)	피해망상, 카리스마적, 회피, 아부문화	최고경영자의 심리적 지향
레이맨과 위너 (Reinmann & Wiener, 1988)	기업가적, 전략적, 광신적, 배타적 문화	가치의 근원 / 가치의 초점
햄프덴과 터너 (Hampden & Tunner, 1992)	갈등 악순환형, 조화 활성화형	가치이슈에 대한 접근방식
해리즌 (Harrison, 1972)	권력지향, 역할, 과업, 인간문화	이념적 지향성
어취 (Ouchi, 1980)	시장, 관료, 씨족문화	거래비용 중심
존스 (Jones, 1983)	생산, 관료제, 전문직 문화	

출처 : 임창희(2010). 조직론, p. 583.

4. 사회복지조직 문화의 방향

1980년대부터 1990년대까지 전사적 품질관리(TQM), 고객제일주의, 조직혁신, 리엔지니어링, 벤치마킹 등의 이름으로 관료제적 운영방식을 고객중심의 고품질을 지향하는 새로운 조직문화로 대처해 나가려는 문화적 혁명을 시도한 것이다. 사회복지조직에서도 조직문화를 공급자적 측면에서 수요자적 측면으로 이동하고 있다. 즉, 수요자적 측면(고객중심)에서 서비스 질을 중시하는 문화로 바뀌고 있다는 것이다.

그러나 사회복지조직의 조직문화의 혁신을 위해서는 조직구성원의 가치관 혁명이 조직의 패러다임, 공유된 신념, 이미지, 조직 비전과 함께 병행되어야 한다. 구성원들의 새로운 생활방식이 성립되어야 하며, 새로운 일상과 사용하는 용어까지도 변화가 필요하다. 단순히 슬로건의 홍보 같은 외형적 문화운동은 일시적 현상으로 끝날 것이다.

조직문화도 홀로그래피(holography)적 특성이 있다. 홀로그래피란 전체를 구성하고 있는 개별 요소 각각에 다시 전체가 들어 있는 틀이다. 즉, 조직 전체의 문화가 각 부서와 개인들 각자의 마음속에 내재되어야 한다(임창희, 2010 : 605-606). 따라서 사회복지조직 문화가 성공적으로 나가야 할 방향으로는 첫째, 새로운 조직문화의 도입은 조직분위기 조성에 영향력이 가장 큰 최고관리층의 의지에 달려 있으므로 그들의 이해와 의지표현이 급선무이다.

둘째, 최고관리층에서 결정되었다고 일방적 하향식으로 강요한다고 해서 혁신이 되는 것이 아니다. 현실의 문제점과 분석과 이상적 문화의 설계부터 구성원들의 참여 분위기와 공감대가 형성되어야 한다.

셋째, 일시적 붐 조성이나 전시행정으로 끝날 것이 아니라 계속적으로 후속작업, 제도개편, 의식개혁이 뒤따라야 한다.

넷째, 구호나 슬로건의 타의적 전개방법보다는 사회복지사 자신의 의식개혁과 약점보완으로 시작하여 이상적 문화 구축의 순서로 나가야 한다.

Social Welfare Administration

CHAPTER 06

사회복지서비스 전달체계

제 1 절 사회복지서비스 전달체계의 개요

1. 사회복지서비스 전달체계의 개념

복지다원주의(Welfare Pluralism)는 국가가 복지서비스의 유일한 공급자가 아님을 강조하여 국가/시장/기관들이 출현하게 되어 오늘날은 공공과 민간의 경계선이 모호해지게 되었다.

또한 중앙정부 중심의 통치양식에서 분리・분화되면서 정부의 역할을 보완 또는 대체하는 개념으로 자리잡은 거버넌스(governance) 복지환경에서 전달체계를 생각해야 한다.

사회복지서비스의 정해진 목표를 달성하는 정도인 효과성과 경제적으로 목표를 달성하는 정도인 효율성에 대한 관심이 증가함에 따라 서비스 전달체계에 대한 논의가 활발해지고 있다(서상목・최일섭・김상균, 1987; 손준규, 1992 : 32-40).

사회복지행정에서 서비스 전달체계란 급여 또는 서비스를 효율적으로 클라이언트에게 전달하기 위하여 어떠한 조직을 통해서 실천할 것인가에 대한 전략을 선택하는 것이다(한국복지행정학회, 2010 : 283).

사회복지서비스 전달체계는 서비스를 효율적으로 공급자가 소비자에게 전달하기 위한 조직구조 방안을 설계하여 전략적으로 선택하는 과정이다. 따라서 사회복지서비스의 공급자인 공・사 기관과 소비자인 클라이언트를 연결시키기 위한 조직적 장치라 할 수 있다(Gilbert & Specht, 1986 : 119; 신복기 외, 2008 : 191-192 재인용). 즉, 사회복지행정의 전달체계란 사회복지서비스의 공급자(중앙정부・지방정부 등의 공공부문과 한국사회복지협의회・사회복지공동모금회 등의 민간부문) 간 또는 공급자와 소비자 간을 연결시키는 조직장치로서 궁극적으로는 이러한 시스템을 통해 클라이언트의 사회적 복귀 등을 도모하는 조직적 체계이다(양승일・정혁인, 2009 : 143).

2. 사회복지서비스 전달체계의 분석 차원

사회복지 전달체계의 분석 차원은 관점에 따라 다양하게 구분할 수 있는데, 그 가운데 구조·기능적 차원과 운영주체적 차원, 서비스 종류별(네트워크별) 차원으로 대별할 수 있다.

첫째, 구조·기능 차원에서 보면 사회복지서비스 전달체계는 행정체계와 집행체계로 구분될 수 있다(성규탁, 1992 : 75). 서비스를 기획, 지휘, 지원, 관리하는 행정체계와 서비스 수급자들과 직접 대면적 상호작용을 통해 서비스를 전달하는 집행체계로 구분할 수 있다. 또한 기능에 의한 분류로 서비스의 전달업무를 원활하기 위한 행정기능과 클라이언트나 소비자의 욕구에 응하여 서비스를 직접 제공하는 서비스 제공기능으로 나누어진다.

이 구분의 장점은 어떤 서비스의 책임을 규명하는 데 그 잘못이 행정체계의 잘못된 판단인지 아니면 집행체계의 미비된 활동에 원인이 있는지를 판단할 수 있다는 것이다(오세영, 2009 : 181).

〈표 6-1〉 **구조·기능 차원에 따른 분류**

구 분	내 용
행정체계	서비스 전달을 기획·지원 및 관리하는 체계 (예 보건복지부 → 특별시·광역시·도 → 시·군·구)
집행체계	전달자가 소비자와 상호 접촉을 통해 서비스를 직접 전달하는 체계 (예 읍·면·동(주민자치센터) → 클라이언트)

출처 : 오세영(2009). 사회복지행정론. 신정, p. 182.

둘째, 운영주체 차원은 운영주체에 따라서 정부나 지방 공공기관이 직접 관리·운영하는 공적 전달체계와 복지기관, 민간단체나 개인들이 운영하는 사적 전달체계로 구분할 수 있다. 공적 서비스 전달체계는 주로 세금에 의해 운영되며, 사회보험과 공공부조와 관련된 서비스 업무를 수행하고, 대부분의 대인적 사회복지서비스를 민간서비스 전달체계에 위탁하거나 의존하고 있다. 이 운영주체적 분석 차원과 관련시켜 보면, 공공서비스 전달체계는 행정체계의 성격을 띠고, 민간서비스 전달체계는 집행체계로서의 기능을 주로 담당하는 분화 현상을 보인다(김영종, 2008 : 374).

〈표 6-2〉 운영주체에 따른 분류

분 류	담 당	적 용	내 용
공적 전달체계	정부 · 공공기관	보건복지부 → 특별시 · 광역시 · 도 → 시 · 군 · 구 → 읍 · 면 · 동(주민자치센터) → 대상자	• 재정은 안정적 • 관료적 · 복잡한 체계 • 외적 요인에 다소 둔감함
사적 전달체계	사적 민간단체	복지재단, 자원봉사단체, 사회복지시설, 사회복지협의회, 개인 등	• 재정은 취약 • 융통성, 창의적, 유연한 체계 • 사회변화와 민감함

출처 : 오세영(2009). 사회복지행정론. 신정, p. 182.

셋째, 서비스 종류별(네트워크별) 차원은 서비스 수급자들의 관점을 보다 직접적으로 명백히 지역 · 사회적인 관점에서 반영할 수 있다. 이 차원은 지역사회 내에서 이루어지는 제반 서비스의 수요자와 공급자들 간 네트워크를 가상하는 것이다. 서비스 종류별 전달체계는 명백히 지역사회의 측면을 반영하는 이점이 있으나 쉽게 파악하기 어렵다는 단점이 있다.

3. 사회복지서비스 전달체계의 원칙

사회복지서비스 전달체계가 성공적으로 구축되기 위해서는 고려되어야 할 일정한 원칙들이 있다. 국내 · 외 여러 학자들이 전달체계의 기본 원칙을 다양하게 제시하고 있다.

서상목, 최일섭과 김상균(1988 : 23-31)은 효과적인 사회복지 전달체계 구축에서 고려해야 할 기본 원칙을 행정적 측면과 서비스 제공의 측면으로 구분하였다. 행정적 측면은 복지대상자들에게 적절한 서비스를 제공하기 위해 모든 사회복지기관들이 수행하고 있는 다양한 기능의 효과성과 효율성을 극대화시키는 데 필요한 원칙으로 기능분담의 체계성, 전문성에 따른 업무분담, 책임성, 접근용이성, 통합조정, 지역사회 참여, 조사 및 연구의 원칙들을 제시하였고, 서비스 제공의 측면에서 평등성, 재활 및 자활목표, 적절성, 포괄성, 지속성, 가족중심의 원칙을 제시하였다.

최성재와 남기민(2006 : 101-109)은 사회복지서비스 전달체계 구축의 주요 원칙으로 전문성, 적절성, 포괄성, 지속성, 통합성, 평등성, 책임성, 접근용이성 원칙의 8가지를 제시하였다.

게이트(Gate, 1980 : 52-54)는 사회복지서비스 전달체계의 원칙으로 포괄성, 접근용이성, 계속성, 비단편성, 통합성, 책임성의 5가지 원칙을 제시하였다.

한편, 성규탁(1992 : 398-409)은 사회복지서비스 전달체계의 원칙을 접근가능성, 지속성, 적합성, 포괄성, 통합성, 공평성, 적절성, 조사연구의 8가지로 제시하고 있다.

이상의 각 학자들이 사회복지전달체계의 원칙들을 제시한 것을 요약 · 정리하면 다음과 같다.

〈표 6-3〉 국내 · 외 학자들의 사회복지서비스 전달체계 원칙

게이트 (Gate, 1980)	길버트와 스펙트 (Gilbert & Specht, 1986)	서상목 · 최일섭 · 김상균 (1988)	
• 포괄성 • 접근용이성 • 계속성 • 비단편성 • 통합성 • 책임성	• 통합성 • 계획성 • 접근용이성 • 책임성	행정적 측면	• 기능분담의 체계성 • 전문성에 따른 업무분담 • 책임성 • 접근용이성 • 통합조정 • 지역사회참여 • 조사 및 연구
		서비스 제공의 측면	• 평등성 • 재활 및 자활목표 • 적절성 • 포괄성 • 지속성 • 가족중심

성규탁 (1992)	최성재 · 남기민 (1995)	박경일 (1997)	
• 접근가능성 • 지속성 • 적합성 • 포괄성 • 통합성 • 공평성 • 적절성 • 조사연구	• 전문성 • 적절성 • 포괄성 • 지속성 • 통합성 • 평등성 • 책임성 • 접근용이성	조직구조적 측면	• 권리성 • 전문성 • 통합성 • 접근용이성 • 기능부담의 체계성 • 지역사회 참여 • 문화적 특수성
		관리운영적 측면	• 평등성 • 포괄성 • 책임성 • 재활 및 자활목표 • 계획성 • 적절성 • 지속성 • 가족중심의 서비스 제공

출처 : 신복기 외(2008). 사회복지행정론, pp. 193-196 재정리.

이를 종합해 보면, 사회복지의 효과적 전달을 위한 과제가 사회복지전달체계라고 할 수 있다. 사회복지정책이 설정한 목적이나 목표를 달성하여 효과성을 높이는 것, 즉 한정된 재원을 가지고 가능한 국민의 복지증진을 극대화시키는 것이 사회복지전달체계의 과제이다. 이러한 과제를 달성하기 위해서는 사회복지서비스 전달체계 구성에서 필요한 원칙들이 있다고 할 수 있다.

많은 학자들이 이상적인 사회복지서비스 전달체계의 구축과 관련하여 다양한 원칙들을 제시하고 있지만 중요하다고 생각되는 원칙을 제시하면 다음과 같다.

1) 전문성

사회복지서비스는 반드시 전문가가 하지 않아도 되지만 주요 핵심 업무는 전문성을 갖춘 사회복지사가 담당해야 한다. 사회복지서비스는 전문가가 사회복지서비스 전달체계 내에서 전문적인 능력을 발휘할 수 있도록 환경을 조성하여 효과적으로 서비스가 전달되도록 해야 한다.

2) 통합성

클라이언트의 문제는 복합적이고 상호연관되어 있기 때문에 이러한 문제의 해결을 위한 서비스들도 서로 연관시켜 통합적으로 제공해야 한다. 서비스가 통합적으로 제공되기 위해서는 한 행정책임자 아래 서비스가 제공되고, 서비스조직들 간이 지리적으로 상호근접되며 서비스 프로그램 간 또는 서비스 조직 간에 상호유기적 연계와 협조체계가 갖추어져 있어야 한다.

3) 포괄성

인간의 욕구는 다양할 뿐만 아니라 한 가지 문제는 다른 여러 가지 문제와 연관되어 있기 때문에 이러한 문제해결을 위해서는 다양한 욕구, 다양한 문제를 동시에 또는 순서적으로 해결하기 위하여 다양한 서비스를 필요로 한다. 따라서 사회복지서비스 전달체계를 통합적으로 운영하여 체계적으로 관리해야 한다.

4) 지속성

한 개인의 문제나 욕구를 해결하는 과정에서 필요한 서비스의 유형과 질이 달라져야 하는 경우가 많다. 이때 개인이 필요로 하는 다른 종류의 서비스와 질적으로 다른 서비스를 조직 또는 지역사회 내에서 연속적이고 지속적으로 받을 수 있어야 한다. 따라서 지속성을 유지하기 위해서는 같은 조직 내의 서비스 프로그램 간의 상호협력이 잘 이루어져야 할 뿐만 아니라 지역사회 내의 사회복지서비스 조직 간에도 유기적 연계가 잘 이루어져야 한다(최성재 · 남기민, 2006 : 106).

5) 적절성

사회복지서비스에서 적절성의 기준은 매우 추상적이고 적절한 수준의 기준에 대한 논란이 많이 있을 수 있다. 따라서 사회복지서비스 전달체계의 원칙에서 적절성의 원칙에 유의해야 한다. 사회복지서비스의 양과 질이 클라이언트의 욕구충족 또는 문제해결에 충분해야 한다는 것이다.

6) 평등성

사회복지서비스는 기본적으로 성별, 연령, 지역, 종교 등에 관계없이 모든 국민을 대상으로 제공되어야 한다.

7) 책임성

사회복지조직은 국가(사회)가 시민의 권리로 사회복지서비스를 전달하도록 위임받은 조직이므로 서비스 전달에 책임을 져야 한다. 서비스의 제공부터 평가까지 전 과정에 책임을 져야 한다.

8) 접근용이성

사회복지서비스를 필요로 하는 모든 사람에게 쉽게 접근하여 서비스를 받을 수 있도록 해야 하기 때문에 접근이 용이해야 한다. 접근용이성은 단지 지리적 접근 용이성뿐만 아니라 정보접근권까지도 용이해야 한다.

제 2 절 공적 · 사적 사회복지서비스 전달체계

1. 공적 전달체계

공적 전달체계는 주로 사회복지 관련 법령에 근거해서 소속 공무원이 사회복지를 실천하도록 하거나 사회복지법인 등에 국고나 지방비를 지원 또는 보조하거나 정부의 복지기관을 민간에 위탁하여 서비스를 전달하는 것이다(김형식 · 이영철 · 신준섭, 2008 : 55-56). 즉, 공적 전달체계는 국가 또는 지방자치단체가 운영주체가 되어 사회복지에 관련계획을 수립하고 실시하며, 사회보험과 공공부조, 그리고 사회복지서비스 등은 정부 차원에서 사회복지정책을 통하여 전달하고 있다.

공적 전달체계의 운영주체인 중앙정부의 구체적인 수행 역할은 다음과 같다. 첫째, 국가보조금을 지방정부나 민간사회복지기관 등에 지원하는 역할을 한다. 둘째, 중앙정부는 사회복지 관련 법규를 통해서 민간사회복지시설 등을 규제한다. 셋째, 사회복지인력의 고용자로서의 역할이다(양승일 · 정혁인, 2009 : 150-151).

중앙정부 차원에서의 사회복지서비스 전달체계는 1948년 정부수립과 동시에 사회부가 발족되었으며, 그 이듬해에 사회부의 기능 중 보건에 관한 업무를 분리하여 보건부가 신설되었다. 1955년 정부의 조직통 · 폐합에 따라 보건부와 사회부가 보건사회부로 개편되었고, 1990년 사회복지정책실을 신설하여 사회복지정책실에 복지지원, 자립지원, 노인복지과를 신설하였고, 종전의 사회국과 가정복지국을 각각 사회복지심의관과 가정복지심의관으로 개편하였다. 1994년에는 보건사회부를 보건복지부로 개칭하였다.

2002년에는 보건복지부는 기초생활보장심의관실에 자활지원과를 신설하고, 생활보호과를 생활보장과로 명칭을 변경하였다. 2004년에는 보육기능이 여성부로 이관되었고, 2005년에는 저출산의 심사 및 급속한 고령화 등 정책환경의 변화에 대비하기 위하여 저출산고령화사회 정책본부를 신설하였다. 2008년에 이명박정부에 들어와서 경쟁력 있는 정부를 구현하고 새로운 환경에 적합한 국정운영 시스템을 마련하기 위해서 기존의 보건복지부 기능에 여성부의 가족 및 보육업무, 국가청소년위원회, 기획예산처의 양극화 민생대책본부를 통합하여 보건복지가족부로 개칭되었다. 그러나 여성, 청소년, 가족(다문화가족과 건강사업을 위한 아동업무 포함)이 다시 여성부로 이관되었다. 이에 따라 여성부는 여성가족부로, 보건복지가족부가 보건복지부로 정부조직법 개정안이 국회를 통과하면서 2010년 보건복지부로 개편되었다. 중앙정부의 전달체계의 장점으로는 대량생산된 재화 등을 모든 수혜자에게 제공하므로 규모의 경제를 높일 수 있고, 사회복지급여를 균등하게 제공할 수 있으며, 사회적 평등성과 지속성을 이룰 수 있다는 점이 있다. 단점으로는 서비스 대상자들의 다양한 요구에 부응하지 못하기 때문에 효용의 극대화에 한계가 있다는 점이 있다(양승일 · 정혁인, 2009 : 153).

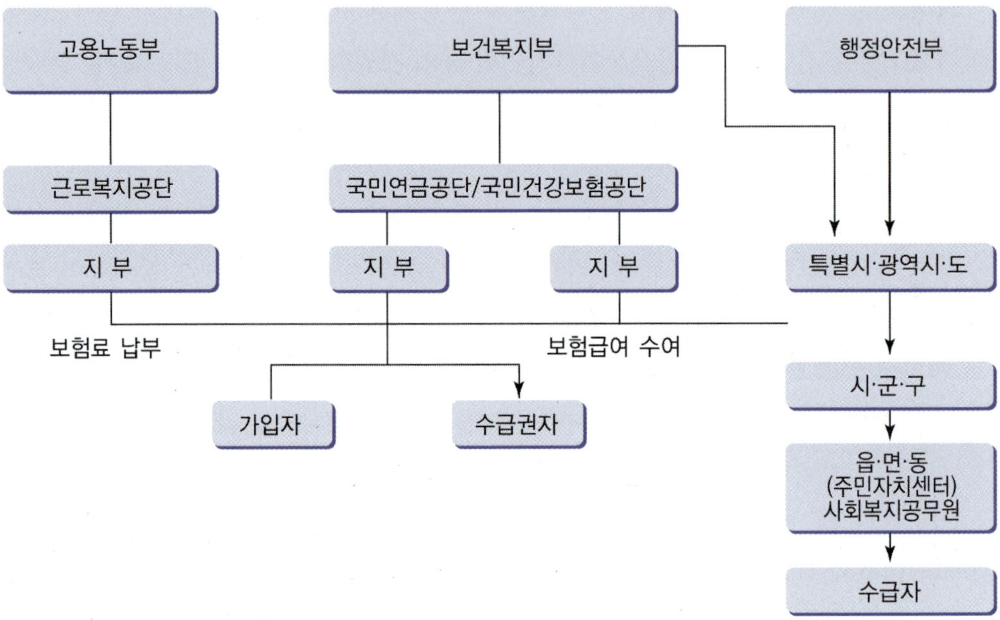

출처 : 오세영(2009). 사회복지행정론. 신정, p. 189.

[그림 6-1] **공적 전달체계의 개요**

지방자치단체의 공적 사회복지전달체계를 담당하는 조직은 IMF 이후로 구조조정에 따라 복지, 환경, 보건, 여성 관련 부서들을 통합하여 자치단체별로 그 명칭을 달리하여 운영되고 있다. 행정안전부의 지방조직인 광역기초단체에 사회복지국 등을 설치하고 있다. 지방 하위조직인 기초단체에는 사회복지계, 청소년복지계 등이 설치되어 있으며, 보건복지부나 시 · 도 국의 시달된 업무지침을 받아 사업을 시행하고 필요한 업무는 다시 일선조직인 읍 · 면 · 동 단위의 사회복지계나 소속 사회복지전담공무원으로 이어진다.

지방자치단체의 주요 전달체계는 사회복지통합관리망의 구축으로 인한 지방자치단체의 복지행정조직 개편 등을 들 수 있다.

1) 지역사회보장협의체

보건복지부는 한국보건사회연구원의 보건, 복지연계 모형연구(2000)를 토대로 보건복지 기능연계를 위한 지역사회복지협의체 구성원의 필요성을 인식하고, 동년 12월 지역사회복지협의체 설치근거를 명시한 「사회복지사업법」 개정 법률안이 국회에 상정되었다. 그리고 보건복지부는 공공 · 민간 분야의 복지네트워크를 강화하기 위해 지역사회복지협의체의 시범사업을 통해 시 · 군 · 구 내 공공 · 민간의 복지 공급자 · 수요자 간의 연계, 협력기구인 지역사회복지협의체를 시범적으로 전국 15개 시 · 도에서 각각 1개 시 · 군 · 구를 선정하여 2001년 10월~2002년 11월까지 지역사회협의체를 구성하여 지역복지 욕구조사, 지역사회복지계획 수립 및 보건과 연계를 위한 사업들을 실시하였다. 또한 현재 지방자치단체(시 · 군 · 구)에서 지역사회협의체를 구성하여 시범 운영하여, 2003년 7월 31일 개정된 「사회복지사업법」에서 설치근거를 마련하였다. 본격적인 시행은 2005년 7월 31일부터 시작되었다. 지역사회복지협의체는 2015년 7월 1일부터 지역사회보장협의체로 명칭이 변경되었다.

지역사회보장협의체는 지역사회복지의 전반 사항을 다루는 기구로 복지자원의 확충, 효율화, 서비스 간의 연계를 도모하고 서비스 대상자의 욕구충족 및 문제해결을 위해 공공과 민간, 그리고 주민과 학계 전문가로 구성 · 운영되고 있다.

지역사회보장협의체의 구성은 첫째, 지역사회 내 복지문제를 해결하기 위한 민주적 의사소통 구조 확립, 둘째, 수요자 중심의 통합적 복지서비스 제공기반 구축, 셋째, 지역사회복지자원의 효율적 활용체계 조성 등을 목적으로 하고 있다.

지역사회보장협의체는 지역사회복지계획을 심의 또는 건의하고, 사회복지 · 보건의료관련기관 · 단체가 제공하는 사회복지서비스 및 보건의료서비스의 연계 · 협력을 강화하기 위하여 시 · 군 · 구에 지역사회복지협의체를 운영하고 있다.

2) 주민생활지원서비스 전달체계 구축

보건복지부가 희망한국 21이라는 종합 복지대책에 사회안전망 확충에 따른 복지 예산의 효율적 집행과 국민의 복지체감도를 높이는 맞춤서비스의 제공을 위하여 종래 복잡하고 비효율적 복지서비스 체계를 수요자 중심의 맞춤형 통합서비스 전달체계로 개편하고자 2006년 7월부터 만든 주민생활지원국이라는 행정자치부(현, 행정안전부)의 조직이다.

1단계는 자치구 및 일반시의 일부 동지역, 2007년 1월에는 자치구 및 일반시의 모든 동지역, 2007년 7월부터는 도・농 복합 도시 및 군의 모든 읍・면 지역 등 단계적으로 확대하여 주민생활지원서비스의 전달체계를 구축하였다.

주민생활지원서비스는 조직을 통합하여 하나의 부서 또는 과에서 전담 수행하고 관련 기능을 강화하는 것으로 8대 주민생활 지원서비스, 보건, 복지, 고용, 여성, 보육, 주거복지, 평생교육, 문화 등의 주민생활지원서비스 기능을 하나의 부서로 통합하여 서비스의 통합성과 전문성을 강화하고, 효율적・합리적 행정업무 처리와 수요자 중심의 서비스를 제공하기 위한 것이다. 그 후 2008년의 '희망복지 전달체계 개편 방안' 주요 내용은 아래와 같다. '꼭 필요한 사람에게 꼭 필요한 서비스를 제공하는 효율적 복지행정체계구축'을 목표로 (1) 수요자중심의 통합서비스 제공 체계 구축, (2) 사회복지통합관리망・적정 급여관리 체계 구축, (3) 민간복지시설의 기능강화 등 3가지 추진과제를 선정하였다. 수요자 중심의 통합서비스 제공 체계 구축・운영으로는 시・군・구의 민원 종합안내 및 상담기능을 담당하는 보건복지 콜센터("희망의 전화 129")와 상시적으로 연계할 수 있는 시스템을 구축하는 것을 대안으로 제시하였다. 특히, 읍・면・동・고용지원센터・교육청 등 개별기관의 지원에서 제외된 가구 또는 복합지원이 필요한 가구에 대해서는 중점 관리하는 방안을 추진하였다. 또한, 민관 협력으로 위기가구의 신속한 발굴과 민간복지자원을 연계하여 다양한 방안으로 수요자에게 맞춤형 서비스가 지원될 수 있도록 지역 내 통리반장, 자원봉사자, 전기・수도 검침원, 요구르트 배달원 등과 상시 협조체계를 구축한다는 내용도 포함되어 있었다.

3) 지방자치단체의 복지행정조직 개편(사회복지통합관리망 구축)

사회복지통합관리망(행복e음)은 지자체 공무원들의 복지행정업무 처리를 지원하는 정보 시스템으로서, 지자체에서 집행하는 약 120여 개의 복지급여 및 서비스 이력을 개인별·가구별로 통합 관리한다. 보건복지부는 2010년 1월 4일부터 운영하고 있다.

기존의 각종 복지대상자 선정을 위한 자산조사 및 자격관리업무가 시·군·구 본청과 읍·면·동으로 이원화되어 읍·면·동은 자산조사 업무가 가중되어 수용자 중심의 서비스 제공이 어려운 실정이었으나, 시·군·구 통합조사관리팀이 복지대상자 자산조사 및 자격관리를 일원화하여, 기초생활보장, 기초노령, 보육 등 급여자격 판정을 위한 자산조사 및 변동관리를 전담하여 기준적용의 편차 제거 및 전문성을 확보한다. 또한 읍·면·동은 상담, 신청 접수, 지원이 필요한 가구 발굴 등 찾아가는 서비스 기능을 강화하고, 시·군·구는 복지대상자의 복합적인 욕구 해결을 위해 공공서비스뿐 아니라 민간서비스 연계를 제공하거나 사례관리를 실시하여 수요자 중심 서비스 강화를 통해 업무의 효율화를 극대화하고 찾아가는 서비스 강화를 위해 복지행정조직을 개편하였다.

이러한 복지행정조직을 통해 기대하는 효과로는 수요자 측면에서 서비스의 신속성, 편의성, 맞춤형 서비스를 제공할 수 있고, 국가적 측면에서는 부정·중복 수급 및 횡령을 방지하는 효과가 있을 것이라고 기대하고 있다.

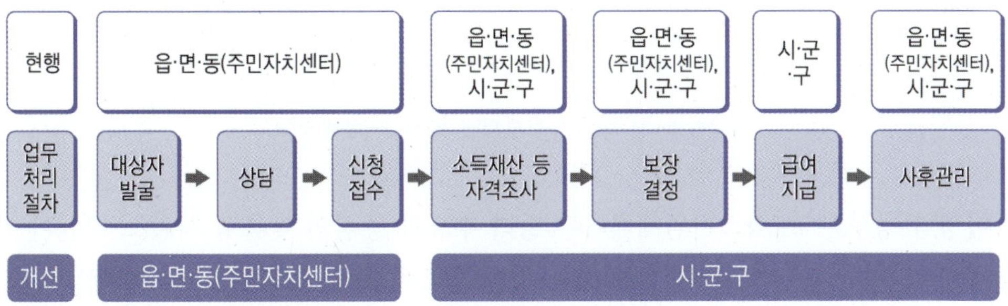

출처 : 보건복지부(2015. 1). 사회복지통합관리망 구축현황 및 추진계획.

[그림 6-2] 지자체 복지행정 조직개편

지방정부의 전달체계의 장점으로는 지방정부가 제공하는 사회복지서비스를 지역 대상자의 다양한 요구를 반영시킬 수 있다는 점이고, 지방정부 간의 사회복지서비스 제공에 대한 경쟁을 통한 질적 향상을 꾀할 수 있다는 점이며, 단점으로는 지역 간의 사회복지서비스에 대한 재정상태에 따라 지역 간의 복지격차가 발생할 수 있으며, 지속성에 한계가 있다는 점이다.

따라서 정부는 2012년 5월부터 기존의 주민생활지원국에서 실시되는 복지자원관리팀(기존 서비스연계팀) 업무를 지역주민의 복지체감도 향상을 위하여 희망복지지원팀을 운영하고 있다[그림 6-3].

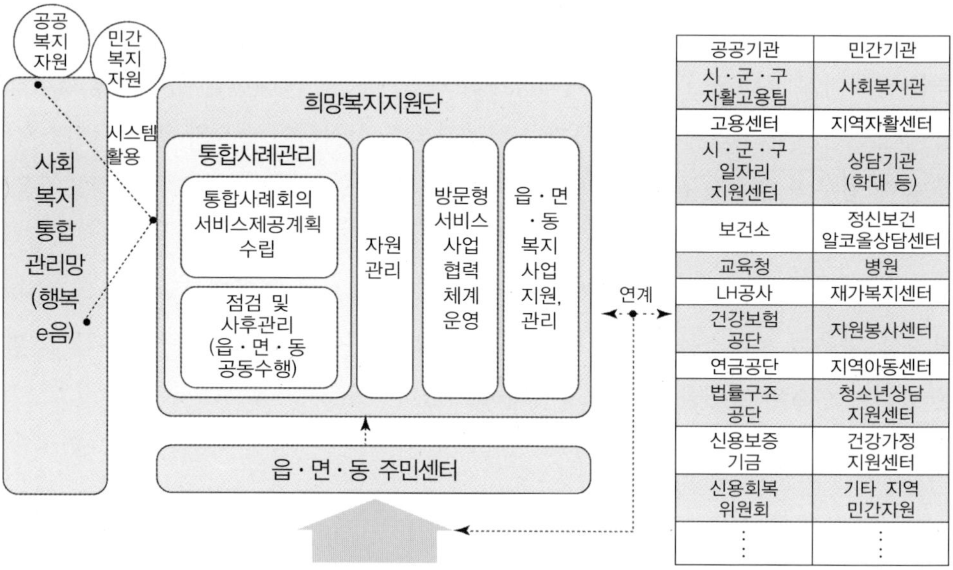

[그림 6-3] 희망복지지원단 업무 수행체계도

이명박 정부는 "서비스지원체계와는 달리 수요자 중심의 맞춤형 서비스 지원이 가능하게 되었고, 공공자원뿐만 아니라 민간자원까지도 효율적으로 2012년에는 읍·면·동의 강화도 시작되었다. '읍·면·동'은 상담 내실화(상담실 활용, 상담예약제 도입) 및 복지정보 종합안내, 지역주민의 권익옹호 역할 수행과 찾아가는 서비스 활성화(공공·민간의 방문서비스 사업 간 연계·협력체계 구축·운영)를 통해 지역주민을 위한 공공 종합복지서비스 수행 기능을 강화하였다(보건복지부, 2012). 과거 시·군·구의 강화와 함께 2012년 이후로는 읍·면·동의 강화도 본격 논의단계에 들어섰다.

그 후 2013년 2월 출범한 박근혜 정부에서는 '주민센터를 맞춤형 복지 구현을 위한 허브기관으로 개편'하는 것을 국정과제에 포함하여 2013년 9월 '국민중심의 맞춤형 복지전달체계 구축 방안'을 확정하고, 2013년 11월 '동 주민센터 복지기능 보강' 지침을 지자체에 시달하여 2014년 4월까지 최일선 기관인 동 주민센터에 대한 복지기능 보강을 추진하도록 하였다. 체감도와 효율화 강조가 유지되었으나 그 방안으로 읍·면·동 강화가 등장하였다. 현장의 밀착형 서비스 부족이 문제로 지적된 대안이었다. "복지사업과 복지예산의 증가에도 불구하고 국민의 복지체감도는 여전히 낮은 수준에 머물러 복합적이고 다양화된 국민의 복지욕구에 조응하여 국민의 삶의 질을 증진시킬 수 있는 현장 밀착형 사례관리 등은 한계가 있었다. 이러한 문제점을 해결하기 위해서 9개 부처 참여 관계부처 합동 TF를 구성(2013.3.29)하여 부처 간 충분한 협의를 거쳐 제4차 사회보장위원회(2013.9.10)에서 '국민중심의 맞춤형 복지전달체계 구축 방안'을 확정하고 지자체 업무의 효율화 및 업무조정 등을 통한 복지깔때기 해소, 희망복지지원단의 역할 강화로 찾아가는 상담, 보건·복지 연계 등 현장 밀착형 복지서비스 지원 등 수요자 중심의 맞춤형 복지전달체계 개편을 추진하게 되었다"(보건복지부, 2013, p.152). 2013년 2월에 사회보장정보시스템을 통해 중앙부처에서 수행하고 있는 17개 부처 292개 사업에 대한 자격·수급이력 통합 DB를 구축하였으며, 2013년 12월 현재, 21개 부처 360개 복지사업 정보 연계를 목표로 추가 구축을 진행 중이다. 그리고 지자체 업무 효율화를 통한 전달체계개편기반을 조성하고 지자체의 업무조정 등을 위하여 기능보강형 모델로 읍·면·동 사무소의 기능개편을 2014년 전반기까지 우선 추진하기로 하였다,

시범사업을 통한 개편효과 검증, 원스톱 맞춤서비스를 2015년까지 단계적 확대하기로 하였다. 동 주민센터 복지기능보강사업은 주로 사무·기능 조정, 조직·인력 개편, 업무효율화 등을 통하여 동(洞) 주민센터의 복지기능을 보강하는 것인데 일반 행정업무를 본청(일반구의 경우 구청)으로 이관하고, 기능쇠퇴업무의 폐지·축소, 무인민원발급기

설치 확대 및 수수료 감면 등 제 증명 발급업무 감축 유도 등을 통해 발생하는 잉여인력을 복지업무에 투입하도록 하였으며, 인력 · 기구 조정을 통해 복지공무원 7,000명 확충대책('11~'14년)의 마무리(~'14년 3월)로 동 주민센터 복지담당공무원을 최소 2명 이상 배치, 사회복지직도 동장으로 승진이 가능하도록 동장의 직렬을 복수로 조정, 동장이 취약계층 발굴 등 복지업무에 최우선을 두고 洞행정을 관리하도록 하는 것이 골자이다. 읍 · 면 · 동 복지기능 강화는 현재 시범사업 중이고 본 사업을 예정하고 있다. 권고사항으로 상담역량이 뛰어난 복지공무원을 '복지코디네이터'로 배치하여 맞춤형 종합상담을 실시하도록 하여, 서비스 누락방지 및 일괄신청을 지원하도록 하였고, 방문간호사, 정신보건사회복지사, 직업상담사 등 다양한 민간전문인력 배치를 통해 보건 · 고용 등 각 부문과의 연계협력을 강화하도록 하였으며, 洞 복지협의체 등 민관협력 활성화 기구 구성 · 운영 및 통 · 반장 등 지역주민을 활용한 취약가구 발굴 및 안부확인을 수행하도록 하는 공공과 민간의 연계 · 협력 활성화 방안을 제시하였다. 박근혜정부는 2017년 찾아가는 보건 · 복지서비스 추진으로 읍 · 면 · 동 복지허브화 사업에 방문건강관리를 추가하였다. 시 · 군 · 구 통합사례관리는 희망복지지원단 통합사례관리팀에서 통합사례관리사가 읍 · 면 · 동 복지허브화로 맞춤형 복지팀은 읍 · 면 · 동 주관으로 통합사례관리를 직접 수행하고 있다.

문재인정부는 '자치분권 로드맵'을 제시했다. 5대 분야 30대 추진과제가 문 대통령 임기 중 시기별로 제시하였다.

첫째는 중앙권한의 획기적 지방 이양이었다. 중앙 · 지방사무의 구분, 기능 중심의 포괄적 지방 이양, 광역단위 자치경찰체 도입, 제주특별자치도 분권모델 완성, 교육자치와 일반자치 연계 강화 등의 추진과제가 따랐다. 2017년부터 「(가칭)자치경찰법」과 「지방이양일괄법」 제정을 추진하고, 2018년과 2019년까지 각각 「지방자치법」과 「제주특별법」 개정을 추진하겠다고 밝혔다. 둘째 강력한 재정분권 추진이었다. 이를 위해 지방소비세 · 지방소득세 · 지역자원시설세 과세대상 확대와 고향사랑 기부제 도입 등 지방 자주재원 확보, 지방재정 균현기능 강화, 지방재정 자율성 · 책임성 확대 등 세부추진과제를 통해 기존 8대2인 국세와 지방세 비중을 6대4로 개편하겠다고 했다. 2018

년 2월까지 재정분권 정부안 마련, 2018년 말까지 지방세법 · 지방교부세법 · 지방재정법 개정 완료, 2018년까지 「(가칭)고향사랑기부금법」 제정 등을 제시하였다. 셋째 분야는 자치단체의 자치역량 제고이다. 지방의회의 권한과 전문성 강화, 자치단체 조직 · 인력 운용의 독립성 확대 등을 뼈대로 하는 과제이다. 문재인정부는 세부 추진과제로 지방의회 역할 확대, 자치단체의 자치조직권 확대, 지방공무원 역량 강화와 자치단체 투명성 · 책임성 강화 등을 제시했다. 2017년 말까지 기구정원규정을 개정, 지방인사통계통합시스템 구축한다. 또 2018년까지 지방공무원 임용령을 개정하고, 2019년까지 실시간 합동평가시스템을 구축하기로 했다.

넷째 분야는 풀뿌리 주민자치 강화이다. 부산시청 5급 공무원이 "현 실정을 감안했을 때 가장 개선이 시급한 과제라고 본다. 주민참여 예산제나 감사, 조례 제정 등이 규정되어 있지만, 지금은 권고사항에 불과하다. 이를 강제할 규정이 필요하다"고 강조한 내용이다. 문재인 정부는 이를 위해 혁신 읍 · 면 · 동 추진, 주민투표 · 주민소환 기준 완화와 주민참여예산제 범위 · 주민 조례개폐청구제 요건 확대 등 주민참여 활성화 등 세부 추진과제를 내놨다. 시기별로는 2017년까지 「지방재정법」 개정, 혁신 읍 · 면 · 동 추진단 출범과 시범사업을 추진한다. 또 2018년까지는 「주민투표법」, 「주민소환법」 등을 개정하는 로드맵이 제출됐다.

마지막 분야는 네트워크형 지방행정체계 구축이다. 자치단체 간 연계 · 협력으로 행정구역의 한계를 극복하고, '숙의(Deliberative)' 기반 주민참여로 갈등을 예방하고 협치문화를 확산하자는 취지이다. 세부 추진과제로는 자치단체 간 협약제도 도입, 도시네트워크 제도화와 광역연합 행정 수행 등 광역연합제도 도입, 자치단체와 특별지방행정기관 간 협업 강화, 자율 자치단체 간 행정구역 통합 · 조정 지원, (가칭)공공갈등 조정위원회 설치와 숙의 기반 주민참여 활성화 등 사회혁신적 갈등관리제도 확산 등이 포함됐다. 2018년까지 중앙 · 지방정책협의회운영규정을 개정하고, 2019년까지 「지방자치법」을 개정한다는 계획을 내놨다.

문재인정부는 5대 과제 외에 '지방분권형 개헌 지원'을 자치분권 로드맵의 또 다른 축으로 삼았다. 지방분권국가 선언, 자치입법권 확대, 자치단체의 사무범위 확대, 자치

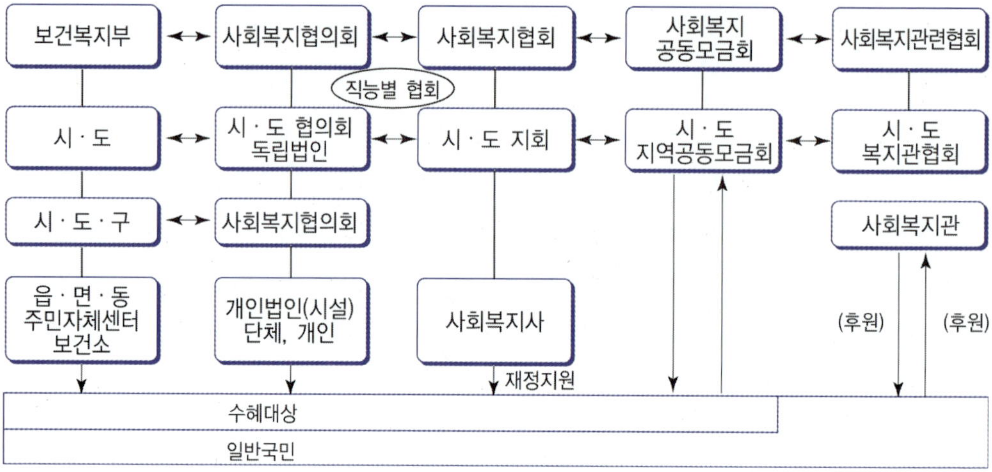

출처 : 오세영(2009). 사회복지행정론. 신정, p. 195.

[그림 6-4] **사적 사회복지서비스 전달체계도**

단체의 과세자주권 확대 등이 개헌의 뼈대이다. 또 지방재정조정제도 신설과 제2국무회의 신설, 현 지방자치단체를 지방정부로 명칭을 변경하는 것도 개헌 토대가 필요한 내용으로 제시했다(http://iglee.tistory.com/325).

2. 사적 전달체계

사적 사회복지조직은 영리를 목적으로 하지 않는 주민조직과 사회복지법인, 재단, 사단법인, 종교단체, 법정단체 및 기타 특수법인, 등록단체나 그 법인 또는 단체가 사회복지사업을 목적으로 운영하는 시설과 기관을 말한다. 사적 사회복지조직은 행정당국의 지도 · 감독을 받아 서비스를 전달하는 사회복지법인(사회복지기관 및 시설)과 행정당국의 지도 · 감독을 받지 않고 독자적으로 운영되는 민간 사회단체나 기타 법인체 등에 의해 사회복지서비스가 전달되고 있다. 이들 법인체나 단체들은 지역에 따라 지부나 연합회가 설치되어 있어 시설 간 상호 연락 및 조정, 건의를 위하여 협회체가 구성되어 있다.

사적 사회복지서비스 전달체계는 복지대상자에게 직접적인 서비스를 제공하느냐의 여부, 활동을 전개하는 지리적 단위, 욕구나 문제를 가진 대상자별 성격, 그리고 조직의 설립주체 등에 따라 다양하게 분류될 수 있지만 전형적인 사적 사회복지서비스 전달체계는 생활시설, 이용시설, 전용시설 및 이용시설 간의 협의체로 대별할 수 있다(신복기 외, 2008 : 211-213).

정부가 제공하는 서비스 비해당자에 대한 서비스를 제공하는 사적 사회복지서비스 전달체계의 필요성은 다음과 같다(최성재 · 남기민, 2006 : 126-128).

첫째, 정부에서 제공하는 서비스는 많은 경우 수혜자의 자격기준을 심사하여 선별적으로 제공하기 때문에 수혜자가 제한될 수밖에 없다. 수혜 자격이 있음에도 수적 제한으로 서비스를 받지 못하거나 자산 상태와 연령 등의 이유로 필요한 서비스를 받을 수 없는 사람에게 서비스를 제공하기 위해서 민간의 사회복지활동이 필요하다.

둘째, 정부가 제공할 수 없는 서비스를 제공한다. 정부의 서비스는 일반적으로 기본적이고 보편적인 문제나 욕구충족에 일차적 목표를 두고 있는 만큼, 정부에서는 개인의 다양한 문제나 욕구를 모두 충족시켜 줄 수 없고 질 높은 서비스를 제공할 수 없다. 그러므로 정부에서 제공할 수 없는 다양하고 질 높은 서비스를 제공하기 위해서 사적 기관의 서비스 제공이 필요하다.

셋째, 동일 종류의 서비스에 대한 선택의 기회를 제공한다. 정부에서 제공하는 것과 같은 종류의 서비스를 사적 기관에서 제공하므로 클라이언트나 소비자의 기호나 여건에 따라 선택할 수 있어 바람직하다. 그리고 공적 기관과 사적 기관이 경쟁하므로 서비스의 질도 높일 수 있어 사적 기관의 서비스 제공이 필요하다.

넷째, 사회복지서비스를 선도적으로 개발하고 보급하는 일을 한다. 사적 기관은 공적 기관에 비하여 행정적으로 융통성이 있고 의사결정도 신속하게 이루어지므로, 클라이언트의 새로운 욕구와 환경변화에 민감하게 대응하여 새로운 프로그램을 개발하고 보급하는 일을 하기에 유리하므로 사적 조직에 의한 서비스 제공이 필요하다.

다섯째, 민간의 사회복지 참여욕구를 적절히 수렴할 수 있다. 많은 사람이 사회복지활동에 자원봉사자와 재정적 후원자 또는 기관운영자로 참여하기를 원하는데, 이러한 민간의 참여욕구는 사적 기관에서 적절히 수렴하거나 사적 기관의 설립을 통해 충족될 수 있기 때문에 사적 기관과 그 활동이 필요하다.

여섯째, 정부의 사회복지활동에 대한 압력단체의 역할을 한다. 사적 조직은 정부기관과 비슷한 서비스를 제공하면서 정부기관의 활동을 감시할 수도 있고, 정부의 서비스를 개선하거나 새로운 서비스를 도입하도록 압력을 가할 필요가 있으면 사적 기관의 연합체나 협의체를 형성하여 정부에 대하여 요청할 수 있다.

일곱째, 국가의 사회복지비용을 절약한다. 현대사회에서 국가가 사회복지의 일차적 책임을 갖고 있으므로 국가의 재정으로 사회복지활동을 해야 한다. 그러나 국민의 복지욕구 수준이 계속 상승하고 있으므로 모든 욕구를 다 충족시킬 수 있는 재정적 능력이 부족하다. 그러므로 사적 기관에 의한 사회복지활동은 정부의 사회복지비용을 절약하는 효과를 가져온다.

끝으로 사회복지행정의 공급체계 다원화에서 사회적 기업과 협동조합법(2013년 12월 1일 시행) 시행으로 향후 우리나라의 사회복지행정의 전달체계에 대한 연구와 더불어 새로운 각도에서 접근해야 할 과제를 안고 있다.

정리하면 우리나라는 1970년대까지는 외원기관의 원조를 통한 사회복지가 우리나라 사회복지에서 큰 부분을 차지하고 있었으며 이러한 환경에서 공공 복지정책의 발전과 공공복지 전달체계에 대한 관심의 수준은 낮았다. 공공 복지정책은 그리 큰 재원의 투입을 필요로 하지 않는 사회보험을 중심으로 그 기반을 마련하는 것으로 초점이 맞추어졌다. 1980년대 들어서면서 외원이 메꾸었던 자리를 국가 정책으로 대체하는 변화가 시작되었고 공적 부조가 이 과정에서 중요한 역할을 하였다. 공적 부조의 수행을 위한 전달체계의 구축이 전달체계 발전의 주된 내용이 되었던 시기이다. 1990년대에 접어들어서도 여전히 공적 부조를 수행하기 위한 전달체계가 핵심적인 내용이었다. 1999년 국민기초생활보장법의 통과가 이러한 경향을 유지하는 데 일조하였다. 그러나 점차 복지전달체계는 공적 부조에서 벗어나 복지 전반의 차원에서 독립적으로 다루어지기 시작하였다. 공공부조 외 여타의 급여와 서비스가 확충된 것이 그 배경이라 할 수 있다. 사회사회복지서비스에 대한 강조와 전문성을 확보하기 위한 독립된 전달체계의 구축 노력이 이러한 변화를 더욱 가속화하였다. 2000년대에 들어서면서는 복지전달체계가 공적 부조와 독립된 복지인프라 확충이라는 새로운 영역을 차지하게 되었다. 하지만 이후 지방분권이 본격화되면서 지역사회복지라는 차원에서 공적복지 전달체계가 다루어지면서 지방의 자체적인 모델의 개발과 적용이 활성화되고 있다. 하지만 중앙 차원에서는 지방에서 재정적 부담으로 문제가 발생할 것 등 재정의 부담을 고려하여 지역단위로 민간자원의 동원에 좀 더 많은 관심을 가지고 있다.

Social Welfare Administration

CHAPTER 07

기획과 의사결정

제 1 절 기 획

1. 기획의 개념과 필요성

1) 기획의 개념

기획(Planning)이란 과정론적 개념으로 볼 때, 특정의 행정목표를 달성하기 위한 활용가능한 미래의 방법・절차를 의식적으로 개발하는 과정으로, 효율적 목표달성을 위한 최적의 수단 선택과 관련되어 기본적으로 목표달성의 극대화와 비용의 최소화를 추구하는 행정의 한 과정이다(김기식 외, 2001 : 320). 또한 체계론적 관점에서 기획을 정의한다면, 기획은 "어떠한 행동이 취해지지 않는다면 바람직한 미래가 도래하지 않을 수 있으며, 그 행동이 취해진다면 바람직한 결과가 도래될 개연성이 증가된다고 믿어지는 상황하에서 그 행동이 취해지기 전에 상호연관된 결정들의 집합을 형성하고 평가하는 일련의 과정"이라고 말할 수 있다(이종수 외, 2006 : 320). 따라서 기획의 산출물이 계획(Plan)이 되는 것이다.

사회복지조직의 경우에서도 마찬가지로 기획은 조직환경 및 클라이언트의 다양한 욕구 변화에 효율적으로 대응하기 위한 조직의 새로운 목표를 설정하고 이를 달성하기 위해 필요한 최적의 미래활동을 선택하여 추구해 나가는 의사결정 과정이며, 조직의 내・외적 의사소통 과정과도 관련이 깊은 기관관리활동이다.

2) 기획의 필요성

사회복지조직은 시민의 문제나 욕구를 해결하기 위한 서비스를 제공하도록 사회로부터 인가를 받았을 뿐만 아니라 그들이 부담한 세금, 기부금으로 서비스를 제공하고 있기 때문에 사회복지조직은 효과적이고 효율적인 서비스를 제공할 책임을 가지고 있다. 이를 위해 조직의 목표인 서비스의 효과적, 효율적인 목표달성을 위해 기획이 필요하다. 특히 사회복지조직의 과업환경과 일반환경의 요인들이 급속하게 변화하는 상황에서 행정책임자는 환경변화와 장래의 예측을 통하여 적절한 계획을 수립하고 신속한 의사결정을 하지 않으면 생존하고 발전할 수 없게 된다(최성재 외, 2006 : 211).

스키드모어(Skidmore, 1995, 1995 : 50-51)는 사회복지행정에서 기획이 필요한 이유를 다음과 같이 제시하고 있다.

첫째, 기획은 효율성의 증진을 위해 필요하다. 사회복지 인력과 자원은 제한되어 있으므로 최소의 비용과 노력으로 효율적인 서비스를 제공하기 위해서는 치밀한 기획이 필요한 것이다.

둘째, 기획은 효과성 증진을 위해 필요하다. 사회복지행정이 클라이언트에게 제공한 서비스는 그의 문제나 욕구를 해결하는 데 효과가 있어야 한다. 계획된 활동이 아니라면 그 결과는 바라는 대로 달성되지 않을 수도 있다.

셋째, 기획은 책임성 증진을 위해서 필요하다. 사회복지행정은 사회의 인가를 받아 국고와 개인의 기부금을 사용하고 있기 때문에 목표하는 서비스를 효과적이고 효율적으로 제공할 책임을 져야 하고 책임수행을 위한 서비스 기획이 필요하다.

넷째, 기획은 사회복지조직의 사기를 위해서 필요하다. 기획과정에는 많은 조직성원이 참여할 수 있고 참여를 통한 조직구성원의 기여와 구성원들의 의견수용이 수반된다. 구성원들은 자신들의 참여로 계획이 이루어진 데 대한 인정과 성취감을 얻을 수 있기 때문에 구성원의 사기를 높일 수 있다.

2. 기획의 유형

기획은 조직의 위계수준에 따른 유형, 시간 차원에 따른 유형, 대상에 따른 유형으로 구분할 수 있다.

첫째, 조직의 위계수준에 의한 유형은 조직의 계층별 기획의 역할로 최고관리자는 목표, 정책, 장기계획, 조직의 전체에 관련된 장기적 기획에 관심을 가지고 있으며, 중간관리자는 사업계획이나 보완적 목표 수립을 위한 기획에 집중하고, 감독관리자는 구체적으로 할 사업계획, 운영기획에 집중하고 실무자는 현장의 실무와 부서의 기획에 주력한다(Mcfarland, 1970 : 149).

〈표 7-1〉 조직의 위계수준에 따른 기획의 유형

위계수준	기획의 유형
최고관리층	목표, 정책, 장기적 계획, 조직 전체 영역
중간관리층	할당, 사업계획, 보완적 목표, 정책
감독·관리층	구체적 사업계획, 일정표, 당기목표, 운영기획
관리 실무자층	일상적 업무 및 사소한 절차에 국한

둘째, 시간 차원에 따른 유형으로 장·단기 기획으로 구분할 수 있다. 장기 기획으로는 1년 이상 5년, 10년 또는 그 이상의 기간에 걸친 기획으로 외부 환경의 영향을 중시하고 주기적으로 조직의 목적과 목표를 재설정한다. 반면에 단기 기획은 1년 미만의 사업 기획이다. 사업의 내용과 상황에 따라 장·단기 기획으로 분류할 수 있으나, 상호 밀접한 관계인 동시에 보완적 기획으로 연결되는 기획이 중요하다.

셋째, 대상에 따른 유형으로는 전략 기획과 운영 기획으로 구분할 수 있다. 전략 기획은 조직의 궁극적 목표를 달성하기 위한 실천행동과 자원배분 등에 관련한 기본 활동을 포괄적이고 장기적으로 정한 기획이며, 운영 기획은 구체적 행동방침을 정한 기획의 이행과 운영목표의 달성을 지원하는 기획이다.

3. 기획의 특성과 과정

1) 기획의 특성

기획은 다양한 기관활동 중에서 가장 중요한 우선순위를 갖는 활동으로, 이러한 기획과정을 통하여 기관에서는 어떤 형태의 기관구조가 필요하며, 어떤 자격과 자질을 가진 인력이 필요하며, 어떤 형태의 리더십과 지도력으로 기관활동을 이끌며, 원활한 기관활동을 유지하기 위해 어떤 통제와 조정의 노력이 필요한지 등과 같은 주요한 기관활동이 결정되기 때문이다. 트렉커(Trecker)는 훌륭한 기획의 특성을 다음과 같은 6가지로 기술하였다(장인협 · 이정호, 1992 : 90-91 재인용).

① 기획은 고위층의 관리 기능을 나타내는 것으로 그것을 타인에게 위임하거나 소홀히 다룬다면 기관에 악영향을 초래한다.

② 기획이란 현재에서 시작해서 미래까지 연장되는 것이다. 오늘의 결정은 내일의 기관을 이룬다는 것을 생각해야 한다.

③ 기획은 질서정연해야 한다. 그것은 목표설정부터 목표달성에 필요한 프로그램으로 합리적 방법으로 전환하는 것이다. 그것은 우연적이거나 비공식적일 수 없다.

④ 효과적 기획은 목적, 프로그램 책임, 관계 등이 명확해야 한다. 다시 말해서 결과가 뚜렷해야 한다.

⑤ 기획은 역동적이어야 한다. 변화하는 조건들과 새로운 발전들을 고려하고 변화에 상응하기 위한 적응성을 길러야 한다. 지도할 수 있을 만큼 견실해야 하며 기관의 변화하는 욕구를 충족시킬 만큼 융통성이 있어야 한다.

⑥ 기획은 행동 위주이어야 한다. 기획은 그 자체가 목적이 아니고 청사진도 아니며 목적을 위한 수단에 불과하다. 그것은 효과적인 활동과 적극적인 성취로 이끈다. 기획은 목적과 프로그램을 결정하는 과정이 실제로 목적달성을 위해 필요한 활동을 일으키도록 돕는 방법으로 수행되어야 한다.

2) 기획의 과정

드러커(Drucker, 1954, 1976)는 기획과정을 5단계로 ① 목표설정, ② 목표의 우선수위 결정, ③ 자원의 식별, ④ 행동적인 프로그램 실행, ⑤ 통솔유지 순서로 언급하고 있고, 쿤츠와 오도넬(Koontz & O'Donnell)은 ① 목표설정, ② 기획과정의 설정, ③ 대안적 행동의 모색과 시험, ④ 대안적 행동의 평가, ⑤ 행동노선의 선택, ⑥ 파생계획의 수집으로 6단계를 들고 있다(서규탁, 1993 : 241 재인용).

그리고 요크(York, 1982 : 193-194)는 ① 문제 확인, ② 목표설정, ③ 프로그램 설계, ④ 평가라고 설명하면서, ④의 평가는 다시 ①의 문제 확인에 연결되는 순환적인 관계를 유지한다고 보고 있다. 또한 스키드모어(Skidmore, 1990 : 44-51)는 사회복지조직의 기획과정을 7단계로 제시하고 있는데, 본 서에서는 스키드모어 과정을 더 세분화하여 10단계로 고찰해 보기로 한다.

〈표 7-2〉 기획단계의 복지조직 적용

기획과정의 단계	사회복지조직에서의 적용(노인복지기관)
1. 문제 발생(가능성)	국민의 치매(인지증)노인이 증가되는 상황이 계속 발생, 문제와 원인 파악
2. 목표설정(정책결정)	성공적 노후를 통한 노인복지 향상
3. 일반적 목표설정	치매(인지증)노인 예방 대책-사전검사 및 사후관리
4. 구체적 목표설정	1년 이내에 65세 이상 치매(인지증)노인 30% 감소
5. 관련 정보수집 및 가용자원 검토	• 통계자료조사 : 65세 이상 치매(인지증)노인의 숫자와 지역별 분포 • 치매관리기관 파악 • 외부조직의 가용자원 조사 • 조직 내의 가용자원(예산, 인원, 시스템) 파악 • 지지자와 경쟁자 파악
6. 구체적 목표달성을 위한 대안적 방법 모색	1. 노인치매(인지증)예방교실 운영 2. 치매관리 및 예방센터 설치 3. 치매 조기발견, 조기치료, 가족교육 4. 어린이부터 노인까지 치매(인지증)교육 실시
7. 대안의 평가	대안적 방법 실행에 있어서 필요한 조건(업무, 비용, 인원), 기대효과, 장·단점 비교 및 성과 평가(가족, 당사자, 전문가 등)
8. 최종대안의 선택	조건, 기대효과, 장·단점에 객관적으로 가중치를 두어 대안 중에서 최고 점수인 대안을 결정→노인치매(인지증)예방교실 운영센터로 결정

기획과정의 단계	사회복지조직에서의 적용(노인복지기관)
9. 구체적 실행 계획수립	선택된 대안을 실행하기 위하여 시간, 비용, 활동 등이 나타나는 구체적인 업무 계획을 수립 : 운영계획 노인치매(인지증)예방교실 운영센터
10. 시뮬레이션 (모의실험, simulation)	실행에서 나타나는 위험(risk)요소 제거를 위해 사전연습을 하거나, 대상자, 가족, 전문가 입장에서 문제점을 파악하는 단계

3) 프로그램 기획기법

기획의 과정에서 활용되는 프로그램 기획 수행기법으로는 시간별 활동계획도표(Gantt Chart), 프로그램 평가검토기법(PERT : Program Evaluation and Review Technique), 월별 활동계획(Shed-U Graph) 등이 있다.

(1) 시간별 활동계획도표 : 간트차트

프로그램과 관련되는 중요한 과업들의 시작과 완성기한, 진행현황을 일목요연하게 볼 수 있도록 시각적으로 제시한 차트가 간트차트(Gantt Chart)이다. 헨리 간트(Henry Gantt)가 고안한 기법으로 오래전부터 다양한 조직에서 다양하게 수정되어 많은 사람들에 의해 사용되어 오고 있다.

간트도표는 프로그램 진행과정의 선후관계를 명확하게 나타내는 것과 일정대로 진행되고 있는가를 쉽게 파악할 수 있는 장점이 있으며, 프로그램의 많은 세부적인 활동을 필요로 하는 복잡한 기획활동의 경우에는 활동관계의 상호관계를 도표로 나타내는 것에는 한계가 있다.

〈표 7-3〉 **사업 연간 진행일정(과정별 일정)**

연별 분기별 월별 / 사업 구분	2013											
	1분기			2분기			3분기			4분기		
	1	2	3	4	5	6	7	8	9	10	11	12
연사업계획서 수립	◀--▶											
서비스 제공	◀--	---	---	---	---	---	---	---	---	---	---	--▶
분기평가			◀--▶			◀--▶			◀--▶			◀--▶
건강검진					◀--▶							
어버이날 행사					◀--▶							
춘계야외학습					◀--▶							
추석행사									◀--▶			
춘계야외학습										◀--▶		
노인의 날 행사										◀--▶		
독감예방접종											◀--▶	
가족간담회					◀--▶						◀--▶	
⋮	⋮											

출처 : 시립은평노인종합복지관 연간 사업 진행일정.

(2) 프로그램 평가검토 기법

프로그램의 규모가 커지면 간트차트와 같은 단순한 기법으로 통제하는 것이 어려워진다. 예를 들어, 신규로 노인장기요양시설을 오픈한다고 가정해 보면, 장소를 물색하고 건축설계를 의뢰하고 관공서에 허가를 받고 시공사를 선정하고, 시설에 필요한 물품 구입 및 종사자의 훈련 등의 해야 할 일이 한두 가지가 아니다. 어떤 일은 동시에 병행해서 진행시킬 수 있는가 하면 어떤 일은 그 전에 끝나야 시작할 수 있다. 이처럼 복잡한 계획을 수행하는 데 기간을 단축하면 비용을 줄일 수 있다.

이와 같은 계획을 수행하는 데 사용되는 기법으로 PERT(Program Evaluation and Review Technique)와 CPM(Critical Path Method)기법이 있다. PERT는 1950년대에 미국에서 핵잠수함을 건설할 때 개발된 기법으로 비슷한 시기에 듀퐁(DuPont)에서 개발한 CPM과 함께 PERT/CPM이라 부른다.

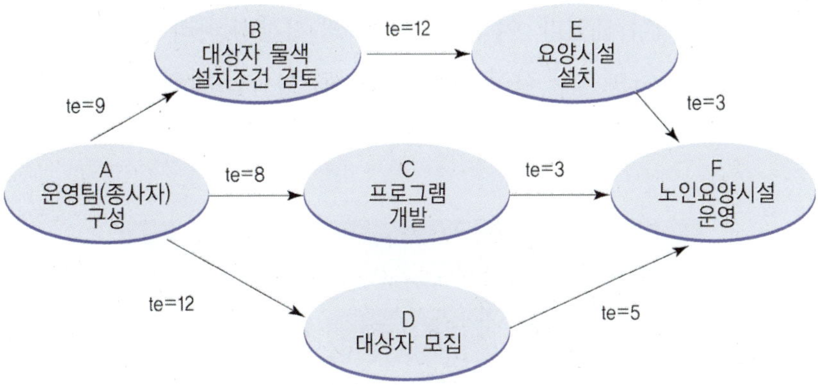

[그림 7-1] **프로그램 평가검토기법(PERT)의 예**

실제로 이를 적용하면 더욱 복잡한 순서도가 되겠지만, 단순하게 사례를 적용하여 이론적 이해를 돕기 위하여 [그림 7-1]에서와 같이 간략하게 보여주고 있다. 여기서 가장 긴 경로인 ABED를 임계경로(critical)라고 한다.

〈표 7-4〉 **간트차트와 PERT/CPM의 비교**

구 분	간트차트	PERT/ CPM
장 점	• 간단하고 작성 용이 • 개요 파악 용이	• 행동들 간의 선후관계 파악 용이 • 주 경로 파악과 이에 대한 집중관리 가능
단 점	• 총 소용시간 파악이 어려움 • 작업의 연관성 파악이 어려움	• 정확하고 타당성 있는 네트워크 구성이 어려움 • 도표 작성에 많은 시간과 노력이 소요
용 도	• 간단한 기획 • 시급한 기획	• 대형기획 • 인력 및 자원의 사용이 복잡한 경우

출처 : 김형식 외(2007). 사회복지행정론, p. 177.

(3) 월별 활동계획 카드(Shed-U Graph)

이 기법은 미국의 'Remington-Rand'라는 회사에서 고안해 낸 것인데 간트도표와 비슷한 성격을 가지고 있다. 원래 개발된 모양은 24"×42"(61×107cm) 크기의 바탕종이에 3"×5"(8×13cm) 크기의 카드를 꽂을 수 있는 주머니가 달려 있다. 이 바탕종이 위쪽 가로에는 월별이 기록되어 있고 특정 활동이나 업무를 조그만 카드(3"×5")에 기입하여 월별 아래 공간에 삽입하거나 붙인다. 이 카드는 업무의 시간에 따라 변경하여 이동시키는 데는 편하지만 간트도표에서와 같이 과업과 완성된 행사들 간의 상관관계를 잘 알 수 없다(최성재 외, 2006 : 222-223).

다문화 지원센터 개관 계획

5월	6월	7월	8월	9월
1. 직원 임명 2. 공간확보 3. 봉사와 모집	1. 공간확정 2. 언론홍보	1. 사무실 배치 2. 직원역할 분담	1. 비품 구입 2. 사물함 정리	개관식

(4) 변화에 대한 개방성 유지

프로그램 실행 이후 계획대로 실행되지 않거나 계획 그대로 진행되었지만 보다 나은 향상을 위해 계획 수정이 불가피하거나 유용한 자원을 확보할 수 있을 경우 신축적으로 계획을 변경시킬 수 있어야 한다. 따라서 변화에 대비하여 융통성과 개방성의 유지는 필수요소이다.

제 2 절 의사결정

1. 의사결정의 개념

개인이나 조직, 사회구성원의 일원으로 크고 작은 의사결정(Decison-making)을 하루에도 여러 번 하면서 살아간다. 이러한 의사결정은 사소한 것부터 어떤 것은 자기 자신뿐만 아니라 다른 사람에도 큰 영향을 미치는 중요한 것도 있다. 마찬가지로 사회복지조직의 행정책임자도 매일 매일 의사결정을 해야 하며, 그의 의사결정은 서비스의 전달에 직·간접으로 영향을 미치게 된다. 특히 사회복지조직은 일반 조직과 비교하여 조직의 내·외적으로 많은 요청과 압력을 받고 도덕성과 윤리성을 고려해야 하는 휴먼서비스라는 점에서 의사결정이 어렵다. 따라서 사회복지조직에서도 의사결정에 지식과 기술이 필요하다.

아이베스(Ives, 1973: 38)는 의사결정을 행동노선의 여러 대안 가운데서 하나를 선택하는 데 있어 양적이고 질적인 수단을 고려하려는 합리적 시도라고 정의하였고, 룸바와 리베이(Loomba & Levey, 1973: 169)는 일단의 바라는 목표를 달성하기 위하여 가능한 여러 가지 대안 가운데서 하나를 선택하는 과정의 결론이라고 정의하였다. 에이블즈와 멀피(Ables & Murphy, 1981: 106)는 조직의 표명된 목표를 달성하기 위하여 여러 가지 대안 가운데서 선택하는 것이라고 정의하였다(최성재 외, 2006: 224 재인용).

이러한 정의에서 본 바와 같이 의사결정이란 조직의 목표달성을 위해 문제를 인식하고 그 문제를 해결할 수 있는 여러 대안 중에서 최적의 대안을 선택하고 실행하는 과정이다. 따라서 여러 대안 중에서 가장 적절한 대안을 선택하기 위해서는 해결해야 할 문제를 명확히 이해하는 것은 물론이고 문제를 해결할 수 있는 대안들을 과학적으로 비교, 분석, 평가할 수 있어야 한다.

그러나 의사결정은 쉬운 결정보다 복잡하고 어려운 의사결정이 많은 편인데, 그 이유는 다음과 같다.

첫째, 의사결정 문제의 복잡성이다. 의사결정과 관련된 문제가 복잡하여 행정책임자가 문제를 정확하게 파악하기 어렵다. 이는 경우에 따라서 하나의 문제가 다른 문제와 독립적인 경우도 있지만 연계되어 풀어야 할 경우가 많기 때문이며, 또한 여러 대안 중에 대안과 대안 간의 관계를 이해하는 것이 쉽지 않은 경우가 있다.

둘째, 불확실성이다. 의사결정과 관련된 기초 자료의 불확실성, 주변환경 등으로 인한 불확실성으로 의사결정 후 성과에 대한 불확실이 의사결정 과정에 등장하기 때문이다.

셋째, 선택기준의 다양성이다. 대안을 선택할 때에는 조직의 자원 상황 등의 요인을 고려하여 결정하게 된다. 따라서 다양한 요인 중 선택기준을 무엇으로 할 것인지가 의사결정을 어렵게 한 요소 중 하나이다.

넷째, 평가자의 가치관이다. 사회복지조직의 행정책임자에 따라서 불확실성이나 위험을 느끼는 정도가 서로 다르기 때문에 가치관은 선택기준에 영향을 미친다(윤종훈 외, 2007 : 85–86).

2. 의사결정의 유형

의사결정의 유형에는 개인의사결정과 집단의사결정, 정형적 의사결정과 비정형적 의사결정, 전략적 · 관리적 · 업무적 의사결정, 확실성, 위험 및 불확실성하의 의사결정으로 구분할 수 있다.

1) 개인의사결정과 집단의사결정

개인의 의사결정은 개인이 내리는 의사결정이며, 집단 의사결정은 조직이 당면한 문제에 대한 해결방안을 개인이 아닌 집단에 의하여 이루어지는 의사결정이다. 사회환경의 불확실성과 복잡성으로 인하여 조직구성원 개개인이 가지고 있는 지식이나 경험으로 조직이 요구하는 의사결정을 할 수 없을 경우 집단의사결정이 효율적이다.

집단의사결정은 집단구성원으로부터 정보와 아이디어를 얻어 의사결정을 내리는 상호작용집단법, 브레인스토밍, 명목집단기법, 델파이기법 등 문제나 과업의 유형에 다양한 지식과 기술이 요구될 때 활용한다.

개인의사결정과 집단의사결정을 비교하면 다음과 같다.

〈표 7-5〉 **개인의사결정과 집단의사결정의 비교**

요 인	개인의사결정	집단의사결정
문제나 과업의 유형	창의성 또는 능률이 요구될 때 (창의성)	다양한 지식과 기술이 요구될 때 (다양성)
의사결정 수용	수용이 중요하지 않을 때	집단구성원들의 수용이 소중할 때
해결안의 질	가장 훌륭한 구성원이 확인될 수 있을 때	여러 집단구성원들이 해결안을 개선할 수 있을 때
개인의 특성	개인들이 협력할 수 없을 때	집단구성원들이 함께 일한 경험을 갖고 있을 때
의사결정의 분위기	분위기가 경쟁적일 때	분위기가 문제해결에 지원적일 때
가용시간의 양	비교적 시간적 여유가 없을 때	비교적 시간적 여유가 많을 때

출처 : Judith R. Gordon(1993). *A Diagnostic Approach to Organizational Behavior*(4th ed.).(Boston : Allyn and Bacon), p. 239.

2) 정형적 의사결정과 비정형적 의사결정

(1) 정형적 의사결정

정형적 의사결정은 반복적이며 일상적인 의사결정으로 의사결정을 위한 표준적인 절차나 관리적 지침을 가지고 있는 의사결정을 말하며, 의사결정이 잘 구조화되어 있기 때문에 관습적으로 처리하거나 과거의 해결책을 통해 의사결정을 한다. 최근 정보기술의 발달로 컴퓨터나 OR(Operation Research)을 이용하여 매우 능률적으로 처리하고 있다. 정형적 의사결정은 계량적 접근이 유효하다.

(2) 비정형적 의사결정

비정형적 의사결정은 정형적 의사결정과 달리 일회적이며 구조화되지 않은 예외적 의사결정을 의미하는 것으로 비정형적 의사결정은 프로그램화할 여지가 적고 개인 경험, 판단, 능력 등에 많은 영향을 받게 된다. 비정형적 의사결정은 조직행동적 접근이 유용하다(윤종훈 외, 2007 : 93–94).

정형적 · 비정형적 의사결정을 비교하면 다음과 같다.

〈표 7–6〉 정형적 의사결정과 비정형적 의사결정의 비교

	정형적 의사결정	비정형적 의사결정
문제유형	빈번한, 반복적인, 일상적, 인과관계에 관한 상당한 확실성	새로운, 비구조적인, 인과관계에 관한 상당한 불확실성
절 차	방침, 규칙 및 정확한 절차에 의존	창의성과 직관에 대한 필요성
사 례	의료기관 : 환자의 등록절차	의료기관 : 실험기자재의 구입

출처 : John M. Ivancevich & Michael J. Matteson(1993). *Organizational Behavior and Management*(3rd ed.). Homewood. Ⅲ : Richard D. Irwin, p. 584.

3) 전략적 · 관리적 · 업무적 의사결정

언소프(Ansoff, 1965 : 165)는 의사결정을 조직의 외부 환경 및 조직계층과 관련하여 전략적 의사결정, 관리적 의사결정, 업무적 의사결정으로 분류하고 있는데, 이들 의사결정의 특성은 다음과 같다.

(1) 전략적 의사결정(Strategic Decision)

조직의 내부 문제보다는 외부 문제에 관련이 있는 결정으로 조직의 외부 환경 변화에 조직 전체를 적응시키기 위한 의사결정이다. 예를 들면, 사회복지기관에서 지역의 외부 환경에 따라 사업을 어디에 중점을 두고 할 것인가 등이다.

(2) 관리적 의사결정(Administrative Decision)

조직의 내부 문제에 관한 결정으로 전략적 의사결정을 구체화하기 위하여 최적의 업적 능력을 낼 수 있도록 조직의 제 자원을 조직화하는 것과 관련되는 의사결정이다. 예를 들면, 사회복지기관의 어떤 사업에 대한 조직 개편, 권한위임, 인적자원개발 및 훈련 등이 있다.

(3) 업무적 의사결정(Operation Decision)

업무적 의사결정은 일상적으로 행해지는 업무에 관한 의사결정으로 자원의 변환과정의 효율성을 극대화하기 위한 의사결정이다. 예를 들면, 기관의 업무활동에 대한 일정계획 수립, 업무·감독 및 통제 등이 포함된다.

4) 확실성, 위험 및 불확실성하의 의사결정

(1) 확실성하의 의사결정

확실성하의 의사결정은 의사결정자가 주어진 대안 중에서 선택한 대안 결과가 어떻게 나타날 것인지 미래의 상황을 사전에 정확히 알 수 있는 상황으로, 대체안의 선택기준과 대체안별 실행결과를 사전에 알 수 있기 때문에 의사결정자는 비교·평가하여 최선의 대체안을 선택하면 된다.

(2) 위험하의 의사결정

위험하의 의사결정은 결과가 분명하지 않지만 행정책임자가 그 결과를 측정할 충분한 정보를 갖고 있을 때의 조건이다. 위험은 행정책임자가 각 대안과 관련된 결과의 확률을 통계적으로 계산할 수 있다고 가정하고 있어 확률적 추정치에 의해 의사결정을 하게 된다.

(3) 불확실성하의 의사결정

불확실성하의 의사결정이란 대체안들의 실행결과가 일어날 확률을 전혀 알 수 없는 상황하의 의사결정이다. 예를 들면, 자연재해 등이 있다.

3. 의사결정의 과정

의사결정은 여러 가능한 대안들 중 최적의 대안을 선택하는 것이지만 본질적으로는 문제해결 대안을 선택하기 이전에 문제의 성격을 파악하고 여러 가능한 대안을 발굴하여 비교, 평가하는 단계를 거쳐 의사결정이 이루어지는 것이다. 의사결정과정에는 문제인식, 대안의 개발 및 평가, 대안의 선택, 대안의 실행, 실행결과의 평가와 피드백 순의 일련의 과정을 거치게 된다.

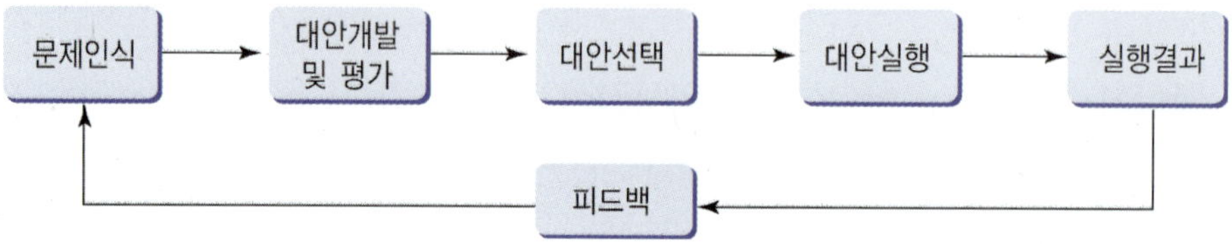

[그림 7-2] **의사결정과정**

1) 문제의 인식

의사결정 과정의 첫 단계는 해결해야 할 문제를 인식하는 것이다. 의사결정의 필요성은 문제의 존재로부터 비롯되는 것이므로 문제의 정확한 인식이 이루어져야 한다. 그러나 문제의 본질을 정확히 파악하는 것은 매우 어려운 작업이다. 이와 관련하여 문제와 관련된 전반적인 관련 정보를 수집하여 상황을 파악하는 것이 중요하다.

2) 대안의 개발 및 평가

문제를 인식하게 되면 문제해결에 기여할 수 있는 가능한 대안을 실제로 개발하여야 한다. 대안개발에서는 창의력이 중요하며 비교가 가능한 방식으로 대안을 영역별로 구분하고 전 단계의 문제인식 설정기준에 의거하여 각 대안의 장·단점, 기대효과 등이 검토되어야 한다.

오늘날 사회환경의 급속한 변화로 사회복지의 욕구도 다양하게 변화하고 있어 사회복지조직은 매우 불확실하기 때문에 비정형적인 의사결정을 해야 할 상황이 자주 발생한다는 점에서 창의력이 있는 대안개발이 매우 필요하다. 따라서 좋은 대안을 많이 개발하는 것은 성공적인 의사결정 과정에서 매우 중요한 단계이다. 대안개발의 방법은 개인의사결정기술(의사결정나무분석)과 집단의사결정기술(상호작용집단법, 브레인스토밍, 명목집단법, 델파이기법) 등이 사용된다.

(1) 개인의사결정기술

① 의사결정나무분석

의사결정나무분석(decision tree analysis) 방법은 개인이 가능한 여러 다른 대안을 발견하여 나열하고 각각의 대안을 선택했을 경우와 그렇지 않은 결과를 나무의 가지 모양으로 결과를 그려서 생각하는 방법이다.

② 대안선택 흐름도표

목표가 분명하고 예상 가능한 사항의 선택에 적용한다. 어떤 사항의 연속적 진행과정에서 "예"와 "아니오"로 답변할 수 있는 질문을 연속적으로 하여 예상되는 결과를 결정하도록 하는 도표이다.

대안선택 흐름도표

- 어떤 사항의 연속적 진행과정에서 '예'와 '아니오'로 답변할 수 있는 질문을 연속적으로 하여 예상되는 결과를 결정하도록 하는 도표
- 목표가 분명하고 예상 가능한 사항의 선택에 적용
- 사용기호: 투입산출–▱, 질문–◇, 처리–□

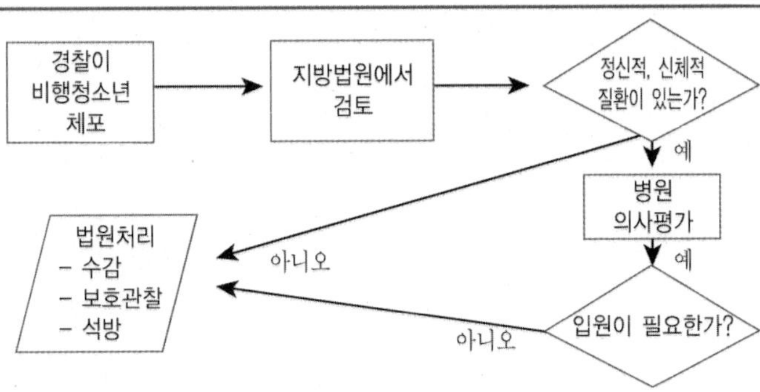

[그림 7-3] **개인적 의사결정**

(2) 집단의사결정기술

① 상호작용집단법

상호작용집단법(interaction group method)은 집단의사결정 방법 중 가장 널리 사용되는 것으로 집단구성원의 상호작용으로부터 정보와 아이디어를 얻어 의사결정을 내리는 방법이다. 이 의사결정 방법의 장점으로는 집단구성원의 많은 정보와 아이디어가 나올 수 있고 개인 노력의 합계가 될 수 있으며, 구성원들의 상호작용의 시너지 효과를 통해 여러 견해들이 수정되고 보완되어 좋은 의사결정이 나올 수 있다. 단점으로는 운영하는 방법에 따라 집단사고의 폐단을 가져올 수 있다.

② 브레인스토밍

브레인스토밍(brainstorming)은 10명 전후의 집단이 10~60분간에 걸쳐 자유롭게 아이디어를 제시하여 최선의 해결책을 찾는 방법으로, 본래 광고 캠페인의 아이디어를 개발하기 위해 사용되었으나 근래에는 각 단체의 조직에서 각종 문제해결에 도움을 주는 가능한 대안을 찾아내기 위하여 자주 사용된다. 브레인스토밍이 성공하려면 공통의 문제를 제시받은 참여자 개인이 자유로운 분위기 속에서 아이디어를 창출할 수 있어야 하며 이때 중요한 것은 절대로 다른 사람의 아이디어를 비판하지 말아야 하며 질보다 양의 우선 원칙이 있다. 이처럼 동등적 참여, 개방적 분위기 속에서 최선의 해결대안을 찾아가는 것이 이 방법의 장점이다.

③ 명목집단기법

명목집단기법(nominal group technique)은 브레인스토밍을 수정, 확장한 기법으로 브레인스토밍에서는 논쟁이나 감정이 개입되어 타인에게 영향을 줄 수 있다. 그러므로 명목집단기법은 언어적 토의를 하지 않고 누가 어떤 아이디어를 제시하였는지 문서로 대안을 제시하고 돌아가면서 차례로 읽게 하고, 그 다음에 무기명 아이디어에 대해 개별적 토의를 하되 참여자는 찬반의견을 표시하는 정도로 견해를 피력한 다음 추천된 아이디어에 대해 투표로 최종안을 참여자가 모두 5~7점 척도에 의해 각 대안에 대해 문서로 점수를 제시한 후 가장 높은 점수를 받은 대안을 최종적으로 결정한다. 따라서 간단한 의견을 피력하고 최종적으로 투표에 의해 결정되므로 감정이나 분위기상의 왜곡 현상을 회피할 수 있다는 장점이 있다.

④ 델파이기법

델파이기법(delphi technique)은 1950년대 초 미국의 랜드회사(Rand Corporation)의 달키(Dalkey)와 그의 동료들에 의해 개발된 것으로 구성원들이 서로 만나지 않고 전문가들로 구성된 패널을 통해 전문적인 견해를 얻어내는 방법으로 다음과 같은 절차로 이루어진다.

첫째, 특정 문제에 대한 견해나 아이디어를 도출할 수 있는 설문지를 작성하여 서로 접촉이 없는 전문가들을 선정하여 설문지를 보낸다.

둘째, 접수된 설문지의 내용을 종합하여 이를 응답자에게 다시 보내 명확히 해야 할 사항이나 고려해야 할 사항을 추가로 검토할 수 있도록 2차 설문지를 동봉한다.

셋째, 응답자들은 돌려받은 설문자료를 검토한 후 자신의 평가를 제시하도록 한다.

넷째, 이들이 선택한 것과 평가자료를 다시 수집하여 다수결 원칙에 의해 어느 하나가 최종 선정되며 이 자료가 다시 응답자에게 보내지고 이때 합의된 의사결정 대안이 나올 때까지 반복한다.

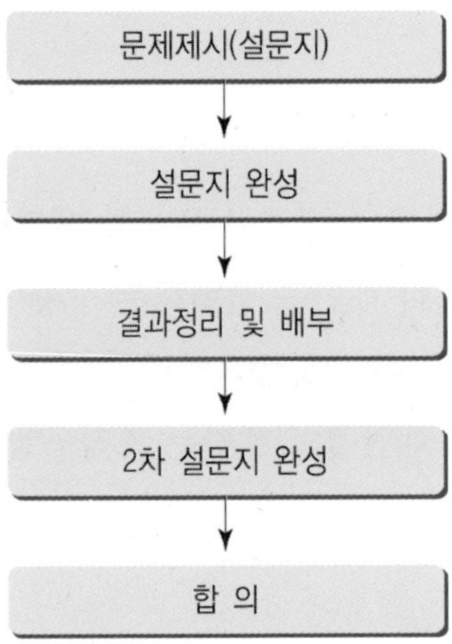

[그림 7-4] **델파이기법 단계**

델파이기법은 합의된 최종 의사결정이 나올 때까지 많은 시간이 걸리는 단점이 있어 신속한 의사결정 시에는 한계가 있다. 따라서 이러한 기법을 사용할 때에는 고령화저출산 대책, 국민연금문제 등 장기적인 문제를 해결하는 데 유용하게 사용할 수 있다.

대안개발 이후 각 대안의 유효성을 평가하여야 하는데, 대안평가는 두 가지 관점을 고려해야 한다. 첫째, 조직의 목표에 비추어 각 대안을 판단해야 하며, 둘째, 문제를 해결하는 데 가급적 많은 도움을 제공할 수 있는 대안을 선택해야 한다.

3) 대안 선택

대안의 선택은 여러 개의 대안을 평가한 후 하나의 대안을 선택하는 단계이다. 대안 선택에서 최적의 대안을 선택하는 데 용이하지 않을 경우가 있는데, 첫째, 각 대안이 의사결정 목표나 기준을 얼마나 잘 충족하는지 상호비교하기가 쉽지 않으며, 둘째, 여러 대안이 모두 좋지 않은 대안일 때가 있으며, 너무 많은 대안이 확보되어 그 대안들을 평가하는 데 지나치게 많은 시간이 소비되고 의사결정자가 오히려 혼동에 빠질 수 있는 경우가 있다. 따라서 최적의 대안을 선택하기 위해서는 각 대안의 장·단점, 가능성, 기대 효과 등을 비교하여 우선순위를 정하고 최적의 대안을 선택해야 한다(윤종훈 외, 2007 : 96-102).

4) 대안 실행

선택된 대안이 결정되면, 선택된 대안이 문제를 해결할 수 있도록 행정책임자들이 실행에 옮기는 단계이다. 그러나 대안을 실행하는 상황이 용이한 경우도 있지만 그 반대의 경우도 있다. 대안을 실행하는 데 중요하게 고려해야 할 것은 구체적인 행동계획과 프로그램을 설정하는 것과 대안을 실행하는 조직구성원들에게 어떠한 영향을 미치는지를 고려해야 한다.

5) 실행결과의 평가와 피드백

대안의 실행결과를 평가하고 새로운 의사결정을 위해 피드백을 제공하는 것이다. 이

과정을 통해 대안 실행결과를 알 수 있고, 잘못된 의사결정이나 실행과정을 개선할 수 있는 행동을 취할 수 있다. 만약에 실행한 대안이 바람직하지 못했을 경우에는 행정책임자는 문제를 재정의하거나 다른 대안을 개발해야 한다.

4. 전략적 기획과정(Strategic Planning Process)

전략적 기획의 특성은 경쟁활용과 환경 감시를 강조하고 있으며, 조직의 내·외적 분석과 조직 사명·목적의 재설정 측면을 강조한다. 분석방법으로는 스와트(SWOT : Strength / Weakness / Opportunity / Threat) 기법이 있다. 이 분석기법은 조직의 내부 환경 분석인 조직의 강점과 약점, 조직의 외부 조직 분석인 기회와 위기(위협)를 분석하여 활용하는 기법이다.

SWOT 분석은 1960~1970년대 미국 스탠포드 대학에서 연구 프로젝트를 이끌었던 알버트 험프리(Albert Homphrey)에 의해 고안된 전략 개발 도구이다.

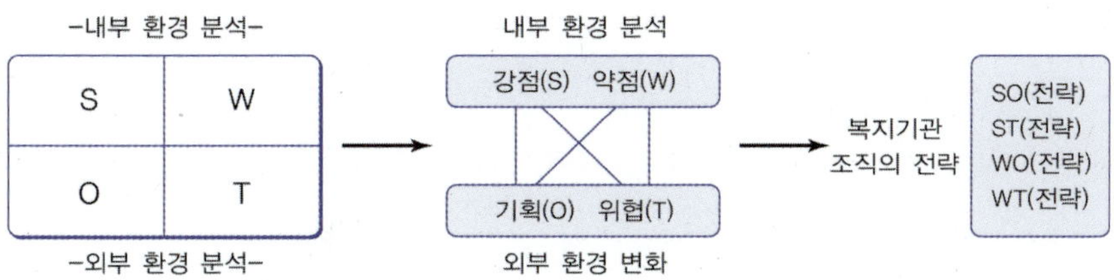

[그림 7-5] 사회복지기관 SWOT 분석 전략

연습

1. 자기 자신의 스와트 분석(SWOT)
2. 내가 소속된 학과 및 기관의 스와트 분석(SWOT)

전략	기회	위협
강점		
	SO 전략	ST 전략
약점	WO 전략	WT 전략

Social Welfare Administration

CHAPTER 08

인적자원관리

제 1 절 인적자원관리의 개념

1. 인적자원관리의 의의와 목적

사회복지기관의 궁극적 목적은 클라이언트와 지역사회에게 양질의 서비스를 효과적・효율적으로 공급하는 데 있다. 이러한 목적달성을 위해서는 충분한 재원, 공간, 인력, 시설 및 지역사회의 자원이 필요하다. 특히 서비스 공급을 담당하는 기관인력의 능력과 자질은 기관활동의 성패를 좌우하는 핵심적 요인이다(Friesen, 1987 : 17). 그러나 사회복지기관은 휴먼서비스를 제공하는 기관으로 인사 기능이 채용, 보상, 훈련 등의 가장 기본적 범주를 넘어서지 못하였으며, 인사기록과 문서관리 중심의 인사관리로 이루어졌다. 오늘날 조직의 인적자원관리는 조직 인력들의 능력개발이나 육성을 통해 개인과 조직의 목표를 일치시켜 나가는 개발지향적 성격을 가지고 있다. 즉, 개개인의 욕구와 개성을 중시하면서 조직에서의 사람을 자산으로서의 인적자본 또는 인적자원으로 인식하여 개발하는 것에 초점을 둔다(박성수 외, 2007 : 10). 다시 말하면, 과거에는 조직 구성원을 생산수단의 한 비용요소로 인식해 왔으나 이제는 조직의 구성원 한 사람 한 사람을 지적 자산 또는 파트너로 인식하는 것이다. 따라서 사회복지조직의 인적자원관리 기능의 중요한 영역들은 과거에는 찾아보기 어려운 핵심 인재의 확보, 종사자 능력의 개발과 활용, 공정한 평가와 보상과의 연관성 제고 등 사회복지조직의 전략적 계획과의 연계성을 더욱 높여나가야 한다.

인적자원관리(HRM : Human Resources Management)란 조직의 목표달성에 필요한 활동을 수행할 능력을 갖춘 사람을 확보, 개발, 동기부여, 평가, 유지하고 특정 활동이나 조직 분위기를 개발함으로써 직원들의 만족도와 능률을 극대화하는 과정으로 정의된다. 즉, 인력의 조달과 유지, 개발, 활용에 관한 계획적인 관리활동의 체계이다.

인적자원관리의 초점은 인간과 조직목표의 달성에 있어 인간의 중요성에 역점을 두고 인재를 확보하고, 훈련시키며, 동기부여시키고, 유지하는 데 있다(윤종훈 외, 2007 : 340).

인적자원관리는 각 조직의 특성과 관련하여 구성요소가 다양하나 보편화되어 있는 내용을 살펴보면 다음과 같다. 플립포(Flippo, 1984)는 인적자원관리의 구성요소를 인적자원의 확보관리, 훈련과 교육에 기초한 개발관리, 성과에 대한 보답을 보증하는 보상관리, 피고용인, 관리층 및 노조 간의 이해관계를 조정하는 통합관리, 유능하고 자발적인 노동력의 존속을 보증하는 인적자원의 유지관리, 더 이상 필요하지 않게 된 인적자원을 사회에 환원하는 이직관리로 제시하고 있다.

일반적으로 조직에서 인적자원을 관리하는 목적은 ① 조직의 생산성 향상, ② 조직의 작업생활의 질의 고양, ③ 인적자원 이용과 관련된 모든 필요한 법과 규칙의 준수, ④ 개선된 기업관계의 개발, ⑤ 모든 수준에서 의사소통과 합의점 개발 등을 들 수 있다(Schuler, 1988). 또한 인적관리의 목적은 복지사업경영에 대한 인건비 개선과 확보, 우수한 인재의 채용과 정착, 시설에서 요구하는 사회적 역할을 수행하기 위한 효과적·효율적 인적자원의 활용이다(宇山, 2005 : 95).

2. 인적자원 계획

인적자원 계획은 현재 또는 장차 조직이 필요로 하는 인력의 양과 질적 수준을 양적 차원에서 사전에 예측하고 결정하는 한편, 이를 충족시킬 수 있는 기관의 내·외부의 공급을 예측하고 계획하는 것이다. 즉, 인적자원 계획은 변화하는 환경 속에서 기관목적의 달성을 위해 요구되는 인적자원을 장기적으로 예측하여 전략적이고도 체계적으로 대비하려는 활동이다.

충원 계획은 이러한 인적자원 계획의 산물이다. 즉, 어떤 기능을 갖춘 인력이 얼마나 필요하며, 또 언제 선발할 것인가 등 인적자원의 충원에 대한 전반적인 계획을 의미한다. 충원 계획은 공급과 수요의 양 측면에서 수립될 수 있다.

공급 계획은 사회복지기관의 종사자 수, 적격자 수 등의 요인들에 관한 과거의 추세를 토대로 미래의 공급을 예측하는 것과 앞으로 사회복지기관에서 조직의 장기 목표를 달성하기 위한 전략적 계획과 연결하는 것을 포함한다.

수요 계획은 사회복지조직의 성장이나 축소, 조직의 임무와 업무량의 변화, 변화하는 기술 등에 관한 산정을 토대로 장래의 인력 필요성을 예상하는 것이다. 이러한 인적자원 충원의 필요성을 분석하기 위해서는 해당 사회복지기관의 현재 인력의 적절성 여부, 필요한 업무 관련 기술 여부, 적합한 부서에 배치되었고, 또한 업무를 제대로 수행하고 있는가에 대한 전반적인 조사와 평가가 선행되어야 한다. 또한 수급관리는 양질의 인적자원을 확보하기 위하여 단기 · 중기 · 장기적 충원 계획을 수립하여 실시해야 한다.

제 2 절 인적자원관리의 과정

1. 인적자원관리의 구성요소

사회복지조직에서의 인적자원관리는 사회복지사들의 작업환경 개선과 가치창출 등을 위해 효과적 · 효율적으로 운영하기 위한 시스템이다.

페코라와 어스틴(Pecora & Austin, 1987)은 사회복지조직의 특성을 감안하여 사회복지조직의 구성요소를 첫째, 직원 모집, 심사, 채용, 둘째, 직무의 분석과 설계 및 할당, 셋째, 성과평가의 설계와 실행, 넷째, 직원 오리엔테이션, 훈련과 개발, 다섯째, 과업성과를 유지 및 제고하게 하며 직원을 발전하게 하기 위한 지도 · 감독, 여섯째, 직원성과에 문제가 있을 때의 처리활동, 마지막으로 직원에 대한 보상과 이직관리 등 7가지로 구분하였다. 그러나 인적자원관리에서의 구성요소들이 서로 중복되어 있거나 필요한 부분만으로 분류되어 있어 인적자원관리의 분류에 따라 사회복지조직에서 공통적으로 논의할 수 있는 핵심적 인적자원관리 구성요소로는 직무관리, 확보관리, 개발관리, 성과관리, 보상관리, 유지관리 등으로 분류할 수 있다.

첫째, 직무관리는 조직 내에서 이루어지는 다양한 업무를 조직목적에 맞게 체계적으로 설계하고, 분석하며, 평가하여 합리적인 인사관리를 위한 기초를 제공하는 것으로,

직무관리는 직무의 관리, 직무분석, 직무설계 등이다.

둘째, 확보관리는 채용, 배치관리 등이다. 채용관리는 사회복지조직이 필요로 하는 양질의 인적자원을 조직이 필요로 하는 인원 수만큼 조달하여 조직이 필요로 하는 시기에 노동력을 발휘할 수 있도록 모집, 선발, 배치하는 체계적 활동이며, 배치는 선발된 지원자를 조직 내의 각 부서에 배속시켜 직무를 할당하는 것이다.

셋째, 개발관리는 훈련・개발 및 경력관리 등의 영역으로 나눌 수 있다. 훈련이란 조직의 목적을 달성하는 데 도움이 되는 역량을 구성원들이 획득하도록 하는 과정을 의미하며, 경력관리란 직무수행 과정에서 경력을 개발할 수 있는 적합한 과업과 활동을 갖도록 하고, 직무관련 관계성들을 형성해 가도록 유도・지원함으로써 직원의 전반적 직무능력을 제고시키는 과정이다. 훈련의 초점은 현재 직원이 수행하는 업무이고 개발의 초점은 현재 하고 있는 일이 아닌 다른 업무로도 이동하여 수행해 낼 수 있는 능력을 함양하는 데 있다.

넷째, 성과관리는 성과평가이다. 성과관리란 업무성과의 평가를 설계하고 실행하는 과정을 말한다.

다섯째, 보상관리란 모든 형태의 재정적 보답과 서비스 및 부가임금 등을 말한다. 이러한 보상은 직원의 노력에 대한 대가를 지불하는 것이며, 이를 통해 직원의 동기를 고취시키고, 잠재적 직원들의 조직 내로 합류를 유인하는 역할을 하기도 한다.

여섯째, 유지관리는 직원들의 안전관리와 이직관리, 노사관계관리 등을 말한다. 안전관리는 직원들의 보건과 조직 내의 산재와 위험관리를 의미하며, 이직관리는 직원들의 이직에 관련된 관리를 의미하고, 노사관계관리는 노사 간의 관계를 말한다.

2. 인적자원의 관리과정

1) 직무관리

직무관리는 조직 내에서 이루어지는 다양한 업무를 조직목적에 맞게 체계적으로 설계하고, 분석하며, 평가하여 합리적인 인사관리를 위한 기초를 제공하는 것으로, 직무의 관리, 직무분석, 직무설계 등 세 가지 부분으로 구성되어 있다. 직무분석은 인적자원관리의 출발점으로 조직 내에서 이루어지는 직무의 내용과 더불어 책임과 권한의 범위, 수행단계 및 방법, 직무담당자의 인적 요건 등을 분석하는 것으로 직무분석을 통하여 인적자원의 모집과 선발, 정원의 관리, 교육훈련, 직무설계, 인사평가, 보상관리 등 인적자원관리의 핵심적 기능들을 위한 다양한 정보와 기초 정보를 제공한다.

직무평가는 직무분석의 결과를 기초로 다양한 직무들 간의 상대적 가치를 분석・비교・평가하는 과정으로, 직무평가의 목적은 어떤 직무가 다른 직무에 비하여 상대적으로 더 높은 가치를 지니고 있는지를 평가하여 직무담당자에 대한 보상의 차별성을 두기 위한 것이다.

2) 확보관리

사회복지기관에서 양질의 인적자원을 확보하는 것은 인적자원관리의 주요한 과제이며, 인적자원의 확보관리 범주에 속하는 활동으로는 모집, 선발, 채용, 배치 및 승진관리에 관한 직능 등을 의미한다. 확보관리는 조직이 필요로 하는 인력을 필요한 양만큼 확보하고 필요한 장소에 배치하는 적재적소의 목적을 실현하기 위한 일련의 관리직능을 의미한다(백석현, 2002 : 136).

(1) 모집

모집은 조직의 인력 소요를 충당하기 위하여 조직 외부로부터 지원자를 식별하고 유인하는 과정으로, 직무분석이 이루어진 후 자격 있는 직원을 구하기 위한 모집과정은 광고, 서면공고, 사회복지교육기관의 추천 의뢰, 사회복지 관련 인터넷 사이트 활용, 동료집단 활용, 개인적 접촉, 사내추천 등을 활용하여 상황에 따라 절차를 진행한다. 지원자를 어디서 모집하느냐에 따라 기관 내・외부 충원방법이 있다(신복기 외, 2007 : 253; 김형식 외, 2007 : 230-231). 현재 대부분의 사회복지기관에서의 직원모집은 공개채용을 원칙으로 하고 있다.

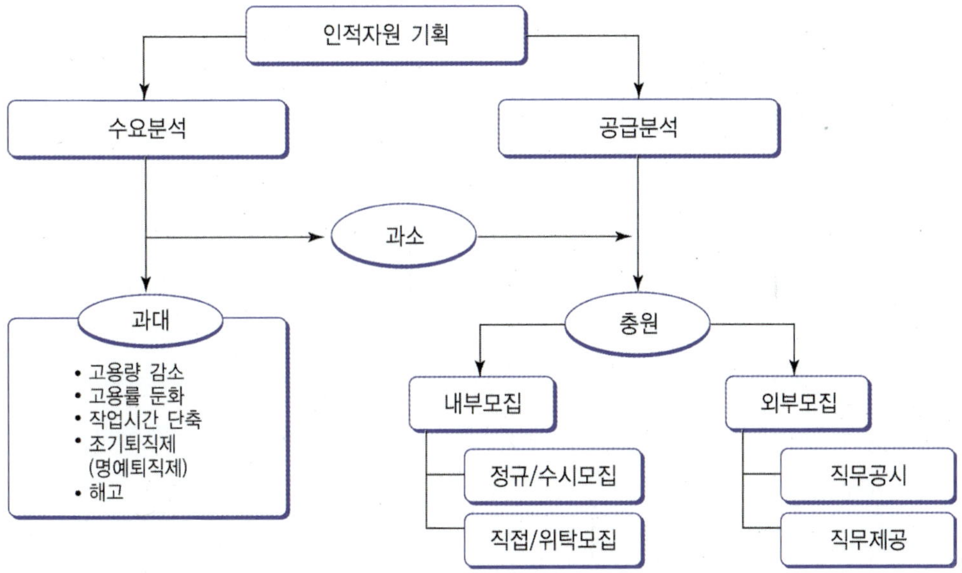

출처 : 백석현(2002). 현대인적자원관리론, p. 139 재구성.

[그림 8-1] **모집방법**

직원의 모집은 조직 내에서 일을 수행할 수 있는 지식과 기술, 성향 및 자원을 가지고 있는 사람을 조직구성원으로 선택하기 위한 과정으로 매우 중요하다고 볼 수 있다. 직원채용은 [그림 8-2]와 같은 순서로 이루어진다.

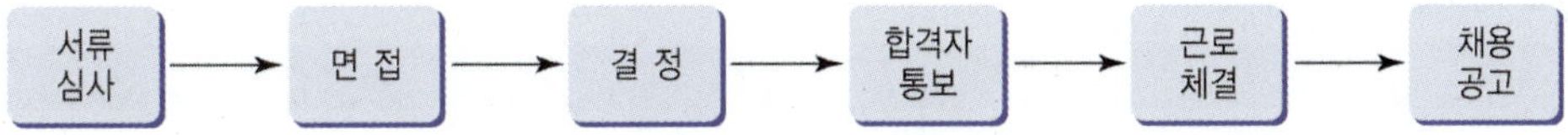

[그림 8-2] **채용절차**

(2) 선발

선발은 모집활동을 통해 지원한 다수의 취업희망자 중에서 조직과 직무가 요구하는 자격요건에 가장 적합한 우수인재를 선택하는 과정이다(박성수 외, 2007 : 126).

선발과정은 기관에 따라 다양하게 진행될 수 있으나, 서류전형 → 선발시험 → 선발

면접 → 경력조회 → 신체검사 → 선발결정 → 채용의 순으로 진행된다.

(3) 채용 및 배치

선발과정을 통하여 조직에 적절한 인재를 채용하며, 직원채용이 확정되면 개별 통지 후 이력서와 채용서류를 첨부하여 사회복지시설의 법인에 승인요청과 구청에 임면보고를 한 후 계속 보관·관리한다. 임면보고가 완료되면 임면대장에 임면내역을 기입하고 근로계약 체결과 인사기록카드를 작성하여 관리하게 된다. 또한 관리자는 기관이나 부서의 목적과 서비스를 재해석하여 전달하고 새로운 직원의 구체적인 책임을 자세하게 설명해야 한다. 직원을 채용한 후에는 근로조건을 체결하게 되며 정식직원으로의 발령을 하게 된다.

사회복지시설에서는 직원의 공정한 인사관리, 직무의 안정성을 위해 인사기록카드를 만들어 문서화하고 정기적 관리를 하며 필요한 내용을 정기적으로 업데이트한다. 인사기록의 내용은 입사 전 경력사항, 입사 후 교육 및 연수 참가기록, 관내/외 포상기록, 업무평가기록, 인사고과기록, 승진기록 등을 기록한다. 이러한 인사기록으로 조직 내 직원의 근무기강을 확립하게 되며, 직원은 시설에서 규정한 복무 관련 기본 수칙을 성실히 준수하여야 한다.

채용단계와 구비서류에 대한 자세한 사항은 〈표 8-1〉과 같다.

〈표 8-1〉 채용단계와 구비서류

연번	단 계	내 용	구비서류
1	채용공고	• 채용공고 : 신문, 인터넷 구인 사이트 등 • 채용공고 내용 : 모집부문 및 지원자격, 제출서류, 전형방법, 제출기한 및 제출처 등	내부기안
2	입사지원 서류접수	• 입사지원서의 접수 : 우편, 이메일접수 시에는 채용공고에 명시된 입사지원 구비서류가 모두 갖추어져 있는지 확인	입사지원서 자기소개서 이력서
3	서류전형 합 격 자 공 고	• 채용기준에 따라 서류전형 합격자 선정 • 필기 또는 면접시험에 대한 일정을 공고 합격자 선정 • 서류전형 합격자가 많지 않은 경우에는 개별 통보	합격자 서류전형 합격자 공고 (시설 홈페이지, 개별통지)

연번	단 계	내 용	구비서류
4	필기시험 면접시험	• 인재를 선발하기 위하여 필기, 면접시험 실시 • 평가표 활용 • 필기시험 문제 출제	신입직원면접 평가표
5	최 종 합 격 자 통 보	• 합격자는 공중매체를 통해 공고할 수 있으나 일반적으로 개별 통지하는 것이 바람직하며, 불합격자에 대해서도 정중하게 채용 결과를 안내하며 입사승낙서를 동봉하여 발송함으로써 응시자의 최종 의사를 확인	채용통지서
6	채용직원 인사서류 접 수	• 채용직원에 대한 인사서류를 접수 • 인사 구비서류는 복지관에 따라 차이 있음	주민등록등본, 서약서, 신원보증서, 진단서, 자격증 사본, 재직/경력증명서, 졸업/병역증명서, 명함판 사진 등
7	근로계약	• 근로계약서 2부를 작성하여 쌍방이 보관	근로계약서
8	채용공고	• 입사한 직원의 직위(직책) 등 채용을 공고	내부기안 공고문

출처 : 서울복지재단(2010). "복지관 경영매뉴얼".

3) 개발관리

인적자원개발이란 현 직무에 소요되는 역량 이상으로 역량을 향상시키는 것으로서, 다양한 업무를 다룰 수 있도록 직원의 능력을 향상시키는 과정이다. 사회복지조직의 구성원의 능력을 향상시킨다는 면에서는 훈련과 개발 간에 차이가 없어 보이지만 몇 가지 차이가 있다. 훈련은 현재 직원이 맡게 될 직무에 관련된 직무수행 방법과 기술을 단기간에 습득시켜 적절한 수준의 직무수행능력을 형성시키는 것을 의미하며, 반면 개발은 현재 직무의 수행능력 외에 조직구성원으로 보고 직무행동을 한정하기보다는 조직행동으로 그 범위를 넓혀 포괄적이고 장기 차원에서 판단력, 책임감, 의사결정능력, 의사소통능력, 갈등해결능력과 같은 능력을 향상시키는 행위이다. 또한 개발은 일련의 학습과정으로 선발한 직원에 대한 오리엔테이션 및 기존 직원들의 지식, 기술 및 업무능력의 향상과 날로 변화하는 새로운 지식과 기술에 따른 효과적 서비스 제공을 위한 지속적인 교육, 훈련 및 개발이 필요하며, 직원들의 지식과 능력을 향상시키며, 가치관과 태도를 바람직한 방향으로 변화시키고 이를 통해 전문적 태도를 심화시킬 수 있는 기회를 제공한다.

직원의 지속적인 능력개발을 위해 계속교육, 토의, 역할연기(role playing), 사례발표, 집단행동, 신디케이트(syndicate), 로테이션(rotation), 세미나(seminar), 패널(panel), OJT(On the Job Training), 포럼(forum), 심포지엄(symposium), 워크숍(workshop), 코칭(coaching), 심리테스트(psychological testing) 등의 방법을 활용하며, 그 각각에 대하여 간략히 살펴보면 다음과 같다(나눔의 집, 2007 : 191–192).

(1) 계속교육

학교교육이 끝난 직원들을 대상으로 전문성을 유지·향상시키기 위해 계속적으로 교육하는 것이다.

(2) 토의

소수의 사람들이 주제발표를 한 다음 여러 사람이 찬반논쟁을 벌이는 방식이다.

(3) 역할연기(role playing)

여러 직원 앞에서 2인 또는 그 이상의 직원들이 실제로 연기 후 직원들이 평가, 토론하여 사회자가 결론적 설명을 하는 방법이다.

(4) 사례발표

직원들이 돌아가면서 사례를 발표하고 이에 대해 다른 직원들이 평가와 토의를 하는 방식이다.

(5) 집단행동

집단적으로 격리된 장소에서 1일 또는 2일의 합숙훈련을 하면서 이루어지며 성인의 태도와 행동의 변화를 기하는 데 가장 효과적인 방법이다.

(6) 신디케이트(syndicate)

10명 내외의 소집단으로 나누고 각 집단별로 동일한 문제를 토의하여 해결방안을 작성하고, 다시 전체가 모인 자리에서 각 집단별로 문제해결 방안을 발표하고 토론하여 하나의 합리적인 문제해결방안을 모색하는 방법, 분단연구반이라고도 한다.

(7) 로테이션(rotation)

일정한 훈련계획하에서 순차적으로 직무를 바꾸어서 담당케 함으로써 지식과 경험을 쌓게 하는 훈련방법이다.

(8) 세미나(seminar)

전통적 의미로는 대학 등 고등교육기관에서 지도자(교수) 등의 지도하에 문하생들이 공동으로 연구 · 토론하는 교육방법이다. 주제발표자와 참가자들이 사전에 준비된 의견을 개진 · 질의하는 방식으로 진행이 되며 이때 참가자 모두 토의주제에 대해 권위 있는 전문가나 연구자로 구성된다. 세미나는 참가자들에게 특정 주제에 대한 전문적 연수나 훈련의 기회를 주기 때문에, 사전에 철저한 연구와 준비를 통해 참가자 전원이 특정 주제에 관련된 지식이나 정보를 체계적이고 심도 있게 토의하므로 참석자의 자질을 높일 수 있다.

(9) 패널(panel)

토의법의 하나로서 사회자의 사회 아래 정해진 테마에 대하여 지식경험이 풍부한 수 명의 전문가가 토의를 하고 연수자는 그 토의를 듣는 학습방법이다.

(10) OJT(On the Job Training)

직장훈련, 현장훈련, 직무상 훈련 등으로 불리는데, 실제 직무를 수행하면서 선임자로부터 대면지도, 개별지도를 통하여 직무수행능력을 개발하는 것이다.

(11) 포럼(forum)

소수의 인원(1~3명)이 특정 주제를 발표하고 발표자와 청중 간의 질의응답 과정을 통해 토의를 진행하는 것이다. 이때 사회자는 원만한 토의 진행을 위해 발표, 시간, 질의 시간 등을 적절하게 통제하되 가능한 청중의 질의를 유발시켜야 한다. 포럼의 특징은 청중이 직접 토의에 참가하여 공식적으로 발표자에게 질의하거나 받을 수 있는 회합식이기 때문에 청중(집단)의 의견을 도출할 수 있다.

(12) 심포지엄(symposium)

관심 있는 주제를 가지고 서로 이야기를 나누는 일종의 교양인 모임이라는 의미이다. 심포지엄은 같은 주제에 대하여 서로 각기 다른 의견을 가진 소수의 전문가 2~3명이 자신의 의견을 발표하고 진행자(의장 · 사회자)의 유도로 전문가와 청중들이 활발한 질의 · 응답을 통해서 의견이나 결론을 도출하는 방법이다. 심포지엄의 장점은 주제에 대한 다양한 견해가 제시되므로 청중들은 다양한 정보, 지식, 경험 등을 접할 수 있고 또 발표자가 계속 바뀌기 때문에 청중들의 주의집중이 잘된다.

(13) 워크숍(workshop)

참가자가 전문가의 슈퍼비전(supervion)을 통하여 토의하고 연구하는 공동의 연구교육형태이다. 대집단의 참가자들을 소그룹으로 나누고 진행자(리더)를 정해서 주어진 의제나 과제에 대한 토론을 갖게 하며 결론을 도출하거나 강사(지도자)의 지시에 따라 주어진 학습이나 작업으로 하고 피드백(feedback)을 통하여 결론을 내는 것이다. 전개과정은 대략 문제제기, 조언, 문제해결책의 강구와 해결, 잠정결론 등으로 이루어진다. 소그룹별로 토의된 것을 종합해서 발제자에게 질의하거나 보고를 하게 되는데, 이 과정에 많은 인원이 참여를 하게 되기 때문에 문제를 심도 있게 다루고 해결할 수 있는 이점이 있다.

(14) 코칭(coaching)

코칭은 직장 혹은 부서 내에서 이루어지는 가장 전형적인 개발방법으로 경험과 지식이 많은 사람이나 직속상사가 부서원에 대해 훈련시키고 피드백을 하는 방법이다.

(15) 심리테스트(psychological testing)

심리테스트는 직원의 정서나 성격 확인 외에도 직원 동기, 논리력, 리더십 스타일, 인간관계 반응 소양 및 직무선호도에 관한 정보와 개발 필요성에 대한 정보를 제공해 줄 수 있는 방법이다.

사회복지기관에서의 직원의 능력개발을 위한 교육은 여러 형태로 진행되고 있으며, 직원의 능력개발 방법들은 외부·내부 교육을 통하여 이루어지고 있다. 우선 내부교육은 직접교육 형태로 볼 수 있으며 교육내용, 강사 등을 자체적으로 기획·실시한다. 그리고 외부교육은 위탁교육 형태로 볼 수 있으며, 외부교육에 일임되는 교육의 형식이다. 일례로 사회복지기관에서 진행하고 있는 교육훈련을 보면 다음과 같다.

〈표 8-2〉 **교육훈련의 구분과 종류**

구분	종 류	내 용
직접교육	신입직원교육	기관소개 및 운영방침, 현황, 실무지식 및 관련 정보교육 등 복무자세, 규정 설명
	월례교육	직무개발(연구·조사 서비스기법), 업무 관련 프로그램 동향(국내·외), 조직이해, 인간관계론 등, 행정업무, 의사소통기법, 갈등해소기법, 업무전산화 기법, 이용자 만족, 프로포절 및 사업계획서 작성, 문건 작성기법, 직장예절, 안전교육, 규정교육, 건강관리
	진급(승진)자 교육	인간관계 및 대화기법, 위기관리기법, 조직이해 및 장악기법, 기관의 정책기법, 최근의 서비스·프로그램 경향, 기획력 향상, 리더십 기법, 시간관리법, 복무규정교육, 창의성 교육

구분	종 류	내 용
직접교육	팀장(관리자) 교육	조직개발기법, 인간관계 및 대화기법, 인사규정 및 복무규정교육, 연구조사 주제 선정, 사업계획 선정 및 사업평가교육, 조직 활성화 및 인력관리
	직원연수	직무능력 향상기법, 조직이해 및 개발기법(자체강사 및 외래강사 초빙)
	사내대학	관련 학문교육(예 : 사회복지학, 장애인복지론, 특수교육학, 언어치료, 물리·작업치료, 임상심리학, 상담학, 직업재활학 등) 인성교육, 시간관리, 재테크, 건강관리
	해외연수	해외 각국의 복지정책, 새로운 복지이론, 법령개정, 장애분류, 새로운 복지동향 등
	사례교육	각 영역에서 다루었던 사례에 대한 개입과정 기법, 이론적 배경
위탁교육	관 내·외 및 합숙교육	직무와 직접 관련된 주제나 기법, 타 기관교육, 사회적 동향, 심신수련 등
	해외연수	장기 연수에 따른 전문성 심화기법, 임상기술 강화
	사내대학	인성교육, 인간관계론, 프로포절 작성기법, 재테크

출처 : 시립은평노인종합복지관 직원교육훈련예규(2013).

또한 직원들의 교육훈련 이후의 평가도 매우 중요하다. 평가 항목은 대략 7가지 영역에서 이루어진다.

첫째, 연수주제, 둘째, 강사의 진행능력과 방법, 셋째, 주제에 의한 참가자 인식 변화, 넷째, 주제에 의한 해당 직무 차원에서 변화가 필요한 요소, 다섯째, 교육연수에 대한 좋았던 점과 부족했던 점, 여섯째, 차후 연수에 대한 제언, 그리고 마지막으로 전체적인 만족도 등이다. 이러한 평가를 통해 향후 교육훈련에 대한 보완 및 계획에 반영하며, 교육훈련을 통한 직원들의 향상에 대한 성과평가도 가능하다.

4) 성과관리

사회복지조직은 조직구성원의 행동과 업무결과를 통하여 경쟁우위를 점할 수 있다. 따라서 조직구성원의 행동과 업무결과를 관리할 수 있어야 하며 그들의 행동과 업무결과가 조직의 목표달성에 기여해야 한다. 개인의 조직목표에의 기여를 성과(performance)

라고 한다. 성과평가란 업무성과의 평가를 설계하고 실행하는 과정을 말한다. 직원의 성과평가는 근무태도 및 근무성과에 대해 평가하는 것으로 평가관리의 주된 흐름은 평가과정 및 절차, 평가방법의 결정, 평가의 공개 및 조정신청, 평가결과의 승진 순으로 진행된다.

업무에 대한 평가는 특정 직원의 직무에 대한 기대사항을 설정하고, 직원의 실제 업적을 측정·평가·기록하여 당사자인 직원에게 피드백을 제공하는 일련의 과정이다(French, 1987: 319). 평가의 종류는 능력평가, 직무평가, 역할평가, 직군평가, 성과평가, 역량평가, 가치평가 등 다양하다.

이러한 평가종류 중에서 대상에 따라 평가항목을 만들고 척도가 되는 평가기준을 정한다. 이때 평가대상, 평가항목, 평가기준은 하나의 묶음으로 전 직원에게 공개되어야 한다. 평가기준의 공개는 평가구조에 객관성을 부여한다는 의미에서 아주 중요하다.

이처럼 승진이나 보수구조와 직결되는 평가관리의 원칙을 세우는 것이 중요하며, 평가자에 의한 평가는 객관성을 지니고 공정하게 실시되어야 하며, 피평가자 입장에서 보았을 때 평가결과에 대한 납득성과 설득력이 충분해야 한다. 즉, 객관적 평가구조는 ① 평가제도가 간단하고 알기 쉬우며 공정하고, 평가제도의 핵심인 평가대상, 항목, 기준이 공개되어 있어야 한다. ② 평가자가 평가제도를 충분히 이해하고 있어야 한다. ③ 피평가자의 자기평가도 실시해서 상사평가와 조정이 이루어질 수 있도록 한다. ④ 최종적 평가결과가 피평가자에게 피드백되고, 이의신청에 대비해서 평가재검토위원회가 설치되어 있어야 한다.

성과평가의 궁극적 목적은 첫째, 직원의 업무능력 개발, 둘째, 평가결과를 직원의 승진, 해고, 포상 및 임금을 결정하는 데 기초 자료로 활용할 수 있으며, 셋째, 직원에 대한 훈련 및 개발의 필요성을 분석할 수 있다.

성과평가의 방법은 매우 다양한데, 평가유형과 평가주체에 따라 크게 구분할 수 있다. 평가유형에 따라 도표식 평가척도법, 사실기록법, 직무기준법, 목표관리법(MBO) 등이 있고, 평가주체에 따라서는 자기평가법, 동료평가법, 감독자평가법, 집단평가법 등으로 구분할 수 있다(나눔의 집, 2007: 191).

평가방법의 전형적 형태로는 '다단계 평가'가 많이 사용된다. 즉, 직속상사가 1차 평가를 내리고, 직속상사의 상사가 2차 평가를 시행하는 방법으로, 다단계 평가는 과장, 부장, 관장식의 종적 관계로 평가를 하기 때문에 부하와 인간관계나 취향 등 주관이나 인상의 개입으로 평가의 객관성이 떨어질 수 있다. 그래서 최근에는 이를 보완하여 '다면평가(360도 평가)'의 방식이 주로 사용되고 있다. 즉, 종적 관계뿐 아니라 타 부문의 상사, 동료, 고객 등 횡적 관계와 대각선 관계도 도입하여 평가의 객관성을 유지하는 방법이다. 또한 목표관리평가제도의 일환으로 피평가자 스스로가 업무 목표달성도 등을 '자기평가'해서 상사평가와 조정면담을 실시하는 구조가 주목받고 있다.

평가형태를 보면 [그림 8-3]과 같다.

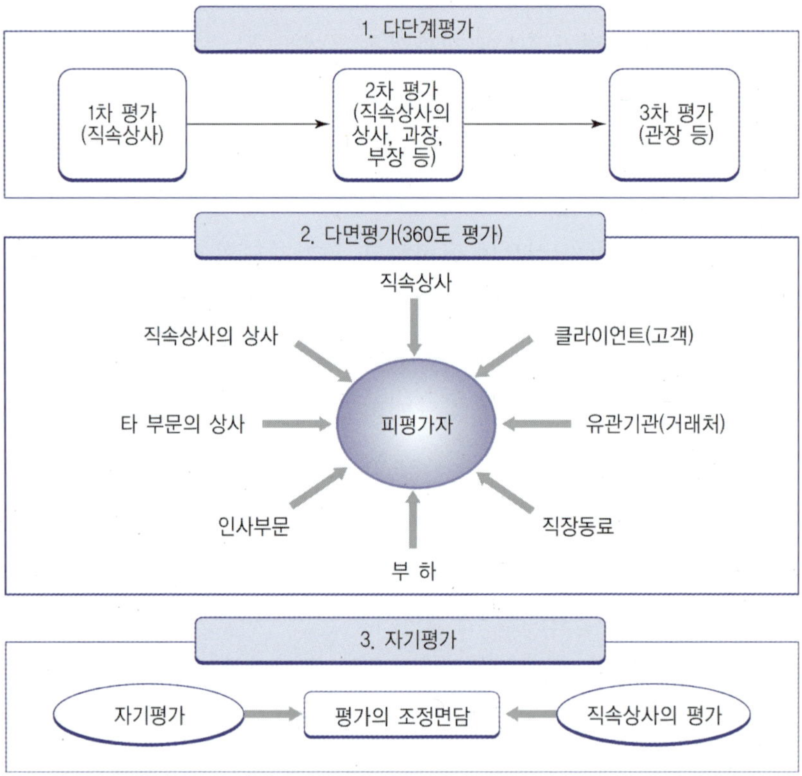

출처 : 고수일(2006). 인사관리, p. 82 재구성.

[그림 8-3] 평가방법

다면평가제도는 인사평가의 객관성과 신뢰성을 제고하기 위한 방안의 하나로 상당수 국가의 행정조직과 민간기업들에서 도입·적용되고 있다. 다면평가는 평가자료가 전방위로부터 수집된다는 점에서 상관에 의한 일방적 평가에 비해 평가에서 확보하는 정보의 질이 높고 평가오류가 적은 편이다. 이러한 다면평가가 지닌 장점과 유용성은 구체적으로 다음과 같다.

첫째, 특정 피평가자에 대해 다양한 사람들로부터 입체적·다면적으로 평가가 이루어지게 함으로써 평가의 객관성과 공정성을 높일 수 있다.

둘째, 다면평가는 조직구성원들로 하여금 그가 접촉하고 있는 조직 내·외의 모든 사람들과 원만한 관계를 증진시키려는 강한 동기를 부여함으로써, 조직 내 상하 간, 동료 간, 부서 간에 원활한 커뮤니케이션이 이루어질 수 있게 만든다.

셋째, 다면평가제는 조직원으로 하여금 자기개발을 하도록 촉진한다.

넷째, 다면평가제는 현대사회의 새로운 조직유형에 부합한다.

다섯째, 다면평가의 피드백 시스템은 조직의 생산성 증대를 위한 촉매제가 될 수 있다(박천오 외, 2004 : 503-504).

사회복지기관 종사자에 대한 업무평가는 생산성, 효율성, 서비스의 질, 서비스의 효과성의 네 가지 차원을 중심으로 이루어지는 것이 바람직하다(성규탁·박경숙 역, 185-186). 이와 더불어 성과평가를 위한 인사고과표의 예를 살펴보면 〈표 8-3〉과 같다.

직원의 업무 성과평가는 실시도 중요하지만 그 결과에 대한 피드백도 중요하다. 평가결과의 피드백이란 평가자가 피평가자에게 평가항목별 득점이나 종합점수, 종합평가를 통지하고 설명하는 절차이다. 즉, 목표관리의 과정과 성과에 대해 피평가자의 자기평가와 평가자 평가 사이의 조정이 이루어지는 것이다. 이때 상사는 평가할 때 상세하게 결과내용을 설명하고 다음 평가 과제에 대해 부하와 서로 협의하며, 장·단점을 환기시켜서 부하가 자신의 단점을 극복할 수 있도록 지원해야 한다(고수일, 2006).

〈표 8-3〉 **인사고과표**

부서	담 당	팀 장	사무국장	원 장

소 속	직위(급)	급 호	성 명	임용 일자	현직 발령일	고과 구분	(년) 고과기간
						1. 정기 2. 수시	(상 · 하반기)

구분	평가요소	착 안 사 항	평가점수					고과	
			특상	상	중	하	특하	1차	2차
태도	1. 신뢰성	본 회와 사회생활에 있어서 요구되는 인격과 심성에 대한 믿음직함의 정도	20	17	14	11	8		
	2. 적극성	직무에 있어 의욕적이고, 긍정적인 사고로 능동적으로 일하는 정도	10	8.5	7	5.5	4		
	3. 책임성	맡은 바 직무를 완수하고자 하는 열성과 의무의 존중성 정도	10	8.5	7	5.5	4		
	4. 협동심	부서의 공동 목표달성과 조직원으로서 참여의식과 협력의 정도	10	8.5	7	5.5	4		
	5. 직장예절	상사의 권위, 부하의 의무를 존중하고 본 회 내의 예의와 질서를 존중하는 정도	10	8.5	7	5.5	4		
능력	6. 직무지식, 경험	직무수행에 필요한 지식, 기술 및 경험의 보유와 적용의 정도	10	8.5	7	5.5	4		
	7. 이해, 판단력	직무와 처리절차에 대한 이해력, 판단력의 정도	10	8.5	7	5.5	4		
실적	8. 직무의 품질	수행한 담당직무의 품질에 대한 평가의 정도	10	17	14	11	8		

구 분	1차 고과	2차 고과	평균 (1,2차)	근태 상벌	조정 (±10)	계	판 정	직급 순위	전체 순위	등 급	비 고
점 수							순 위 등 급				
* 고과자 특이사항											
* 고과자 서약 인사 고과자는 본 회와 피고과자에게 중대한 영향을 미치는 사항임을 명심하고 진솔하고 공정무사하게 평가함을 서약합니다.	고과자	조 정	(인)								
		근태상벌	(인)								
		2차	(인)								
		1차	(인)								

출처 : 시립은평노인종합복지관 인사고과 자료(2013).

5) 보상관리

인센티브는 인사관리의 핵심 요소로서 직원의 동기를 고취시키고 조직의 목적달성을 위해 보다 조직을 강화시키고 원활하게 하는 데 중요한 역할을 한다. 업무성과에 따른 적절한 보상 및 인센티브도 필요하다. 또한 조직구성원들에게도 직·간접적 영향을 미친다. 어떻게 인센티브를 제공하느냐는 각 기관별로 차이가 있다. 일반적으로 상금 및 특별휴가, 교육참여 특전 등이 있다. 인센티브제에 대한 한 복지관의 예는 〈표 8-4〉와 같다.

〈표 8-4〉 **인센티브 제공내용**

구 분	지급기준	지급방법	
		포 상	상 금
사업 프로그램 선정부문	공인된 외부 기관에 의한 사업공모 선정 또는 기관에 유치할 경우	해외연수 우선대상자	선정금액의 3% 지급
후원개발 부문	1,000만 원 이상의 후원금을 유치할 경우	2일 특별휴가	30만 원
사업활성화 부문	인사고과에 의한 사업성과가 탁월한 자를 대상으로 함	시장상 우선대상자, 해외연수우선대상자	20만 원
직원 친절 부문	직원 친절에 3회 이상 선정될 경우		10만 원
지역사회공헌 부문	지역사회에 기여하여 ○○사회복지관의 이미지 향상에 기여한 자	구청장상 우선대상자	5만 원
기타 복지관 공헌부문	직원의 사기 진작을 위하여 복지관에 크게 기여했다고 판단되었을 경우 관장 재량으로 인센티브 지급이 가능하다. 수시 지급 가능	1일 특별휴가	5만 원

출처 : 서울복지재단(2010). 복지관 경영매뉴얼.

또한 승진은 직무에 대한 수행결과에 기초하여 지위와 보수를 발전시키는 것을 의미하며, 승진의 기준과 절차를 명확하게 규정할 필요가 있다. 승진과 봉급인상에서 중요한 요소는 근무경력, 업무수행능력이며, 이 밖에도 학력, 시험성적, 교육훈련 성적, 상벌사항 등이 기준으로 활용될 수 있다.

6) 유지관리

유지관리에서 중요한 요소는 직원들의 안전과 이직관리이다. 직원들의 사회복지조직에서의 건강과 안전관리를 통하여 조직에 기여할 수 있도록 안전보건관리에 체계적인 시스템으로 관리해야 한다. 직원들의 이직관리를 통해 조직의 목표달성을 위한 효율적인 인력유지가 중요하다. 이직은 자발적 이직과 비자발적 이직으로 구분된다. 전자에는 전직과 협의이직 등이 있고, 후자에는 해고, 휴직, 정년퇴직 등이 있다(김형식 외, 2007 : 239). 자발적, 비자발적 이직자의 경우 상급자가 지정하는 자 또는 후임자에게 담당업무가 원활하게 진행될 수 있도록 업무 인수인계를 한다. 인수인계 시에는 인계서 1장을 작성하여 인계자와 인수자 및 입회자가 기명날인을 한 후 해당 기관에서 이를 보관하며, 인수자가 인계자에게 제 증빙을 요구하였으나 이의 증빙이 미비 또는 분실 시에는 그 사실을 별지에 반드시 기재하도록 한다. 편철된 부분이나 오류의 수정이 있는 부분은 인계자, 인수자가 각각 기명날인한다.

시설은 이직면담을 통해 구체적 이직사유, 불만사항 등을 청취하고 시설 내에 문제점이 있는 경우에는 이를 시정하는 등 효율적인 인적자원관리를 도모한다. 퇴직의 종류는 의원퇴직, 정년퇴직, 사망퇴직, 해고의 4가지로 구분할 수 있으며, 이에 대한 자세한 설명은 〈표 8－5〉와 같다.

〈표 8-5〉 **이직의 종류 예시**

구 분	종 류	내 용
자발적 이직	의원퇴직	① 직원 본인이 사직원을 제출하고 회사가 승인한 경우 ② 기간을 정함이 있는 임시 또는 계약 직원 등의 고용계약이 만료된 경우
	전 직	직원 본인이 다른 회사로 옮기기 위해 사직서를 제출하는 경우
	협의이직	직원 본인과 기관이 이직에 대하여 협의하는 경우
비자발적 이직	정년퇴직	① 시설 내 취업규칙에서 정한 정년연령이 된 경우 ② 정년연령에 미치지 아니하나 인사적체 등의 해소를 위해 본인의 회사와 합의되어 퇴직하는 경우(명예퇴직)
	사망퇴직	① 직원 본인이 사망한 경우의 당연퇴직

구 분	종 류	내 용
	해 고	① 징계 면직처분을 받은 경우 ② 형사사건으로 기소되어 형의 선고를 받은 경우 ③ 금치산 또는 한정치산 선고를 받은 경우 ④ 신체 또는 정신질환으로 더 이상 직무를 담당할 수 없다고 판단되는 경우 ⑤ 재해, 천재지변, 기타 부득이한 사유로 근무가 불가능한 경우 ⑥ 학력, 경력을 사칭하거나 기타 부정한 방법으로 채용된 경우 ⑦ 강등 이상의 중대한 징계사유로 근무가 어렵다고 판단되는 경우
	휴 직	건강, 출산, 기타 사유 등으로 인하여 일정 기간 동안 근무를 하지 않고 쉬는 경우

출처 : 서울복지재단(2010). 복지관 경영매뉴얼 재구성.

3. 소진과 감정노동

1) 소진

일반적으로 소진(burnout)은 그 직무가 주로 그 대상자에 대한 이해나 감정이입을 전제로 서비스를 제공하는 교사, 간호사, 사회복지사 등과 같이 타인을 돕는 일과 관련된 직종에서 나타나기 쉬운 현상으로 이해된다. 그중에서도 특히 사회복지사는 소진의 위험이 다른 집단에 비해 높은 직업군에 속한다고 알려져 있다. 이러한 소진을 예방하고 적절히 대응하는 것은 개인의 책임이기도 하지만, 소진의 주요 원인이 직무관련 스트레스임을 생각할 때 조직이나 슈퍼비전의 역할이 매우 중요하다.

소진의 단계는 다음과 같다.

(1) 열성의 단계 : 자기 일에 희망과 정열, 때로는 비현실적인 기대를 갖고 많은 시간과 정력을 투자하는 단계이다.

(2) 침체의 단계 : 보수, 근무시간, 근무환경 등에 더 신경을 쓰고 개인적인 욕구충족을 더 중요하게 여기는 단계이다.

(3) 좌절의 단계 : 자신의 직무수행능력과 일 자체의 가치에 대한 의문을 갖게 되고 업무환경 내의 여러 제한점을 일에 대한 위협으로 보는 단계로, 클라이언트와의 직접적인 접촉을 회피하거나 피로, 두통, 복통 등의 증상을 보이기도 한다.

(4) 무관심의 단계 : 정신적 · 신체적 고갈상태에서 클라이언트에게 무관심해지거나 아예 그 직접을 떠나는 단계이다.

2) 감정노동

사회복지조직은 영리조직과 제품의 생산과 서비스공급을 통해 이윤을 추구하기보다는 사람들의 물질적 · 정신적 욕구를 해결하기 위한 서비스를 제공하는 데 목적이 있다. 사회복지사도 고객의 요구와 서비스 수행 시 감정노동(emotional labor)에서 자유롭지 못하다. 실제 자신이 느끼는 감정과 무관하게 직무를 행해야 하는 감정적 노동을 감정노동이라고 하며, 이러한 직종 종사자를 감정노동 종사자라 한다. 은행원, 승무원, 전화상담원, 간호사, 사회복지사, 교사 그리고 오늘날 돌봄 서비스 종사자에 대한 감정노동 연구가 활발히 진행되고 있다. 직접 고객을 응대하면서 자신의 감정은 드러내지 않고 서비스를 해야 하는 직업 종사자들이 해당된다. 배우가 연기를 하듯이 직업상 속내를 감춘 채 다른 얼굴 표정과 몸짓으로 고객을 대하는 직종으로, 보통 감정관리활동이 직무의 40% 이상을 차지하는 경우를 일컫는다. 근로자 상당수는 이른바 스마일마스크증후군(smile mask syndrome)에 걸리는 경우가 많다. 감정노동은 감정적 부조화를 초래하며 심한 스트레스를 유발하기도 한다. 감정노동은 앨리 러셀 혹실드(Hochschild, A.) 캘리포니아 주립대 사회학과 교수가 1983년 『The Managed Heart』이라는 저서를 통해 처음 언급되었다.

Social Welfare Administration

CHAPTER 09

재정관리

제 1 절 사회복지조직 재정관리의 이해

1. 재정관리의 의의와 중요성

재정관리는 조직이 목표달성을 위해 필요한 재정자원을 합리적이고 계획적으로 동원하고 배분하며 효율적으로 사용하고 관리하는 과정을 의미한다. 재정관리는 예산(재정계획)을 수립하고(예산수립), 예산상의 수입(세입)과 지출(세출)활동을 관리하고(예산집행), 재정자원의 수입과 지출에 관한 사항을 기록 · 정리하고(회계), 재정관리의 전반적 과정을 평가(재정평가)하는 절차로 이루어진다(한동일 외, 2009 : 225).

사회복지조직에서 재정관리는 사회복지서비스 제공에 필요한 재정적 자원을 합리적이고 계획적으로 동원하고, 예산을 수립하여, 효율적으로 집행하는 과정으로 구성된다. 일반적으로 재정관리는 기관의 목표달성을 촉진하고, 재원과 기타 관련자원을 법적 및 사회복지 윤리성에 근거하여 통제하고, 계획적으로 사용하는 데 관계하는 것이다. 따라서 재정관리는 사회복지조직의 관리과정을 구성하고 있는 가장 중요한 요소 중의 하나로 사회복지행정에 있어 필수불가결하다(황성철 외, 2009 : 237).

로만(Lohman, 1980 : 126-127)은 사회복지기관의 재정관리의 중요성을 다음과 같이 제시하고 있다.

첫째, 재정관리는 기관의 생존과 직결된 사항이다. 기관의 존립 여부는 재원 확보와 조달이 매우 중요한 요인이 된다.

둘째, 재정 운용의 중요성 강조는 최근의 경향이다. 국가, 지방자치단체, 민간기부자 등을 비롯한 재원의 제공자는 그들이 사회복지기관에 직 · 간접적으로 제공한 재원의 사용 출처에 대해 관심을 갖고 있고, 기관에서도 재정의 투명한 운용을 위해서는 재정 운용에 대한 원칙 설정과 통제 노력이 필요하다.

셋째, 재정관리는 기관의 기획과정과 평가과정에서 매우 중요한 영향력을 갖는다. 이는 예산이 결정되어야만 기관의 기획과 평가노력이 실행될 수 있기 때문이다. 따라서 기관의 미래활동에 대한 기획과 실행 및 이에 대한 평가의 노력은 근본적으로 기관의 재정관리와 함께 다루어져야 한다(김형식 외, 2007 : 256).

2. 사회복지조직의 재정의 원천

비영리조직인 사회복지조직들은 일반기업과는 달리 영리적 이윤을 추구할 수 없기 때문에 모금활동과 후원금, 기부금 등의 외부 재원 확보의 관건이 사회복지서비스에 영향을 받는다. 사회복지조직의 재원은 정부의 보조금, 클라이언트의 이용료, 민간의 기부금 수입으로 구성한다(양승일 외, 2009 : 268-269).

1) 정부의 보조금

정부의 보조금은 정부의 과제를 민간 사회복지조직을 통해 행함으로써 민간의 전문성을 활용하고자 하는 데서 배분된다. 대부분 보조금에 따른 제약은 사업내용의 제한점을 갖거나 강제적인 보고를 요구함으로써 많은 양의 관리업무를 부과하고 재량권을 제한하는 등의 통제가 주어진다. 또한 정부의 보조금은 지방정부도 자금을 할당할지라도 가장 큰 액수는 중앙정부의 기관들을 통해 가능하고, 보조금 신청은 위원회에서 검토하여 경쟁을 통해 지급되어야 하며, 특히 어떤 재량적 자금은 우선순위에 있지 않은 혁신적 프로그램의 아이디어에 제공되기도 한다.

2) 클라이언트의 이용료

클라이언트의 이용료는 시장기제를 통해서 재원을 벌어들이는 것으로서, 자본사회주의에서 매우 매력적인 방법 중 하나이다. 이 방법은 클라이언트에 대해 사회복지조직이 시간, 구조, 내용 그리고 스텝자원의 할당 등을 직접적으로 관리하는 것을 가능하게 함으로써 선호될 수 있다. 따라서 클라이언트에게 서비스 제공대가로 이용료를 받는 만큼 클라이언트 욕구에 반영하도록 서비스 상품을 개발해야 한다.

3) 연간 특별모금

연간 특별모금은 조직의 세입을 증가시키고 지역사회 관심을 창출하는 데 도움이 된다. 연간 특별모금은 모금 기획과 수행에 경험이 있고 금융과 기업 등과 밀접하게 접촉하는 인사로 구성된 특별위원회를 구성하여 기획할 수 있다. 특별모금 이벤트는 다양하게 전개할 수 있는데, 대중을 초대하고 실제 비용 이상을 부담하게 하는 특별 프로그램(자선 디너파티), 연간 자선음악회, 특별한 아이템 판매와 이익의 일부를 기부하는 행사 등을 예로 들 수 있다. 효과적인 특별모금을 위해서는 다음과 같은 원칙을 고려해야 한다. 첫째, 자금모금행사를 기획하고 이행하는 데 있어 경험을 가진 구성원을 특별위원회에 임명한다. 둘째, 유사한 자금모금행사가 해마다 같은 시기에 이행되어야 한다. 셋째, 지명도가 큰 시민이나 회사가 적어도 하나의 행사를 후원하게 한다. 넷째, 행사홍보 등 대중매체를 적극적으로 활용한다. 다섯째, 행사계획은 지역공동모금 시기나 여름휴가 기간은 피한다.

〈표 9-1〉 **사회복지기관에서의 모금(fund-rasing) 수칙과 계획**

	1. 모금은 단순히 돈을 모으는 것이 아닌 인간 간의 신뢰, 관계에 관한 것이다. 2. 따뜻한 마음을 향해 외치는 고상한 예술이다. 3. 필요를 알려라 – 필요는 돈을 생산해 내며 인간관계 속에서 이것을 알게 하라.
모금수칙	4. 사람이 사람을 주는 것이다–개인을 보고 주는 것이며 기구나 조직을 보고 후원금을 내는 것이 아니다. 따라서 모금자의 자세가 중요하며 모금자는 조직과 후원자의 중개인이다. 5. 동종 그룹의 중요성 – 동일 그룹을 활용하면 모금에 더 효과적이다. 6. 당신의 후원자를 친구로 만들어라. 7. 후원자에 대한 많은 정보를 갖도록 하라.–후원자를 분석하고 성향을 파악하라. 후원하게 된 동기, 후원자들의 소속, 개인의 특성과 취향, 지역 및 연령, 후원자들의 기대, 기관의 홍보물에 대한 평가, 생일, 전화번호, 핸드폰번호 등 8. 나이 드신 후원자가 더 좋은 후원자이다. 9. 현재의 후원자가 최대의 소스가 된다. 10. 주요 후원자(major donator)의 관리가 우선 중요하다(전체 모금의 80%를 차지하고 있는 고액 후원자). 11. 후원금을 내는 과정을 간편하게 해 주어라.

	12. 요청하지 않은 것은 받지 마라. 13. 다양한 경영의 방법을 모금에 활용하라 – 광고 전략, 경영학, 시장이론 등 14. 끊임없는 모금의 가능성을 시도하라 – 추측, 가정, 당연시 말고 끊임없이 시험하라. 15. 동기부여된 후원금은 매우 중요하다. 16. 항상 단체의 진실을 말하라 – 부족한 점, 어려운 점을 정직하게 설명하라. 17. 모금 기회를 포착하라 – 시대 상황, 사회적 변화에 민감하라. 18. 모금자의 전문성과 헌신적 태도가 중요하다 – 일에 대한 헌신이 있어야 한다. 19. 기관의 정보, 기술 교류가 필요하다. 20. 언제나 "감사합니다"라고 말한다.
모금계획	1. 시장 파악과 시설목표의 설정 2. 대상 : 후원자 욕구와 기부동기 분석 3. 전략 : 모금 프로그램의 계획 4. 촉진전략 : 광고용 우편물(direct mail) 이용, 전화 이용, 직접 설득, 이벤트 5. 모금기간 설정 6. 결과분석

출처 : 조성아(2000). "후원사업전략과 실무기술". 장애인복지의 새로운 패러다임과 우리의 변화. 장봉혜림재활원 교육연수회 자료집, 제1집, pp. 237–258 참조.

제 2 절 사회복지조직의 재정(회계)관리

1. 예산의 의의와 기능

예산(budget)이란 일정한 기간 동안의 계획된 세입과 세출을 명시한 기록이다. 예산은 한정된 자원을 배분하고자 하는 의사결정 과정이며 조직목표 달성을 위한 계획을 수치로 표현하는 것이다(이문영 · 윤성식, 2003 : 7). 즉, 예산은 일정 기간의 수입과 지출의 예정적 계산으로서 정해진 기간에 예상되는 수입과 의도한 사용을 목록화하는 중요한 도구이다. 또한 조직목표를 금전적으로 표시하고 일정 기간 동안의 재정활동의 감사

장치도 제공하는 것이다.

국가 차원의 예산이란 일정 기간에 걸친 국가의 수입·지출의 예정액 또는 계획안으로서, 국가의 재정 수요와 이에 충당할 재원과를 대조하고 안배한 1회계연도의 세입·세출의 예정계산서를 말하며, 헌법과 예산회계법에 의거하여 편성되어 국회의 심의·의결을 거친 재정계획이라고 할 수 있다.

조직적 차원에서 예산이란 일정 기간(회계연도)에 걸친 조직의 수입 및 지출에 관한 예정액 또는 계획안이라고 한다. 사회복지조직에서는 사회복지법인·시설재무회계규칙이 정하는 바에 따라 법인이 일정한 규칙과 형식에 의하여 편성하고 이사회에서 예산안에 대한 심의·의결을 거쳐 확정된 1회계연도 기간 동안의 재정 계획(형식적 의미의 예산)을 말한다. 예산의 효력은 세입예산과 세출예산에 따라 다르나, 세입예산은 세출예산의 재원으로서의 예정수입일 뿐이며 세입예산의 범위 내에서 수납하는 것은 아니다. 반면에 세출예산은 1회계연도 내에 지출할 수 있는 최고한도액를 표시한 것으로서 이를 초과하여 집행할 수 없다.

사회복지법인은 민간기업과는 달리 지역사회주민 전체를 대상으로 복지증진의 공익성과 봉사성, 비영리성, 책임성 등을 목적으로 운영해야 하는 특징을 가지고 있어, 수입에서는 법인(시설)의 기본 재산운용에 의한 과실금과 후원금 및 국고 또는 자치단체 보조금, 그리고 지출에서 「사회복지법인 재무·회계규칙」에 의한 엄정한 회계절차를 따라야 하는 책임성이 요구되며 관련 제도와 정책의 기준하에서 자율적으로 운영한다(한국복지행정학회, 2010 : 178-180).

일반적으로 정부예산은 다음과 같은 기능을 한다. 정치적 기능, 법적 기능, 행정적 기능, 경제적 기능이다(한동일 외, 2009 : 229-231).

① **정치적 기능** : 의회가 예산심의결정권, 결산권, 기채동의권 등을 통하여 행정부를 통제하는 수단으로써의 역할을 의미

② **법적 기능** : 예산은 법률이 아니지만 입법부에 의한 행정부에 재정권 부여의 형식이라고 할 수 있다. 즉, 예산은 법령에 따라서 편성·집행되므로 예산은 법령을 시행하는 기능

③ **행정적 기능** : 세입과 세출의 적정화 수준을 유지하고 세출에서의 부당지출을 방지하여 낭비를 방지할 수 있는 기능

④ **경제적 기능** : 예산은 국가 경제와 관련하여 경제안정 기능, 경제성장(촉진) 기능, 자원배분 기능, 소득재분배 기능, 사회정책 수행의 기능

사회복지조직에서도 예산은 조직을 운영하는 기능, 법적·재정적·행정적 기능을 갖는다. 첫째, 조직운영 기능으로 집행부 통제 기능, 이해관계 조정 기능, 정책형성 기능이다. 둘째, 법적 기능으로는 사회복지시설 운영자에 대하여 예산의 집행권한을 부여하는 기능을 포함하여, 세출은 예산에 따라 집행해야 하는 의무(의결기구의 심의·의결된 용도와 금액 이상 지출 불가)가 있으며, 세입은 연간수입의 추계에 불과하여 별도의 법적 근거가 있어야 실현이 가능하다는 의미를 갖는다. 셋째, 재정적 기능은 사회복지조직에서 세입은 법인(시설)이 보유 중인 자원의 일부를 목적사업추진 재정으로 전환하는 것이며, 세출은 전환된 재정을 운용·관리하는 것을 의미한다. 넷째, 행정적 기능으로는 예산이 사회복지조직사업 전반을 관리할 수 있는 도구가 되는 것을 의미한다(황성철 외, 2009 : 239-241).

예산은 전통적으로 통제 기능이 강하게 작용되어, 계획된 목적에 예산을 사용하도록 개입하여 예산이 통제적이었다. 그러나 오늘날 효율적인 목표달성과 미래비전을 제시하는 계획이 강조되면서 예산의 관리와 기획이 강조되고 있다. 관리는 효율적으로 목표달성을 위해 집행과정에 최소한의 예산으로 신속하게 목표달성을 하는 기능이다. 기획은 미래지향적인 목표를 설정하는 과정으로 단기적·장기적 계획과정을 모두 포함하는 것이다. 예산은 주어진 사업을 시행하는 데 사용되어 효과적·효율적으로 목표를 달성하고 미래지향적 계획을 제시하는 관리, 기획 기능의 성격도 중요하지만 통제 기능도 중요하다고 할 수 있다(허만형, 2004 : 345).

2. 예산의 원칙

예산 원칙이란 예산을 편성하고 집행하는 과정에서 반드시 지켜야 할 것을 말하며 전통적으로 다음과 같은 원칙들이 있다(한동일 외, 2009 : 231–234).

① **공개의 원칙** : 예산운영의 모든 과정과 상태가 공개되어야 한다.

② **명료성의 원칙** : 예산의 내용은 모든 국민이 이해할 수 있도록 짜여져야 한다.

③ **사전의결의 원칙** : 예산은 집행하기 전에 의회의 의결을 거쳐야 한다.

④ **엄밀성의 원칙** : 예산상 세입의 추계와 세출은 가능한 정확해야 한다.

⑤ **예산 총계주의의 원칙**(예산 완전성의 원칙) : 한 회계연도의 모든 수입을 세입으로 하고, 모든 지출을 세출로 하여 이를 예산에 계상하여야 하는 원칙이다. 즉, 한 회계연도의 세입과 세출은 모든 예산에 계상함으로써 예산의 규모, 수지균형, 예산의 흐름 등을 명료하게 파악할 수 있도록 하자는 것이다.

⑥ **한정성의 원칙** : 예산은 사용목적, 사용범위, 사용기간에서 서로 명확한 한계가 있어야 한다는 원칙이다.

⑦ **단일성의 원칙** : 정부의 재정활동을 손쉽게 알아볼 수 있도록 정부예산은 하나로 존재하여야 한다는 원칙이다.

⑧ **통일성의 원칙** : 정부의 모든 세입은 하나의 일반기금(통일국고)으로 납부되고 여기서 모든 세출이 나와야 한다. 이 원칙은 세입과 세출 간에 특별한 직접적인 관계가 있는 경우 등을 제외하고는 특정한 세출과 세입이 직결되는 것을 금지한다.

사회복지조직에서 예산의 원칙은 예산의 편성과 집행 및 결산에 있어 개별 사회복지법인 및 시설이 자의적으로 운영하지 않도록 「사회복지법인 재무・회계규칙」에 의하여 전국적인 통일성과 행정의 표준화를 기하고 있다.

3. 예산의 종류

예산은 기준에 따라 일반적 정부활동에 관한 세입과 세출을 포괄하는 일반회계예산과 이와 독립시켜 편성한 특별회계예산으로 구분된다. 그러나 사회복지조직에서는 구체적인 구별이 없고 일반적으로 일반회계에 따라 구분된다. 일반회계는 사회복지조직의 건전 운영을 목적으로 대상자 및 직원의 복지증진을 위하여 운영되는 회계라 할 수 있는데, 이념에 있어 공공성에 역점을 두고 있다. 예산의 종류를 살펴보면 다음과 같다.

1) 본예산

당초 행정부에 의해 편성되어 의회에서 의결확정된 예산으로서 당초 예산이라고 한다. 사회복지조직에서는 사회복지법인의 대표이사는 법인회계에 속하는 예산을 편성하여 매 회계연도 개시 30일 전까지 이사회의 의결을 거쳐 확정하고 지체없이 시설회계에 관계되는 예산내역을 당해 시설의 장에게 통보해야 한다.

통지를 받은 시설의 장은 시설회계 예산을 편성하여 매 회계연도 개시 20일 전까지 이를 당해 법인 대표이사에게 제출하고 대표이사는 회계연도 개시 10일 전까지 이사회의 의결을 거쳐 확정하여야 하는데, 이렇게 편성된 예산을 본예산이라고 한다(「사회복지법인 재무 · 회계규칙」 제10조).

2) 수정예산

수정예산은 정부가 예산안을 국회에 제출한 후 부득이한 사유로 인하여 그 내용의 일부를 수정하여 제출하는 예산이다.

사회복지조직에서는 일반적으로 국가나 시 · 도의 보조금은 다음 회계연도 기간 동안에 주어지게 되므로 수정예산의 편성은 반드시 필요하다. 따라서 이미 시설에서 작성되어 법인이사회에 제출된 예산에 대한 수정이 필요한데 그 가운데 일부가 수정된 예산을 수정예산이라 한다.

3) 추가경정예산

예산이 국회의 의결을 거쳐 확정된 이후에 생긴 이유로 인하여 이미 성립된 예산을 변경할 필요가 있는 경우에 편성되는 예산이다.

사회복지시설의 예산이 성립되고 회계연도가 개시된 후에 새로이 발생한 사유로 이미 성립된 예산에 변경을 가할 필요가 있을 때 시설장은 법인이사회에 추가로 예산을 편성하여 제출하는데, 이를 추가경정예산이라 한다(「사회복지법인 재무 · 회계규칙」 제13조).

본예산과 추가경정예산은 별개로 성립되나 일단 성립되면 시설예산의 총 규모를 파악하기 위해서 하나로 통합 · 운영된다. 대표이사 또는 시설장은 추가경정예산이 확정된 날로부터 7일 이내에 이를 시장 · 군수 · 구청장에게 제출해야 한다.

4) 준예산

예산안이 회계연도 개시 전까지 의회에서 의결되지 못하는 경우에 의결될 때까지 헌법이나 법률이 정하는 범위 내에서 정부가 전년도 예산에 준하여 지출할 수 있는 예산을 의미한다.

준예산(「사회복지법인 재무 · 회계규칙」 제12조)은 동법 규정에 따라 회계연도 개시 전까지 법인의 예산이 성립되지 아니한 때에는 대표이사가 시장 · 군수 · 구청장에게 그 사유를 보고하고 예산이 성립될 때까지 임직원의 보수, 법인 및 시설운영에 직접 사용되는 필수적인 경비, 법령상 지급의무가 있는 경비를 전년도 예산에 준하여 집행할 수 있다.

「지방재정법」에 의하면 준예산을 사용할 수 있는 기간에 대하여 명시되어 있지 않고 있으나 제도의 취지로 보아 3개월 이내여야 한다고 해석하고 있으며 동법 제46조 제2항에 의하면, 준예산은 의결기관의 심의를 거친 예산이기 때문에 별도의 의결을 요하지 않는다고 되어 있어 법인의 준예산도 별도의 이사회의 의결이 필요 없을 것으로 해석된다. 즉, 본예산이 성립되면 준예산은 본예산에 의거해 집행해야 하기 때문이다.

4. 예산관리모형

예산수립에서 무엇을 가장 중요한 요소로 삼느냐에 따라 예산체계는 품목별 예산(LIB : Line-Item Budget), 성과주의 예산(PB : Performance Budget), 계획예산(PPBS : Planning-Programing Budgeting System), 영기준 예산(ZBB : Zero-Based Budget)으로 구분되며, 실제로 어느 한 기법이 전적으로 적용되어 사용되기보다 두 가지 이상이 결합되어 적용되는 경우가 많다.

1) 품목별 예산(LIB : Lime-Item Budget)

미국에서 1921년 하딩(Warren Harding) 대통령 시절부터 사용하던 예산편성 방식으로서, 투입예산제도인 전통적 품목별 예산제도는 지출대상을 품목별(인건비 · 소모품비 · 출장비 등)로 분류하며, 투입요소인 지출대상과 그 한계를 규정하여 예산통제를 기하려는 제도이다. 즉, 품목별 예산은 정부와 비영리조직 예산에 있어서 가장 오래된 모델의 하나로, 조직개선에 따른 세부사업을 중심으로 예산을 할당하는 방식으로 다양한 수입과 지출품목들이 명시되고 각 목록마다 예상되는 돈의 양이 명시되어야 한다. 기관의 회계체계는 보통 이러한 항목으로 조직화되고 수입의 지출내역을 얻을 수 있게 함으로써 장래 기획안의 기초로 활용된다.

품목별 예산은 전년도 예산을 근거로 하여 일정한 양만큼 증가시켜 나가는 점진주의적 특성을 가지고 있어 세분화된 지출항목을 엄수해야 하기에 예산운용의 신축성이 약하고, 전년도 예산을 기준으로 하기 때문에 대안을 체계적으로 분석하지 않아 자원배분이 비효율적이다. 또한 사회복지기관의 활동에 대한 성과 파악이 어렵고, 사회복지기관이 무슨 사업을 어떻게 하고 있는지 예산항목으로는 알 수가 없으며, 통제에 역점을 둔 일년주의의 현실지향적 예산이므로 계획수립이 곤란한 것이 문제이다. 또한 예산 증감에 신축성이 없고, 효율성을 무시하여 프로그램 목표나 내용, 결과에 대한 고려가 부족하다. 반면에 장점으로는 지출항목과 지출해야 할 금액이 명백한 까닭에 회계책임을 명백히 하고, 예산의 유용이나 남용을 방지하고, 상대적으로 입법권이 강화되며, 전년도 예산을 기준으로 하여 전액삭감이 없어 갈등을 감소시킬 수 있다.

〈표 9-2〉 고용지원 프로그램 품목별 예산서 (단위 : 원)

관	항	목	내 역	
고용 지원	취업알선 및 취업 후 적응지도	계		3,555,000
		민간 경상 이전비	1. 취업알선(258,000원)	
			1) 업무추진비	34,500원×4분기 = 138,000
			2) 소모품	10,000원×12개월 = 120,000
			2. 취업 후 적응지도(3,297,000원)	
			1) 업체관리(1,732,000원)	
			– 연말근속강화비(이용자)	7,000원×1회×45명 = 315,000
			– 업체관리비(상반기)	15,000원×1회×32업체 = 480,000
			(하반기)	20,000원×1회×32업체 = 640,000
			– 발송비	180원×50업체×8개월(소식지) = 72,000
				210원×50업체×4개월(관보) = 42,000
			– 업무추진비	30,000원×4분기 = 120,000
			2) 부모모임(120,000원)	
			– 프로그램비	30,000원×1회×4분기 = 120,000
			3) 소모임활동지원비(720,000원)	12,000원×10개월×6명 = 720,000
			4) 취업자간담회(725,000원)	
			– 취업알선자	80,000원×4회 = 320,000
			– 지원고용대상자	9,000원×45명 = 405,000

2) 성과주의 예산(PB : Performance Budget=Functional Budget=Program Budget)

성과주의 예산제도는 기본적으로 각 사업 및 세부사업에 대한 성과목표에 근거를 두고 비용을 선정하는 예산제도로서, 투입 중심인 '사회복지기관이 무엇을 구매하느냐?'를 보여주려는 것이 아니라, 그 사업이 달성하려는 산출・성과에 관한 '왜 구매하느냐?'를 보여주려는 산출예산제도이다. 이는 지출대상이 아닌 기능・사업・활동별로 편성하고 예산집행 결과로 어떠한 산출물(output)을 생산하였으며, 어떠한 성과(outcome)를 냈는가를 측정하고 이를 기초로 인센티브를 결정하고 익년도 계획에 반영하는 결과중심의 예산체계이다. 즉, 성과주의 예산은 투입요소 중심이 아니라 성과(performance)를 중심으로 예산을 운용하는 것이다. 성과주의는 기능적 또는 프로그램 예산이라고도 한다. 예산을 단위원가 × 업무량 = 예산액으로 산출한다.

성과주의 예산제도는 사회복지기관의 예산을 기능활동(사업) 계획에 근거를 두고 정부계획의 비용(지출)과 효과 간의 관계를 명시하는 제도로서, 사회복지기관 조직별로 혹은 사업활동별로 사회복지기관이 제공하는 서비스에 대한 목표를 세우고, 이에 대한 구체적인 실행 계획을 수립한 후 이러한 계획의 실행과정과 결과에 대한 성과를 측정하고 보고하며, 측정된 성과정보를 평가하고 이를 예산과 연계하는 제도이다.

〈표 9-3〉 **성과주의 예산**

담당부서	사업명	세부사업명	금년도 예산	전년도 예산
상담 지도	집단 상담	프로그램 진행비 20,000원 × 4회 × 18개 = 144만원	1,440,000	1,300,000
	심리 치료	참가비 8,000원 ×10명 ×5회 = 40만원	400,000	350,000
	슈퍼 비전	10,000원 ×6회 = 6만원	60,000	60,000
합계			1,900,000	1,710,000

성과주의 예산의 장점으로는 첫째, 사업별 · 활동별 · 기능별로 예산이 운영되기 때문에 사회복지기관의 역할을 지역주민에게 이해시키는 데 큰 도움을 주어 기관 홍보에 기여한다.

둘째, 예산이 성과단위와 원가계산을 통하여 책정되기 때문에 결정자의 주관적 판단을 배제할 수 있고 자금배분의 합리화를 기할 수 있다.

셋째, 사회복지기관은 사업성과의 달성 여부에 대한 책임만 질 뿐 지출대상에 따른 책임은 지지 않으므로 행정부의 재량이 확대되어 신축성 있는 운영이 가능하다.

넷째, 외부 통제보다는 내부 통제 중심으로 운영되며, 관리에 역점을 두기 때문에 관리에 대한 책임 확보가 용이하다.

다섯째, 업무의 계량화가 쉬운 작은 규모의 조직에 적합하다. 조직의 규모가 커질수록 원가계산의 복잡성과 처리해야 할 자료・정보의 양이 급격히 증가하기 때문에 작은 조직일수록 상대적으로 성과주의 예산을 쉽게 적용할 수 있다.

단점으로는 첫째, 사회복지기관이 수행하는 사업 중에서 측정단위를 확인할 수 없거나 최종 산물이 존재하지 않는 경우에는 업무측정단위의 파악이 곤란하다.

둘째, 업무단위별로 원가계산을 하지만, 사회복지사업이나 활동을 단위별로 구분하여 재료비, 노무비 등으로 나누어 원가계산을 한다는 것은 매우 곤란하다.

셋째, 성과예산은 목표의 설정, 대안의 탐색, 최적대안의 선택과정을 따르지 않기 때문에 합리적 자원배분에는 크게 기여하지 못한다.

넷째, 단기예산이기 때문에 장기 기관 발전 계획에 대한 지원 기능이 약하다.

다섯째, 예산에서 항목이 없으므로 집행상의 계량이 확대되어 독주의 위험이 있으며, 통제와 회계책임 확보가 곤란하며, 재정의 비 효과성 치중으로 프로그램효과에 소홀할 수 있다.

3) 계획예산(PPBS : Planning-Programming Budgeting System)

계획과 예산이 하나의 체제를 형성하여, 장기적 계획수립과 단기적 예산편성을 체제분석기법들을 이용한 프로그램화를 통하여 유기적으로 관련시킴으로써 자원배분에 관한 의사결정을 합리적이고 일관성 있게 행하려는 제도이다. 즉, 당해 연도의 사업 계획과 이를 뒷받침하는 예산을 통합하여 장기적 정책 방향과 단기적 이행목표 그리고 구체적 실천계획에 따라 예산을 배정하는 제도이다. 이 제도는 정기적 시계와 장기 계획에 대한 신뢰성을 높이고 예산일년주의의 폐해를 제거해 주며, 조직체의 통합적 운영이 효과적으로 행해질 수 있고, 체제분석을 통하여 보다 합리적이고 객관적인 의사결정을 기대할 수 있다. 또한 기회의 예산의 복잡한 의사결정을 일원화시킬 수 있고, B/C, E/C 분석을 통하여 자원배분의 합리화를 기하고 절약과 능률을 실현할 수 있으며, 장기 계획과 연도예산 편성에 탄력성이 생겨 정세 변화에 적절히 적응할 수 있는 장점이 있다. 그러나 이 제도의 의사결정체제는 분석과 제공한 자료를 토대로 결정자가 단독으로 결정함으로써 과도한 중앙집권화를 초래하고, 목표설정이 용이하지 않고 결과에만 치중하므로 과정을 등한시하며, 복잡한 계산분석 및 방대한 정보를 검토하여 의사결정을 수행하기 때문에 대규모 인력과 시간이 과도하게 소비되는 단점이 있다.

1954년 미국의 랜드연구소(the RAND corporation)에서 개발한 장기적 계획수립과 단기적인 예산 편성을 프로그램 작성을 통하여 유기적으로 결합시킴으로써 자원배분에 관한 의사결정의 합리적 의도로 만들어진 것이다. 장점은 프로그램과 목표를 정확히 알 수 있고, 재정자원을 합리적으로 배분하여 프로그램 계획과 예산수립의 괴리를 막을 수 있으며, 또한 프로그램의 효과성을 높일 수 있다. 단점은 10년 장기계획과 1년의 예산을 연결시키므로 사회변동에 대한 탄력적 대응이 쉽지 않다는 점이 있다. 전체 조직의 비전에 의해 좌지우지될 가능성이 높아 집권화를 야기할 가능성이 있다.

〈표 9-4〉 **프로그램기획 예산**

예산 항목	전년도 예산	금년도 예산
집단 식사 제공 프로그램 3,000,000원의 프로그램 총비용으로 노인 클라이언트에 대한 영양을 유지하거나 개선하는 것	······	······
사회화 및 오락 프로그램 24,000,000원의 프로그램 총비용으로 200명의 노인에 대한 사회적 기능을 유지하거나 개선하는 것	······	······
교통 프로그램 60,000,000원의 프로그램 총비용으로 200명의 노인에 대한 영양, 사회화, 오락, 건강 및 기타 사회적 서비스를 제공하는 것	······	······
총지출		

4) 영기준예산(ZBB : Zero-Base Budgeting system)

1977년 카터의 취임과 함께 도입된 영기준예산(ZBB) 제도는 기획과 분석을 강조한다는 점에는 계획예산제도와 비슷하고, 능률적인 관리를 위하여 관리자의 참여를 촉진한다는 점에서는 MBO와 비슷하다. 그러나 이 제도의 기본은 기존 사업이든 신규사업이든 모든 사업을 신규사업으로 간주하고, 각 사업별로 타당성을 전면 분석한 다음 사업을 선택하는 방법이다. 그러므로 이 제도는 모든 사업을 신규사업으로 간주하여 사업의 지속적 재평가를 통한 우선순위를 정해 놓고, 불요불급한 사업은 제거하여 감축관리를 지향하는 서비스수준분석(Servise Level Analysis)의 예산제도이다. 즉, 과거의 예산 우선순위나 관행에 구애받지 않고 영(zero)에서 출발하여 업무 계획을 수립하고 채택된 프로그램에 관해서만 예산을 편성하는 방식이다.

영기준예산으로 예산운영단위(Decision Unit : 의사결정단위)로 설정하고, 단위사업분석표(Decision Package : 의사결정 패키지)를 설정하고, 비용편익분석 등의 척도를 활용하여 각 의사결정 패키지를 비교·분석하여 사업의 우선순위를 결정하고, 실행예산의 편성 등 4개의 과정으로 이루어진다.

이 제도의 장점으로는 첫째, 조직의 모든 사업을 새로이 평가하여 우선순위에 입각한 예산을 편성함으로써, 재원의 합리적 배분에 기여하며, 둘째, 시급한 고순위 사업에 우선적으로 재원을 융통하고, 전년도 답습주의를 탈피함으로써 재정의 경직성을 완화할 수 있다는 것이다. 셋째, 경직성 경비를 축소하고 우선순위에 의한 예산이 편성됨으로써 국민의 조세부담의 완화를 가져다 줄 수 있다는 것이다. 또한 예산절약, 프로그램 쇄신에 기여할 수 있고, 재정자원의 합리적인 배분과 탄력성이 있어 프로그램의 효과성, 효율성에 기여할 수 있다. 단점으로는 첫째, 이 제도는 여러 가지 다양한 이질적 업무의 조직체에 적합하고 반대로 단순하고 동질적인 업무를 처리하는 조직에는 부적합하며, 둘째, 하급관리자에서 최고관리자에 이르기까지 ZBB를 위하여 많은 시간과 노력을 할애해야 한다는 점, 셋째, 우선순위에 부합되지 않는 사업은 축소·폐지됨으로써 정치·심리적 요인을 경시하여 기득권자의 저항을 유발할 수 있다는 점이고, 마지막으로 우선순위의 상향적 조정을 통해 하위조직이 우선순위에서 부당하게 낮게 취급되어 희생될 수 있다는 점이다. 그리고 의사결정, 프로그램 평가에 대한 관리자의 전문성과 객관성이 요구되며, 너무 합리성만 강조하므로 심리적인 요인을 무시하는 경향 있다. 한편 장기적인 프로그램의 예산계획으로는 부적절하다.

5) 사회복지 영역에서의 성과주의 예산

앞서 현행 품목별 예산제에 대한 예시로 고용지원 프로그램을 소개하였다. 이것을 성과예산제의 방식으로 변경하려면 구체적인 성과를 측정하기 위한 "전략목표, 성과목표, 성과지표"를 추가하여야 하며 이에 따른 "서비스 내용(주요 사업)" 항목들이 추가되어야 한다. 이에 따라서 내역에서도 서비스 내용 중심으로 기술되어야 한다. 〈표 9-5〉는 미국 GPRA(Goverment Performance and Results Act), 즉 정부성과와 결과법은 1999년부터 연방기관에 적용하여 실행하고 있다. 정부성과와 결과법 예산서는 〈표 9-5〉를 참고로 보여주고 있다.

〈표 9-5〉 고용지원 프로그램 성과 및 결과예산서 (단위 : 원)

관	항	목	전략 목표	성과 목표	성과 지표	주요 사업	내 역
고용지원	취업알선 및 취업 후 적응지도	민간경상이전비	취업알선 및 유지강화	취업알선 및 취업률 증가	- 취업 알선 횟수 - 취업률 증가	1) 업소 방문 2) 개인 상담 3) 취업 정보 센터 활용	- 업무추진비 34,500원×4분기 = 138,000 - 소모품 10,000원×12개월 = 120,000
				취업적응 지도강화	- 사례 관리 수 - 고용 유지율	사례 관리	- 연말근속강화비(이용자) 7×1회×45명 = 315,000 - 업체관리비 (상반기) 5,000원×1회×32업체 = 160,000 (하반기) 20,000원×1회×32업체 = 640,000
							- 발송비 180원×50업체×8개월(소식지)

관	항	목	전략 목표	성과 목표	성과 지표	주요 사업	내 역
							= 72,000 210원×50업체×4개월(관보) = 42,000 – 업무추진비 34,500원×4분기 = 138,000
				자조모임 활성화	분기당 각 모임별 횟수	1) 부모 모임 2) 소모임 활동 3) 취업자 간담회	– 부모모임 프로그램비 30,000원×1회×4분기 = 120,000 – 소모임활동지원비 12,000원×10개월×6명 = 720,000 – 취업자간담회(770,000원) * 취업알선자 80,000원×4회 = 320,000 * 지원고용대상자 5,000원×45명×2회 = 450,000
							계 : 3,235,000

〈표 9-6〉 **외국 성과예산서 예시**

	Human Service program		
	1999	2000	2001
Ⅰ. 투입			
A. 금전적 자원	______	______	______
B. 인간적 자원	______	______	______
Ⅱ. 산출			
A. 중간 산출물(시간적·물질적 또는 서비스의 에피소드 단위에서)	______	______	______
B. 최종 산출물(서비스 달성에서)	______	______	______
Ⅲ. 품질			
A. 클라이언트 만족(만족 또는 매우 만족한 백분율)	______	______	______
B. 품질 차원의 산출(양질의 내역과 결합한 산출물의 수 또는 백분율)	______	______	______
Ⅳ. 효과			
A. 중간성과 : 수적 총계(명확한 삶의 질 변화를 이룩한 고객의 수 또는 백분율)	______	______	______

	Human Service program		
	1999	2000	2001
B. 최종성과 : 수적 총계(명확한 삶의 질 변화를 이룩한 고객의 수 또는 백분율)			
Ⅴ. 비용효율성 비용			
A. 중간산출물당 비용			
B. FTE당 중간산출물			
C. 최종산출물당 비용			
D. FTF당 최종산출물			
Ⅵ. 비용효과성 비율			
A. 중간성과당 비용			
B. FTE당 중간성과			
C. 최종성과당 비용			
D. FTF당 최종성과			

출처 : Martin, L. L., & Kettner, P. M.(1996). *Measuring the performance of Human service programs*. Sage, p. 105.

6) 성공적 도입을 위한 정책적 과제들

성과주의 예산제도의 도입은 단순한 예산상의 개혁이 아니라 관리상의 대개혁이다. 하지만 한계점을 가지고 있는 것도 부인하기 힘들며 선결 과제들이 존재한다. 성과주의 예산제를 도입하려면 최소한 다음과 같은 네 가지 과제가 해결되어야 한다. ① 목표 분류체계, ② 측정가능한 성과지표의 선택, ③ 선정된 성과의 적절한 목표량, ④ 비용 분석 등이다.

실제로 이상의 네 가지 선결과제를 해결하려면 많은 시간과 전문인력 투입이 필요하며, 예산을 담당하는 실무자를 포함한 프로그램 운영자에 대한 교육훈련 등이 필요하다. 성과주의 예산제가 성공적으로 정착하기 위해서는 이 네 가지 선결 과제를 포함하여 다음과 같은 정책적 과제들이 필요하다.

(1) 목표 및 성과 선정의 어려움

성과측정을 가능한 평가항목만으로 구성되는 핵심수행측정지표(key performance indicators) 위주로 운영함으로써 그야말로 핵심성과만을 선택해야 한다. 선택된 핵심측정지표가 프로그램의 목적과 목표의 달성을 항상 적절히 측정하고 있다고 볼 수 없는 경우도 있다. 이러한 한계점은 흔히 볼 수 있는 측정상의 오류이며 의도된 정보를 제대로 포착하지 못하는 타당성, 관련성에서의 문제들이다. 예를 들면, 고용부문에서 고용을 다단계로 나누어서 성과로 보는 것도 그 어려움을 극복하는 것이 될 수 있다.

(2) 일부 성과들의 측정불가능

성과는 항상 측정가능한 것만을 대상으로 하지만 모든 것을 측정할 수 있는 것도 아니다. 아무리 중요한 성과라 할지라도 측정할 수 없는 경우가 있기 때문이다. 객관성을 확보하기 위해서 측정가능한 측정기를 요구한다. 지나친 객관성의 추구는 정성적인 자료에 대한 기피현상까지 보이고 있다. 반대로 정성적인 자료를 무리하게 조작화 하는 경향을 보이는 경우도 나타난다.

(3) 목표량 및 가중치 설정의 어려움

목표 및 성과가 결정되면 내용별 가중치를 어느 정도로 줄 것인가, 적정한 목표치 혹은 성과량은 어느 정도로 할 것인가는 매우 중요한 사안이 된다. 기존 자료의 부족으로 도입 초기에 상당한 어려움이 파생할 것으로 예상한다. 벤치마킹이나 축적된 내부 자료 등을 참고로 점진적으로 "적정치"를 찾아야 한다. 본격적으로 성과주의 예산제가 도입되면 자연스럽게 개인별 직무평가로 연결되므로 높은 목표치를 가능한 피하려는 종사자들의 심리가 나타나게 된다. 따라서 목표치를 축소하려는 심리적 저항도 만만치 않기 때문에 기관 내부에서 조정 시 그리고 감독관청 입장에서도 기관과 목표계약을 맺을 때 상당한 어려움이 생긴다. 특히 지역사회 내의 실제 및 잠재수요가 목표치를 훨씬 넘을 경우에 그러하다.

(4) 비용분석 과정 추가 요구

성과 및 실적을 비용과 대비하려면 단위 효과성 및 실적에 대한 정확한 비용이 계산되어야 한다. 직접비뿐만 아니라 간접비까지 제대로 계산하려면 비용분석에 관한 상당한 지식이 필요하며 비교적 복잡한 과정을 거쳐야 한다.

(5) 기존 축적된 자료의 부족

목표량을 설정하는 데는 축적된 자료들이 필요하다. 하지만 다년간 프로그램별로 충실하게 적정된 성과 및 실적 자료들이 부족하다. 비록 실적 부문에 대한 자료들이 있다고는 하지만 그 자료에 대한 신뢰성에 대해서 의문이 제기되기도 한다.

5. 예산의 집행과 결산

1) 예산집행의 의의와 통제의 원칙

예산집행이란 세입·세출 예산이 담고 있는 정책목표와 프로그램을 성취하는 데 필요한 수입과 지출을 실행하는 일체의 행위를 말한다. 모든 예산은 사업을 수행해서 업적을 올려야 할 많은 계획들을 내포하고 있는데, 이러한 사업계획을 실천에 옮기는 것이다(박차상, 2002 : 415). 이는 효율성 차원에서 집행통제라는 의미도 강하게 내포하고 있다. 통제의 원칙은 다음과 같다.

(1) 개별화의 원칙

재정통계체계는 개별기관 그 자체의 제약 조건, 요구사항 및 기대사항에 맞게 고안되어야 한다.

(2) 강제의 원칙

재정통계체계는 강제성을 띠는 어떤 명시적인 규정이 있어야 한다. 강제성이 없는 규칙은 효과성이 없다. 강제성은 때로는 개별성을 무시할 수 있으나 규칙의 동일한 적용을 통한 공평성과 활동을 공식화하는 것이다.

(3) 예외의 원칙

규칙에는 반드시 예외사항을 고려해야 하고 그러한 상황에 적용되는 다른 규칙도 명시되어야 한다.

(4) 보고의 원칙

통제체계는 보고의 규정을 두어야 한다. 재정활동에 대한 보고의 원칙이 없으면 재정관련 행위를 공식적으로 감시하고 통제할 수 없다.

(5) 개정의 원칙

규칙에는 많은 경우 일정한 기간 동안만 적용할 수 있도록 제한되어 있거나 적용할 때 부작용이 나타날 경우를 대비하여 일정한 기간이 지난 후에는 규칙을 새로 개정할 수 있어야 한다.

(6) 효율성의 원칙

통제에는 시간과 비용이 많이 드는 경우가 있으므로 통제는 비용과 노력을 최소화하는 정도에서 이루어질 수 있어야 한다.

(7) 의미의 원칙

효과적으로 통제가 되기 위해서는 규칙, 기준, 의사소통 및 제약 등은 관계되는 모든 사람들이 잘 이해할 수 있도록 전달되어야 한다. 그러므로 규칙은 명확하게 쓰여지고 통제자료는 쉽게 얻을 수 있어야 하며 절차의 분류와 해석을 위한 것도 명확히 쓰여져야 한다.

(8) 환류의 원칙

재정통계체계에 관한 규칙, 기준, 의사소통, 계약 등을 적용할 때 발생할 수 있는 여러 가지 부작용 및 장·단점 등을 관련자들에게 들어서 개정과 개선의 기초가 되어야 한다.

(9) 생산성의 원칙

재정통제는 서비스가 효과적이고 효율적으로 전달되도록 하기 위한 수단이므로 이로 인하여 서비스 전달이라는 생산성에 장애와 갈등이 발생하지 않도록 유의하여야 한다(신섭중·부성래, 1989 : 266–270).

2) 예산수입과 지출

수입(receipt)은 정부회계의 경우는 세입예산을 이루는 모든 거래를 의미하며, 세금이 주종을 이룬다. 사회복지기관 및 시설의 수입은 정부보조금, 법인수입(이사의 부담금, 법인의 수익사업 수입), 지원보조금(외부단체 보조금), 기부금(일반성금, 결연후원금), 기타 수입(일차입금, 은행이자) 등이 포함된다. 사회복지조직에서는 법인의 대표이사와 시설장이 수입과 지출에 관한 사무를 소속직원에게 위임할 수 있다(「사회복지법인 재무·회계규칙」 제21조). 그리고 법인과 시설에는 수입과 지출의 현금출납업무를 담당하는 수입원과 지출원을 둘 수 있으며, 다만 시설의 규모가 작은 경우는 동일인으로 할 수 있다(「사회복지법인 재무·회계규칙」 제22조 제1항).

사회복지조직의 수입 절차는 물품판매 수입이나 봉사료의 경우 채무자, 수입발생 원천금액 등에 관해 필요한 조사를 하고, 수입결의서를 작성한 후 서면으로 채권이행을 청구한다. 그리고 수입금을 수납하면 영수증을 발행하고 금융기관에 예치해야 한다.

지출(outlay)이란 채무이행에서 최종 행위인 현금의 지급을 의미한다. 일반적으로 정부회계에서의 지출은 수표의 발행을 뜻하며 수표를 현금으로 교환하여 주는 것을 지급이라고 한다. 사회복지조직이 지출원인행위를 할 때에는 지출결의서를 작성하여 최고책임자 내지 상급기관의 결재를 받아야 한다. 지출은 지출결의서에 의해 지출업무를 담당하는 관리자(법인의 대표이사 또는 시설장, 위임받은 자)가 행한다(「사회복지법인 재무·회계규칙」 제28조 제1항). 지출은 상용의 경비 또는 소액의 경비지출을 제외하고는 금융기관의 수표로 행하거나 예금통장에 의하여 행하여야 한다(「사회복지법인 재무·회계규칙」 제29조 제1항).

1만 원 이상 지출 시 신용카드를 사용하거나 현금영수증을 받아 지출하도록 한다. 2013년 현재 사회복지기관은 법인카드 사용을 의무화하고 있다.

3) 예산집행 통제기제

예산집행을 통제하는 기제는 대략 7가지로 구분해 볼 수 있다(Weiner, 1990 : 301–304).

(1) 분기별 할당

수입예산이 계획대로 들어오지 않거나 특정 기간에 집중적으로 들어오는 경우가 있는가 하면 비용의 지출이 월별, 분기별로 동일하지 않고 어떤 시기에 집중되는 경우도 있다. 또한 한꺼번에 집중하여 지출하는 것이 절약이 되는 경우도 있다. 이러한 경우 수입과 지출을 분기별로 조절하여 균형을 유지할 필요가 있다.

(2) 지출 사전승인

조직에서 일정액 이상을 지출할 경우 최고책임자의 사전승인을 받도록 하거나 또는 지출액수에 따라 중간관리자의 사전승인을 받도록 하는 것이 일반적이다. 이와 같은 사전승인은 수입과 지출의 균형 유지에 도움이 되고 때때로 승인을 미루어 지출을 억제할 수도 있다.

(3) 지출의 취소

예상된 재정 원천으로부터의 수입이 인가되지 않거나 예상된 수입액이 입금되지 않을 경우는 자금지출을 잠정적으로 취소하거나 또는 최종적으로 취소할 수밖에 없다.

(4) 정기적 재정 현황 보고서

관리자는 월별 · 분기별로 재정 현황을 보고받아 검토해야 한다. 보고서의 내용은 수입지출 현황, 변제비용, 인원당 비용, 기능별 비용, 서비스 단위당 비용 등이 포함되는 것이 바람직하다.

(5) 대체

회계연도 말쯤에 재정 현황이 사업별 또는 계정별로 과도지출이 되었거나 또는 과소지출이 된 경우에는 과소지출분에서 과다지출분을 메우기 위하여 대체할 필요가 있다.

(6) 지불연기

이 방법은 조직의 내·외부로부터의 지불요청에 대하여 의도적으로 적당한 방법을 통해 지불을 연기함으로써 수입예산의 입금 여유를 갖는 것이다. 특히 지불연기로 벌칙이나 벌금이 없는 경우는 요청자의 양해를 얻어 최대한으로 지불연기를 할 수 있다.

(7) 차용

차용은 은행 또는 특별단체(협회, 연합회, 정부기관 등)로부터 자금을 빌리는 것이다. 수입예산이 계획대로 확보되지 않을 경우 불가피한 지출을 위해서는 일반적으로 은행, 사회복지 관련 특별단체 또는 정부의 기금으로부터 장기적 또는 단기적 대부를 받을 필요가 있는 경우가 있다.

4) 결 산

결산이란 한 회계연도 내에 발생한 모든 수입과 지출을 확정적인 계수로 표시하는 절차이다. 세입·세출결산보고서 또는 수입·지출결산서는 중앙관서의 장이나 법인의 대표이사, 시설의 장이 작성하므로 예산집행의 마무리 단계라 할 수 있다.

사회복지조직에서 결산이 필요한 것은 법인 이사회의 의도대로 법인 및 시설이 예산을 집행하였는가를 규명하고, 결산상의 흑자 또는 적자의 크기를 확인하고 결산결과를 다음 해 예산에 반영시키기 위해서이다.

결산은 예산에 의해 행동한 기관의 사후적 보고서로서 사회복지조직의 집행부나 부서는 사후 감독을 받는다. 결산에 관한 여러 가지 절차는 행정안전부, 감사원 및 입법부에 의해 수행된다. 즉, 행정안전부가 결산보고서를 작성하고 감사원의 회계감사를 받은 다음 국회에 제출하여 국회의 심의·의결을 받아 결산을 확정한다.

사회복지법인의 경우에는 대표이사는 법인회계와 시설회계의 세입·세출 결산보고서를 작성하여 이사회의 의결을 거친 후 다음 연도 3월 31일까지 시장·군수·구청장에게 제출해야 한다(「사회복지법인 재무·회계규칙」 제19조). 시설의 경우는 원장이 수입지출결의서와 사업실적보고서를 법인이사회에 제출해야 한다. 시장·군수·구청장은 결산보고서를 제출받은 때에는 20일 이내 법인과 시설의 세입·세출 예산의 개요와 후원금품의 수입 및 사용내역 개요에 대한 사항을 시·군·구 게시판에 20일 이상 공고하고, 법인대표이사로 하여금 법인·시설의 게시판에 20일 이상 공고하도록 해야 하며 일간신문이나 정기간행물에 게재하는 것으로 대체할 수도 있다(「사회복지법인 재무·회계규칙」 제19조 제1항).

6. 회계와 감사

1) 회계의 의의

회계(accounting)란 재정적 거래를 분류, 기록, 요약하고 그 결과를 해석하는 표준화된 기술적 방법이다. 회계는 목적에 따라 재무회계와 관리회계로 구분되며, 재무회계는 내부 및 외부 정보 이용자의 경제적 의사결정에 유용하도록 일정 기간 동안의 수입과 지출사항을 측정·보고하는 것이며 주요 내용으로는 거래자료, 시간표 작성, 분개 작성, 결산 등이 있다. 관리회계는 행정책임자가 행정적인 의사결정을 하는 데 필요한 재정관계 자료를 정리하는 것으로 예산단위의 비용을 계산하여 예산의 실행성과를 분석하는 것 등이 있다. 회계의 주요 활동으로는 기록업무, 정리업무, 재정보고서 작성 및 발행 등이 있는데 구체적으로 보면 다음과 같다.

(1) 기록업무

수입과 지출에 관한 기록장부를 마련하고 회계원칙에 따라 장부에 기록하는 일이다. 수입과 지출이 발생한 경우에는 분개장과 보조부에 기록하고 분개장의 기록을 총계정원장에 옮겨서 시산표(trial balance)를 작성하고 정리분개를 하여 정산표를 작성하든가 혹은 대차대조표, 손익계산서, 이익잉여금 처분계산서, 재무상태변동표 등의 재무제표를 작성하여 결산분개를 한 후에 다시 거래로 돌아오는 순환과정을 거치게 된다.

(2) 정리업무

각종 장부에 기록된 회계 사항을 분기별(월별, 분기별)로 주기적으로 종결하여 정리하는 업무로서 정기적으로 재정상태를 파악하기 위한 재정보고서 작성에 필요한 절차이다.

(3) 재정보고서 작성 및 발행

사회복지조직의 재정상태를 정기적으로 파악하기 위하여 월별·분기별의 재정보고서를 작성하여 시설 내부 및 이사회에 보고한다. 그리고 회계연도 말에는 1년분의 수입지출 현황을 알 수 있는 적절한 양식의 보고서를 작성하여 정부기관 및 이사회에 반드시 보고하고 재정지원조직이나 개인에도 보고하거나 공개하여 그들이 제공한 재정자원이 유용하게 활용되었는지를 알려주는 것이 바람직하다(최성재·남기민, 2002: 269-270).

2) 회계감사의 의의와 유형

회계감사(audit)란 조직의 수입·지출의 결과에 관한 사실을 확인·검증하고, 이에 관한 보고를 하기 위하여 장부 및 기타 기록을 체계적으로 감사하는 행위를 말한다(최성재·남기민, 2002: 272). 회계감사는 결산과 더불어 예산과정 중의 마지막으로 예산을 정확하게 그리고 효율적으로 집행하기 위해서 필요하다.

회계감사는 품목중심의 예산제도하에서 회계기록을 대상으로 지출의 적법성을 검증하는 것뿐만 아니라 프로그램 중심 예산제도하에서의 프로그램의 능률성과 효과성을 검증하는 것까지도 대상으로 삼고 있다.

사회복지법인과 시설에 대한 회계감사는 「사회복지법인 재무·회계규칙」 제42조 제1항, 제2항 규정에 의해 매년 1회 이상 감사를 실시하며, 법인의 대표이사는 시설장과 수입원 및 지출원이 사망하거나 경질되는 경우에는 그 관장에 속하는 수입, 지출, 재산, 물품 및 현금 등의 관리사항을 감사로 하여금 감사하게 해야 한다. 또한 감사는 감사보고서를 작성하여 당해 법인 이사회에 보고해야 하며, 만일 재산상황 또는 업무진행에 있어 부정 또는 불미한 점이 발견된 때에는 시장·군수·구청장에게 보고해야 한다(동법 제42조 제3·4항).

회계감사의 유형은 감사를 실시하는 주체, 대상, 영역에 따라 구분할 수 있다.

첫째, 주체에 따른 구분으로는 조직의 내부를 조직 자체 내의 최고관리자나 중간관리자가 감사하는 내부 감사와 조직 외부의 독립된 회계사, 정부 감독기관에서 행하는 외부 감사로 나누어진다.

둘째, 대상조직에 따른 구분으로 정부의 감독청 및 감사원이 감사를 행하는 정부기관의 감사, 법인이 지정한 회계사가 감사하는 법인에 대한 감사, 법인이 운영하는 사회복지조직에 대한 감사가 있다.

셋째, 영역에 따른 구분으로 규정순응(규정준수) 감사와 운영 감사가 있다. 규정순응 감사는 기관의 재정운영이 적절한 절차에 따라 시행되고 재정이나 다른 보고서들이 적절하게 준비되었는지, 기관에 적용된 각종 규칙과 규제들에 기관이 적절하게 준수하고 있는지를 확인하는 과정이다. 규정순응(규정준수) 감사는 업무의 효과와 효율적으로 운영되었는지를 보다 규칙과 절차, 항목 규정에 맞게 집행을 두어 문제가 있다. 또한 운영 감사는 예산과 관련하여 바람직한 프로그램 결과가 성취되었는지의 여부, 조직목표를 달성하는 데 있어서 효과성과 능률성 등과의 문제에 관심을 나타내어 규정순응 감사의 단점을 보완한 감사이다(김영종, 2003 : 220-222).

제 3 절 사회복지법인 재무 · 회계규칙 이해

1. 재무 · 회계규칙 총칙

1) 목적

본 규칙은 사회복지법인 재무 · 회계 및 후원금 관리의 명확성 · 공정성을 기하기 위해 「사회복지사업법」 제23조 제4항의 규정에 의하여 사회복지법인의 재무회계에 관한 사항을 규정한 것이다.

2) 적용범위

「사회복지사업법」의 적용을 받는 사회복지법인 및 법인운영시설

- 소관부처 및 정부보조금 지급 여부와는 상관없이 적용
- 한 법인에서 타 지자체에 여러 시설을 운영하고 있는 경우, 법인에서는 등록지 자체 뿐만 아니라, 시설 관할 지자체에도 예・결산 등 동 규칙에 의한 보고의무를 이행

3) 사회복지법인 및 법인운영시설의 회계

① 회계는 다음과 같이 구분하여 관리한다.

- 법인회계 : 법인의 업무 전반에 관한 회계
- 시설회계 : 법인이 설치・운영하는 사회복지시설에 관한 회계
- 수익사업회계 : 법인이 수행하는 수익사업에 관한 회계

② 회계연도 및 회계연도 소속 구분

- 법인의 회계연도는 정부의 회계연도(1. 1~12. 31)에 의함.
- 법인의 수입 및 지출의 발생, 자산 및 부채의 증감에 관하여는 그 원인이 되는 사실이 발생한 날을 기준으로 하여 연도 소속을 구분

※ 단, 그 사실이 발생한 날을 정할 수 없는 경우에는 그 사실을 확인한 날을 기준으로 연도 소속 구분

예) 2012. 10.에 추경예산으로 확정된 국고보조금이 2013. 1.에 입금되었을 경우 → 2012년도 회계로 구분

4) 출납기한

1회계연도에 속하는 법인의 세입・세출의 출납에 관한 사무는 다음 연도 2월 말일까지 완결해야 한다(2012년도 법인예산의 경우 2013. 2. 28까지 완료).

2. 예 산

1) 예산의 편성

① **예산총계주의 원칙** : 1회계연도의 모든 수입은 세입으로 하고 모든 지출은 세출로 하되, 세입과 세출은 모두 예산에 계정되어야 함

② **예산편성절차**

주 요 내 용	주 체	일 정
• 특히 필요하다고 인정하는 사항에 관해 예산편성 요령을 법인에 통보 가능	시 · 군 · 구청장	회계연도 2개월 전까지
⇩		
• 법인 및 시설의 예산편성요령 작성	법인 대표이사	회계연도 1개월 전까지
⇩		
• 회계별 예산편성(법인회계, 시설회계, 수익사업회계)	법인 대표이사	즉시
⇩		
• 예산안에 대한 이사회의 의결	법인 이사회	예산안 편성 완료 시
⇩		
• 의결된 예산안을 시 · 군 · 구청장에게 제출	법인 대표이사	회계연도 개시 5일전
⇩		
• 법인과 시설의 회계별 세입 · 세출 예산개요를 시 · 군 · 구, 법인, 시설의 게시판과 인터넷에 20일 이상 공고	시 · 군 · 구청장 법인 대표이사	예산안 제출 20일 이내

※ 시 · 군 · 구는 시 · 군 · 구 홈페이지 게시판 또는 자료실에 예산개요를 20일 이상 공고 요망

③ **예산에 첨부할 서류**

가) 예산 총칙

나) 세입·세출 명세서

다) 추정대차대조표

라) 추정수지계산서

마) 임직원 보수일람표

바) 당해 예산을 의결한 이사회 회의록 사본

※ 단식회계 시 가), 나), 마), 바) 첨부

〈표 9-7〉 2015년 ○○**세부사업계획서**

1. 사업개요

가. 목적(개조식)

나. 주요 사업내용(개조식)

다. 시설 현황

- 시설 일반 현황
- 종사자의 직급별·직종별 현황(직급별 평균호봉 표기)

라. 사업의 필요성

2. 2013년도 세부사업계획

(단위 : 천 원)

(1) 사업분류	(2) 세부사업명	(3) 사업대상	(4) 계 획		(5) 사업내용 (요약)	(6) 기대효과
			목표(연인원, 실인원, 건(회)수)	예 산		

※ 작성요령

(1)항은 사업을 대분류하여 기재

(2)항은 세부적 단위사업명을 기재

(3)항은 사업대상자 기재

(4)항 중 목표는 수혜 연인원을 기준으로 하되, 연인원·실인원·건(회)수로 기재

(5)항은 세부 사업내용(목적, 주요 내용, 수행방법 등)을 개조식으로 기재

(6)항은 세부사업의 수행으로 기대되는 효과를 개조식으로 기재

〈표 9-8〉 **노인복지관 예산 총칙의 예**

제1조 서울시립○○노인종합복지관의 2015년도 예산총칙은 일반회계와 특별회계로 구분한다.

제2조 세입·세출 예산총액은 4,884,117천 원으로 한다.

제3조 1) 세입의 주요 재원은 다음과 같다.
① 정부보조금 3,204,979천 원
* 일반회계 : 1,498,207천 원(경상운영비, 경로당 활성화, 기능보강비, 이동목욕, 희망의 집, 고령자취업센터, 장기요양보조금)
* 특별회계 : 1,706,772천 원(무료급식, 도시락 배달, 밑반찬 배달, 노인일자리사업, 노인 돌봄파견사업 등)
② 자부담금 1,679,138천 원
* 사 업 수 입 비 731,280천 원
* 법 인 전 입 금 60,000천 원
* 기 부 후 원 금 107,200천 원
* 이월금&집행잔액 780,143천 원
* 잡 수 입 515천 원
2) 세출의 내용은 다음과 같다.
① 인건비 1,488,855천 원
② 운영비 166,510천 원
③ 재산조성비 830,560천 원
④ 사업비 2,323,327천 원
⑤ 기 타 74,865천 원

제4조 국가 또는 지방자치단체로부터 교부된 보조금 및 수익자부담 경비 등은 추가 경정예산의 성립 이전이라도 보조금 목적에 적절한 경우 먼저 사용할 수 있으며, 이는 차기 추가경정예산에 반영해야 한다.

제5조 세출경비의 부족이 생겼을 때는 사회복지법인 재무·회계규칙 제16조에 의거하여 예산을 전용할 수 있다.
관·항·목 간에는 전용할 수 있으나, 「관」 간의 전용은 이사회 의결 후 관할구청장의 사전 승인을 받아야 하며, 「항」 간의 전용은 이사회 의결 후 구청장 사후 보고, 동일 「항」 내 「목」 간의 전용은 관장이 하고 구청장에게 사후 보고해야 한다.

제6조 법인지원금은 이사회에서 의결한 지원금을 연회기 동안 복지관의 지원금 청구에 의해서 지원되도록 한다.

년 월 일

○○노인종합복지관장 ○○○ (인)

〈표 9-9〉 **세입 · 세출 총괄표**

세 입							세 출						
관	항	목	전년도 예산액 (A)	당해연도 예산액 (B)	증감(A-B)		관	항	목	전년도 예산액 (A)	당해연도 예산액 (B)	증감(A-B)	
					금액	비율 (%)						금 액	비율 (%)
합 계							합 계						

〈표 9-10〉 **세입 · 세출 명세서**

과 목			전년도 예산액	당해연도 예산액	증 감	산출근거
관	항	목				

2) 준예산의 편성

① **사유** : 회계연도 개시 전까지 법인의 예산이 성립되지 아니한 때

② **방법** : 예산 성립 시까지 일부 경비에 대해 전년도 예산에 준하여 집행 가능

※ 법인의 대표이사는 준예산 편성 전에 시 · 군 · 구청장에게 사유를 보고할 것

③ **준예산 편성 경비**

- 임직원 보수
- 법인 및 시설운영에 직접 사용되는 필수적인 경비
- 법령상 지급의무가 있는 경비

3) 추가경정예산의 편성

① **사유** : 예산 성립 후에 생긴 사유로 인해 기성립된 예산에 변경을 가할 필요가 있을 경우

② **방법** : 예산편성절차에 준하여 추가경정예산을 편성 · 확정

※ 대표이사는 추경이 확정된 날로부터 7일 이내에 이를 시 · 군 · 구청장에게 제출할 것

4) 예비비의 계상

법인의 대표이사는 예측할 수 없는 예산 외의 지출 또는 예산의 초과지출에 충당하기 위하여 예비비를 세출예산에 계상할 수 있다.

5) 예산의 목적외 사용 금지

법인회계 및 시설회계의 예산은 세출예산이 정한 목적 외에 사용을 금지한다.

6) 예산의 전용

① **관간전용** : 법인 이사회의 의결을 거쳐 관할 시 · 군 · 구청장의 승인 필요
② **동일관 내 항간전용** : 법인 이사회의 의결 필요
③ **동일항 내 목간전용** : 법인 대표이사가 전용 가능
④ **전용의 제한** : 예산총칙에서 전용을 제한하고 있거나, 예산성립 과정에서 이사회에서 삭감한 관 · 항 · 목으로는 전용하지 못한다.

※ 법인의 대표이사는 예산 전용 시 시 · 군 · 구청장에게 즉시 보고

7) 세출예산의 이월

① **사유** : 법인회계 및 시설회계의 세출예산 중

- 성질상 당해 회계연도 안에 지출을 마치지 못할 것으로 예측되는 경비
- 연도 내에 지출원인행위를 하고 불가피한 사유로 인하여 연도 내에 지출하지 못한 경비

② **방법** : 법인이사회의 의결을 거쳐 다음 연도에 이월 사용 가능

8) 특정 목적사업 예산

① **사유**

- 완성에 수년을 요하는 공사나 제조
- 특수한 사업을 위하여 2회계연도 이상에 걸쳐서 그 재원을 조달할 필요가 있는 때

② **방법** : 회계연도마다 일정액을 예산에 계상하여 특정 목적사업을 위한 적립금으로 적립 가능

3. 결 산

1) 결산의 보고

주 요 내 용	주 체	일 정
• 법인회계와 시설회계의 세입·세출 결산보고서 작성	법인 대표이사	출납완료 시
▼		
• 결산보고서의 법인이사회 의결	법인 이사회	결산보고서 작성 시
▼		
• 의결된 결산보고서의 시·군·구청장 제출	법인 대표이사	다음 연도 3월 31일까지
▼		
• 법인과 시설의 결산보고서 중 ① 법인과 시설의 세입세출 결산 개요와 ② 후원금품의 수입 및 사용내역 개요를 시·군·구, 법인, 시설의 게시판과 인터넷에 20일 이상 공고	시·군·구청장 법인 대표이사	결산보고서 제출된 후 20일 이내

※ 시·군·구는 시·군·구 홈페이지 게시판 또는 자료실에 결산보고서를 20일 이상 공고 요망

2) 결산보고서에 첨부하여야 할 서류

① 세입·세출결산서
② 과목전용조서
③ 예비비사용조서
④ 대차대조표
⑤ 수지계산서
⑥ 현금 및 예금명세서
⑦ 유가증권명세서
⑧ 미수금명세서
⑨ 재고자산명세서
⑩ 기타 유동자산명세서(6~9 유동자산 외의 유동자산)
⑪ 고정자산명세서(토지, 건물, 차량운반구 비품, 전화가입권)
⑫ 부채명세서(차입금, 미지급금 포함)
⑬ 제충당금명세서
⑭ 기본재산수입명세서
⑮ 사업수입명세서
⑯ 정부보조금명세서
⑰ 후원금 수입명세 및 사용결과보고서
⑱ 인건비명세서
⑲ 사업비명세서
⑳ 기타 비용명세서(인건비 및 사업비를 제외한 비용)
㉑ 감사보고서
㉒ 법인세 신고서(수익사업이 있는 경우에 한함)
※ 단식부기로 작성할 경우 1~3, 14~22 항목의 서류를 제출할 것

4. 회 계

1) 회계총칙

① **수입 및 지출사무 관리주체** : 법인의 대표이사 및 시설의 장

- 법인 대표이사 및 시설장은 해당 사무를 소속직원에게 "각각" 위임 가능

② **수입과 지출의 집행기관**

- 과 지출원을 두되, 법인 또는 시설의 규모가 소규모인 경우에는 수입원과 지출원을 동일인으로 할 수 있다.

  ※ 시・도별로 지역여건에 따라 자체적으로 수입원과 지출원을 동일인으로 할 수 있는 소규모 및 시설에 대해 규정할 것

- 수입원과 지출원은 법인의 대표이사와 시설장이 임면

③ **회계의 방법 : 단식부기**

- 법인회계와 수익사업회계에 있어 복식부기가 필요한 경우 복식부기에 의함

④ **법인 및 시설 비치 회계장부**

- 현금출납부
- 총계정원장
- 총계정원장보조부
- 재산대장
- 비품관리대장

2) 수 입

① **수입금의 수납 관리**

- 모든 수입금의 수납은 이를 금융기관에 취급시키는 경우를 제외하고는 수입원이 아니면 수납하지 못한다.
- 수입원이 수납한 수입금은 그 다음 날까지 금융기관에 예입해야 한다.

- 수입금에 대한 금융기관의 거래통장은 회계별(법인회계, 시설회계, 수익사업회계)로 구분될 수 있도록 보관 · 관리한다.

② 과년도 수입, 반납금, 과오납금 처리

- 출납 완결연도에 속하는 수입 기타 예산외 수입은 모두 현 년도 예산에 편입한다.
- 지출된 세출의 반납금은 각각 지출한 세출의 당해 과목에 여입 가능하다.
- 과오납된 수입금은 수입한 세입에서 직접 반환한다.

3) 지 출

① 지출의 원칙

- 지출은 지출사무를 관리하는 자(대표이사, 시설장) 및 그 위임을 받아 지출명령이 있는 것에 한하여 지출원이 행한다(지출명령은 예산의 범위 내에서 함).
- 지출은 예금통장에 의하거나 「전자거래기본법」에 의한 전자거래로 행함
  - ※ 상용경비 또는 소액의 경비지출은 현금으로 가능하며 이를 위해 지출원은 100만 원 이하의 현금을 보관할 수 있다.
  - ※ 상용경비 또는 소액의 경비지출이라도 1만 원 이상 지출 시 신용카드를 사용하거나 현금영수증을 발급받아 지출하도록 지도 요망

② 지출의 특례(선금급, 개산급)

- **선금급을 할 수 있는 경비의 범위**

  ※ 선금급이란 확정된 계약에 대하여 사업성격상 미리 지급하는 것을 의미한다.

  가) 외국에서 직접 구입하는 기계, 도서, 표본 또는 실험용 재료의 대가

  나) 정기간행물의 대가

  다) 토지 또는 가옥의 임대료와 용선료

  라) 운임

  마) 소속직원 중 특별한 사정이 있는 자에 대하여 지급하는 급여의 일부

바) 관공서(「정부투자기관 관리기본법」에 의한 정부투자기관 및 특별법에 의하여 설립된 특수 법인 포함)에 대하여 지급하는 경비

사) 외국에서 연구 또는 조사에 종사하는 자에 대하여 지급하는 경비

아) 보조금

자) 사례금

차) 계약금액이 1천만 원 이상인 공사나 제조 또는 물건의 매입을 하는 경우에 계약금액의 100분의 50을 초과하지 아니하는 금액

- **개산급을 할 수 있는 경비의 범위**

※ 개산급이란 지출금액이 미확정인 채무에 대하여 지급의무가 확정되기 전에 개산(算 : 어림셈)으로 지급하는 것을 의미함

가) 여비 및 판공비

나) 관공서에 대하여 지급하는 경비

다) 보조금

라) 소송비용

4) 계 약

계약에 관한 사항은 「지방자치단체를 당사자로 하는 계약에 관한 법률」, 동법 시행령 및 동법 시행규칙을 준용하여 처리함

5) 물품의 관리

① **물품** : 현금 및 유가증권을 제외한 동산

② **물품의 관리주체** : 법인의 대표이사, 시설의 장

※ 대표이사와 시설장은 물품관리에 관한 사항을 소속직원에게 위임가능

- 물품의 출납보관을 위해 소속직원 중 물품출납원 지정
- 물품관리자와 물품출납원은 선량한 관리자의 주의 의무로 물품관리

③ **물품의 관리**

- 물품의 출납은 물품관리자의 출납명령에 의해 물품출납원의 출납행위를 통해서만 가능함

  ※ 물품출납원은 물품관리자의 출납명령 없이는 물품을 출납할 수 없음

6) 물품의 조사 및 처리

① **재물조사 실시**

- 연 1회 법인 및 시설에 대한 정기 재물조사 실시(의무사항)
- 필요 시 수시 재물조사 실시(대표이사 및 시설장 재량사항)

② **불용품의 처리**

- 사용 불가능 또는 수리하여 재사용이 불가능한 물품은 불용 결정함
- 불용품 매각 시 그 대금은 당해 법인 또는 시설의 세입예산에 편입함

5. 후원금의 관리

1) 후원금의 접수

① **후원금** : 아무런 대가 없이 무상으로 받은 금품 기타의 자산

② **후원금 영수증 교부**

- 법인의 대표이사와 시설장은 후원금을 받은 때에는 「소득세법 시행규칙」 제101조 20호의 2 또는 「법인세법 시행규칙」 제82조 제6항 3의 3호에서 정하는 기부금영수증 양식으로 후원금 영수증 후원자에게 즉시 교부

  ※ 금융기관 또는 체신관서의 계좌입금을 통하여 후원금을 받는 경우에는 영수증을 교부할 필요는 없으나 후원자가 원할 경우에는 교부할 것

2) 후원금의 관리

① 후원금 발급목록 장부 비치

- 후원금을 받은 때에는 후원금 영수증 교부 후 발급목록을 별도 장부로 관리하여 비치

〈표 9-11〉 후원금 영수증 발급대장

연 번	일 시	후원자(법인)	금 액	유 형	비 고
				지정 / 비지정	

② 후원금 전용계좌의 개설

금융기관 또는 체신관서의 계좌입금을 통하여 후원금을 받은 때에는 법인명의 및 시설의 명칭이 부기된 시설장 명의의 후원금 전용계좌를 개설하여 사용

③ 후원금의 수입 및 사용내역 통보

- 대표이사와 시설장은 연 1회 이상 해당 후원금의 수입 및 사용내용을 후원금을 낸 법인 · 단체 또는 개인에게 통보
- 법인이 발행하는 정기간행물 또는 홍보지 등을 이용하여 일괄통보 가능

④ 후원금의 수입 및 사용결과 보고 · 공개

- 대표이사와 시설장은 회계연도 종료 후 15일 이내에 후원금 수입 및 사용결과 보고서를 관할 시 · 군 · 구청장에게 제출(전산파일 가능)
- 시 · 군 · 구청장은 제출받은 후원금의 수입 및 사용결과 보고의 내역과 후원금 전용계좌 등의 후원금 입출금 내역을 회계연도 종료 후 30일 이내에 인터넷 등을 통하여 공개한 후 3개월간 누구든지 볼 수 있도록 게시

  ※ 단, 후원자 성명(법인의 경우 그 명칭)은 공개하지 말 것

  ※ 후원금은 회계연도 사용을 통해 집행실적을 제고해야 함

⑤ 후원금 수입 및 사용결과보고서 양식

후원금 수입 및 사용결과보고서

기간 : 년 월 일부터
년 월 일까지

1. 후원금(금전) 수입명세서

(단위 : 원)

연월일	후원금 종류	후원자	내 역	금 액	비 고

2. 후원금(물품) 수입명세서

연월일	후원금 종류	후원자	내 역	품 명	수 량	단 위	비 고

3. 후원금(금전) 사용명세서

사용일자	사용내역	금 액	산출기준	비 고

4. 후원금(물품) 사용명세서

사용일자	사용내역	사용처	수 량	단 위	비 고

5. 후원금 전용계좌

금융기관 등의 명칭	계좌번호	계좌명의

(뒤쪽)

(작성 요령)

〈후원금의 종류 구분〉

후원금의 종류	내 역
1. 민간단체 보조금품	국내 민간단체로부터 받은 보조금품
2. 외원단체 보조금품	외국 민간원조단체로부터 받은 보조금품
3. 결연후원금품	아동, 노인 등 시설거주자에 대한 결연후원금품
4. 법인임원 후원금품	법인임원으로부터 받은 후원금품 및 찬조금품
5. 지역사회 후원금품	지역사회로부터 받은 위문금품 및 후원금품
6. 후원회 지원금품	법인의 후원회로부터 받은 지원금품
7. 자선모금품	자선바자회 등으로부터 얻어지는 수입금품
8. 기타 후원금품	행정기관의 시설위문금 등 후원금품

- 후원받은 순서대로 계속 기록해야 한다.
- 수입명세서의 내역란은 후원자의 후원용도·취지 등을 구체적으로 기재하여야 한다.

6. 감사의 실시

- 법인의 감사는 당해 법인과 시설에 대하여 매년 1회 이상 감사를 실시한다.
- 시설장과 수입원 및 지출원이 사망하거나 경질된 때에는 그 관장에 속하는 수입, 지출, 재산, 물품 및 현금 등의 관리 상황을 감사함
  ※ 감사 시 전임자가 입회해야 하며, 전임자가 입회할 수 없는 경우에는 그 전임자가 지정하거나 법인의 대표이사가 관계 직원 중에서 지정한 입회인을 입회하게 한다.
- 감사 후 감사보고서를 작성하여 법인 이사회에 보고하며, 재산상황 또는 업무 집행에 관하여 부정 또는 불비한 점이 발견된 때에는 시·군·구청장에게 보고한다.

Social Welfare Administration

CHAPTER 10

마케팅과 홍보

제 1 절 마케팅의 개념

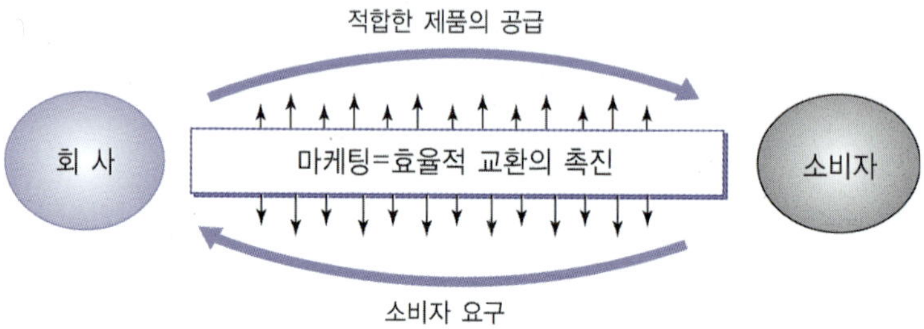

1. 마케팅의 핵심 개념

마케팅을 정의하기 위한 핵심개념들은 소비자의 필요와 욕구, 소비자의 만족과 가치, 교환, 시장이라 할 수 있는데, 이를 구체적으로 살펴보면 다음과 같다(안광호 외, 2007 : 10–12).

1) 소비자의 필요와 욕구

마케팅은 인간의 필요(need)와 욕구(want)에서 시작한다. 인간은 살아가기 위해 의 · 식 · 주와 더불어 휴식, 교육, 오락 등의 서비스에 대해서도 강한 욕구를 가지고 있다. 이 같은 것들이 결핍되었다고 느낄 때 그 사람은 필요를 가지고 있다고 볼 수 있다. 이 같은 필요들은 사회나 마케팅에 의해 만들어지는 것이 아니라, 인간이 생리적으로 갖고 있거나, 인간의 조건 그 자체에 의해 생겨난다. 소비자가 갖고 있는 필요들을 만족시킬 수 있는 구체적인 제품이나 서비스에 있어 바람을 욕구(want)라고 한다. 이러한 욕구는 문화나 사회에 따라 다르며, 학교, 기업, 가족 등의 사회적 제도나 힘에 의해 형성되고 끊임없이 변형된다. 특정 제품이나 서비스에 대한 욕구가 구매의사와 능력에 의해 뒷받침될 때 우리는 수요(demand)라고 한다. 따라서 소비자들의 욕구와 수요를 파악하는 것이 매우 중요하고 면밀하게 이해한다는 것은 마케팅 전략을 위한 중요한 투입 요소이다.

2) 소비자의 만족과 가치

소비자들은 제품이나 서비스를 가지고 그들의 필요와 욕구를 충족시킨다. 예를 들어, 소비자들은 그들의 갈증을 해소하기 위해 생수, 탄산음료, 녹차, 주스 등의 많은 수단을 사용할 수 있다. 소비자들은 이 같은 대안들 중에서 그들의 필요를 가장 만족시켜 줄 수 있다고 생각하는 대안을 선택할 것이다. 그러나 소비자들은 필요나 욕구의 충족뿐만 아니라 지불해야 하는 대가를 동시에 생각한다. 따라서 소비자들이 제품을 선택하는 데 지침이 되는 개념은 각 대안이 소비자에게 제공할 수 있는 가치(value)라고 할 수 있다. 가치라는 것은 고객이 그 제품을 소유하고 사용하여 얻는 혜택과 그것을 얻는 데 필요한 비용 간의 차이이다. 대안의 가치는 가격을 고려한 대안의 고객만족 수준이다. 만족은 기대에 맞추어 가치를 전달하는 제품에 대해 소비자가 지각하는 성능에 좌우된다. 만약에 제품 성능이 소비자의 기대에 미치지 못한다면 그 구매자는 불만족하게 되고, 제품 성능이 일치한다면 구매자는 만족할 것이다.

3) 교 환

어떤 제품이나 서비스가 소비자의 필요나 욕구를 충족시키고 소비자에게 만족과 가치를 제공한다고 하더라도 그 제품이나 서비스를 제공하는 기업에게도 무엇인가 이득이 있지 않으면 교환이 일어나지 않는다. 교환(exchange)은 가치 있는 제품이나 서비스를 대가를 제공하고 획득하는 행위를 말한다. 교환이 실제로 일어나는가 아닌가는 교환과 관련된 당사자들이 교환의 조건에 동의하느냐 않느냐에 달려 있는데, 교환이 일어나기 위해서는 교환의 조건이 교환 당사자들로 하여금 이전보다 더 나은 상태로 만들어 줄 수 있어야 한다. 그런 의미에서 교환은 가치를 창조하는 과정이다.

4) 시 장

시장(market)은 어떤 제품이나 서비스의 실제 또는 잠재적 구매자들의 집합을 의미한다. 특히 교통과 정보통신의 발달에 따라 제품이나 서비스를 판매하는 기업은 광고 등을 통해 정보를 전달할 수 있고, 전화나 인터넷을 활용하여 소비자들로부터 주문을 받을 수 있다. 따라서 판매자와 구매자 간에 전혀 물리적 만남이 없어도 교환이 일어날 수 있다.

시장의 개념은 반드시 전통적 의미의 제품이나 서비스에만 한정되는 것도 아니다. 예를 들면, 자금을 필요로 하는 사람들과 이를 공급할 수 있는 능력을 가진 사람들 사이에 교환이 이루어지는 '자금시장(money market)'이나 기부금을 얻고자 하는 사회복지기관과 기부를 하고자 하는 사람들 사이에 교환이 일어나는 '기부금 시장' 등도 분명히 시장이라는 개념을 활용할 수 있는 영역들이다.

2. 마케팅의 정의

위에서 설명한 핵심 개념들을 중심으로 마케팅을 정의해 보면 마케팅은 소비자들의 필요와 욕구를 충족시키기 위해 시장에서 교환이 일어나도록 하는 일련의 활동들이라고 정의할 수 있다. 따라서 마케팅은 제품의 가치를 창조하여 다른 사람과 시장에서 교환함으로써 그들의 필요와 욕구를 충족시키기 위한 일련의 모든 활동이라 할 수 있다.

코틀러(Kotler, 1982 : 6-7)는 다음과 같은 몇 가지 구체적인 내용으로 마케팅을 정의하고 있다. 첫째, 마케팅은 분석, 기획, 집행, 통제 등을 포함하는 체계적인 과정이다. 둘째, 마케팅 과정은 욕구충족을 면밀하게 짜여진 프로그램에 의해 진행된다. 셋째, 마케팅은 가치의 자발적인 교환을 추구한다. 넷째, 마케팅은 모든 사람을 대상으로 모든 제품에 대해 모든 시장을 찾아 비현실적으로 공략하기보다는 정확하게 사정된 표적시장을 대상으로 해야 한다. 다섯째, 마케팅의 목적은 효과적인 시장의 공략을 통해 조직의 생존과 건강한 유지를 돕는 것이다. 여섯째, 마케팅의 성패는 판매자의 입장보다는 표적시장의 욕구에 부응하는 조직의 공략체계에 달려 있다. 일곱째, 마케팅은 마케팅 함수(market mix)라 표현되는 상품설계, 가격결정, 홍보 및 장소선정 등의 방법을 혼합적으로 이용하는 개념이다.

위와 같은 코틀러의 마케팅 정의를 종합할 때, 마케팅은 영리, 비영리조직에 관계없이 거래 혹은 설득 커뮤니케이션 등의 교환 촉진을 위해 행하는 모든 활동이라고 할 수 있다.

제 2 절 사회복지조직의 마케팅의 특성

1. 사회복지조직의 마케팅 도입 배경과 필요성

비영리마케팅(nonprofit marketing)은 비영리단체와 정부기관들이 아이디어 및 사회적 이슈의 촉진을 위해 수행하는 마케팅활동을 말하는데, 사회부문 마케팅(social sector marketing), 사회적 마케팅(social marketing)으로 불리기도 한다(안광호 외, 2007 : 573). 이러한 비영리마케팅은 1970년대 전후 미국에서 마케팅 개념의 비영리부문의 적용 가능성이 제기되었다(Kotler & Levy, 1969; Shapiro, 1973). 그러나 비영리조직에 마케팅 개념을 적극적으로 활용하게 된 것은 1960년대 이후 사회적, 경제적, 정치적 환경의 변화로 인한 당면 문제에 봉착하게 되면서 시작하였다(Venable et al., 2005).

첫째, 비영리조직에 대한 정부 지원금이 대폭 감축되면서 재정위기를 타개하고자 비영리조직들이 민간기부를 통해 재정증대를 꾀하기 위한 마케팅 활동을 시도하기 시작하였다(Bendapudi, Singh, & Benapudi, 1996).

둘째, 비영리부문의 수가 급증하면서 한정된 재정을 두고 경쟁이 치열해지면서 표적 마케팅, 전략적 포지셔닝, 다양한 마케팅 전략을 통해 경쟁적 비영리조직과의 차별화를 통한 모금효과를 극대화하는 노력이 확대되었다(Vinson & Harty, 2001; Blum, 2002; 이동영·변은지, 2007).

셋째, 비영리부문의 규모 증가 속도를 기부의 증가 속도가 따라잡지 못함으로써 증가된 비영리조직 간의 경쟁을 마케팅을 통해 해결하고자 하였다(Sargeant, 1999).

넷째, 개인 기부자들이 비영리부문을 하나의 대규모 비즈니스 영역으로 인식하게 되면서 비영리조직에서도 효과성, 책임성 있는 운영을 기대하게 된 점이다(Blum, 2002; Morley, Vinson & Hatry, 2001; 김양수, 2008 재인용).

마케팅이 본질적으로 조직의 목적을 효과적으로 달성하며, 상호 간의 만족을 최대화한다는 것에 목표를 두고 있다는 점을 인식하다면 비영리조직의 마케팅을 이해할 수 있다. 영리기업처럼 이윤추구가 최대의 목표는 아니지만 비영리조직 역시 목표달성을 좀 더 효율화시키는 데 있어 마케팅의 필요성은 증대되고 있다. 비영리조직의 재원은 헌금, 기부금, 보조금과 같이 후원자들의 지원으로 확보된다. 자발적 기부라 하더라도 기존의 후원자들을 유지하고 새로운 후원자들을 확보하기 위해서는 후원자들을 만족시키고 유인할 수 있는 적절한 방법이 필요하다. 더불어 조직 내에 구성원들의 동기유발을 통하여 참여와 활동을 높일 수 있고 나아가 조직의 목표고객들을 더 많이 발견할 수 있는 방법이 필요하다. 이러한 활동들을 효율적으로 시행하기 위해 필요한 것이 마케팅이다.

이러한 비영리조직의 하나인 사회복지기관의 마케팅을 구체적으로 실시하려면 선행요건으로 첫째, 조직성원들의 직무가 고객의 필요와 욕구를 충족시켜 주어야 함을 인지해야 한다. 이를 위해서는 조직구성원들의 사고가 소비자 지향적으로 되어야 한다. 둘째, 마케팅 활동에 영향을 미치는 다양한 요인을 찾아내고 이를 명확히 규명하여 이들의 상호작용을 이해해야 한다. 이를 통하여 다양한 요인을 유효 적절하게 활용할 수 있다. 따라서 구성원들이 마케팅 전문 지식을 습득하고 이를 활용해야만 보다 조직에 어울리는 능률적 마케팅 활동을 수행할 수 있게 된다(하대용, 2008 : 473-474).

2. 사회복지조직의 마케팅의 특성

사회복지조직은 영리조직과 달리 다양한 가치와 고객집단을 지니고 있다. 따라서 사회복지조직의 마케팅 전략은 그 특성을 정확하게 고려해야 한다. 사회복지조직은 공공의 이익을 실현시키는 것을 최우선으로 삼고 설립·운영되고 있다. 그러므로 사회복지조직의 목적달성을 위한 가치지향적인 마케팅이 목적이며 특성이다.

따라서 사회복지조직의 목적과 내용이 가치지향적 마케팅이어야 한다. 가치지향적 마케팅의 특성은 다음과 같다. 사회복지기관 역시 마케팅 전략과 고객의 욕구를 분석할 때 다음과 같은 특성을 고려해야 한다(양용희 외, 1997).

① 다수의 사람들

마케팅 관점에서 볼 때 비영리조직들은 최소한 두 종류의 중요한 대중(수혜자와 기부자)과 상호작용을 한다. 수혜자와 관련해서는 자원의 분배 문제가 제기되고 기부자에 관해서는 자원 동원의 문제가 제기된다. 이러한 두 대중 외에도 다른 수많은 대중이 존재하고 있으며 이들을 위한 마케팅 프로그램이 필요하다.

② 다수의 목적들

사회복지관은 이윤과 같은 하나의 목적보다는 몇 가지의 중요한 목적들을 동시에 추구하는 경향이 있다. 결과적으로 이 모든 목적을 충족시키기 위한 전략의 구성이 더욱 어려워진다. 경영을 위해서는 여러 전략 중 하나를 선택할 수 있도록 많은 목적들의 상대적 중요성을 명시하는 것이 필요하다.

③ 상품중심이 아닌 서비스중심의 마케팅

대부분의 사회복지기관은 물품보다는 서비스 생산에 관련되어 있다. 서비스는 실체가 없고, 각 구성요소로 분리되지 않으며, 다양하고, 시간이 흐르면 소멸되는 속성을 지닌다. 예를 들면, 대학은 교육이라는 보이지 않은 서비스를 제공하며, 그 전달과정은 전달자(교수)들에게 분리될 수 없으며, 서비스 수준은 어떤 사람이 제공하는지에 따라 다양해진다. 서비스 관련 마케팅을 기획하는 사람은 전략구상에 있어서 이러한 특성들을 반드시 기억해야만 한다.

④ 대중의 평가

사회복지기관은 보통 철저한 대중들의 평가를 받는 경향이 있는데 이는 비영리조직들이 대중이 필요로 하는 서비스를 제공하고, 보조금을 제공받거나, 세금이 면제되는 사업을 하며, 많은 경우 대중의 요청에 의해 형성되기 때문이다. 이것은 사회복지기관과 관련된 마케팅 활동이 대중평가에 지배되기 쉽다는 것을 의미하며, 대중으로부터 투명성과 신뢰성을 얻을 수 있는 마케팅을 실시해야 함을 의미한다.

제3절 사회복지조직의 마케팅 전략

1. 사회복지조직의 마케팅 믹스

마케팅 믹스는 사회복지조직이 표적시장에서 원하는 반응을 얻을 수 있도록 하기 위해서 혼합하여 통제가능한 전술적 마케팅 도구의 집합을 의미한다. 마케팅 믹스는 사회복지조직이 소비자들의 욕구나 서비스 구매활동에 영향을 주기 위해 활용할 수 있는 모든 수단으로 구성되어 있다. 이러한 마케팅 개념을 토대로 성공적 마케팅을 위한 요소인 마케팅 믹스에 대해 일반적으로 4P 즉, 상품(product), 가격(price), 유통(place), 촉진(promotion)으로 구성되어 있다

파인(Fine, 1992 : 4-9)은 비영리기관에서 4P만을 가지고 최적의 함수를 도출해 내는 것은 무리가 있다고 주장하면서 추가적으로 3P가 함수에 포함되어야 한다고 강조하였다. 즉, 마케팅의 주체인 생산자(producer), 마케팅을 통해 호소해야 할 대상자인 구매자(purchaser), 과학적인 방법인 조사(probing) 등이 함수에 고려되어 7P 활동중심으로 전략을 수립해야 한다고 주장하였다.

1) 상 품

비영리조직의 상품(product)은 무형이기 때문에 서비스와 유사하며, 상품의 정의가 어렵다. 비영리조직의 상품은 개인이 갖는 무형의 만족, 자부심, 소속감 및 제품 서비스에 대한 내면으로부터 기대되는 만족감이 포함된다. 따라서 소비자는 상품가치의 결정자이다.

비영리조직 역시 영리기업처럼 일반 대중들이 확실히 필요로 하는 것을 찾아내서 그것을 수용할 수 있도록 만드는 것이 중요하다. 일반 대중들이 확실히 필요로 하는 것을 찾아내기 위해서는 영리조직과 동일한 상품의사결정이 필요하다.

비영리조직은 두 가지 형태의 제품정책을 갖는다. 하나는 기부자(donator)들에 관한 것이고 다른 하나는 이용객(client)들에 관한 것이다. 예를 들면, 심장병어린이재단을 설

립하여 심장병을 앓고 있는 생활이 어려운 어린이들을 치료해 준다고 상품정책을 수립했다고 하면, 이때 재단은 기부자들에게 더 많은 기부금을 받을 수 있다는 정책과 심장병으로 고생하는 어린이들에게 전개할 정책을 결정하는 것이 상품전략이라고 할 수 있다. 이를 위해서는 상품에 대한 차별화와 특성화가 필요하다.

2) 가 격

사회복지조직의 가격(price)은 서비스와 프로그램 이용에 대한 가격으로 수익사업의 이용료와 모금 프로그램을 이용한 후원금이 가격이다. 사회복지조직에서의 가격결정은 영리기업과 차이가 있다. 영리기업은 이익의 극대화 수준에서 가격이 결정되지만 사회복지조직은 고객의 욕구와 지불능력을 고려하여 적정 수준에서 가격이 결정된다. 그러므로 사회복지조직은 원가회수를 가격목표로 삼으며 경우에 따라서 손실이 발생되는 수준에서 가격이 결정되기도 한다. 또한 사회복지조직은 고객이 감수해야 할 화폐로 환산되지 않은 비용(nonmonetary costs)도 가격결정에 고려되어야 한다. 이러한 비화폐적 비용은 투입된 시간, 노력, 불편함, 긍지 등을 포함한다. 예를 들면, 후원자가 후원하기 위해 금융기관이나 사회복지기관을 방문하여 후원을 해야 할 경우, 후원을 위한 사회적 비용을 지불하는 경우이다. 이러한 경우 사회적 비용을 줄일 수 있도록 해야 한다.

3) 유 통

비영리조직이 유통(place) 전략에서 가장 중요한 사항은 비영리조직 혹은 제공하는 제품이나 서비스에 가능한 많은 사람들이 쉽게 접근할 수 있도록 하는 것이다. 비영리조직이 제공하는 상품이나 서비스는 특성상 고객들이 스스로 찾아나서는 경우가 많지 않기 때문이다. 따라서 비영리조직은 고객들을 적극적으로 찾아나서야 하며 고객들이 쉽게 접근할 수 있는 유통경로를 개발해야 한다. 예를 들면, 이동헌혈버스, 이동도서관 등이고, 크리스마스 전후로 등장하는 거리의 자선남비는 많은 사람들이 접근할 수 있도록 통행이 많은 번화가에 설치된다.

이러한 비영리조직의 제품이나 서비스는 직접적으로 제공하기 때문에 일반 영리기업처럼 중간 유통이 존재하지 않고, 직접 고객들에게 제공한다(하대용, 2008 : 476-478).

4) 촉 진(홍보)

촉진(promotion)은 영리조직에서는 판매활동을 보다 원활하게 하여 매출액을 증가시키는 판매활동이다. 사회복지기관에서 가장 중요한 함수는 촉진, 즉 홍보활동이라 할 수 있다. 사회복지기관에서는 기부금 확보를 위해 인쇄물 제작, 언론・방송매체를 통한 홍보, 인터넷, DM 등과 같은 커뮤니케이션 수단들을 예전부터 사용해 왔다. 이외에도 로비활동, 교육 프로그램, 직접방문 등의 방법도 사용되고 있다. 기부금 확보를 위해서는 홍보는 창의성과 독창성이 있는 아이디어를 발휘하는 것이 매우 중요하며, 다양한 커뮤니케이션 수단을 적절히 혼용하여 최대의 효과를 거두게 하는 종합적인 촉진 프로그램을 개발하는 것이 중요하다.

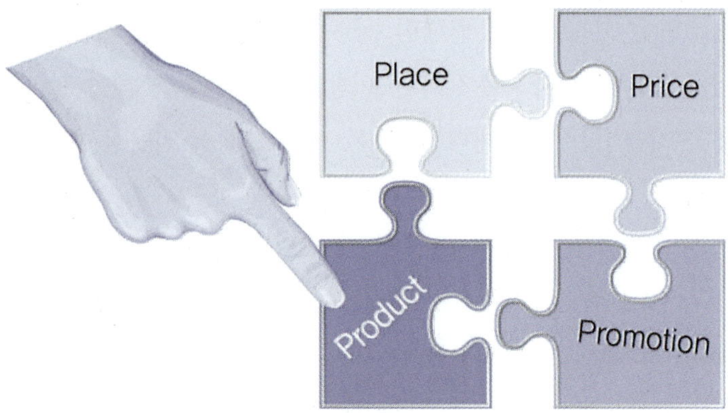

[그림 10-1] 4P Mix

5) 생산자

마케팅을 위해 구매자와 교환할 아이디어를 창출하고 메시지를 생산해 내는 주체이다. 후원자 개발을 위한 마케팅에서는 사회복지기관이 생산자(producer)가 되어 사회복지기관의 목표에 대한 가치를 확신시켜야 한다. 이를 위해 사회복지기관은 시민들로부터 믿을 만하고 의지할 만한 기관으로 신뢰를 받아야 하고 사회복지대상자들의 중요한 대변인 역할을 해야 한다. 마케팅 주체로서 사회복지기관은 교환하고자 하는 아이디어나 메시지에 책임을 질 수 있어야 한다.

6) 구매자

사회복지기관의 후원자 개발을 위한 마케팅에서 구매자(purchaser)는 잠재적 후원자들이다. 이러한 잠재적 후원자가 될 사람들은 마케팅 초기 단계에서부터 반드시 파악되어야 한다. 또한 사회복지기관은 이들에게 깊은 인상을 심어주고 호소할 필요가 있으며, 효율적인 관리가 필요하다.

7) 조 사

소비자 조사(probing)는 마케팅 담당자들이 사용하는 가장 중요한 도구이지만 때로는 지나치게 남용되기도 한다. 따라서 조사가 필요할 때 철저하고 주의깊게 이루어져야 한다.

2. 마케팅 과정

사회복지환경의 변화의 하나로 사회복지조직 간의 경쟁이 지속적으로 진행될 것으로 예상되고 있다. 이러한 환경에서 성공을 거두기 위해선 전략적 마케팅 노력을 기울여야만 한다. 마케팅 전략이란 주어진 제품시장 내에서 원하는 기업목표를 달성하기 위하여 목표를 설정하고, 표적시장을 선정하며, 설정한 목표나 핵심 전략 그리고 표적시장에 대하여 적절한 마케팅 믹스 전략을 수행하는 과정이다(하대용, 2008: 172). 사회복지조직에서의 마케팅 전략이란 이를 한정된 자원 내에서 원하는 사회복지조직 목표를 달성하기 위하여 목표를 설정하고, 표적시장을 선정하고, 설정한 목표나 핵심 전략 그리고 표적시장에 대하여 적절한 마케팅 믹스 전략을 수행하는 과정이다. 이러한 마케팅 과정에는 기관환경분석, 그리고 경영지원분석, 마케팅조사,

마케팅목표설정, 시장분석, 마케팅 도구설정, 마케팅 실행, 마케팅 평가 등으로 구성된다(황성철 외, 2009 : 282).

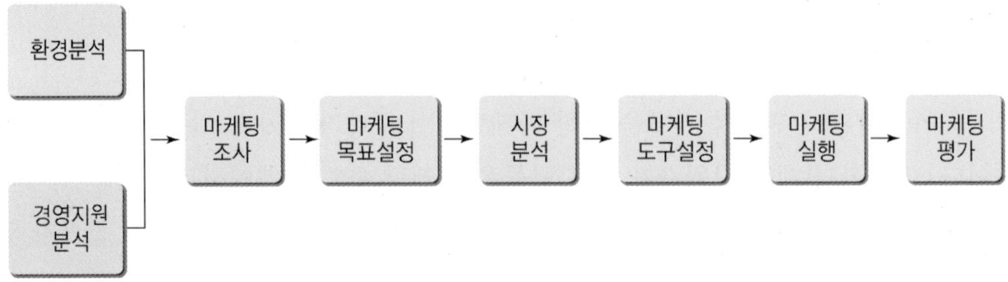

[그림 10-2] **마케팅 과정**

1) 시장기획 분석(기관환경 분석, 경영지원 분석)

사회복지조직은 자원개발에 앞서 마케팅 전략을 수행하는 데 영향을 미치는 외부 및 내부환경 요인을 분석해야 한다. 외부환경 분석을 통해 현재 사회복지조직이 당면한 시장으로부터 얻을 수 있는 기회나 위협을 파악하고, 내부 환경분석을 통해 해당 조직의 강점이나 약점, 또는 확보하고 있는 인적・물적자원에 대하여 파악해야 한다.

외부 환경 분석은 고객의 분석, 즉 사회복지조직을 이용하는 클라이언트와 기부자를 분석해야 하며, 사회복지의 공급 다원화로 인한 타 기관과의 비교분석, 그리고 사회제도적 환경으로 사회복지 관련 법규, 정부의 정책, 경제 상황 등의 내용을 포함한다.

내부 환경 분석은 조직 내의 인적・물적자원을 분석하는 것을 의미한다. 이러한 요인 등을 파악할 수 있는 기법으로 SWOT(Strength, Weakness, Opportunity, Threat) 분석, BCG 매트릭스를 통해 파악할 수 있다. 이 중 SWOT 분석은 현재 우리 기관의 강점(조직력), 약점(인력 부족, 내부의 지원 부족), 기회(사회의 양극화로 인한 사회적 욕구 증가), 위협(저출산 고령화, 경제불황으로 인한 실업 증가) 등이 무엇인지를 정확히 파악하는 것이 중요하다.

〈표 10-1〉 SWOT 분석

강점(Strength)	약점(Weakness)
기관의 목표도달에 도움이 되는 내부역량	기관의 목표달성 능력을 방해하는 내부적 한계
기회(Opportunity)	**위협(Threat)**
기관을 유익하게 활용할 수 있는 외부 요인들	기관 성과를 어렵게 하는 현재·장래의 외부 요인들

출처 : 한국복지행정학회(2010). 사회복지행정론. 양서원, p. 356.

〈표 10-2〉 SWOT 분석 예시 : ○○노인복지관 경로당활성화사업

강점(Strength)	약점(Weakness)
• 경로당별 특화 프로그램의 실시 – 다양한 취미, 여가 서비스 제공을 통한 경로당 분위기 전환 – 경로당별 특화 프로그램 운영을 통한 경로당의 기능 전환 • 건강증진서비스 제공을 통한 신체기능 향상 – 방문간호를 통한 건강관리로 당뇨 및 혈압 안정 조절 – 건강체조 및 교육을 통한 잔존기능 유지 및 향상	• 예방적 프로그램 약화 – 경로당을 단순히 이용기관으로만 사용하는 경향이 있음 – 소일거리가 없는 노인의 여가시간을 화투 등의 낭비적 시간으로 보내는 경향이 있음 • 중·고령의 어르신들 이용으로 인한 프로그램 진행의 어려움 – 경로당 이용 어르신들의 대부분이 중·고령의 어르신들이므로 전문화된 프로그램 진행에 어려움이 있음
기회(Opportunity)	**위협(Threat)**
• 서울시 신 노인정책 「9988 어르신 프로젝트」 추진 – 기존 경로당의 '쉼터' 개념을 탈피하여 노인문화활동 거점으로 활용 – 경로당의 기능전환을 통한 지역 내 경로당 이미지 변화 • 경로당 수의 증가 – 1999년 36,340개소에서 2009년 말 56,637개소로 매년 약 2,000 개소씩 증가 추세 – 경로당 수의 증가로 인하여 지역 내 경로당의 역할이 매우 큰 비중을 차지하게 되었음	• 경로당 이용 어르신들의 프로그램에 대한 인식 부족 – 일부 이용 어르신들의 프로그램에 대한 부정적 반응을 보임으로써 이용 어르신들 간의 마찰 발생 – 프로그램 투입 및 진행에 어려움이 발생 • 지역노인복지 증진을 위한 공적 인프라로서 역할 미흡 – 간부진의 권위적이고 불투명한 운영으로 민원 제기 – 경로당의 사용문제 등 운영마찰 발생 – 소수의 경로당 회원 위주로 폐쇄적이고 배타적으로 운영

2) 마케팅조사

마케팅조사는 마케팅의 초기 단계에서 이루어진다. 마케팅을 하는 기관은 시장에 관해 최대한 다음의 네 가지 점을 사전에 분명히 파악하고 있어야 한다. 첫째, 상품이나 서비스에 대한 욕구가 있는가?, 둘째, 욕구를 지닌 사람들이 상품이나 서비스를 구입하는 데 관심이나 잠재적 욕구가 있는가?, 셋째, 그들이 상품을 구입하기 위한 자금이 있는가?, 넷째, 충분한 자금을 가진 자들이 그들이 원하는 상품이나 서비스를 위해 충분히 소비하고자 하는 의지가 있는가?

사회복지기관에서 시장조사는 잠재적인 후원자와 그들이 원하는 바를 찾아내는 작업이라고 할 수 있다. 이를 6하원칙에 입각하여 제시하면, 첫째, 누가 후원을 원하는가?(who), 어떠한 분야에 후원을 원하는가?(what), 언제 후원하길 원하는가?(when), 어디에서 후원을 원하는가?(where), 어떤 방식으로 후원금을 내기를 원하는가?(how), 왜 사람들이 다른 기관에 후원하지 않고 우리 기관에 후원하고자 하는가?(why)로 구성해 볼 필요가 있다. 즉, 마케팅에서 상황의 중요성은 상황이 마케팅의 모든 것이라 할 수 있을 정도로 중요하다.

3) 목표설정

마케팅의 목표를 설정하기 전에 기관의 목적을 살펴볼 필요가 있다. 목적은 실행계획을 보다 더 구체적으로 제시하는 목표와는 구분이 된다. 사회복지조직의 목적은 대부분 기관에서 사명(mission)으로 제시되어 있다. 즉, 사명은 기관의 존재 이유와 방향을 명확하게 인식하도록 해 준다. 사회복지기관의 사업이나 프로그램도 이 사명에 근거하여 개발된다. 따라서 후원자 개발을 위한 마케팅 목표설정도 이 사명에 근거해야 한다.

목표의 설정은 정확한 문제의 진술, 표적집단의 성격과 규모, 기관의 정책, 자원동원 등의 변수들에 의해 범위와 방향이 정해진다. 일반적으로 목표는 상위 목표와 하위 목표로 구분할 수 있다. 상위 목표는 장기적으로 달성될 결과를 의미하며, 하위 목표는 1년 이내의 단기적 목표를 의미한다. 상위 목표와 하위 목표 간에는 매우 밀접한 관계가 있으며, 대개 한 개의 상위 목표하에 여러 개의 하위 목표가 포함된다.

목표는 마케팅 기획의 초기 단계에서 명확하게 규명되어야 하며, 특히 하위 목표는 구체적이고, 측정가능하며, 달성가능하고, 결과지향적이면서, 시간 한계가 명확히 제시되어야 한다. 그리고 목표에는 과정과 결과(달성 여부)를 체크할 수 있는 지표가 반드시 설정되어야 한다.

4) 시장세분화와 표적시장의 선정

시장세분화는 마케팅에서 소비자들의 욕구가 동일하지 않다는 가정하에서 상이한 욕구를 충족시키는 상품이나 서비스도 개인별로 달라야 한다는 것이다. 마케팅에서는 모든 제품 또는 서비스와 관련된 시장은 여러 개의 세분화된 시장으로 구성되어 있다고 볼 수 있다. 이와 같이 시장을 다양한 부문으로 나누어 거기에 적합한 전략으로 마케팅을 하는 작업이 '시장세분화(market segmentation) 작업'이다.

시장세분화 작업은 영리기업에서는 소비자 욕구의 차이를 파악하여 이들을 충족시키려고 하지만 비영리조직에서는 비차별적 시장세분화 전략을 추구한다. 즉, 그들은 고객들의 욕구가 동질적이므로 각 세분시장의 욕구를 충족시키는 전략을 도입할 필요가 없다. 그러나 시장세분화 도입으로 비영리조직은 보다 효과적으로 조직목표를 달성할 수 있다. 또한 사회복지기관에서도 시장세분화를 통하여 기관이 공략가능하다고 판단하여 표적시장을 통해 후원자의 분류를 할 수 있다.

사회복지조직은 영리기업과 마찬가지로 인구통계적 변수(나이와 생애주기, 성별, 소득, 교육, 종교, 사회적 계층), 지리적 변수(지역단위, 지역의 크기, 인구밀도), 심리적 변수(라이프 스타일, 성격), 행동적 변수(구매 및 사용 상황, 제품 사용 경험, 이용률, 충성도)로 사용할 수 있다.

5) 마케팅 도구설정

사회복지조직에서 후원자는 결연후원자, 정기후원자, 비정기후원자, 프로그램 후원자 등으로 구분할 수 있다(홍부길, 1988). 후원자 개발 프로그램은 후원자의 유형에 따라 달라진다. 따라서 각 후원자 유형의 특성을 고려하여 후원자 개발 프로그램이 수립되어야 한다.

결연후원은 후원자와 클라이언트를 연결하여 재정적·정신적 지원을 하도록 하는 방식으로, 결연후원의 장점으로 후원자에게 클라이언트에 관한 정보를 구체적으로 제공함으로써 클라이언트의 욕구에 맞는 후원을 하여 후원자가 직접적으로 보람을 느끼게 함으로써 장기적인 후원이 가능하다. 단점으로는 클라이언트의 신상이 공개됨으로써 인격적 손상을 가져오거나 스티그마(stigma)를 느끼게 할 우려가 있다.

정기후원자는 정기적(월·분기)으로 후원금을 내는 사람들로 사회복지시설에서는 정기적인 후원자를 지속적으로 관리하는 것이 매우 중요하다. 비정기후원자는 비정기적으로 후원금을 내는 사람들이다. 이들은 정기적으로 후원을 하는 것을 부담스러워 하는 후원자들로 사회복지기관에서는 이러한 잠재적 후원자를 대상으로 개발해 볼 필요가 있는 후원자들이다. 프로그램 후원은 특정 사업이나 프로그램(결식아동 돕기 모금)을 홍보하여 모금하는 방법이다.

6) 마케팅 실행방법과 관리

후원자 개발을 위한 마케팅 방법에는 직접설득, DM, 이벤트, 대중매체 광고, ARS, 컴퓨터 통신, CRM, 대인마케팅, 조직마케팅, 아이디어 마케팅, 인터넷마케팅 등이 있다.

직접설득은 지역에 있는 잠재적인 후원자를 직접방문하여 후원의 필요성을 이해시키고 후원자로 개발하는 방식이다. DM은 후원을 요청하는 편지를 잠재적 후원자에게 발송하여 후원자를 개발하는 방식으로 가장 전통적 마케팅 방법 중 하나이다.

이벤트는 후원의 특정 동기를 부여하기 위하여 특정 기간과 장소에서 사전 계획하에 이루어지는 커뮤니케이션 과정이다. 이벤트에는 걷기 대회, 바자회, 음악회 등이 있으나, 후원자 개발에서 적합한 방법은 아니다. 대중매체 광고는 주로 영리기업에서 하는 마케팅 방법이다. 사회복지조직에서 대중매체의 광고는 재원 부족으로 아직 미흡하나 공익성을 위한 각종 대중매체 프로그램에 의해서 광고되고 있다.

ARS는 최근에 가장 활발하게 사용되고 있는 모금방법이다. 이는 간편하고 편리하며 적은 금액으로 참여할 수 있는 장점이 있다. 컴퓨터 통신을 활용한 후원자 개발은 급속하게 증가하고 있는 후원자 개발방법으로 사회복지기관은 후원상품 개발이나 마케팅,

홍보활동 등을 인터넷을 활용하여 사용하고 있다.

대인마케팅은 특정한 사람들의 태도나 행동을 유도하거나 변화시키려는 것으로, 특정한 사람의 이름으로만 사람들의 주의와 관심을 얻어 행동을 유도하도록 하는 데 목적이 있다. 사회복지조직에서도 대인마케팅을 사용하고 있다.

조직마케팅은 특정 조직에 대한 사람들의 태도와 행동을 만드는 것으로 조직의 목표와 서비스 수용에 대하여 수행하며, 주로 비영리기관이 실시하는 마케팅 기법으로 이미지의 강화나 변화를 통하여 대중의 인지도를 높이고 한편으로는 기금이나 후원자를 확보하는 데 목표를 두고 있다.

아이디어 마케팅은 사회문제와 관련하여 사람들의 주의와 관심을 높여 사람들의 참여 혹은 행동을 유도하는 것이다(하대용, 2008 : 474-475).

마케팅 기획과 실행을 통해 후원자를 개발하고 그 후 후원자들을 관리하는 것이 매우 중요하다. 사회복지기관의 문제점으로는 후원자들의 지속적 관리 부족으로 매년 후원자 개발에 시간과 비용을 낭비하고 있다. 실제로 기존의 후원자를 지속적으로 관리하는 것이 신규 후원자를 늘리는 것보다 시간과 비용이 적게 들고 구전을 통해 후원자가 증가하는 효과가 있다. 따라서 신규 후원자를 늘리는 것도 중요하지만 기존의 후원자를 관리하는 것도 매우 중요하다.

7) 마케팅 평가

마케팅 평가는 기부 행위의 발생에 대한 종합적 평가와 함께 기관의 외부 환경에 대한 새로운 분석으로 연계되는 과정이다. 이는 기관의 존재 이유가 되는 사명을 기초한 수혜자와 후원자들의 욕구분석을 한다. 따라서 마케팅 평가의 과정은 마케팅의 종료가 아닌 새로운 출발과정이 된다(김형식 외, 2007 : 287). 마케팅 평가는 사회복지기관의 일부 조직에 대한 평가뿐만 아니라 복지조직 전체에 대한 마케팅 활동에 대해 포괄적으로 평가해야 하며, 내부조직 내에 평가 시스템과 외부감사를 통한 평가를 통하여 마케팅의 유효성을 높여 미래 환경변화에 대처해 나갈 수 있도록 주기적으로 마케팅 평가를 실시해야 한다.

제4절 내부마케팅

1. 내부마케팅의 개념

서비스 기업에서 가장 중요한 사람은 고객이다. 고객과의 좋은 관계를 유지하는 것이 서비스 기업의 사활을 결정한다고 말할 수 있다. 따라서 서비스 기업의 대고객 활동, 즉 관계마케팅의 중요성은 아무리 강조해도 지나치지 않다. 그러나 고객마케팅을 실시하기 위한 선결조건이 있다. 그것은 바로 서비스 기업에서 일하는 종업원을 대상으로 하는 내부마케팅이다. 서비스 기업이 성공적으로 운영되려면 고객과 종업원 모두를 잘 관리해야만 한다. 이것이 서비스 기업의 사람관리이다. 서비스를 제공받는 고객을 외부고객이라고 한다면, 종업원은 내부고객이다. 외부고객을 대상으로 하는 마케팅을 외부마케팅 또는 관계마케팅이라고 한다면, 내부고객을 대상으로 하는 마케팅은 내부마케팅이다(이유재, 2004).

내부마케팅은 1970년 후반 마케팅과 조직행동론의 복합적 요인으로 개발되어 외부고객만족과 외부고객 충성도를 제고시키는 서비스 마케팅의 궁극적 목적과 연관성을 갖는다.

서비스마케팅은 일반적으로 고객과 경쟁자들에 대한 활동만을 의미하는 것으로 이해되어 왔으나, 붐스와 비트너(Booms & Bitner, 1981)는 사람(people) 요소를 추가변수로 제안하면서 외부고객, 즉 고객과 경쟁자뿐만 아니라 내부 종업원에게 관심을 기울여야 할 필요성을 제공하였다. 이에 서비스시장의 경쟁우위 확보를 위해서는 종업원들의 필요와 욕구를 충족시키는 것이 전제조건이라고 많은 학자들이 주장하였다(Booms & Bitner, 1981).

내부마케팅은 주로 서비스기업에서 강조되지만 제조업, 비영리단체, 정부기관을 포함하는 모든 조직에 내부마케팅의 개념 확대가 필요하다는 주장도 있다(Cahill, 1995; Harrell & Fors, 1995).

내부마케팅의 개념은 학자들마다 다양하게 정의되고 있는데, 새셔와 아베이트

(Sasser & Arbeit, 1976)는 내부마케팅을 조직 내의 인적자원을 대상으로 한 마케팅 활동으로 보고 외부고객에게 제품 및 서비스를 제공하기 전에 내부고객에게 직무를 판매하는 행동으로 정의하였다.

조지(George, 1990)는 내부마케팅을 서비스 기업의 첫 번째 시장은 종업원이라는 관점에서 고객에게 서비스를 알리고 설득하기 전에, 먼저 종업원에게 서비스가 제공하려는 편익을 알리고 설득하며 교육시켜 내부시장의 욕구를 먼저 충족시키는 활동이라고 정의하였다.

베리와 파라슈라맨(Berry & Parasuraman, 1991)은 내부마케팅을 조직 내부의 종업원을 내부고객으로 보고 그들을 대상으로 실시하는 마케팅 활동으로 외부고객만족을 목표라고 하였다.

핼레스(Hales, 1994)는 내부마케팅을 서비스기업의 내부고객을 대상으로 한 마케팅 활동으로 외부고객에게 적합하게 봉사할 수 있는 능력을 보유한 내부고객을 성공적으로 고용하여 훈련시키고 동기를 유발시키는 과업으로 정의하였다.

조셉(Joseph, 1996)은 내부마케팅을 내부고객이 외부고객 및 상호 간에 봉사하는 방식을 지속적으로 향상시키기 위한 마케팅, 인적자원관리 및 조직관리를 합한 이론, 적용하는 활동이라고 정의하였다.

코틀러(Kotler, 1996)는 내부마케팅을 고객접촉 종업원들을 지원해 주는 종업원들이 한 팀으로 활동하도록 하기 위한 훈련과 동기부여를 통해 종업원들에게 고객지향적인 사고를 심어주는 것이라고 하였다.

래픽과 아메드(Rafiq & Ahmed, 2000)는 내부마케팅의 개념에 대한 확장과 통합을 통해 고객만족에 목표를 두고 마케팅과 유사한 접근방법을 사용하는 계획된 노력으로써 고객지향적 종업원을 선발 및 교육훈련을 통하여 기업전략을 효과적으로 수행할 수 있도록 종업원을 배치하고 동기부여하며, 기능적으로 상호 협조하는 접근방식이라고 정의하였다.

위의 연구자들의 내부마케팅을 종합해 보면, 사회복지조직의 내부마케팅은 고객에게 서비스를 제공하기 전에 내부고객인 사회복지사들의 역할에 대한 중요성을 강조하는 경영이념으로, 사회복지사들의 동기부여를 통하여 직무를 만족시키고 고객지향적인 사고를 확립시켜 고객을 만족시키기 위한 일체의 활동이라고 정의하고자 한다.

2. 내부마케팅의 목적

내부마케팅의 목적은 고객지향적이고 서비스지향적 종업원을 선발하고 개발하여 유지하며 외부고객의 만족을 증진하는 것이라 할 수 있다.

그론루스(Grönroos, 1990)는 내부마케팅이 동기부여되고 고객지향적인 종업원들을 확보하고 보유하는 데 초점을 두어야 한다고 보고, 내부마케팅의 목적을 전략적 수준과 전술적 수준으로 구분하였다. 전략적 수준의 목적은 종업원들 간의 판매정신을 뒷받침할 만한 내부환경을 창조하기 위해 조직 분위기 강화를 위한 것으로 경영방법, 인사정책, 내부교육정책, 계획과 조정절차 등이 활용된다고 하였다. 전술적 수준의 목적은 서비스를 판매하기 위해 경쟁우위 서비스나 캠페인을 활용하고 종업원의 마케팅 노력을 지지하는 것이다.

베리와 파라슈라맨은 내부마케팅의 목적은 효과적인 마케팅 활동을 완수하는 것이고, 마케팅의 의지를 조직적으로 기업을 위해 진정한 고객을 창조할 수 있는 능력이 있어야 한다고 하며, 이는 종업원들의 탁월한 서비스 정신은 외부고객을 만족하게 하여 궁극적으로 기업의 성과로 연결될 수 있다고 보는 것이다.

파트로우(Partlow, 1993)는 내부마케팅의 목적은 종사원들이 고객지향성, 사명, 영업 등의 구조에 대한 확고한 이해의 보장과 프로그램이 서비스 지향적인 방법으로 실시되도록 적절한 훈련 프로그램이 마련되어야 하며, 동기부여를 위하여 계획되어야 한다고 하였다.

또한 코틀러(Kotler, 1996)는 내부마케팅의 목적을 양질의 종사원을 선발・고용하고 훈련을 통하여 고객지향적으로 동기화시키고 강력한 서비스 문화를 구축하여 종사원의 대고객 상황처리능력을 증진시킴으로써 부가적인 판매 및 단골고객의 창조를 통하여 수익을 증대시키는 것이라고 하였다.

이화인(2000)은 내부마케팅의 목적을 현장의 종사원을 동기부여시키고 고객지향적인 마인드를 가진 종사원으로 개발시키는 것이라고 하며, 내부마케팅 목적을 세 가지로 나누었다. 첫째, 종사원이 고객중심적 태도를 갖고 서비스 지향적 마인드를 갖게 하는 것이다. 둘째, 종사원으로 하여금 고객에게 질 높은 서비스를 제공하도록 동기를 부여하고 교육훈련을 시키는 것이다. 여기에는 종사원에게 자신이 제공하는 서비스에 대한 지식과 그 서비스 가치에 대한 확신과 보람을 갖게 하는 내용도 포함된다. 셋째, 기업이 꼭 필요한 수준 있는 인력을 확보하고 유지하는 것이다.

이상의 선행연구를 통해 공통적으로 나타나는 내부마케팅의 목적을 보면 다음과 같다. 첫째, 종업원을 동기부여시켜 고객지향적 태도와 마인드를 가질 수 있도록 종업원을 선발, 교육훈련시키고 유지하여 외부고객에게 만족한 서비스를 제공하는 것이다. 둘째, 고객지향적 마인드를 통하여 효과적인 마케팅 활동을 수행하여 경영성과 극대화에 대한 잠재성을 실현하기 위함이다. 결국 내부마케팅에서 기업은 종업원과의 원활한 커뮤니케이션 활동을 통하여 종업원의 고객지향적 사고를 확립하여 고객을 만족시키는 것을 목적으로 한다. 따라서 사회복지조직에서 유능한 사회복지사의 유치, 확보를 전제조건으로 한 내부마케팅의 목적은 조직 내부의 사회복지사를 대상으로 동기부여를 하고, 고객지향적 사고를 갖게 하여 고객에게 질 높은 서비스를 제공함으로써 최종적으로는 사회복지조직의 사명을 달성하고자 하는 것이다.

3. 내부마케팅의 구성요소

내부마케팅에 관한 연구에서 연구자들은 다양한 요인을 제시하고 있다. 이를 토대로 사회복지조직의 내부마케팅에 영향을 줄 수 있는 요인으로 다음과 같은 다섯 가지의 요인을 보면 다음과 같다.

① **내부커뮤니케이션** : 사회복지사들의 필요와 욕구 및 고객들의 요구사항 전달에 영향을 미칠 수 있는 요인

② **교육훈련** : 사회복지사들의 직무와 관련된 전문지식과 기술 함양과 관련된 요인

③ **보상시스템** : 사회복지사들의 노력에 대한 대가와 인적자원에 대한 투자요인

④ **권한위임** : 클라이언트들의 요구에 대한 즉각적 대응과 문제발생 시 신속한 처리를 위한 요인

⑤ **상사의 지원** : 사회복지사들이 고객중심적 태도와 행동을 갖게 하기 위한 그들의 제안에 관심을 갖고 적극적으로 대응하며 지원을 위한 요인

1) 내부커뮤니케이션

조직 내의 효과적인 커뮤니케이션은 조직을 자기관리, 자기통제 방향으로 유도할 수 있으므로 성공적 서비스 품질 향상에 매우 중요한 요소로 고려된다.

조직구성원들이 내・외부 고객에게 서비스 제공자로서 직무를 충실히 수행하기 위해서는 다양한 정보가 필요한데, 이러한 정보에는 외부고객의 요구에 관한 조사결과뿐만 아니라 자신들의 상호 정보교환도 포함된다. 또한 관리자와 직원 간의 상호 커뮤니케이션은 경영지원과 직원들에게 피드백을 제공하여 직무성과를 증진시킬 수 있다. 그리고 직원 간의 상호의존성이나 정보교환이 부서 간의 직무 이해를 향상시켜 조직혁신에 기여할 수 있다. 즉, 내부커뮤니케이션을 통하여 조직은 부서 및 구성원 상호 간에 통일된 정체성을 가질 수 있고, 구성원들의 업무에 대한 높은 동기와 몰입을 얻어낼 수 있다.

그론루스는 내부커뮤니케이션은 조직과 구성원, 직원과 직원, 그리고 직원과 고객 간의 상호작용에서 중요한 역할을 하는 내부교환을 달성하기 위한 과정이라 하였다 (Grönroos, 1990).

따라서 내부커뮤니케이션은 내・외부고객에게 효과적으로 대응하기 위해 내・외부의 정보교환, 내부조직의 직무이해 등을 하기 위해 지속적인 교환활동을 하는 것을 의미한다.

핀커스(Pincus, 1986)는 의사소통에 대한 만족이 증가할수록 직무만족이 증가되며, 상사와의 관계, 성과에 대한 피드백, 의사소통 분위기에 대한 만족요인이 내부고객의 직무만족에 가장 큰 영향을 미치는 변수로 내부커뮤니케이션은 조직건강을 위한 중요한

요소로 보았다. 또한 신그(Singh, 2000)는 효과적인 내부커뮤니케이션을 통하여 불확실성 감소, 조직분위기 개선, 조직몰입, 기능 간 협조의 효과가 있을 수 있다고 하여, 효과적인 내부커뮤니케이션은 조직을 자기관리, 자기통제 방향으로 유도할 수 있으므로 성공적 서비스 품질 향상에 매우 중요한 요소라 하였다.

2) 교육훈련

교육훈련이란 기업의 조직목적 달성을 위하여 종업원들의 지식과 기능을 향상시키고 조직환경에 적응하는 태도를 길러 맡은 바 직무를 효과적으로 수행할 수 있도록 지원하기 위해 계획된 조직활동이다(여용재, 2008).

교육훈련은 서비스 산업에서 지속적인 경쟁우위 달성을 위해 조직의 사명과 전략에 대한 이해를 돕고, 내부고객의 지식과 능력을 향상시키며 마케팅에 대한 내부고객의 태도를 변화시키는 역할을 하는 내부마케팅의 실행을 위한 중요한 구성요소이다.

교육훈련은 직원들이 조직의 사명과 전략을 이해하고 개개인의 지식과 기능의 향상은 물론 그들의 태도를 변화시킴으로써 기업의 성장과 발전에 기여하게 된다. 또한 교육훈련을 통해 고품질 서비스를 가능하게 하는 조직풍토를 조성할 수 있다.

이를 위해 교육훈련 시스템은 경영자의 전폭적인 지원으로 이루어져야 하며, 효과적으로 설계된 훈련 프로그램을 통해서 종업원들에게 고객과 시장지향성의 중요성 및 본질을 전달할 수 있다. 이러한 시스템은 시장지향성의 개발에 대해 가질 수 있는 부정적 태도들을 불식시킬 수 있는 수단이 될 수 있고, 시장지향성 수행을 위해 요구되는 전문기술이나 소비자 욕구에 대한 감각도 제공할 수 있다. 최근에는 교육훈련의 역할이 단순히 인적자원개발에 한정하지 않고 조직 내부의 지적 자본에 초점을 맞추어 조직혁신의 원동력, 조직문화 주창자 등으로 확대되고 있다.

사회복지 업무는 비영리조직에서 요구되는 업무적 전문성과 함께 사회복지기관에서의 휴먼서비스에 대한 특수한 상황을 이해하는 전문성과 응용력을 함께 갖추어야 하는 고도의 전문성과 사회봉사성, 책임성, 윤리성을 갖춘 업무능력이 요구되므로 사회복지사들의 교육훈련은 매우 중요하다.

따라서 교육훈련이 조직의 지속적인 성과개선으로 연결하기 위해서는 사업전략의 실행에 필요한 인적자원을 확보하고 개개인의 역량에 따라 교육훈련이 실행되어야 한다.

3) 보상시스템

내부고객은 회사의 자산으로 효과적 인적자원 관리를 수행하기 위한 차원에서 내부고객을 지속적으로 보유하는 자체가 중요한 내부마케팅활동 중의 하나이다. 보상관리는 기업과 내부고객 간의 교환과정에서 내부고객이 기업에게 자신의 노동력을 제공하고 그에 대한 대가로 받게 되는 임금, 상여금, 복리후생 등을 포함하는 포괄적 개념으로 보상시스템은 종업원들의 행동을 형성하는 데 훌륭한 수단이 되며(Anderson & Chamber, 1985; Jaworski & Kohli, 1993), 보상시스템을 통하여 시장지향성과 일치하는 새로운 행동과 태도를 수용하고자 하는 동기를 종업원들에게 유발시킬 수 있다(Ruekert, 1992; Hauser et al., 1996). 따라서 내부고객에게 가치를 부여하기 위해 고품질을 제공하는 내부고객에게 노력에 대하여 포상하는 유인책이 있어야 하며, 직원들의 만족과 고객지향적인 사고를 확립하기 위해서는 행위기준 평가를 통한 적절한 보상시스템이 요구된다.

4) 권한위임

권한위임이란 직접적으로 서비스를 제공하고 있는 직원에게 가능한 최대의 의사결정권을 부여함으로써 직원이 특별한 문제에 직면하였을 때 자신감을 갖고 도전할 수 있도록 하는 것이다(정기한 · 김대업, 2000). 권한위임의 목적은 직원의 동기부여를 통해 생산성을 증진시키고 고객에 대한 서비스를 개선하여 시장지향적 활동을 보다 효과적으로 수행하는 것이다. 종업원에 대한 권한위임은 직원의 태도와 행위변화를 유도하여 직무만족을 증대시키고 역할분담과 역할모호성을 감소시킬 수 있다. 또한 과업자주성과 의사결정요인, 의사결정의 재량권이 직무만족, 역할부담과 관련이 있는 것으로 제시되었다.

스콧과 브루스(Scott & Bruce, 1994)는 권한위임을 통하여 직원이 자기효율을 증진시키고, 직원의 재량권을 통하여 주어진 과업을 최상의 방식으로 수행하는 것이 가능하며,

상황적응성과 업무수행의 자주성이 의사결정 영향에 상호관계가 있음을 실증분석을 통해 밝혔는데, 위임을 받은 종업원들은 기업성과에 기여할 수 있는 그들의 능력에 대해 보다 확신을 가지고 창조적 사고발현이 가능하며 문제해결을 용이하게 한다는 것을 확인하였다.

결국 권한위임의 장점은 고객요구와 문제에 대해 신속하게 대응하며 열정적이고 우호적 분위기에서 고객의 접촉을 통해 혁신적인 아이디어를 개발하고 충성고객을 창출하기 때문에 변화하는 고객요구에 보다 유연하게 대응할 수 있다는 점이다. 따라서 권한위임은 내부고객지향성에서 필수적이며, 급변하는 환경에 대처할 수 있는 도구가 될 수 있어, 내부고객지향성이 시장지향성에 영향을 줄 수 있다는 점에서 중요한 선행요인으로 고려할 수 있다.

5) 상사의 지원

상사의 지원은 상사가 부하직원에게 심리적 지원과 신뢰감, 친절, 도움 등의 우호적인 지원(House, 1971)과 구성원에 대한 상사의 인간관계 능력을 뜻하는 것으로 지원, 격려, 관심을 보인다고 구성원이 지각하는 정도를 말한다(Burke et al., 1992). 상사의 지원은 부하직원의 동기부여, 직무만족, 성과 등에 영향을 미치게 되며(Babin & Boles, 1996; Michaels, Day, & Joachimsthaler, 1987), 목표, 명료성, 업무촉진, 사적인 지원, 역할지원 및 보호기능을 제공해 주는 행동을 통해 나타난다(백인화, 2005).

또한 상사는 부하직원의 역할모델이므로 외부고객과 내부고객에 헌신하는 모습을 보여주여야 하며(Lukas & Maignan, 1996; Kohli & Jaworski, 1990) 종업원의 제안에 대하여 적극적인 대응을 해 주는 등의 노력을 해야 한다(Jaworski & Kohli, 1993; Lux, Jux, & Hansen, 1996).

상사의 지원을 많이 받는다고 지각하는 구성원은 조직에 대한 애착심이 높고, 상사로부터 내부 정보와 재량권을 보다 많이 제공받기 때문에 조직목표와 가치관에 대한 믿음이 강해져 높은 수준의 조직몰입과 직무만족을 유지하는 데 도움을 준다(Proenca, 1999).

따라서 상사의 지원은 상사가 부하직원에게 심리적인 지원과 조직 업무계획에 참여토록 하는 등 부하직원에게 동기를 부여하는 지속적인 노력이며, 근무환경이 열악한 환경 속에서 근무하는 사회복지사들의 태도에 많은 영향을 줄 수 있다는 점에서 내부마케팅 요인으로 고려될 수 있다.

4. 사회복지조직에서 내부마케팅의 필요성

사회복지조직은 영리를 추구하는 것이 아니라 인간, 즉 클라이언트의 복지욕구를 해결하기 위해 노력하는 조직으로 많은 클라이언트들이 도움을 요청하기 위해 사회복지조직에 더욱 의존하게 되는 결과, 사회복지조직은 개인생활을 좌우할 수 있는 상당한 역량을 갖는다(Hasenfeld, 1983). 이처럼 상당한 역량을 갖는 사회복지조직에서 사회복지서비스를 제공하는 주체는 사회복지사이며 이 때문에 사회복지사의 역량을 잘 발휘할 수 있는 환경을 만드는 것이 매우 중요한 일이다.

따라서 사회복지조직에서 복지서비스를 계획하고 제공하는 역할을 하는 사회복지사는 다른 전문종사자와 달리 사회복지조직을 통하여 활동하게 되므로 조직은 사회복지사가 자신의 직무에 만족하며 지속적으로 일하도록 유지해야 한다. 그러나 우리나라 사회복지조직의 환경은 근대적 사회복지제도의 역사가 짧고, 사회복지사들의 경험이 적으며, 업무과다와 업무분담이 명확하게 되어 있지 않고 승진기회가 거의 없으며, 임금이 낮아 전문가로서 활동할 수 있을 만큼의 자율성이 보장되어 있지 않다.

여러 연구에서도 자신의 직무에 불만족하고 있는 사회복지사의 이직률이 만족하고 있는 이직률보다 훨씬 높은 것으로 보고되고 있다(김경희, 2001; 윤정혜, 2003; 한국사회복지사협회, 2006).[1] 이로 인하여 사회복지사가 직장을 그만둠으로써 다시 반복적인 채용, 훈련으로 비용 및 인력이 낭비되고 있다(강영식, 2006).

조직구성원의 이직은 그가 속한 조직에 많은 영향을 미친다. 이직은 긍정적으로 볼

---

1) 2006년 한국사회복지사협회의 사회복지근로자 기초실태조사 자료를 분석한 결과, 사회복지사들 중 이직경험이 있는 경우가 42.6%이고, 이직을 하지 않은 57.4% 중 41.6%가 이직을 희망하고 있는 것으로 나타나 사회복지근로자 중 66.5%가 이직을 경험하였거나 이직의사가 있는 것으로 나타났다.

때 혁신이 일어나는 계기가 되어 조직의 변화를 촉진시켜 환경에 대한 적응성을 증진시킨다. 반면에 비용의 증가를 가져오고 인적관리의 긴장도를 증가시키며 조직의 통합성을 낮추고 잔류직원의 만족도를 저하시키는 부정적인 결과를 초래한다(Price, 1977). 이러한 사회복지조직 분야에서 보면 업무 자체가 비영리 측면이 강하고 개인적으로 높은 동기부여 요인이 존재할지라도 조직의 효율성을 떨어뜨리는 원인이 될 수 있다. 조직 내 인적자원관리의 중요성이 강조되어 비영리조직에도 경영학 이론과 마케팅 개념을 도입하기 시작하였다.

비영리조직의 마케팅은 1960년대 미국의 비영리조직들의 경영난을 계기로 도입 주장이 제기되었다(Drucker, 1990). 코틀러와 레비(Kotler & Levy)는 "마케팅의 개념 확장"에서 마케팅은 기업에만 국한되는 기능이 아니라 비영리조직에도 유효한 기능이며 모든 조직은 마케팅적 문제를 지니고 있어 모든 조직이 마케팅을 이해할 필요가 있다고 하였다(이종영, 1999 재인용). 비영리조직 마케팅에 관한 연구는 1980년대 이후 미국을 중심으로 활발히 이루어지고 있다(Rosso, 1991; Smith, 1994; Seymour, 1992; Andresen, 2001; Kotler et al., 2002). 그러나 우리나라 사회복지조직의 마케팅은 1998년부터 연구가 진행되어 오고 있으나 극히 몇 편에 불과하며(정무성, 1998; 강철희, 2000; 이소희, 2000; 신준섭 · 최은미, 2004), 사회복지기관의 기부와 후원금에 관련된 마케팅 연구가 주류를 이루고 있다(강철희, 2002, 2003, 2004; 신두섭, 2002; 노연희, 2004; 최정규, 2005; 유기태, 2006; 김해숙, 2008; 강일구, 2008; 김해숙, 2008).

과거 마케팅은 조직의 외부고객에 대한 활동만을 뜻하는 것으로 사용되어 왔으나, 1990년대 이후 많은 조직들이 고객의 개념을 확대하여 종업원들을 내부고객으로 인식하는 내부마케팅의 중요성을 인식하고 있으며 점차 확대되고 있다(Gummesson, 1987; George, 1990; Lukas and Maignan, 1996; 정기한, 2002; 여용재, 2008).

쿠퍼와 크로닌(Cooper & Cronin, 2000)은 혈액원과 같은 비영리조직에서의 내부마케팅 프로그램이 효과가 있음을 주장하였다.

링(Ling, 2002)은 공군에서의 내부마케팅은 외부마케팅이 실행하기 이전에 반드시 해야 할 활동 중 하나라고 하였다.

알브레칫과 젬크(Albrecht & Zemke, 1985)는 우수한 서비스조직들은 그들의 고객, 품질, 최상의 서비스를 창출하는 데 내부고객의 역할이 중요하다고 하였다. 즉, 조직 외부에 양질의 서비스를 제공하려면 먼저 조직 내부에 양질의 서비스를 제공할 수 있는 내부마케팅의 체제를 구축해야 한다. 특히 사회복지조직의 경우에는 서비스 전달자인 사회복지사가 클라이언트라는 외부고객을 대하는 일선의 종사자로, 이들은 이 조직의 서비스 자체라고 할 수 있어 사회복지서비스의 질적 향상을 위해서는 서비스를 생산하는 종사자, 즉 내부고객인 사회복지사를 대상으로 한 내부마케팅이 선행되어야 효과적인 질적 향상을 가져올 수 있음을 의미한다.

내부마케팅은 내부고객들이 외부고객에 대하여 고객지향적인 태도와 서비스마인드를 갖출 수 있도록 동기부여를 하고, 이를 기반으로 자신들의 직무를 성공적으로 수행할 수 있도록 해야 한다. 조직은 유능한 직원을 모집하고 확보된 인적자원들이 조직의 사명, 전략, 서비스 제품, 각종 캠페인 등을 이해하고 수용하도록 하며, 그들의 참여를 촉진함으로써 내부마케팅이 효율적으로 수행되도록 해야 한다. 이러한 내부마케팅은 필연적으로 내부서비스 품질과 연계된다. 즉, 외부고객에게 양질의 서비스를 제공하려는 조직은 반드시 조직 내부의 고객인 직원들의 욕구에 부합되는 활동을 먼저 전개해야 한다.

따라서 사회복지조직도 고객만족의 달성을 위해서는 고객지향적인 서비스가 제공되어야 하며, 양질의 서비스가 제공되기 위해서는 서비스 제공자인 사회복지사의 직무만족이 우선되어야 한다. 즉, 사회복지조직의 외부고객인 이용자, 지역주민들이 만족하기 위해서는 지역 사정에 맞는 프로그램이라는 제품과 서비스가 필요하듯이, 내부고객이 만족하기 위해서는 내부고객인 사회복지사의 필요와 욕구를 충족시킬 수 있는 서비스 제공이 필요하다.

최근 사회복지시설평가로 인한 시설 간의 경쟁이 치열해지면서, 사회복지서비스 이용자들을 고객으로 여기고 이용자들의 욕구를 중요시하는 고객만족 및 고객지향(customer needs/wants satisfaction) 등의 개념이 새롭게 대두고 있다(Gowdy, Rapp, & Poertner, 1993; Berman, 1995; Shera & Page, 1995; Selber & Streeter, 2000; Disney, 1999; 최재성, 1997).

이러한 상황 속에서 고객만족은 어느 한 요인으로 욕구충족만으로는 성취할 수 없으며, 다양한 내재요인 간의 복합적 관계와 집단 간의 연관성이 동시에 파악될 때 비로소 긍정적인 고객반응을 이끌어낼 수 있다고 하겠다.

제 5 절 사회복지조직의 PR과 홍보

1. 홍보의 개념과 목적

일반적으로 홍보(Publicity)라 함은 PR(Public Relation), 즉 공중 관계를 의미한다. PR은 공중 관계라는 말 자체가 의미하듯이 조직이 그의 사회적 환경이 되는 대중과의 원활한 관계를 유지하고자 하는 제반의 노력을 일컫는다. 사회복지조직의 입장에서는 조직을 둘러싼 이해당사자(클라이언트, 가족, 지역사회, 후원자, 정부, 기타 기관 등)들과 다양한 관계를 형성하는 노력을 의미한다.

사회복지조직은 지역사회 주민들에게 복지서비스를 제공하기 위해서 존재하고 이를 위해서는 지역사회 내의 여러 관련 기관들과 밀접한 관계를 유지해야 한다. 서비스에 대한 정보제공, 지역주민들과 단체들의 협조 및 이해를 얻기 위해서는 홍보가 중요하다(황성철 외, 2005 : 235-236).

사회복지기관은 네 가지 목적을 달성하기 위하여 홍보활동을 펼치는데, 첫째, 기관의 이미지 및 인지도를 향상시키고, 둘째, 시행하고 있는 프로그램 및 서비스를 알리며, 셋째, 인적자원인 자원봉사자를 모집하고 관리하며, 넷째, 기금조성 및 후원자를 개발하기 위해서이다(Wilcox, Ault, & Agee, 1995).

2. 사회복지 측면에서 홍보의 기능과 원칙

미국 PR협회에 홍보 기능을 여론의 분석 기능, 커뮤니케이션 상담 기능, 대외활동과 커뮤니케이션 프로그램의 수행 기능, 공공정책에 대한 대응 기능, 자원동원 관리 기능으로 분류하고 있다.

사회복지 측면에서의 홍보는 세 가지로 그 기능을 살펴볼 수 있는데 첫째, 홍보 본래의 기능으로 사회적 위약계층의 존재와 이들의 사회적 요구를 공중과 지역조직에 알림으로써 이들에 대한 사회적 지원을 동원하고, 수혜 대상자들에게는 해당 사회복지기관의 목표와 특징, 기능과 사업내용을 공지하여 복지 프로그램의 효과적 사용을 유도하는 기능을 수행하는 것이다.

둘째, 공공교육의 기능으로 어린이, 청소년, 부모, 노인 등에게 사회적 적응과 성장에 관한 정보를 제공하고, 개인과 가족 또는 사회적 위기를 예방할 수 있는 다양한 프로그램의 내용을 소개하여 지역사회를 교육시키는 기능을 수행하는 것이다.

셋째, 예방의 기능으로 고립되거나 역경에 처한 사람들에게 유용한 재활의 정보를 제공하고, 자조 또는 원조집단에 대한 정보와 기능을 제공하며 그들의 의욕을 북돋는 기능을 수행하는 것이다(장현주, 1997).

이러한 홍보활동을 통하여 사회복지기관은 지역주민과 원활한 관계를 유지하고, 신뢰감과 호감을 얻을 수 있도록 적합한 정보와 최대한의 이익을 제공하면서 동시에 기관의 활동에 대한 적극적인 참여를 기대하는 쌍방향 커뮤니케이션으로 전개해 나가는 것이다(이정윤, 2003 : 17).

사회복지기관의 홍보 원칙으로는 다음과 같이 다섯 가지로 분류하고 있다(오두범, 1991 : 25-31; 이정윤, 2003). 첫째, 홍보의 주체를 분명히 해야 한다. 사회복지기관 및 시설 등 관련 단체는 홍보 관련실무자와 책임자가 명확한 가운데 해당 기관의 목적과 성격에 맞는 홍보를 실시해야 한다.

둘째, 홍보의 대상이 명확해야 한다. 어떠한 조직이든 홍보의 성패는 표적대상을 만족시키는 데 있기 때문이다. 따라서 사회복지기관은 다양한 부류의 공중을 인식해야 하며, 어떠한 공중을 홍보의 타겟으로 삼을지 분명해야 한다.

셋째, 무엇을 전달할 것인지 메시지가 분명해야 한다. 홍보는 메시지를 통하여 주체와 객체가 연결된다는 사실을 명심하고, 가장 효과적이고 분명한 메시지 창출에 힘써야 한다.

넷째, 홍보의 목적을 명확히 해야 한다. 사회복지기관은 기관의 이미지 개선 및 인지도를 향상시키기 위하여 시행하고 있는 프로그램을 홍보하기 위하여, 인적·물적자원을 개발하기 위하여 홍보활동을 전개한다. 따라서 각각의 목적에 대한 세부목표를 설정하는 것이 중요하다.

다섯째, 어떻게 알릴 것인가의 문제는 다양한 홍보수단의 선택과 홍보의 전문성을 위한 끊임없는 노력이 함께 수반되어야 할 것이다.

3. 사회복지기관의 홍보의 중요성

현재 우리나라는 사회복지의 공급주체가 다원화되고 복지서비스에 대한 민간부문의 역할이 증대되면서 기관 간 경쟁과 평가의 기준이 도입되어 기관의 이미지와 인지도를 높이기 위한 홍보활동을 전개하는 것은 매우 중요하다. 뿐만 아니라 사회복지 분야에도 시장경쟁의 원리가 도입되고 이용자가 만족할 수 있는 서비스를 제공하지 못하는 기관은 필연적으로 도태되기 때문에 스스로가 변화를 시도하는 노력을 적극적으로 기울여야 하며, 이를 위하여 차별화된 서비스 및 프로그램을 통해 이용자들의 참여를 적극적으로 유도하도록 홍보를 활성화해야 한다(이동영·변은지, 2007).

PR에 대한 중요성의 인식으로 인해 정부기관, 사회기관 또는 각종 이익집단들도 자신들의 활동을 전개함에 있어서 이해 관계자 및 일반 대중으로부터 이해와 지지를 얻기 위하여 적극적 홍보활동을 전개하고 있다. 또한 사회복지관들도 지역사회 내부에서 서비스 제공에 필요한 자원, 자원봉사자, 후원금 등을 용이하게 확보하고 지역주민의 서비스 이용을 제고할 목적으로 홍보활동에 많은 관심을 기울이고 있다(한국사회복지관협회 사회복지관현황 조사보고서, 1992 : 21).

사회복지기관의 홍보활동은 모금과 후원자 개발을 위한 다양한 방법을 모색하기 위하여 사회구성원 누구나 참여할 수 있다는 공동체적인 인식을 심어주는 것을 목적으로 종교단체나 보건단체, 도서관 등 비영리기관들의 PR활동처럼 다양화, 전문화되어야 한다.

오늘날 사회복지기관들은 기관의 소명헌장을 분명히 하고, 그것을 최대한 성취하기 위하여 다양한 커뮤니케이션과 커뮤니티를 이용하여 홍보활동들을 전개해야 한다.

Social Welfare Administration

CHAPTER 11

정보 및 문서관리

제 1 절 사회복지조직과 정보시스템(Information System)

1. 사회복지정보의 개념과 목적

정보란 "개인이나 조직이 의사결정하는 데 사용되도록 의미 있고 유용한 형태로 처리된 데이터"를 의미한다. 그리고 정보는 사용자에게 실제로 가치가 있거나 또는 가치가 있을 것이라는 확신을 주어야 한다. 사용자가 이미 알고 있는 사항에 대해서도 어떠한 형태로든 도움을 줄 수 있다면 정보라고 할 수 있다(오재인 외, 1997). 다시 말해서, 정보란 "특정한 목적이나 용도에 적합하게 사용될 수 있는 자료"를 의미한다.

복지정보란 복지활동에서 체계적으로 획득·생성되어 체계적으로 축적·가공되고 전달·활용되는 제반 지식이나 자료 또는 메시지로서, 복지의 주체 및 객체의 의사결정이나 행동을 위하여 사용되는 의미 있는 내용이라고 한다. 따라서 복지정보는 복지활동 과정에서 발생하는 모든 정보를 주체인 사회복지조직, 사회복지사 등의 정보제공 측면과 복지의 객체인 지역사회주민이나 클라이언트 등의 의사결정이나 행동을 위하여 의미가 있어야 하는 것으로써 정보관리가 필요하게 되었다.

복지정보가 의사결정에 유용하기 위해서는 정확하고, 시기적절하며, 완전하고, 간결하며, 목적에 적합하고, 사용자가 이해할 수 있어야 한다. 정보가 정보로서의 특징을 갖추지 못하면 그 가치는 상실하기 때문에 복지정보시스템이 중요하다. 따라서 변화하는 환경에 효율적으로 적응하기 위해서 또 불확실성을 감소시키고 합리적 의사결정을 위해서는 정보시스템이 필요하게 된 것이다(신복기 외, 2008 : 379-380).

복지 영역에서의 논의되고 있는 정보화는 정보기술(information technology), 정보체계(information system), 정보관리체계(management information system) 등의 다양한 용어로 설명되고 있다. 이러한 용어를 복지정보에서 접근하면, 정보기술 측면에서의 사회복지기관은 사무와 관리의 효율화와 업무처리의 신속화를 위한 방안으로, 정보관리체계는 조직의 경영관리 과정(계획, 실행, 통제) 전반에 걸친 활동 및 의사결정을 지원하는 것으로, 정보체계에서는 기관 이용자와 서비스에 관한 정보를 전달하는 체계와 자료의 흐름을 전달하는 체계, 직원들의 인사 및 직무에 관한 정보를 전달한 체계 등 포괄적인 관점에서 접근할 수 있다.

따라서 복지정보화 목적은 복지대상의 주체나 객체에게 적절한 정보와 신뢰성 있고 정확한 정보를 제공하며, 통합되고, 일관된 체계로서 정보를 제공하며, 변화요구와 상황에 관한 충분한 탄력성, 변화성, 적응성, 안정성을 유지시켜 주어야 한다.

2. 정보체계의 종류

정보체계의 종류는 발전과정이나 영역, 활용범위와 목적 등에 따라 세분화된 정보시스템으로 구분하지만(허만형, 2000), 여기에서는 그 목적이 비용절감, 경쟁력 우위 확보, 복지 현장에서의 업무지원 등의 컴퓨터 정보시스템을 통한 구조화된 관리활동으로 분류할 수 있으나, ① 비용－생산성 향상 정보시스템, ② 경쟁력 향상 정보시스템, ③ 성과관리 정보시스템, ④ 고객관리 정보시스템, ⑤ 인적자원 정보시스템, ⑥ 조직관리 정보시스템, ⑦ 재정정보시스템, ⑧ 사회복지 영역별 시스템으로 분류하였다(신복기, 2008 : 385-386).

〈표 11-1〉 정보시스템의 종류

정보시스템 종류	내 용
비용－생산성 향상	조직의 비용 절약과 생산성 향상이 목표
경쟁력 향상	조직의 대외 경쟁력 향상이 목표
성과관리	계획된 목표와 성과 달성이 목표
고객관리	클라이언트에 대한 서비스 질 향상
인적자원	조직구성원의 채용, 훈련, 승진관리
조직관리	조직 내 커뮤니케이션, 리더십, 서비스 전달과 관리
재정정보	조직의 예산, 회계, 결산, 재정평가 등 관리
사회복지 영역별	국가복지정보관리, 사회복지시설, 분야별 사회복지서비스 등

3. 사회복지정보시스템의 유형

정보시스템(information system)이란 정형화된 구조를 통해서 다양한 자료를 수집, 저장, 처리하여 유용한 정보로 전환하는 것이다. 정보의 기술이 급속히 진전됨에 따라 사회복지기관에서의 정보시스템은 클라이언트에 관한 정보, 재정자원의 관리, 마케팅과 홍보, 조직관리 등에 정보시스템을 활용하고 있다.

사회복지조직의 정보시스템은 정보의 내용을 중심으로 클라이언트 정보시스템, 조직정보시스템, 수행정보시스템 등 크게 3가지로 나누어질 수 있다. 이 세 가지 정보시스템들은 서로 연결되어 있는데, 특히 수행정보시스템은 클라이언트 정보시스템과 조직정보시스템의 결합해 의해 발생하는 것이다. 따라서 각 시스템 간의 유기적인 연결을 통해 통합적인 정보시스템을 구축하는 것이 중요하다.

클라이언트 정보시스템은 클라이언트에 관한 정보, 클라이언트와 서비스 프로그램 간의 상호작용에 관한 정보 등을 생성, 조직, 보고하기 위한 것이다.

조직정보시스템은 기획이나 예산, 보고, 비용 통제 등과 같은 기본적인 행정기능들을 보조하는 역할을 수행한다.

수행정보시스템은 의사결정의 향상을 위해서 프로그램의 생산성 및 효과성과 같은 다양한 측면을 평가하는 데 필요한 목적으로 정보들을 다룬다. 이 시스템은 새로운 시스템을 운영하지 않고서도 기존의 클라이언트 정보시스템과 조직정보시스템을 합성하여 만들 수 있다(김영종, 2006 : 227-231).

정보시스템 유형을 정보기술 발달과정에 따라 구분하면 자료처리 응용단계, 정보관리(관리정보)시스템, 지식기반시스템, 의사결정시스템, 업무수행지원 시스템 등 5단계로 제시되며 각 발전단계별로 정보관리체계 구축은 근본적인 목적과 기능에 차이점이 나타난다.

1) 자료처리 응용단계

자료처리는 기계, 사람, 절차 그리고 반복적 사무업무를 가능하게 하는 장비로 구성되어 있다. 자료처리업무는 정보의 수집, 저장, 검색, 조정, 이송, 그리고 자료출력을 포함한다. 예를 들면, 조직의 직원들의 일상업무를 처리하는 데 소요되는 시간과 비용을 감소시키기 위해 자동자료처리응용 프로그램을 이용한 이용자의 명부관리, 영수증 자동발급 등이다.

2) 정보관리(관리정보)시스템

정보관리체계는 사람의 모집, 절차, 자료와 정보수집기술, 일련의 절차를 통해서 자료와 정보를 향상시키는 기술, 그리고 그 결과를 출력하여 배포하는 것을 포함한다. 정보관리체계는 기초적 조직정보를 처리하는 공식적이고 전산화된 응용 프로그램을 의미하며, 자료처리의 특성을 많이 가지고 있다. 정보시스템은 많은 독립된 자료처리 과정을 통합시키고, 단계별로 조직에게 도움을 주며, 보고의 형식으로 정보를 만들어 준다. 예를 들어, 이용자 실적을 사업부서별로 월별, 분기별 보고서를 자동작성하도록 하여, 사업현황을 정기적으로 점검할 수 있는 정보를 제공하도록 하는 것이다.

3) 지식기반시스템

지식은 자료 또는 정보, 그리고 지식의 구조 그 이상의 의미를 포함하고 있기 때문에 고도의 전문적 처리기술을 요구한다. 사회복지조직의 지식기반 응용 프로그램은 실험단계에 있지만 매우 중요한데, 이는 사회복지조직의 지식기반 응용 프로그램이 클라이언트와 사회복지사와의 상호작용을 증진할 수 있는 복잡성을 다루고 있기 때문이다. 사회복지조직과 관계가 있는 지식기반 응용 프로그램에는 전문가 시스템(expert system), 사례기반추론(case-based reasoning), 연음성 처리(natural language processing) 등 3가지가 있다.

4) 의사결정지원 시스템

의사결정지원 시스템은 전문가가 복잡한 의사결정을 보다 쉽게 할 수 있도록 지원하기 위해 고안된 것으로 이 시스템은 효과성과 의사결정의 특성을 탐구하는 것에 초점을 두고 있다. 사용자가 자료를 검색하고, 관리하고, 의사결정에 관한 정보를 얻는 데 도움을 주며, 사용자의 경험과 판단의 대리인이 아니라 단지 데이터이고 모델일 뿐이다. 즉, 의사결정지원 시스템이 의사결정을 하는 것이 아니고 전문가가 직접 의사결정을 한다.

한 예로 미국의 미네소타 주에 있는 래미세이 카운티(Ramsey County)에서의 GAIN (General Assistance Intake)을 들 수 있다. 이 시스템은 접수일정을 자동으로 결정하며, 처음 접수할 때 온라인으로 제공되는 기록을 통하여 클라이언트에 대한 자료를 확보하고 적절한 담당자에게 자료를 전송시키고 클라이언트에 대한 통계를 작성한다.

5) 업무수행지원 시스템

업무수행지원 시스템은 현장에서의 업무수행능력을 향상시키기 위해 개발된 통합정보제공 시스템이다. 이를 통해 다른 사람으로부터 최소한의 도움을 받아 즉시 그 문제를 해결하거나 업무를 완수할 수 있도록 하는 것이다(황성철 외, 2003 : 271-276 재인용).

4. 국가복지정보시스템

1) 정보시스템 구축의 필요성과 현황

복지정보화 패러다임에 부합하고 사회복지서비스 전달체계의 혁신과 업무의 효율성 및 투명성 제고를 위한 정보시스템의 필요성이 제기되면서, 국가 차원의 정보화사업 중의 하나인 국가복지정보시스템이 구축되었다. 즉, 사회복지시설 행정업무를 전산화한 통합관리시스템으로 사회복지시설 업무의 표준화를 도모하고 사회복지서비스 질적 제고와 함께 회계의 투명성, 복지정보화 기반조성에 목적을 둔 시스템이다.

복지서비스 분야에 포함되어 있는 국가복지정보시스템 사업은 전자정부(e-Government) 로드맵 추진과제 중 하나인 국가복지종합정보서비스 사업의 일환으로 2003년 8월 국가정보스템 정보전략계획(ISP : Information Strategy Plan)을 통해 구축하게 되었다. 이 사업은 1차(2004년 11월~2005년 8월)에서 복지정보 포털시스템(메인포털 및 장애인포털)과 장애인 시설 중심의 복지서비스 신청시스템, 복지서비스 이력관리시스템, 서비스 이력정보 공동이용시스템 등이 구축되었고, 2차(2005년 9월~2006년 7월)에서는 아동 · 재가노인복지 시설에 대한 이력시스템을 구축하고, 복지시설과 시 · 군 · 구 간 보고 및 신청업무를 온라인 시스템으로 처리할 수 있도록 구축하였다. 또한 이원화되어 추진한 사회복지시설 회계정보시스템과 국가정보시스템에 대한 통합 및 연계를 추진하였다. 3차(2006년 8월~2007년 4월)에서는 다양한 시설의 회계업무를 수용하기 위하여 회계정보시스템의 기능 개선과 한국사회복지협회의 사회복지 자원봉사 인증관리시스템과 국가복지정보시스템과 연계하고, 노인장기요양보험제도 시행에 대비해 기반시스템을 구축하였다. 또한 복지, 보건, 주거, 교육, 생활체육, 문화, 관광 등 중앙행정기관에서 제공되는 8대 서비스를 시 · 군 · 구, 읍 · 면 · 동을 통해 통합적 맞춤형 서비스를 제공하기 위해 행정안전부와 함께 주민생활통합정보시스템을 구축하였다. 이러한 단계적인 사업은 사회복지시설 전산화 및 정보화를 구축한 통합시스템이 주 내용으로 2009년 5월 현재 사회복지시설 90% 이상 이 시스템을 사용하고 있다.

또한 2009년 1월 4일부터 사회복지통합관리망인 행복e음(국민들에게 행복을 전해주고 이어주는 정보시스템이라는 의미)을 실시하고 있다. 사회복지통합관리망이란 각종 사회복지 급여 및 서비스 지원대상자의 자격 및 이력에 관한 정보를 통합 관리하고, 지자체의 복지업무 처리를 지원하기 위한 시스템으로 기존의 시 · 군 · 구별 새올행정시스템(주민, 지적, 재정, 세정, 복지 등 31개 시 · 군 · 구 업무 지원시스템) 중 복지 분야를 분리하여 지원하기 위한 정보시스템으로, 복지 수요자 중심의 서비스, 지자체의 복지업무의 효율화, 부정 · 중복수급 차단을 목적으로 도입되었다. 이 시스템의 도입으로 지자체의 복지대상자 선정이 보다 정확하고 효율적으로 이루지게 되고, 수혜자에게 서비스가 누락되지 않고 더 나은 서비스를 제공할 것으로 기대하고 있다.

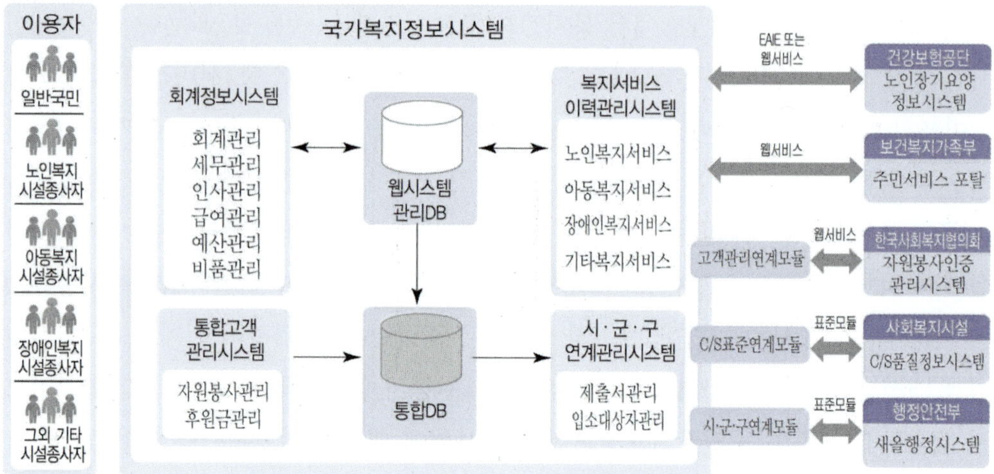

[그림 11-1] **국가복지정보시스템의 구조**

출처 : 보건복지부(2012). 2012년 보건복지백서.

2) 정보시스템의 운영과제

국가복지정보포털은 일반 국민에 대한 인지도가 낮고 대상에 따른 다양하고 차별화된 콘텐츠가 부족하며, 이용 접근성이 떨어지고 이용자 간의 정보교류가 미흡하며, 인터넷 서비스 진화에 따른 대응이 뒤떨어진다는 문제점들이 제기되고 있다. 따라서 이러한 미흡한 점들을 개선하여 서비스 질을 높일 필요가 있다.

효율적인 복지정보시스템을 구축하기 위해서는 첫째, 복지정보시스템의 포털에 다양한 콘텐츠의 개발과 인터넷 서비스 진화에 맞추어 대응할 수 있는 시스템을 갖추어야 한다.

둘째, 복지정보시스템의 적극적인 홍보를 통해 누구나 쉽게 접근하여 이용할 수 있도록 해야 한다. 홍보 부족으로 복지정보시스템에 관한 국민들의 인식 부족으로 이용이 미흡하므로 누구나 쉽게 접할 수 있도록 홍보를 강화해야 한다.

셋째, 국가복지정보시스템의 체계적인 관리를 위해서 정보관리센터의 서비스 기능을 강화하기 위해 운영상의 인력과 기능을 강화해야 한다.

5. 사회복지기관의 RFID시스템

1) RFID 개요

기존 유료이용 프로그램과 연계하여 전자칩이 내장된 회원카드를 통해, 실시간으로 출결관리를 하며, 이에 생성된 데이터를 통하여 자동화된 회원관리를 지원하는 시스템이다.

도입 후

- 전자칩이 부착된 회원카드를 인식함으로써, 대상자에 대한 신상정보 바로 확인 후 대상자에게 맞는 수납과 이용 안내
- 회원이 프로그램을 이용하는 시기에 출결에 대한 실적 자동 집계로 데이터(Data) 정확성과 업무 효율성

도입 전

- 회원들의 신상정보를 매번 질의 후 수납 및 이용 여부를 결정
- 자율 이용 프로그램을 이용할 경우 이용자에게 방명록을 스스로 작성하게 한 후 이를 일 마감 시 수거하여 직접 등록(누락, 비효율성 심각)

사용목적

- 회원정보의 자동 인식(담당자 확인)
- 회원별 행사/ 프로그램 참석 관리의 신속성
- 기간별 회원관리 현황의 정확한 집계
- 각종 회원 잔무 관리의 효율화 극대
- 통계 리포트 작성 관련 자료의 수집 용이

2) 시스템 구성도

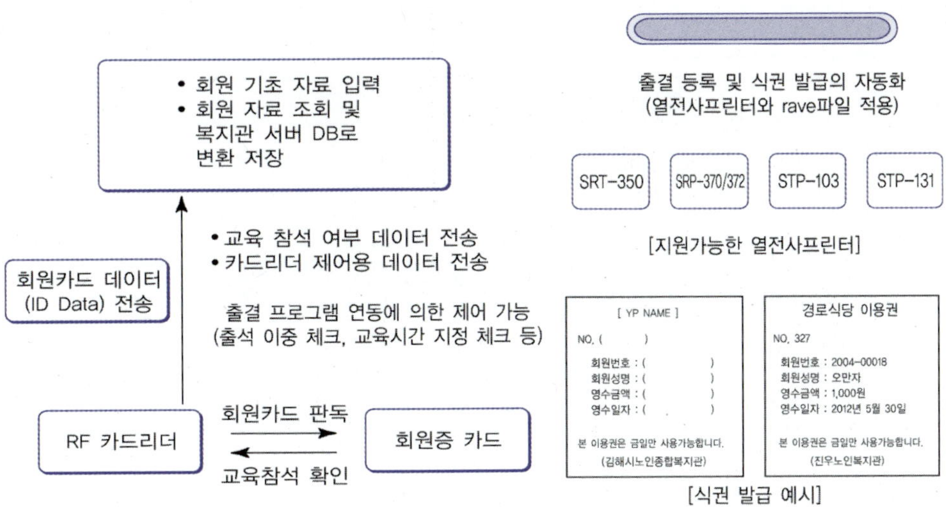

3) 시스템 구성 차이 분석

구 분	RFID	고정식 스캐너
방 식	• 각 프로그램실마다 RFID 리더기 장비만 부착하고 네트워크 연결만으로 모든 출결 관리가 됨	• 중앙 복도 및 현관 입구 등에 고정식 스캐너 장비와 PC를 1 : 1 연결하여 설치 (고정식 스캐너 수만큼 PC가 존재해야 함)
회원증 방식	• RFID 기술이 적용된 RF 회원증	• 두꺼운 종이에 바코드를 출력(코팅)하여 인식
출결 관리	• 각 프로그램실과 각 실의 프로그램 운영 시간에 따른 실제 인원 관리 • 자율이용 프로그램실까지 이용인원 체크 • 경로식당의 수급권자, 일반에 따른 자동 관리(실인원과 연인원에 따른 관리)	• 근본적으로 고정식 스캐너를 각 실마다 설치가 불가능 – 이에 따라 어르신이 해당 기관에 등록한 프로그램이 3개일 경우 한 번 체크로 3개 모두 체크(정확한 체크 불가능) – 근본적으로 자율 이용 프로그램실은 체크가 안 됨
소요 예산	• 회원증 수에 따른 비용 증가	• 고정식 스캐너 방식 또한 어떠한 방식으로 하느냐에 따라 차이 • 고정식 스캐너를 몇 대 설치하느냐에 따른 차이

4) RFID 시스템 기대효과

어르신 복지관 이용의 편의성 및 신뢰성 확보(이용자 측면)

• 회원증 발급을 통한 이용으로 어르신의 소속감 증대
• 회원증을 통한 신상정보 확보 후 어르신에 맞는 수강료 및 이용 안내
• 대기관리 및 영수증, 식권 자동 발급 등 어르신의 복지관 이용의 편의성 확보

복지관 업무 운영의 효율성 확보(복지관 측면)

• 각종 식권 및 영수증 등 발급을 위해 담당자 수납 및 운용 인력의 최소화
• 수작업으로 관리되던 실인원, 연인원의 자동화된 통계분석
• 복지관 프로그램 및 운영에 대한 정책 결정의 효율성

통합된 통계분석 자료를 기초한 정책 수립(구 및 시 측면)

• 이용대상(수급권자, 저소득, 일반), 연령별 등 다양한 통계분석 자료 근거
• 각 구별 이용현황 분석, 각종 프로그램별 이용현황 분석 등 다양한 분석자료의 근거
• 자동화되고, 정확한 통계분석 자료를 통한 정책 결정

6. 사회복지조직의 정보관리체계 개발을 위한 과제

정보화 시대의 도래로 개인생활이나 조직활동에 컴퓨터의 활용이 필수화되고 있으나 사회복지조직은 다른 분야에 비해서 정보화 작업이 미진한 실정이다. 정보화 수준이 다른 분야에 비해 뒤처져 있는 것은 우리나라뿐 아니라 전 세계적 추세라고 할 수 있다. 카푸토(Caputo, 1998)는 사회복지조직은 영리부문에 비해 20~40년 정도, 보건과 교육 분야에 비해서는 10년 정도 뒤처져 있다고 주장하고 있다. 사회복지 부문에 정보화 정도가 미진한 것은 다음과 같은 사회복지적 특성에 있다.

첫째, 사회복지학에 내재된 속성상 정보화를 어렵게 만들고 있다. 사회복지의 기본가치는 인간의 존엄성과 독특성을 중시하는 데 있으므로 클라이언트의 다양한 성격이나 욕구에 따라 서비스를 제공해야 한다. 이러한 관점에서 볼 때 사회복지서비스의 제공방법이나 서비스 유형 등을 표준화하기 어렵고 그러한 이유로 인해 정보화 작업이 어렵다.

둘째, 사회복지활동이나 그러한 활동에서 얻어진 결과물이 정보화 과정에 장애요인들이 나타나고 있다. 사회복지사가 클라이언트에게 제공할 서비스를 선택하거나 평가할 경우 사회복지사의 전문지식과 기술에 의존해야 하기 때문에 동일한 사례일지라도 사회복지사에 따라 접근방법이 달라질 수 있다. 또한 사회복지활동을 통해서 산출되는 결과가 대부분 서술적 형태를 띠고 있으므로 이를 수량화하기 어렵다는 점도 정보화 작업에 장애가 된다.

셋째, 사회복지 영역은 사회복지사와 클라이언트와 면대면 접촉에 의해 서비스가 제공되는 클라이언트 중심적 가치체계를 기반으로 하고 있기 때문에 전산매체를 통한 서비스 제공에 거부감을 일으킬 수 있다는 점이다. 또한 사회복지서비스 제공과정에서 인간적 교류나 상호작용이 중요시되기 때문에 사회복지사나 클라이언트 모두 비인간적 속성을 띠고 있는 전산화 작업에 대해 적극적으로 수용하기가 어렵다는 점이다(정영철, 2008 : 48-66 재인용).

이러한 문제점에도 불구하고 사회복지 부문에 정보화는 조직관리와 서비스의 질

향상을 위해 정보화 수준을 높여야 한다. 이를 위해서는 첫째, 정부의 정보화 수준을 높이는 데 적극적인 투자와 정부, 사회복지협의회, 민간 연구기관들이 사회복지에 관련된 전산 프로그램을 개발하여 보급해야 한다. 전산 프로그램은 사회복지 각 기관에 따라 어느 정도 보급되어 있지만 통합적 프로그램 개발이 필요하다.

둘째, 정보화 교육을 통해서 사회복지 수급자들이 쉽게 정보기술을 통해 접근이 용이하게 해야 한다.

셋째, 사회복지현장에서 수요자 측면에서 서비스 전달과 통합, 다양한 복지욕구와 수요에 맞는 복지서비스 제공이 강조되어야 한다. 이러한 관점에서 유비쿼스 개념에 입각하여 좀 더 효율적으로 업무를 수행하기 위한 정보체계시스템이 필요하다(정영철, 2008 : 48-66).

제 2 절 사회복지조직의 문서관리(DMS: Document Management System)

1. 문서의 개념과 필요성

1) 문서관리의 개념

문서관리란 문서가 기본적으로 가지고 있는 의사전달의 기능과 의사보존의 기능에 대해서 효율성을 높이기 위한 관리를 말한다(이창희 외, 2009 : 233).

문서관리란 광의의 의미로 문서를 기안(품의), 시행, 접수, 회람(공람), 편철, 보관하는 전반적인 절차를 의미한다. 문서는 일상생활에서나 사무처리에서 여러 가지 의미로 사용되고 있을 뿐만 아니라, 개념이 명확하게 정리되지 않은 채 취급되어 왔기 때문에 그 개념을 한 마디로 말하기는 매우 어려우나 일반적으로 광의의 문서와 협의의 문서로 구분하여 그 개념을 정의할 수 있다.

광의의 문서란 문자 또는 이에 대신할 수 있는 읽을 수 있는 부호를 사용하여 어느 정도 영속할 수 있는 물체상에 기재된 의사 또는 관념의 표시이다.

이러한 광의의 문서 가운데서 발음적 부호를 쓴 것을 협의의 문서라고 하며, 그 밖에 상형적 부호를 쓴 것을 도화(圖畵)라고 한다.

이상과 같은 문서에 대한 일반적 개념과 달리 사무관리에서의 문서는 조직체의 활동과 관련하여 작성 또는 접수된 문서로서 사무처리상의 일정한 기록물이라고 정의할 수 있다(남재우, 1996 : 19; 서울복지재단, 2006 : 234 재인용).

2) 문서관리의 분야

문서관리의 분야는 서식, 운행, 자료, 조직의 관리 분야로 구분할 수 있다. 첫째, 서식의 관리 분야는 서식의 관리로서 서식을 합리적으로 설계하고 이용하며 통제하는 업무를 의미한다. 둘째, 운행의 관리 분야는 문서의 작성, 접수, 발송, 처리, 배부 등을 통제하는 업무를 의미한다. 셋째, 자료의 관리 분야는 문서의 보관과 보존, 폐기에 관한 분야를 관리하는 업무를, 넷째, 조직의 관리 분야에서는 사무의 능률화를 위한 조직편제에 대한 업무를 의미한다.

3) 문서관리의 필요성

문서는 행정사무를 수행하는 필수 요소로 문서의 주요 기능은 의사 전달과 의사 보존이라 할 수 있으며 다음과 같은 경우 문서가 필요하다.

첫째, 내용이 복잡하여 문서 없이는 당해 업무의 처리가 곤란할 때, 둘째, 사무처리 결과의 증빙자료로써 문서가 필요할 때, 셋째, 사무처리의 형식상 또는 체제상 문서의 형식이 필요할 때, 넷째, 사무처리에 대한 의사소통이 대화로는 불충분하여 문서에 의한 의사소통이 필요한 때, 다섯째, 사무처리의 결과를 일정 기간 동안 보존할 필요가 있을 때이다(서울복지재단, 2006 : 234-235).

2. 문서의 종류

1) 작성주체에 따른 분류

(1) 공문서

공적인 목적을 위하여 사회복지기관 또는 사회복지기관의 임직원이 권한 내에서 작성 또는 접수한 문서를 의미한다. 또한 공문서에는 일반적 문서는 물론 도면, 사진, 디스크, 필름과 슬라이드, 전자문서 등의 특수기록매체도 포함된다.

반면 사문서도 각종 신청서 등과 같이 사회복지기관에 제출하여 접수된 것은 사문서가 아니고 공문서가 된다. 따라서 공문서에 관한 제 규정에 따라 취급되며 그 문서를 제출한 사람도 접수된 문서를 임의로 회수하여 갈 수 없다.

(2) 사문서

개인이 사적인 목적을 위하여 작성한 문서를 말한다. 예를 들면, 개인의 사사로운 의사 또는 심경을 표시하는 문서로 추천장, 안내장, 소개장, 초청장 등이 이에 속한다.

2) 유통대상 여부에 따른 분류

(1) 대내문서

조직체의 내부에서 지시・명령하거나 협조하기 위하여 또는 보고・통지하기 위하여 오고가는 문서를 말하는 것으로, 기관 내에서 유통되는 문서를 말한다.

(2) 대외문서

지역주민이나 관련 기관 및 단체 또는 행정기관에 수발하는 문서를 말한다.

(3) 전자문서

컴퓨터 등 정보처리 능력을 가진 장치에 의하여 전자적인 형태로 작성, 송・수신 또는 저장된 문서를 말한다.

3) 처리 단계에 따른 분류

작성하는 문서의 처리 단계에 따라서 아래와 같이 분류할 수 있으며, 각각의 분류 내용을 살펴보도록 한다.

(1) 접수문서

외부에서 접수되는 문서로서 문서 주관부서에서 일정한 절차에 의하여 접수되는 문서를 말한다.

(2) 배포문서

접수문서를 문서주관과가 배포 절차에 의해서 처리과로 배포하는 문서이다.

(3) 기안문서

결재문서라고도 하며, 사전에 결재권자의 결재를 얻기 위하여 기안서식에 따라 사무처리 초안을 기재한 문서를 말한다.

(4) 합의문서

기안문서 중 그 내용과 관계되는 다른 부서와의 협조를 얻기 위하여 합의하는 문서를 말한다.

(5) 시행문서

발송문서라고도 하며, 결재문서의 내용을 시행하기 위하여 규정된 서식에 의하여 작성된 문서를 말한다.

(6) 보조문서

자료적 가치가 있으므로 일정 기간 동안 보존을 필요로 하는 문서를 말한다.

(7) 폐기문서

보존기간이 종료되어 문서의 가치가 상실되어 폐기처분되는 문서를 말한다.

4) 문서의 성질에 의해 분류

작성하는 문서의 성질에 따라서 다음과 같이 분류할 수 있으며, 각 분류의 내용을 살펴보도록 한다.

(1) 법규문서

주로 법규사항을 규정하는 문서로서 헌법 · 법률 · 대통령령 · 총리령 · 부령 · 조례 및 규칙 등이 이에 속한다.

(2) 지시문서

행정기관이 그 하급기관이나 소속공무원에 대해 일정한 사항을 지시하는 문서로서 훈령 · 지시 · 예규 및 일일명령 등이 이에 속한다.

(3) 공고문서

행정기관이 일정한 사항을 일반에게 알리기 위한 문서로서 고시 · 공고 등이 이에 속한다.

(4) 비치문서

행정기관이 일정한 사항을 기록하여 행정기관 내부에 비치하면서 업무에 활용하는 비치대장 · 비치카드 등의 문서를 말한다.

(5) 민원문서

민원인이 행정기관에 허가 · 인가 · 기타 처분 등 특정 행위를 요구하는 문서 및 그에 대한 업무처리를 말한다.

(6) 일반문서

위 각 문서에 속하지 않는 일반적으로 처리되는 문서를 말한다. 다만, 일반 문서 중 특수한 것으로서 회보 및 보고서가 있다.

〈표 11-2〉 문서의 종류 비교

분류 구분	문서 종류
작성주체에 따른 분류	• 공문서 • 사문서
유통대상 여부에 따른 분류	• 대내문서 • 대외문서 • 전자문서
처리 단계에 따른 분류	• 접수문서 • 배포문서 • 기안문서 • 합의문서 • 시행문서 • 보조문서 • 폐기문서
성질에 따른 분류	• 법규문서 • 지시문서 • 공고문서 • 비치문서 • 민원문서 • 일반문서

3. 문서관리의 원칙

문서관리의 원칙은 일반 원칙으로 표준화, 간소화, 전문화, 기계화 등을 들 수 있다.

1) 표준화

표준화는 사무처리의 여러 가지 수단방법 중에서 가장 합리적이고 정확한 방법을 선별하여 선정된 최선의 원칙에 따라 문서처리에 적용할 수 있는 것을 의미한다. 따라서 문서 수발 및 배부, 작성과 처리, 발송, 정리, 보관, 보존, 폐기 그리고 사무조직에 이르기까지 사무에 관계되는 모든 분야가 모두 표준화되어야 한다.

2) 간소화

간소화는 사무를 처리하는 과정에서 가장 타당성이 있고 간편한 것을 찾아 꼭 필요한 절차나 방법만을 남겨 문서처리에 따르는 소요시간을 단축시키고 간편한 방법으로 사무처리하고자 하는 것이다.

3) 전문화

전문성을 높이려고 하는 것으로 최근에는 사무의 종류 및 성격, 그리고 사무량 등을 바탕으로 사무작업에도 전문적 지식을 요구하는 방향으로 나아가고 있는 추세이다. 문서사무를 세분해서 전문적으로 분담하고 각 부분의 전담자가 그 사무에 대한 전문적 지식과 기술로 사무의 능률을 높일 필요성이 생긴 것이다.

4) 기계화

기계화란 사람에게 필연적으로 따르게 되는 한계를 기계가 보충하도록 하는 것으로 사무기계화, 자동화, 정보화를 통하여 문서사무의 신속, 정확한 업무처리를 기대할 수 있으며, 다량의 문서내용도 일일이 수작업에 따른 소요시간을 절약할 수 있다.

4. 문서처리의 원칙

공문서를 접수하여 처리하는 것은 행정업무를 처리하는 중요한 사항이므로 다음과 같은 다섯 가지 원칙에 입각하여 엄중하게 처리해야 한다.

1) 즉일처리의 원칙

문서의 내용 또는 성질에 따라 그 처리기간이나 방법이 다를 수 있으나, 효율적인 업무수행을 위하여 그날로 처리하는 것을 말한다.

2) 책임처리의 원칙

문서를 정해진 사무분장에 따라 각자가 직무의 범위 내에서 책임을 가지고 관계규정에 따라 신속정확하게 처리하는 것이다.

3) 적법처리의 원칙

문서를 규정에 따라 일정한 형식 및 요건을 갖추어야 함은 물론 권한 있는 자에 의하여 작성처리하는 것이다.

4) 표준화의 원칙

문서를 기안(품의), 시행, 접수, 회람(공람), 편철, 보관함에 있어 표준화된 방법과 절차에 따라 관리되어야 한다는 것이다.

5) 간소화의 원칙

가능한 사무처리의 절차나 방법 등을 간결하고 요약된 합리적인 것을 만들고자 하는 것이다.

5. 문서관리의 실제

1) 문서작성의 일반사항

(1) 용지의 규격

용지규격의 표준화는 문서의 작성, 처리, 발송, 정리, 보관, 보존에서 매우 중요한 사항 중의 하나로 문서규격을 표준화함으로써 이러한 것들을 용이하게 처리할 수 있다. 용지의 기본 규격은 도면, 증표류, 기타 특별한 형식의 문서를 제외하고는 가로 210mm, 세로 297mm(A4 용지)로 한다.

(2) 용지의 여백

문서의 편철 및 관리상의 필요에 의하여 용지에 일정한 여백을 두는데 일반적으로 문서의 여백은 위로부터 3cm, 왼쪽으로부터 2cm, 오른쪽으로부터 1.5cm, 아래로부터 1.5cm로 한다.

(3) 문서의 용어

① 문서의 기본 글자체는 ○○체(개별기관별로 정하여 사용)로 한다.

② 글자의 크기는 10포인트로 한다.

③ 문서의 기재되는 숫자는 아라비아 숫자로 쓴다.

④ 서기연호를 쓰되, "서기"는 표시하지 않는다.

⑤ 날짜는 숫자로 표기하되, 년, 월, 일의 글자는 생략하고 그 자리에 온점을 찍어 표시한다(㉔ 2012. 11. 22.).

⑥ 시·분은 24시각제에 따라 숫자로 표기하되, 시·분의 글자는 생략하고 그 사이에 쌍점 (:)을 찍어 구분한다.

(4) 금액의 표시

유가증권 및 문서에 금액을 표시할 때에는 다음과 같이 한다. 먼저 한글로 해당 금액을 명시하고 끝에 괄호를 넣고 그 안에는 숫자로 해당 금액을 기입한다.

〈예시〉 일금일만오천칠백구십원정(₩ 15,790)

※ 다른 규정에 표시방법이 따로 있는 경우 그 규정을 따름.

(5) 항목의 구분

① 두 개 이상의 항목 구분

문서의 내용을 두 개 이상의 항목으로 구분하여 작성하고자 할 때에는 다음과 같이 나누어 표시한다.

〈표 11-3〉 문서의 항목번호 부여

구 분	항 목 부 호
첫째 항목	1, 2, 3, 4. · · ·
둘째 항목	가, 나, 다, 라, · · ·
셋째 항목	1), 2), 3), 4), · · ·
넷째 항목	가), 나), 다), 라), · · ·
다섯째 항목	(1), (2), (3), (4), · · ·
여섯째 항목	(가), (나), (다), (라), · · ·
일곱째 항목	①, ②, ③, ④, · · ·
여덟째 항목	㉮, ㉯, ㉰, ㉱, · · ·

② 각 항목의 표시 위치 및 띄우기

항목부호는 제목의 첫 글자와 같은 위치에서 시작한다. 첫째 항목 다음 항목부터는 바로 앞 항목의 위치로부터 1자(2타)씩 오른쪽에서 시작한다. 그리고 항목 부호와 그 항목의 내용 사이에는 1타를 띄운다.

〈표 11-4〉 **항목의 표시 위치 및 띄우기**

〈예시〉

수신자 ○○○노인요양원(○○○담당과장)
제 목 문서관리교육 실시

문서관리교육을 다음과 같이 실시하오니 참석하여 주시기 바랍니다.
1.*첫째 항목 ○○○○
가.*둘째 항목○○○○
1)*셋째 항목○○○○
가)*넷째 항목○○○○
(1)*다섯째 항목○○○○
(가)*여섯째 항목○○○○

※ *표시는 한글 1자(2타). *표시는 숫자 1자(1타)를 띄움

(6) 문서의 "끝" 표시

① 본문이 끝났을 경우 1자(2타)를 띄우고 "끝" 표시를 한다.
② 첨부물이 있을 경우 붙임의 표시문 끝에 1자(2타)를 띄우고 "끝" 표시를 한다.
③ 본문 또는 붙임의 표시문이 오른쪽 한계선에 닿은 경우 다음 줄의 왼쪽 기본 선에서 1자(2타)를 띄우고 "끝" 표시를 한다.

(7) 첨부물 표시

문서의 서식, 금전, 유가증권, 참고 서류, 기타 물품이 첨부될 때에는 본문이 끝난 다음 줄에 붙임의 표시를 하고 첨부물의 명칭과 수량을 쓰되, 첨부물이 2가지 이상일 때에는 항목을 구분하여 표시한다.

2) 문서작성의 유의사항

문서의 내용을 표시하는 문장은 다른 기관 및 상대방에게 사회복지기관의 의사를 전달하는 것이므로 그 구성이나 표현에 신중을 기해야 한다.

3) 문서의 구성체계

일반문서 중 기안문 및 시행문은 다음과 같이 두문, 본문, 결문으로 구성된다. 다만, 전자문서는 두문, 본문, 결문 및 붙임으로 구성하거나 표제부와 본문부로 구성할 수 있으며, 표제부와 본문부로 구성하는 경우에 표제부는 두문, 본문의 제목 및 결문으로 본문부는 제목, 내용 및 붙임으로 구성한다.

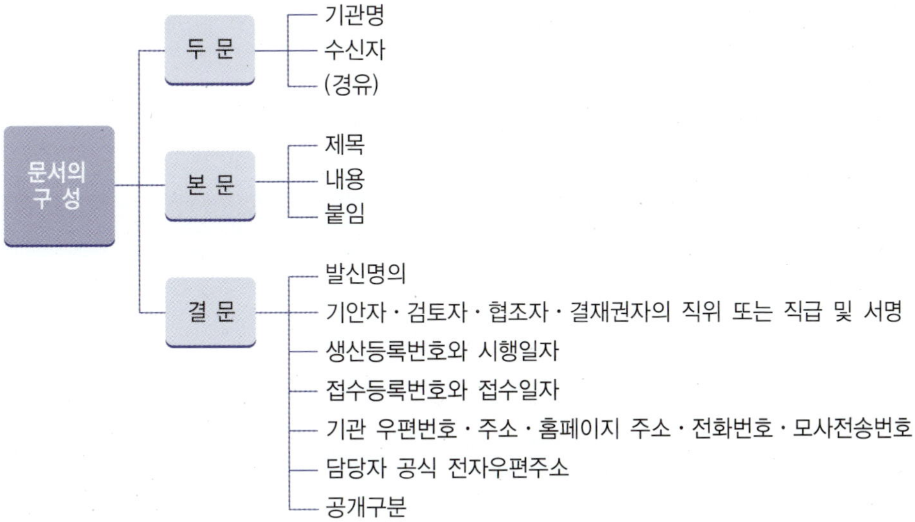

[그림 11-2] **문서의 구성**

6. 기안문 및 시행문 작성요령

1) 공통 지침

두문에 해당하는 기관명, 수신자(경유)는 두문은 굴림체 14포인트로 작성하되 제목은 진하게 쓴다. 그리고 주 내용을 기재하는 본문은 굴림체 12포인트로 작성한다. 마지막 발신명의 등을 기재하는 결문은 굴림체 10포인트로 작성한다. 문서의 줄간격은 160%로 하여 작성한다. 그리고 반드시 문서의 끝에는 “끝” 표시를 해주어야 한다. 문서의 편철 및 관리상의 필요에 의하여 용지에 일정한 여백을 두는데 일반적으로 문서의 여백은 위로부터 3cm, 왼쪽으로부터 2cm, 오른쪽으로부터 1.5cm, 아래로부터 1.5cm로 한다

① 본문이 끝났을 경우는 1자(2타)를 띄우고 "끝"자를 쓴다.

② 붙임물이 있는 경우는 붙임의 표시를 한 다음에 1자(2타)를 띄우고 "끝"자를 쓴다.

③ 본문 또는 붙임의 표시문이 오른쪽 한계선에서 끝났을 경우는 다음 줄의 왼쪽 기본 선에서 1자를 띄우고 "끝"자를 표시한다.

④ 붙임물의 표시는 본문이 끝난 다음 줄에 붙임의 표시를 한다. 붙임물이 두 가지 이상 때에는 항목을 구분하여 표시한다.

〈표 11-5〉 문서의 공통지침 표기요령

구분	작성 방법과 예시
공통사항	• 두문 – 굴림체(14포인트) • 본문 – 굴림체(12포인트) • 결문 – 굴림체(10포인트) • 줄간격(160%) • 가로 210mm, 세로 297mm(A4 용지) • 여백 – 위 3cm, 왼쪽 2cm, 오른쪽 1.5cm, 아래 1.5cm • 반드시 문서의 끝에는 "끝" 표시
본문 끝처리 방법	본문이 끝난 경우 1자(2타) 띄우고 "끝"자 명기
	〈예시〉 ----- 주시기 바랍니다. ×끝.
붙임물의 기재방법	붙임의 표시를 한 다음에 1자(2타)를 띄우고 "끝"자를 쓴다.
	〈예시〉 붙임 1. 대상자명부 1부. ×끝.

구분	작성 방법과 예시
	붙임의 표시문이 오른쪽 한계선에서 끝났을 경우는 다음 줄의 왼쪽 기본선에서 1자를 띄우고 "끝"자를 표시
	〈예시〉 붙임 -----------------------------------1부 ×끝.
	• 붙임물의 표시는 본문이 끝난 다음 줄에 붙임 표시함 • 붙임물이 두 가지 이상인 경우 항목을 구분 표시
	〈예시〉 (본문) ----------------------------- 하시기 바랍니다. 붙임×1. *○○○계획서 1부. 2. *○○○서류 1부. ×끝.

주 : 상기 표상의 ×표시는 1자(2타)를 띄우고 표기함을 의미함.

2) 작성요령

① 서식

공문 기안문 및 시행문 서식은 공문 기안문 및 시행문 서식에 따른다.

② 문서의 등록번호

공문의 문서번호는 "시설명 연도－일련번호"로 기입한다.

③ 수신자 및 제목

수신처는 "수신자"에게 1자(2타) 띄우고 기록한다. 제목의 기재는 수신처의 첫 글자와 같은 위치에서 시작한다.

④ 수신자의 표시

공문 기안문 및 시행문의 수신자란의 표시방법은 다음과 같다. 독임제 기관의 장 또는 합의제 기관의 장의 권한인 경우에는 수신자란에 당해 기관의 장의 직위(수신자명)를 쓰거나 수신자기호를 먼저 쓰고, 이어서 (　)안에는 처리할 보조기관 또는 보좌기관의 직위가 분명한 경우에는 그 직위를 쓰되, 그 직위가 분명하지 않는 경우에는 ○○업무 담당과장 등으로 표시한다.

합의제기관의 권한인 경우에는 수신자란에 당해 기관의 명칭을 표시하거나 수신자 기호를 표시한다. 수신자가 많아 본문의 내용을 기재할 란이 줄어들어 본문의 내용을 첫 장에서 파악하기 곤란한 경우에는 두문의 수신자란에 "수신자 참조"라고 쓰고, 발신명의(○○종합사회복지관장) 밑으로 한 줄 띄우고 왼쪽 기본선에 맞추어 수신자란을 설치하여 수신자명을 표시한다.

공문 기안 시에는 결문의 결재처리란에 자필로 서명하고 결재가 완료된 후 시행문 작성 시에는 담당자의 이름과 결재자의 이름을 워드로 작성하여 관인을 찍어 발송한다.

〈표 11-6〉 **공문 기안문 작성요령**

서 식	공문 기안문 및 시행문 서식에 준함
문서의 등록번호	시설명 연도-일련번호 기입
	〈예시〉 고운님 2010-100호
수신자 및 제목	수신처는 수신자에게 1자(2타) 띄우고 기록 제목의 기재는 수신처의 첫 글자와 같은 위치에서 시작
	〈예시〉 수 신 자×○○○지역복지담당팀장 (경 유) 제 목×○○○구 지역협의회 정기회의 개최
	당 사회복지관에서는 ... (본문내용) 1. 귀 기관의 ... 붙임×1. 산출기초조사서 1부. ×끝 ○○노인요양원장 수신자×○○종합사회복지관, ○○노인요양원, ○○노인복지회
수신자의 표시	수신자란에 당해 기관의 장의 직위(수신자명)를 쓰거나 수신자 기호를 먼저 쓰고, 이어서 (　)안에는 처리할 보조기관 또는 보좌기관의 직위가 분명한 경우에는 그 직위를 쓰되, 그 직위가 분명하지 않는 경우에는 ○○업무담당과장 등으로 표시

주: 상기 표상의 × 표시는 1자(2타)를 띄우고 표기함을 의미함.

〈표 11-7〉 예산집행품의 기안문 예시

예 시

기관로고 ○○복지관

수 신 자 내부결재(예산집행품의)

(경 유)

제 목 장애인 무료셔틀버스 정류장표지판 신설 및 정비 대금지출

당 사회복지관에서는 장애인 무료 셔틀버스 운행 노선이 2006. 1. 1.자로 변경됨에 따라 다음과 같이 장애인 무료셔틀버스 정류장 표지판 신설 및 노선도 교체, 시간표 교체 등의 정류장 표지판 신설 및 정비대금을 지출코자 하오니 결재하여 주시기 바랍니다.

1. 예산과목 : (관)재산조성비(항)시설비(목)시설설치보수비
   ※ 장애인편의시설 개선공사 구비 지원금으로 집행
2. 금액 : 부가세 포함금 9,450,000원(금 구백사십오만 원)
3. 산출내역 : 별첨 견적서 및 산출기초조사서 참조
4. 지출방법 : 온라인송금(○○은행 ○○○-○○-○○○○-○○○, 홍길동)
5. 계약업체 : ○○디자인 기획
6. 계약방법 : 수의계약
7. 계약근거 : 사회복지법인 재무회계규칙 제32조
   국가를 당사자로 하는 계약에 관한 법률 시행령 제26조

붙임 1. 산출기초조사서 1부.
2. 수의계약사유서 1부.
3. 견적서 3부. 끝.

○○○ 노 인 요 양 원 장

담당자 팀장/과장 부 장 원 장
협조자 예산통제
시 행 20○○. ○○. ○○. 발 의 20○○. ○○. ○○.
우 130-842 서울시 서대문구 북가좌동 ○○○번지 / www.****.or.kr
전 화 (02)****-0000 / 전 송 (02)****-○○○○ /
담당자 이메일 ○○○@○○○.kr. / 공개

7. 문서의 보존과 폐기

문서보존이란 문서의 처리 완결 후 보존되기 전까지 소관부서 단위로 관리하는 절차가 종료되는 연도 말에 문서를 소정의 보존기간에 따라 관리하는 것을 말한다. 보존문서의 편리한 색출과 효율적 관리를 위해 보존문서 기록대장에 기입하여 관리한다. 보존기간이 끝난 문서는 별도의 결재에 의해 폐기하고 보존문서 기록대장에 폐기일자를 기입하여야 하며 폐기문서는 세단하거나 소각하여 말소시킨다(서울복지재단, 2006 : 270).

사회복지시설에서는 해당 문서보존연한 세칙을 정해야 하며, 그 내용으로는 우선적으로 문서보존연한 세칙의 목적을 정해야 한다. 여기에는 "○○시설 문서관리규정 제○조에 의하여 ○○시설의 문서관리의 능률화와 통일을 기하기 위하여 문서의 보관에 관한 필요한 사항을 세부적으로 규정함을 목적으로 한다" 등의 목적내용을 명시한다.

또한 해당 세칙내용의 용어에 관한 정의를 규정할 필요가 있다. 예를 들어, "문서"라 함은 ○○사회복지관(○○복지센터) 대내 또는 대외적으로 업무상 작성, 시행 또는 접수하는 모든 문서를 말한다. "보존"이라 함은 문서의 처리완결 후 소정의 보존기간에 따라 관리하는 것을 말한다 등 용어의 정의를 규정한다.

그리고 각 기관에서 보존해야 하는 문서를 구분하여 각각의 보존기간을 명시한다. 사회복지기관에서 보존해야 할 문서는 크게 세 종류로 구분하며, 갑종문서(영구보존), 을종문서(10년 보존), 병종문서(5년, 3년, 1년)로 보존기간을 나눌 수 있다. 이외의 문서 보존기간은 해당 기관의 시설장이 정한다.

먼저 갑종문서(영구보존)에는 내규 및 시행에 관한 모든 규정, 운영위원회 회의록, 각종 대장 및 원장(제증명 발급대장 등), 예산과 결산 관계서류, 인사기록 관련 서류(직원보상, 처벌관련, 강사임면대장), 모든 권리증서와 중요 서류, 사례 파일 등이 해당한다.

다음으로 을종문서(10년 보존)에는 세입·세출 증빙서류(은행통장 포함), 연사업계획 및 평가서류, 사업홍보자료, 자원봉사자 관련 서류(신상카드 및 봉사누계표), 후원사업 관련 서류(후원납입 현황표) 등을 보존해야 한다.

마지막으로 병종문서는 크게 5년, 3년, 1년으로 그 기간을 구분하여 문서를 보존한다. 5년 보존문서에는 해외연수 서류(연수생 명단 및 연수보고서), 실습생 관련 서류(프로파일, 중간평가서, 종합평가서), 직원 관련 서류(직원교육 관련 서류, 직원채용 관련 서류), 회의록(팀장회의록), 업무인수인계서, 수납증빙서류(납부현황대장), 문서수발서류(관공서 및 거래처와의 서류), 내부기안(총무팀에서 관리)을 보존한다. 3년 보존문서에는 집단기록(집단진행기록 : 과정기록, 계획서, 평가서), 입소노인관찰기록, 사례관리평가서, 실습생 집단진행기록, 프로그램 세부계획서 및 평가서, 각종 신청서(후원신청서, 시설사용신청서 등), 회의록(팀장회의를 제외한 각종 회의록 : 팀회의록, 요양보호사 회의록, case conference 등), 차량 관련 서류(유류 수불대장, 정비대장, 운행일지 등), 출근카드, 각종 일지(관리인 근무일지, 자원봉사자 일지, 강사일지 등)을 보존해야 한다. 1년 보존문서는 월보고서, 3개월 계획서, 주중계획표 등으로 구분한다. 그리고 원본이 있는 복사문서, 각종 자료, 도표, 법령, 내규, 지침이 갱신된 후 갱신 이전의 문서, 활용가치가 상실된 문서 등은 수시폐기하는 문서로 구분한다.

〈표 11-8〉 문서보존기간

구분	문서내용	사례	참고
영구보존	• 기관의 존립상 기본 규정이 되는 문서 • 관청의 주요 인·허가 문서 • 등기, 등록 및 소송에 관한 서류 • 계약서, 합의서 등 효력이 영속되는 서류 • 기관의 중요 재산에 관한 문서 • 직원 입사 관련 중요 문서 • 이사회 결의를 거친 중요 정책문서 • 기타 역사적 가치가 있는 문서	운영내규 위탁/인·허가 자산비품 등 재산 관련 자료 인사기록 문서 연혁기록부, 연혁기록사진	원본보관
10년	• 전항에 속하나 영구보존의 필요가 없는 것 • 예·결산, 회계에 관한 제 장부 및 전표 • 영구보존 이외 업무수행상 기본의 문서 • 제증명의 발급대장 • 제도, 규격 등에 관한 계획, 조사, 연구서	결산보고서, 총계정원장, 결의서, 회계장부/증빙서(현금출납부, 총계정원장, 자산(비품)관리대장) 시설별 운영계획/실적/평가서 기부금 및 후원금 관리대장	예산/실적/결산 등은 CD 보관, 원본 폐기

구분	문서내용	사례	참고
5년	• 프로그램계획 및 시설운영일지 • 운영통계 자료 및 예산, 감사에 관계된 문서 • 각종 국서, 지방세 등 조세에 관련된 문서 • 인사에 관련한 문서	프로그램관리 : 사업계획/실적/과정기록/평가서, 각종 통계 및 분석자료, 법인감사, 행정감사자료, 법인세, 부가세 신고서, 제급여명세서, 퇴직정산	사업계획서/실적서/평가서 등은 CD보관, 원본 폐기 각종 통계자료 등은 CD보관, 원본 폐기
3년	• 노동법에 관련된 문서 보존 • 통상의 회의록 • 시장조사 홍보 등 기획관계 서류 • 경리에 관한 보조적 서류, 통계서류 • 대내·외 일반 문서 • 관련법규에 의해 점검기록이 요구되는 문서	단체협약서, 인사에 관한 통지서 임원, 간부회의록, 예수금출납부, 회비수납대장, 일반공문 접수 발송대장, 안전검사대장, 안전점검일지, 프로그램일지 및 증빙 관련 서류	
1년	• 상기 각 사항에 속하지 않는 문서 • 단순업무 처리에 관한 문서 • 단순자료요구 통보에 관한 문서 • 회계정보에 관한 참고 서류	법인카드청구서, 직책보조비사용내역 업무연락, 조회서, 기타 문서접수 발송, 근무상황이 정리된 휴가신청서·지각, 조퇴계·특근신청서, 출근부, 세입처리된 지로입금통지서, 개인별업무일지, 업무계획표	
수시 폐기	• 원본이 있는 복사문서 • 각종 자료, 도표, 법령, 내규, 지침이 갱신된 후 갱신 이전의 문서 • 활용가치가 상실된 문서		

8. 사회복지시설의 문서서식

1) 기안보고서

기 안 용 지

<table>
<tr><td>문서번호
분류기호</td><td></td><td colspan="3"></td><td colspan="3">전결규정 조항
전결조항</td></tr>
<tr><td>기안일자</td><td>년 월 일</td><td rowspan="3">결
재</td><td>담 당</td><td>팀 장</td><td>과 장</td><td>부 장</td><td>관 장</td></tr>
<tr><td>시행일자</td><td>년 월 일</td><td rowspan="2"></td><td rowspan="2"></td><td rowspan="2"></td><td rowspan="2"></td><td rowspan="2"></td></tr>
<tr><td>보존기한</td><td></td></tr>
<tr><td>경 유
수 신
참 조</td><td></td><td rowspan="2">발
신</td><td rowspan="2" colspan="2"></td><td rowspan="2">협
조</td><td rowspan="2" colspan="2"></td></tr>
<tr><td>기안책임자</td><td></td></tr>
<tr><td>제 목</td><td colspan="7"></td></tr>
<tr><td colspan="8"></td></tr>
</table>

○○○○ 종 합 복 지 관

2) 업무보고서

결재	담당	팀장	과장	부장	관장

업 무 보 고 서

일 시: 년 월 일( ) 작 성: (인)

제 목		건/ 명/ 회	
업 무 내 용			
향후 계획			
별 첨			

○○○○ **종 합 복 지 관**

3) 휴가원

(휴가) 원

결재	담당	팀장	과장	부장	관장

구 분	□ 휴 가 □ 병 가 □ 산전 / 산후 □ 애경사 □ 특별휴가 □ 기타		
사 유		잔 여 휴 가	( )일 / 담당자 : (인)
행 선 지		연락처	
휴가기간	년 월 일 ~ 년 월 일 (일간)		
업무인계인			

위와 같이 ( )를 청원하오니 허락하여 주시기 바랍니다.

년 월 일

직 무 :
위 원 인 : (인)
업무대행인 : (인)

○○○○ 복지관장 귀하

○○○○ 종 합 복 지 관

4) 출장신청서

(출장신청서)

결재	담 당	팀 장	과 장	부 장	관 장

아래와 같이 제 차 출장을 신청하오니 재가하여 주시기 바랍니다.

출장 신청일	년 월 일		
출장 복명인	소 속	직 위	성 명
			(인)
기 간	년 월 일 ~ 년 월 일(박 일)		
출 장 지		출 장 중 연 락 처	
출 장 목 적			
소 요 예 산		별 첨	

○○○○ 종 합 복 지 관

5) 차량배차신청서

차량배차신청서

년 월 일( ) 작성자 : (인)

결재	담 당	팀 장	과 장	부 장	관 장

차량번호		운 전 자		승탑인원	명
운행목적				행 선 지	
주행예상거리			운 행 일		
신청부서 및 연 락 처	■ 신청부서 : ■ 연 락 처 :		출발시간		
			도착시간		

상기 차량의 배차신청서를 작성하오니 결재 바랍니다.

일 시 : 년 월 일

신 청 인 : (인)

○○○○ **종합복지관 귀하**

6) 업무협조전

업 무 협 조 전

결재	담당	팀장	과장	부장	관장
협조					

일시 :　　년　월　일(　) 작성자 :　　(인)

수신부서		발신부서	
조치사항	□ 회신요망(　월　일)		
	□ 업무연락(　월　일)		
주 요 내 용			

○○○○ **종 합 복 지 관**

7) 회의록

회 의 록

결재	담 당	팀 장	과 장	부 장	관 장

년 월 일( )

회 의 명		진 행 자	
참석기관		기 록 자	
의 안			
토의사항 (합의사항)			
건의사항			
다음회의	일 시 : 안 건 :		
참 석 자 (연락처)			
행정 및 협조사항	행정사항 :		
	협조사항 :		

○○○○ 종 합 복 지 관

Social Welfare Administration

CHAPTER 12

사회복지 프로그램 개발 및 평가

제 1 절 프로그램의 개념과 구성요소

1. 프로그램의 개념

프로그램의 사전적 의미는 목록, 순서, 예정계획이란 뜻으로 프로그램에 대한 대표적인 학자들의 정의를 보면, 토마스(Thomas, 1987 : 112)는 일반적이고 표준화되어야 하며 타당성이 입증되어 널리 보급될 수 있어야 한다고 정의하였고, 요크(York, 1982 : 15)는 프로그램은 목적을 달성하기 위한 일련의 상호의존적 활동이며, 랩과 포에트(Rapp & Poertner, 1992 : 29-30)는 개인, 가족, 지역사회 개발을 통해 개인적 혹은 사회적 변화를 성취하기 위해 유도된 행동들의 총체라고 정의하였고, 이창호(1991 : 173)는 특정 문제와 대상을 상대로 구체적 목표를 가지고 일정 기간에 인력과 예산 등을 투입하여 반복적이고 조직적 활동을 벌이는 사회복지기관의 단위사업이라고 정의하였으며, 황성철(2008 : 17-18)은 특정한 목적달성을 위해 자원과 기술이 투입되어 일정한 절차에 따라 이루어지는 조직의 계획적 활동체계라고 정의하였다. 이상의 프로그램의 정의를 종합해 본다면 사회복지에서 프로그램의 개념은 조직의 목적달성을 위해 이루어지는 체계적 활동이라고 할 수 있다.

따라서 프로그램(program)이란 "한 조직에서 목적을 달성하기 위하여 모든 과정을 마칠 때까지 요구되는 내용의 선정과 조직, 지도활동 체계, 시설, 자원, 지원체계, 기간 등에 관한 전체적 계획", 즉 "특정 목표를 성취하기 위한 활동들의 집합, 일련의 상호의존적인 활동"이라고 정의할 수 있다.

2. 프로그램의 기본 구성요소

프로그램의 기본 구성요소는 목적, 자원과 기술, 계획된 활동으로 구성되어 있다(황성철, 2008 : 18-22).

1) 목 적

사회복지 프로그램은 프로그램 자체의 목적을 갖고 있다. 프로그램의 목적은 프로그램 활동이 궁극적으로 추구하고자 하는 가치와 바람직한 미래의 상태로 프로그램 목적에는 상향적, 하향적 방향성을 갖는다. 프로그램은 조직이나 기관을 전제로 성립될 수밖에 없는 개념이기 때문에 프로그램 목적은 조직이나 기관의 목적달성을 위한 수단이 되고, 조직이나 기관의 설립목적은 기관의 설립이념 또는 사명헌장에 종속된다. 따라서 프로그램 목적의 방향성은 상향적으로 설립목적과 사명을 달성하기 위한 수단이 된다. 그래서 기관 내 각 프로그램은 조직이나 기관의 설립목적과 사명도 달성되고, 내용적으로는 개인, 가족, 지역사회가 당면하고 있는 문제를 해결하여 복리증진과 기능향상이 관련된 목적이 설정된다.

하향적 방향성은 구체적 목표를 분화하고 이러한 구체적 목표는 개별 클라이언트의 변화목표로 세분화된다. 따라서 특정 프로그램의 목적과 목표가 하향적으로 개별 클라이언트 목표로 나누어지는 경우 분화의 과정을 거친다고 말한다.

2) 자원과 기술

사회복지 프로그램에 중요한 구성요소로 자원과 기술은 필수적이다. 자원은 물적·인적으로 나누어지며 물적자원으로 프로그램을 실행할 수 있는 재원을 의미하며, 인적자원은 프로그램을 수행하는 인력으로 이 두 가지가 결합되어 하나의 사업단위로 볼 수 있다. 기술은 사회복지실천 이론과 기법을 포괄한다. 사회복지 프로그램 속에는 반드시 클라이언트나 대상체계의 변화를 위한 실천모델, 방법과 기법들이 농축되어 있으며 프로그램의 수행과정에서 이러한 이론과 기법들이 광범위하게 적용되고 그 효과를 발휘한다. 따라서 조직의 프로그램 과정에서 조직의 인력과 재정, 그리고 기술이 결합하여 프로그램이 만들어지고 실행된다고 할 수 있다.

3) 계획된 활동

사회복지 프로그램은 계획된 활동으로 이루어진다. 그래서 프로그램 관리자는 항상 일정한 기간을 설정하고 순차적으로 진행될 활동을 의도적으로 계획하여 진행시킨다. 프로그램의 매뉴얼을 개발하고 지침서가 마련되는 경우가 있는데 이것은 계획된 활동이 체계적으로 진행되도록 만들어진 것이다. 즉, 사회복지 프로그램은 사회문제를 해결하거나 클라이언트의 욕구를 충족시켜 주는 방향으로 프로그램이 조직적으로 설계되어 수행된다.

여기에서 프로그램의 활동에는 클라이언트 집단에 제공하는 서비스활동, 프로그램 수행에 관련된 행정활동, 프로그램 수행인력의 활동으로 지역사회활동 등이 있다.

3. 프로그램의 유형

사회복지 프로그램의 종류나 유형은 분류기준에 따라 다양하게 나누어지는데, 일반적으로 프로그램의 성격 및 정책별 유형, 표적집단 또는 실천대상별 유형, 기능별 유형, 기타 프로그램으로 분류된다.

1) 프로그램의 성격 및 정책별 유형

사회복지서비스의 성격 및 정책별 유형으로 ① 개인의 사회화와 발달적 욕구충족을 위한 서비스 및 프로그램, ② 문제를 지닌 개인 또는 가족에 대한 치료, 보호, 구체적 지원서비스, ③ 제반 서비스의 접근을 위한 안내 및 조언서비스로 분류된다.

① 개인의 사회화와 발달적 욕구충족을 위한 서비스 및 프로그램은 개인이 인간으로 성장하고 발전하는 전 생애에 걸쳐 욕구충족을 목적으로 하는 프로그램으로 아동양육 및 보육 프로그램, 청소년 성장 프로그램, 노인의 사회참여 강화 프로그램 등이 있다.

② 문제를 지닌 개인 또는 가족에 대한 치료, 보호, 구체적 지원서비스는 문제중심의 프로그램으로 이러한 대상들이 당면한 사회적 관계와 적응상의 문제를 해결하기 위한 프로그램으로 입양 및 위탁가정보호 프로그램, 가출청소년 선도 프로그램, 정신장애인의 음악치료 프로그램 등이 있다.

③ 제반 서비스의 접근을 위한 안내 및 조언서비스 프로그램은 일반적으로 홍보, 정보제공, 의뢰, 연계서비스를 의미하며 하나의 독립된 프로그램 형태로 구성되는 것이 거의 없고 다른 주된 프로그램에 부수적으로 수반되는 하위 서비스 형태로 나타난다. 예를 들면, 홍보 및 정보제공 또는 접근성 향상을 목적으로 시행되는 활동, 클라이언트의 의뢰나 신규 대상자 접수와 관련된 활동 등이 있다.

2) 표적집단 또는 실천대상별 유형

표적집단이란 실천이나 프로그램에서 변화의 대상이 되는 체계로 주로 개인, 가족, 집단을 대상으로 클라이언트와 대면관계를 이루어 직접적 서비스 제공의 형태로 진행되는 프로그램으로 임상적 프로그램이라고 하며 상담, 치료, 재활, 정보제공 등의 사회서비스이다. 실천적 대상으로는 조직과 지역사회, 전체 사회를 대상으로 하는 프로그램으로, 예를 들면 건강을 위한 금연활동 캠페인 등이 있다.

3) 기능별 유형

사회복지기관의 프로그램을 기능별로 분류하는 방법으로 기관에서 가장 많이 사용되고 있는 프로그램이다. 아동복지기관의 입양 프로그램과 상담 프로그램, 사회복지공동모금회의 모금과 배분 프로그램 등이 있다.

4) 기타 프로그램의 분류

사회복지 프로그램의 분류방법은 그 밖에도 연령층에 따라 아동, 청소년, 노인 프로그램, 클라이언트 집단의 유형에 따라 장애인 복지 프로그램, 다문화 가족 프로그램, 탈북 청소년 프로그램 등이 있다. 또한 프로그램의 실시장소에 따라 내방 또는 방문 프로그램으로 분류되고, 기관과 지역사회의 협력과 연계 유무에 따라 단독과 공동 프로그램으로 나누어지고, 또한 문제유형별 프로그램으로 분류할 수 있다.

제 2 절 프로그램 개발과정

1. 프로그램 개발의 개념

사회복지 프로그램은 조직의 목적달성을 위해 사회문제를 해결하고 취약계층과 일반시민의 사회복지적 욕구를 충족시켜 주기 위해서 자원과 기술이 결합하여 클라이언트 체계의 변화를 촉진시키는 매개체이다. 즉, 사회복지 프로그램을 통해서 클라이언트 체계가 변화될 수 있으며 이러한 변화를 위한 프로그램을 조직이나 기관의 관련 구성원들이 프로그램을 만들고 실행하는 것이다.

프로그램 개발은 새로운 프로그램을 창출하거나 기존의 프로그램을 수정・보완하여 효과적 프로그램으로 개선시키는 노력과 과정인 것이다. 따라서 프로그램 개발은 새로운 프로그램의 기획과 설계 그리고 기존 프로그램의 수정・보완뿐만 아니라 실행, 평가 등의 전 과정을 프로그램 개발이라 할 수 있다(황성철, 2008 : 30-38).

사회복지기관에서 프로그램의 기관 목적과 사명을 토대로 클라이언트나 지역사회의 주민들을 대상으로 효과적이고 효율적인 서비스를 전달하기 위해서는 프로그램 개발이 필요하다. 프로그램 개발과정은 기관 내의 사회복지 프로그램의 필요성이나, 외부환경에 의한 대상자들을 위한 프로그램의 필요성에 의해 기관의 사회복지사들이 아이디어를 창출하여 최적의 서비스를 제공할 수 있는 과학적이고 체계적인 과정 속에서 프로그램을 개발한다.

2. 프로그램 개발과정의 분류

프로그램 개발과정을 많은 국내외 학자들에 의해 분류하고 있는데, 프로그램을 기획과정, 개발, 설계로 보는 측면에서 분류하고 있다. 기획과정으로 스키드모어(Skidmore, 1990)는 구체적 목표의 설정 → 관련 정보 수집 및 가용자원 검토 → 목표달성을 위한 대안 모색 → 대안의 실시조건 및 기대효과 평가 → 최종 대안의 선택 → 구체적 실행 계획 수립으로, 정진모(1998)는 예비(준비)단계(지역사회, 클라이언트의 상황과 조건평가, 정보 및 기초자료 수집) → 기획단계(문제/욕구 측정, 대상 파악, 목적, 목표설정, 개입전략 설정, 자원의 결정, 정보체계) → 실행단계(클라이언트 집단과 관계형성, 프로그램 진행 확인 및 점검, 관리) → 평가단계로 분류하였다. 설계 측면에서 케터 등(Ketter, Moroney & Martin, 1999)는 프로그램의 정의 → 문제분석 → 욕구사정 → 전략선택 및 목표수립 → 프로그램 설계 → 관리정보시스템 → 예산수립 → 프로그램 평가로 분류하였고, 개발 측면에서 박경일(1998)은 문제와 욕구사정 → 자원체계의 확인 → 목적 및 세부 목표설정 → 자료수집과 대안설정 → 실천계획의 묘사(표현) → 실천활동과 실행 → 측정과 평가로 분류하였다. 여기서는 박경일(1998)의 개발단계를 중심으로 구분하여 서술하고자 한다.

1) 문제의 구체화와 욕구사정(Problem and Need Assessment)

사회복지기관에서 프로그램을 개발함에 있어서 문제를 발견하고 욕구분석을 통해 원인규명을 하고 문제를 진단하는 것이다. 따라서 문제분석은 무엇이 문제인지를 규정해야 하는데, 문제를 일차적으로 사회문제로 볼 것인가 아니면 개인의 문제로 볼 것인가를 보고, 문제분석의 내용으로 그들의 바람직하지 않는 것으로 간주되는 상황이나 조건들은 무엇이고, 누가 문제로 고통받고 있는지, 누가 문제로 규정하고, 무엇이 문제의 이유인지, 어떤 프로그램들이 현재 그 문제를 다루고 있는지를 우선적으로 분석해야 한다. 그리고 욕구분석을 해야 한다. 욕구사정은 한정된 지역 안에서 사람들의 욕구수준을 확인해 내고 이를 수량화하는 방법으로 사람들의 서비스 욕구를 체계적으로 분석해야 한다. '욕구(need)=바라는 상태(what should be)－현재 상태(what is)'로 정의할 수 있다.

따라서 욕구의 주체, 객체와 욕구의 유형 등을 파악해 기존자료를 활용하거나 주요 관련정보를 이용하거나 지역사회 서베이 등을 통해 욕구사정을 해야 한다(김영종, 2006: 291-299). 심리적 욕구인 매슬로우(Maslow)의 욕구 다섯 단계 ① 생존·생리적 욕구(physiological needs), ② 안전에 대한 욕구(safety needs), ③ 사회족 욕구(소속 및 사랑)(belonging and love needs), ④ 존경받고 싶은 욕구(self-esteem needs), ⑤ 자아실현 욕구(Needs for self-actualization)로 욕구단계이론과 알더퍼(Alderfer)의 ERG이론(생존 · 관계 · 성장) 그리고 사회적 욕구인 브래드쇼(BradShow)의 네 가지 욕구(전문가 규정의 규범적 욕구, 개인의 욕구인 인지된 욕구, 특정 서비스의 개인수요 욕구인 표현된 욕구, 다른 사람 비교의 상대적 욕구)가 있다.

2) 프로그램 수혜자 및 자원체계 확인(Resource System Identification)

프로그램의 수혜자는 일반 인구집단 : 프로그램 대상지역 내에서 문제의 속성과 관련있는 모든 사람들(00구에 거주하는 65세 이상 노인 전체 50,000명), 위험(위기) 인구집단 : 일반인구의 하위집단으로, 해당 문제에 노출될 위험이 있거나 욕구가 있는 사람들(00구에 거주하는 65세 이상 노인 중 독거노인, 2,500명), 표적 인구집단 : 위험인구의 하위 집단으로, 해당 문제에 노출되거나 경험이 이는 사람들, 다시 말해서 프로그램 대상이 되어야 하는 사람들(00구에 거주하는 65세 이상 독거노인 중 국민기초생활보장 수급자 가구의 독거노인 350명), 클라이언트 인구집단 : 표적인구의 하위집단으로, 프로그램의 실제 대상자가 되는 사람들(00구에 거주하는 65세 이상 독거노인 중 국민기초생활보장 수급자 가구의 독거노인 중 ○○돌봄서비스 이용자 30명)이다. 한편 자원체계 확인은 프로그램을 실행하기 위해 필요한 자원으로 물적 : 인적자원이나 지식, 기술, 그리고 사회환경이 어떠한가를 파악하는 활동을 의미한다.

사회복지기관은 물적자원, 즉 프로그램 실행을 위한 재원 확보가 중요하다. 사회복지조직들은 일반기업과 달리 상품판매에 의해 재원이 마련되지 않고 서비스 공급자와 수급자가 분리되어 있기 때문에 사회복지기관의 재원 확보가 어렵다. 그러므로 프로그램을 실행하기 위해서 보조금 등의 기관의 한정된 재원으로 프로그램 개발은 개인이나 지역사회주민들에게 욕구충족을 할 수 없으므로, 재원을 어떻게 동원하느냐가 중요하다. 인적자원으로는 내부자원과 외부자원으로 내부와 외부자원을 어떻게 확보하고 연계하여야 할 것인가가 고려되어야 하며, 프로그램 개발에 있어서의 전문적 지식과 기술, 시설, 장비 등을 어떻게 조합할 것인가에 대한 구체적 점검이 있어야 한다. 또는 클라이언트 집단의 매핑과 클라이언트 집단 파악(일반집단, 위험집단, 표적집단, 클라이언트 집단, 즉 일명 깔때기 모양)이 중요하다.

3) 목적 및 목표설정(Objectives Establishment)

사회복지 프로그램은 목표를 달성하기 위한 활동들로 구성되기 때문에 목표를 어떻게 설정하는가 하는 일은 프로그램의 방향을 결정하는 매우 중요한 과제이다. 목표는 프로그램이 변화시키려고 하는 상황이나 문제에 대한 기준을 설정하는 것이며, 또한 프로그램 활동의 결과로서 기대되는 변화의 정도 등을 포함된다. 프로그램과 관련된 목표라는 용어는 목적(purpose), 목표(goal), 세부목표(objective) 등이 있다. 프로그램의 목적은 구체적 표적집단(누구), 현재 문제영역(어떤 문제), 바람직한 미래상태(어떻게 변화), 즉 누구의 어떤 문제를 어떻게 변화시킬 것인지이다.

프로그램 목표는 프로그램 목적으로부터 분화되어 구체적으로 측정가능한 형태로 된다. 따라서 프로그램 목표는 프로그램 목적의 측정지표라 할 수 있다. 목표에는 상위목표와 하위목표, 과정과 성과목표, 기관목표와 활동목표 등의 유형이 있으며, 목표설정의 기준으로 첫째, 프로그램 참여자에 해당하는 클라이언트를 중심에 두고 목표를 설정해야 하고, 둘째, 프로그램의 목표는 기관의 목적과 논리적으로 연관성을 유지해야 하며, 셋째, 클라이언트 집단이 달성할 수 있는 성취가능한 형태로 설정되어야 하며, 넷째, 가능한 측정할 수 있도록 설정해야 한다(황성철, 2008 : 145-163). 또한 SMART 원칙에 따라 Specific(구체적 서술), Measurable(측정 가능 숫자, 양), Altainable(실현가능학게), Result-oriented(결과지향적), Time frame(시간 구조를 갖고)으로 기술해야 한다.

4) 자료수집과 대안 설정

프로그램에 관한 목적과 목표가 설정되면 프로그램에 관한 유사한 프로그램이 있는지 여부와 과거에 유사한 프로그램이 있었는지, 그리고 외국의 사례 등을 조사하여 자료수집을 하고, 관련 프로그램을 진행하고 있다면, 현장을 방문하여 진행상황과 관련 자료나 담당자의 의견을 청취하거나, 관련된 프로그램이 없다면 관련 프로그램에 관련된 전문가의 조언 등을 토대로 자료수집을 한다.

프로그램을 실행하기 위해서 프로그램의 목적과 목표달성에 적합한 대안을 결정하는 것은 쉽지 않다. 따라서 프로그램을 실행하기 위해 어떠한 대안이 최적인지를 선택해야 되는데, 기관의 사명과의 적합성, 자원동원 등의 환경요인에 따라 우선순위가 결정되고 적합성과 실행가능성 여부에 의해서 비교, 결정하여 최종대안을 선택해야 한다. 따라서 기관의 내부 특성을 고려하고 외부환경에 적합성 여부를 판단해 대상자들에게 제공할 최적의 프로그램을 선택하는 것이 중요하다.

대안들의 비교・검토에 사용되는 기준을 크게 나누면 타당성(desirability)과 실행가능성(feasibility)으로 나눌 수 있다. 타당성은 채택된 대안(프로그램)이 수행될 경우 그 결과가 사회적으로 얼마나 바람직한가를 판단하는 기준으로 ① 효과성, ② 효율성, ③ 비용-효용성, ④ 적합성 또는 민감성, ⑤ 형평성 또는 공평성 등이 있다.

실행가능성은 대안이 채택되어 집행될 수 있는 가능성을 나타내는 기준으로 ① 기술적(조직, 인력수급, 담당자의 자질 등), ② 경제적(비용, 비용 부담자 등), ③ 이용자 확보 여부, ④ 사회윤리적(건전성, 수용성 등), ⑤ 정치적(정치적 지지 등) 실행가능성을 의미한다.

5) 실천계획의 묘사 및 서비스 방법 구체화

관련자료가 수집되고 우선순위에 의해 대안서비스들이 결정되고 나면, 이를 달성하기 위한 구체적 실천계획이 수립되어야 한다. 실천계획의 수립은 최종적으로 목표를 달성할 수 있는 체계를 창출하는 과정이며, 선택된 대안에 대한 구체적 실천과정을 작성하는 과정이라 할 수 있다.

프로그램의 실천계획에는 구체적 실행계획을 수립해야 하는데, 구체적으로 서비스 방법, 시간, 예산, 교육 등을 구체적으로 명시화하는 것이다.

6) 프로그램 실행

프로그램 실행이란 전 단계에서 제시한 사항들을 정해진 계획에 의해 서비스를 실시하는 것을 의미한다. 프로그램 실행에 있어서 유의할 점으로는 프로그램 계획에 지나치게 얽매여서 목표전치가 발생하지 않도록 하는 것이다. 프로그램은 효율적이고 효과적 서비스를 제공하기 위한 도구이지 그 자체가 목적은 아니다. 프로그램 실행은 탄력적으로 운영될 수 있도록 융통성이 필요하며, 때로는 목적달성을 위해 수정될 수도 있다.

프로그램 실행을 효과적으로 진행하기 위해서는 프로그램의 모니터링과 관련담당자나 슈퍼바이저와 토의하거나 조언을 듣는다(신복기 외, 2008 : 454-463).

7) 측정 및 평가

사회복지 프로그램에서 측정과 평가는 계획된 목표가 달성되었는가를 알아보기 위한 과정이다. 즉, 시행한 프로그램의 가치와 의의를 판단하는 사회적 과정이라고 할 수 있다. "평가란 한 기관의 전체 또는 선별된 프로그램의 효율, 효과 및 적절성을 철저하게 그리고 비판적으로 검토하는 과정"이라고 할 수 있다.

그러므로 평가는 첫째, 프로그램 계획이나 운영과정에 필요한 정보를 확보하여 이 과정이 바람직하게 추진되도록 노력하는 것으로서 프로그램 과정상의 "환류과정"이라고 볼 수 있다.

둘째, 프로그램 담당자가 프로그램 계획과정에서 행하는 활동에 대해 사회적 책임을 지도록 하는 것으로서 "책임성 이행과정"이라고 할 수 있다.

셋째, 보조적 목적으로서 프로그램 속에 내재된 변수들 간의 인과관계를 검증하여 이론형성에 기여한다.

넷째, 평가는 사회복지기관, 전문가의 의무이고 윤리이다(김형식 외, 2000).

8) 사회복지 프로그램 제안서 작성 예시

Ⅰ. 사업개요

<table>
<tr><th colspan="7">사업개요</th></tr>
<tr><td>기 관 명
(신청기관명)</td><td colspan="6">○○종합복지관</td></tr>
<tr><td>사 업 명</td><td colspan="6">노풍(老風)당당! 긍정적인 노인상 정립 프로그램</td></tr>
<tr><td>사업기간</td><td colspan="4">2013.1.1. ~ 2013.12.31.</td><td>서비스
지역</td><td>서울시
은평구</td></tr>
<tr><td>서비스 대상</td><td colspan="2">서울시 은평구 60세 이상
어르신</td><td>실인원 수</td><td>200명</td><td>연인원 수</td><td>1,590명</td></tr>
<tr><td>서비스 단가</td><td colspan="4">158,750원(산출식 = 총 사업비 ÷ 실인원)</td><td>투입인력</td><td>2명</td></tr>
<tr><td>사업목적</td><td colspan="6">1. 자아성찰을 통한 노인주도의 긍정적인 노인상 정립
2. 사회참여 기회제공을 통한 능동적인 노인상 정립</td></tr>
<tr><td>성과목표</td><td colspan="6">① 스스로 당당한 노인문화 만들기를 위한 노인 인식개선(변화)
② 지역사회 노인문제에 대한 관심 증대
③ 사회참여를 위한 교육기회 제공으로 역량강화
④ 자원봉사활동을 통한 정기적인 사회참여</td></tr>
<tr><td rowspan="5">주요 사업
내용 요약
(프로그램명
및 주요 시행
내용)

※ 성과목표별
주요 프로
그램 1개씩
기재</td><td>세부 프로그램명</td><td colspan="5">주요 내용</td></tr>
<tr><td>영상미디어교육</td><td colspan="5">• UCC활동을 위한 기능습득 영상미디어 교육과정 진행
(총 30명 17회 교육)</td></tr>
<tr><td>당당한 노인문화
UCC 동아리
활동</td><td colspan="5">• 총 30명의 어르신으로 UCC동아리 구성
• 연간 총 4회에 걸쳐 바람직한 노인상을 UCC로 구성하여 복지관 홈페이지, 카페 및 CD를 배포하여 노인 스스로 노인 인식개선에 참여
• 동아리 토론회 운영으로 노인 스스로의 문제를 스스로 찾아 개선방안 모색 및 노인인식개선 책자제작</td></tr>
<tr><td>포럼 및 역할극
/ UCC축제</td><td colspan="5">• 노인상 정립을 위한 지역사회 노인문제를 주제로 포럼과 노인의 현 모습을 역할극으로 표현하며 긍정적인 노인상 제시
• 노인인식개선을 위한 UCC공모전 및 상영회</td></tr>
<tr><td>IT어르신 봉사</td><td colspan="5">• 주 5회 정기적인 IT교육진행 보조 전문자원봉사활동
• 정기적인 봉사활동 간담회로 동기부여</td></tr>
<tr><td>예 산</td><td>총 사업비</td><td colspan="2">28,750,000원</td><td>신청금액</td><td colspan="2">2,700,000원</td></tr>
<tr><td rowspan="2">신청금액의
세부내역</td><td rowspan="2">인건비</td><td>8,100,000원</td><td rowspan="2">사업비</td><td>18,900,000원</td><td rowspan="2">관리
운영비</td><td>0원</td></tr>
<tr><td>30%</td><td>70%</td><td>0%</td></tr>
</table>

Ⅱ. 사업계획

1. 사업명 : 노풍(老風)당당! 긍정적인 노인상 정립 프로그램

2. 사업의 필요성

1) 대상자 욕구 및 문제점

전통사회에서 노인은 지식과 오랜 경험을 바탕으로 젊은이로부터 존경을 받으며 연장자로 권위를 지니고 있었다. 그러나 생산성을 중시하는 현대사회에서는 노인의 사회적 지위 저하와 세대 간 교류 부족으로 노인에 대한 부정적 이미지가 형성되며 사회통합에 저해요인이 되고 있다.

고령사회로 진입하면서 이러한 근본적 대처를 위한 해결책 모색이 필요하며 노인을 의존적이며 무능력한 존재로 인식하여 시혜적 차원의 복지서비스를 제공하는 것에는 한계가 있다고 본다. 과거에는 도움과 공경만을 받는 대상에서 이제는 역할을 수행하는 존재임을 자각하고, 노인 스스로가 본을 보여주며 노인 스스로 노인의 이미지를 바꾸는 능동적 모습을 가져야 한다.

이를 위해 노인이 스스로 노인문제를 알고 판단하여 스스로 해결해 나가도록 자아성찰을 통한 어르신 주도의 인식개선 프로그램을 진행하며 상실된 사회적 위치와 역할을 전문자원봉사를 통해 사회참여 확대로 자존감 향상 및 존경받는 노인의 상을 정립시키고자 한다.

우리나라 노인자원봉사의 경우 전제 자원봉사의 5% 내를 차지하지만, 미국 38%, 캐나다 28%, 영국 16%, 일본 15%, 독일 14%로 선진국은 능동적이고 긍정적인 노인의 상을 자원봉사활동으로 만들어가고 있다. 이에 우리나라도 옛 경험이나 새로운 교육을 통한 습득으로 봉사의 기회를 제공하고 동료노인들의 문제해결에 참여할 수 있도록 하는 프로그램이 필요하다.

2) 지역환경적 특성

우리나라 노인인구는 2009년 500만 명으로 전체 인구의 10.5%를 차지하고 있으며 빠른 증가로 고령사회(인구의 14% 이상)로 진행되고 있다. 은평구 지역 또한 60세 이상 노인인구가 65,564명으로 은평구 인구의 14.2%를 차지하며 노령화지수가 58.8%로 전국 55.2%보다 높은 비율을 보이며 서울시에서 노인인구가 많은 지역이다. 이에 노인문제가 지역사회적으로 차지하는 비중도 점차 늘어나고 있다. 은평구 관내에는 여가기능의 복지기관은 본 기관인 ○○종합복지관이 1개소가 있으며 소규모 노인복지센터 2개소가 운영되고 있다. 지역사회 노인문제 중 긍정적 노인상 정립을 위해 전문적 집단 프로그램을 운영하고 있는 기관이 전무하며, 하루 평균 1,200명의 어르신이 이용하고 있는 본 기관이 지역 내 어르신들의 인지도가 높아 비교적 지역 내 긍정적 노인상 정립 집단 프로그램 운영이 용이한 여건을 가지고 있다.

3) 경험적 근거

(1) 어르신 주도의 인식개선 프로그램

2003년 12월에 "은평시니어 복지포럼"을 창립하며 120명의 포럼회원이 매년 1~2회 노인문제를 주제로 어르신이 직접 참여하여 어르신의 목소리를 내는 포럼을 7년간 운영해 옴

(2) 지역사회 노인 인식개선 프로그램

지역사회 내 노인에 대한 선입견을 해소하고 인식을 개선하고자 1, 3세대 통합 프로그램으로 노인과 청소년이 함께 노인인식개선 "거리 캠페인"을 2006년부터 매년 1회 진행함

(3) 노인전문자원봉사 운영

① 2007년부터 2009년까지 3년 사업으로 전직 퇴직교사 어르신 20명을 대상으로 "저소득층 자녀 학습지도" 전문자원봉사 프로그램을 진행하고 있음

② 어르신 봉사활동의 일환으로 "목소리 수호천사" 프로그램을 2009년 개설하여 복지관 이용 수급자어르신 및 은평구 관내 독거어르신을 대상으로 일상생활 안부 및 전화상담서비스를 실시하고 있음

소외되어 있는 어르신들에게 동료어르신들이 직접 전화상담서비스를 실시함으로써 수혜어르신과 활동어르신 모두 만족도가 높음

4) **본 사업과 관련된 지역 복지자원 현황**

은평구 관내에는 여가기능의 복지기관은 본 기관인 서울시노인종합복지관이 1개소가 있으며 소규모 노인복지센터가 2개소가 운영되고 있다.

은평구재가모임이 구성되어 월 1회 정기회의를 통해 사업의 공유 및 참여, 대상자 연계의 체계망 구축이 되어 있다.

은평구자원봉사센터와 분기별 회의모임을 통해 자원봉사자의 교육, 관리가 원활하게 이루어지며 본 복지관에서 평생학습관 지정, 서울시에서 추진하는 인문학 아카데미 프로그램 등의 전문 프로그램 진행으로 노인인식, 노인자원봉사, 상담관련 전문 강사뱅크 인력풀을 보유하고 있다.

3. 서비스 지역, 서비스 대상 및 실인원 수

1) **서비스 지역** : 서울시 은평구

2) **서비스 대상** : 서울시 은평구 60세 이상 어르신

3) **서비스 대상 선정기준 및 방법**(과정)

- 서울시 은평구 거주 어르신 중 신체적으로 활동이 가능한 어르신
- 프로그램 참여욕구 어르신
- 프로그램 참여를 통한 지속적 사회참여활동 동의 어르신
- 참여희망자 중 컴퓨터 및 영상미디어 기능 가능 및 관심어르신 우선 선정

4) **실인원 수**

대상 구분	서비스 대상자 산출근거	단위 수(명)
① 일반대상	서울시 노인인구	5,000,000
② 위기대상	은평구 거주 60세 이상 어르신	65,564
③ 표적대상	본 복지관 사회참여 프로그램 참여어르신 수	1,500
④ 실인원 수	표적대상 중 본 사업에 참여욕구가 있는 어르신 수	200

4. 사업목적 및 목표

목 적	산출목표	성과목표
1. 자아성찰을 통한 노인 주도의 긍정적 노인상 정립	UCC동아리 구성으로 총 4회의 UCC 프로그램 제작을 통한 바람직한 노인상 제시	스스로 당당한 노인문화 만들기를 위한 인식개선(변화)
	연 2회 캠페인 및 포럼으로 지역사회 노인문제 해결을 위한 참여 프로그램 실시	지역사회 노인문제에 대한 관심 증대
2. 사회참여 기회제공을 통한 능동적 노인상 정립	총 15회 이상의 영상미디어교육을 통한 전문성 함양으로 사회참여 기회 마련	사회참여를 위한 교육기회 제공으로 역량강화
	IT어르신봉사단 구성으로 주 1회 자원봉사활동	자원봉사활동을 통한 정기적인 사회참여

5. 사업내용

1) 세부 사업내용

성과목표	프로그램명	활동(수행방법)	시행 시기	수행 인력	참여 인원	시행 횟수/ 시간
사회참여를 위한 교육기회 제공으로 역량강화	영상미디어 교육	• UCC 활동을 위한 기능습득 영상미디어 교육과정 • 전문강사에 의한 4개월 과정 영상미디어 교육 • 수료식 실시(6월 말)	3~6월	복지사 1명 / 강사 2명	30명	주 1회 / 1시간
스스로 당당한 노인문화 만들기를 위한 노인 인식개선(변화)	당당한 노인문화 UCC동아리 활동	• 총 30명의 어르신으로 UCC 동아리 구성(1개조 10명으로 구성활동) • 1주에 1회 모임으로 연간 총 4회에 걸쳐 바람직한 노인상을 UCC로 구성하여 홈페이지 및 카페, CD를 배포하여 노인 스스로 노인인식개선에 참여	7~12월	복지사 1명 / 강사 1명	30명	주 1회 / 3시간

성과목표	프로그램명	활동(수행방법)	시행 시기	수행 인력	참여 인원	시행 횟수/ 시간
스스로 당당한 노인문화 만들기를 위한 노인 인식개선(변화)	당당한 노인문화 UCC 동아리 활동	• 노풍(老風)당당! 카페 개설 운영 • 동아리 토론회 운영으로 노인의 문제를 스스로 찾아 개선방안 모색 및 인식개선 책자 제작	7~ 12월	복지사 1명 / 강사 1명	30명	주 1회 / 3시간
	당당한 노인 신문 칼럼	• 분기별로 어르신이 직접 제작하는 신문에 "당당한 노인상" 칼럼을 수록 발간 • 분기별 각 조 활동제작 (A조 6월/ B조 9월/ C조 12월)	6월 9월 12월	복지사 1명	30명	분기별 총 3회 / 9시간
지역사회 노인문제 해결에 관심도 향상을 위한 참여	캠페인	• 5월 가정의 달을 맞아 지역사회 어르신 편견해소를 위한 세대통합 캠페인	5월	복지사 1명 / 봉사자 20명	50명	연 1회 / 6시간
	포럼 및 역할극	• 노인상 정립을 위한 지역사회 노인문제를 주제로 포럼과 노인의 현 모습을 역할극으로 표현하며 긍정적인 노인상 제시	9월	복지사 2명 / 전문가 1명	100명	연 1회 / 4시간
	UCC 축제	• 노인인식개선을 위한 노인상 UCC축제마당으로 누구나 참여할 수 있는 공모전 및 UCC 상영회	11월	복지사 1명 / 전문가 2명	100명	연 1회 / 5시간
사회참여를 위한 자원봉사활동 참여	IT어르신 봉사단활동	• 영상미디어 참여 활성화 및 사회참여를 위한 IT어르신 봉사단활동 • 주 5회 정기적 IT교육 진행 보조 전문봉사활동 • 봉사활동 소양교육(1회)	7~ 12월	복지사 1명	20명	주 5회 / 2시간
	활동간담회	• 봉사활동 간담회를 통한 동기부여 및 활동평가로 활동사항 개선	8월 10월 12월	복지사 1명	20명	연 3회 / 6시간

2) 목표에 대한 평가방법

성과목표	목표에 대한 평가방법			
	성과지표	자료원	자료수집방법	자료수집 시기
스스로 당당한 노인문화 만들기를 위한 인식개선(변화)	노인 스스로가 생각하는 노인의 인식변화도 20% 이상 달성	복지관 자체조사	1. 설문조사 (사전, 사후비교) 2. 프로그램 과정기록지	3월 11월
지역사회 노인문제에 대한 관심 증대	지역사회 노인문제 관심도 변화 30% 이상 증가	복지관 자체 설문조사	1. 설문조사 2. 변화도 면접조사	9월
사회참여를 위한 교육기회 제공으로 역량강화	1. 교육에 대한 만족도 85% 이상 달성 2. 교육을 통한 동아리 활동 참여 지속성 90% 이상 달성	복지관 자체 설문조사 / 출석부	1. 설문조사를 통한 만족도 2. 출석부 참석률 분석	6월 12월
자원봉사활동을 통한 정기적인 사회참여	자원봉사활동 참여 지속성 85% 이상 달성	봉사활동 일지	봉사활동일지 지속성 파악	7월 12월

3) 담당인력 구성

이름 (역할)	담당부서 /직위	투입시간 (단위 : 1주일)	경력(년) / 주요 업무	자격증 (신청사업 관련)
이○○ (슈퍼바이저)	부장	2시간	○○종합복지관 10년	사회복지사 1급
김○○ (주담당)	팀장	20시간	○○종합복지관 7년	사회복지사 1급
이○○ (부담당)	사회복지사	20시간	○○종합복지관 2년	사회복지사 1급

4) 사업 진행 일정

내 용 \ 기 간	1월	2월	3월	4월	5월	6월	7월	8월	9월	10월	11월	12월
사업세부추진계획	--→											
대상자모집홍보		--→										
대상자 선정		--→										
영상미디어교육			---	---	---	--→						
UCC 동아리활동			---	---	---	---	---	---	---	---	---	--→
신문칼럼						--→			--→			--→
캠페인					--→							
포럼 및 역할극									--→			
UCC 축제											--→	
IT어르신 소양교육							--→					
IT어르신 봉사활동							---	---	---	---	---	--→
봉사활동 간담회								--→		--→		--→
사업평가, 보고서 발간												--→

5) 홍보계획

대 상	홍보방법 및 횟수	활용매체	비 고
지역사회 주민	• 사업 홍보 리플릿 제작 배부 • 지역케이블 방송 • 언론사 보도자료 발송 • 관내 현수막 게첨 • 캠페인 프로그램을 통한 홍보	리플릿 케이블 TV 신문사 현수막	
타 복지 기관	• 홈페이지 게시판 수록 • 한국노인종합복지관협회, 서울시노인종합복지관 협회를 통한 회원기관에 사업내용 공문전달 • 홍보 리플릿 제작 발송	홈페이지 인터넷 리플릿	
지자체	• 주민자치센터에 홍보물 비치 • 주민자치센터 홈페이지 게시 • 사업에 대한 수식 동향보고	리플릿 홈페이지 보도자료 동향보고	

※ 사업관련 홍보 및 제작에 관련하여 사회복지공동모금회 지원을 반드시 명시하여야 함.

6) 지역자원 활용계획

자원명	활용계획	비 고
○○대학교 사회복지학과	• 캠페인 프로그램 진행 연계	
○○구 자원봉사센터	• 자원봉사활동 실적 및 인센티브 관리 • 자원봉사활동 소양교육	
○○노인복지센터	• 이용어르신 중 참여희망 대상자 연계	
영상미디어센터 미디액트	• 영상미디어 교육 진행 강사 및 정보제공 연계	

6. 예산계획

(단위 : 원)

관	사업비							
항	공동모금회 "노풍(老風)당당! 긍정적인 노인상 정립 프로그램" 사업비							
목	세 목	계	산출근거	예산조달계획				
				신청금액	비율(%)	자부담	비율(%)	자부담재원
총 계		28,750,000		27,000,000	100	1,750,000	100	
인건비	보조담당자	8,800,000	보조인력 1명×810,000원×10개월	8,100,000	30			
	소 계	8,800,000		8,100,000	30			
사업비	영상미디어 교육	3,380,000	교육교재 7,000원×40권	280,000	1			
			강사비(3급) 70,000원×17회	1,190,000	4.4			
			교육모집리플릿 1,000원×300장	300,000	1.1			
			교육모집현수막 70,000원×2개	140,000	0.5			
			간식비 2,000원×30명×17회	1,020,000	3.8			
			수료식-수료증 2,000원×30명 가운대여 10,000원×30명 기념사진 3,000원×30명	450,000	1.7			
	UCC 동아리활동	9,940,000	인식개선리플릿 2,000원×250장	500,000	1.9			
			보수교육강사비(2급) 100,000원×6회	600,000	2.2			
			UCC 제작 300,000×4회	1,200,000	4.4			
			배포용 CD 제작 5,000원×200장	1,000,000	3.7			
			UCC 진행비 100,000원×6개월	600,000	2.2			
			간식비 2,000원×30명×24회(6개월)	1,440,000	5.3			
			인식개선배부책자 5,000원×200부	1,000,000	3.7			
			책자발송비 2,000원×500부			1,000,000	57.1	

관	사업비							
항	공동모금회 "노풍(老風)당당! 긍정적인 노인상 정립 프로그램" 사업비							
목	세 목	계	산출근거	예산조달계획				
				신청금액	비율(%)	자부담	비율(%)	자부담 재원
사업비	신문칼럼	1,950,000	자조모임 10,000원×10명×3개월	300,000	1.1			
			신문제작비 500,000원×3회	1,500,000	5.6			
			발송비 150,000원×3회	450,000	1.7			
	캠페인	1,090,000	현수막 70,000원×2개	140,000	0.5			
			피켓 제작 50,000원×10개	500,000	1.9			
			스티커 제작 200원×500장	100,000	0.4			
			평가비 5,000원×50명	250,000	0.9			
			문구류 100,000원×1회	100,000	0.4			
	포럼 및 역할극	1,800,000	현수막 70,000원×2개	140,000	0.5 0.5			
			포럼자료집 5,000원×100부	500,000	1.9			
			발표자(1급) 180,000원×2명	360,000	1.3			
			토론자(2급) 100,000원×3명	300,000	1.1			
			초청장 1,000원×300부	300,000	1.1			
			다과비 2,000원×100명	200,000	0.7			
	UCC축제	1,530,000	공모포스터 2,000원×100장	200,000	0.7			
			심사비(1급) 180,000원+100,000원×1명 (3급) (70,000원+40,000원)×2명	500,000	1.9			
			공모선정상품비(3팀) 500,000원×1회	500,000	1.9			
			참가상 3,000원×100명	300,000	1.1			
			심사문구류 30,000원×1회	30,000	0.1			
	봉사활동	970,000	간담회 5,000원×20명×3회	300,000	1.1			
			활동복 20,000원×20명	400,000	1.1 1.5			
			활동매뉴얼 5,000원×40부	200,000	0.7			
			자원봉사교육강사비(3급)70,000원×1명	70,000	0.3			
	평가회비	1,540,000	자문비 70,000원×2명	140,000	0.5			
			보고서제작비 10,000원×100부	1,000,000	3.7			
			평가회비 5,000원×40명×2회	400,000	1.5			
	소 계	22,200,000		18,900,000	70	1,000,000	57.1	
관리 운영비	사무용품	500,000	사무용품 50,000원×10월			500,000	28.6	
	출장비	250,000	출장비 5,000원×5회×10개월			250,000	14.3	
	소 계	750,000				750,000	42.9	

7. 향후 운영계획

- 사업평가를 통한 참여자 확대 및 진행사업의 확대
- 참여자의 지속적인 자원봉사활동 유지 관리
- 참여자의 자조모임 형태로 지속 · 유지될 수 있도록 관리, 지지
- 지속적인 외부 지원연계로 예산 확보를 통한 사업의 유지

3. 프로그램 성과의 도출

1990년대에 들어와서 성과중심의 평가체계는 보다 더 포괄적인 성격을 가진 수행평가(performance measurement)라는 개념으로 확장되었다. 하지만 성과중심의 평가체계는 1980년대까지 약 50여 년간 계량적 평가방법으로써 군림하여 왔다. 우리가 흔히 알고 있는 목표관리제란 생산성 혹은 결과지향적 패러다임으로서 목표(objectives)를 측정할 수 있는 성과들(outcomes)로 규정한다. 이것은 주로 성과를 강조하는 접근으로써 지금까지 사회복지 영역뿐만 아니라 모든 프로그램 영역의 평가에서 가장 선호되고 있는 평가방법이다. 동시에 많은 연구적 관심과 문헌들이 존재한다.

1) 성과중심의 접근(Outcomes-oriented Approach)

성과중심의 측정체계는 어떤 활동이 목표를 상술한 후 그 목표가 어느 정도까지 달성되었는지에 초점을 맞추는 목표지향적 평가접근과 같다. 즉, 평가를 프로그램 목표가 실제로 어느 정도 달성되었는지를 결정하는 과정으로 이해한다. 따라서 먼저 측정 가능한 행동적 용어로 표현한 목표를 프로그램 실행 이후에 나타난 성과와 상호 비교한다.

(1) 성과와 체계이론

성과의 개념을 명확히 하기 위해 산출의 개념과 구별할 필요가 있다. 또한 성과와 관련된 용어의 개념을 규정함으로써 그 이해를 높이고 성과용어들 간에 존재하는 인과성

을 체계이론을 통해 규명한다. 마지막으로 성과의 범주에 대해 소개한다.

① 성과란 무엇인가

성과의 사전적 정의는 단순히 결과를 의미한다. 그러나 사회복지 프로그램과 같이 여러 가지 자원활용에 따른 성과는 특별한 의미를 함축하고 있다. 즉, 사회복지 프로그램에서는 특정 활동에 대한 프로그램 참가자, 더 넓게는 사회에 미친 영향까지 성과라 할 수 있다. 성과측정의 목적은 활동에 대한 가치판단이다. 인과적 관계라는 관점에서는 프로그램 평가를 위한 종속변수가 바로 성과이다.

② 성과의 인과성

'성과'에 대해 정의하면서 언급한 산출, 활동 등 성과개념을 이해하기 위해 필요한 몇 가지 용어들에 대한 개념을 규정하고, 그에 대한 인과성을 밝힌다.

- **투입**(inputs) : 프로그램에 의해서 소비되고 제공되는 자원들을 의미한다. 투입은 재정적 자원과 물적자원을 모두 포함하며 또한 지역과 클라이언트들의 욕구를 의미하기도 한다. 예를 들어 직원, 돈, 시간, 자원봉사자, 시설, 장비 등이 모두 투입에 포함된다. 법이나 규정 또는 규칙 그리고 재정지원자의 요구물 등의 프로그램이나 서비스를 규제하는 것들도 투입에 포함된다.
- **행동**(또는 활동, activities) : 프로그램의 목적을 성취하기 위해서 프로그램이 행하는 것(또는 프로그램을 위해 기관이 행하는 것)으로 치료나 상담, 기술 등이 포함된다. 예를 들어, 직업훈련 프로그램에 있는 훈련생들에게 직업기술이나 교육을 제공하는 것들이 모두 행동이라고 할 수 있다. 활동 또는 행동은 형성평가(과정평가라고도 불린다)의 주요 중심주제이다.
- **산출**(outputs) : 산출은 행동에 의해서 직접적으로 나타나는 행동의 산물로서 성취된 작업의 양에 의해서 측정된다. 따라서 참석한 사람의 숫자, 제공된 상담 횟수 같은 것들이 산출에 포함된다. 하지만 산출은 모두 성과를 성취하지는 않는다. 예를 들어, 알코올중독자치료상담 프로그램에 참여한 모든 참가자들이 프로그램의 상담에 참여했다고 해서 모두 알코올중독의 문제에서 벗어나는 것은 아니며, 프로

그램이 종결된 후 다시 알코올중독자로 돌아가는 사람들도 존재한다. 산출은 원하는 또는 갈망하는 혜택이나 참가자들의 변화를 인도하기 때문에 매우 중요하다고 할 수 있다.

- **성과**(outcomes) : 성과는 프로그램이나 서비스의 행동에 참가한 이후에 또는 동안에 개개인들이나 집단들에 나타나는 효과나 변화를 의미한다. 간략히 말하면, 프로그램이 이루려 했던 또는 갈망했던 결과라고 할 수 있다. 성과는 산출에 의해 영향을 받는다. 성과는 프로그램에 참석한 참가자들이 성취하려는 또는 바꾸려는 행동, 지식, 기술, 태도, 조건, 지위 등과 연관이 있다. 기관은 그들의 클라이언트들이나 지역이 특정한 방식으로 변화되는 것을 추구한다. 이러한 변화는 기관의 투입, 행동, 그리고 산출의 마지막 단계에서 갈망하는 결과라고 할 수 있다.

투입(inputs) →	과정(process) →	산출(outputs) →	성과(outcomes)
프로그램에서 소요되거나 프로그램에 의해 소비된 자원 ㉮ • 자금 • 실무자와 실무자의 활동시간 • 자원봉사자와 그들의 활동시간 • 시설 • 장비와 소모품 프로그램에 작용하는 기제들	목표를 달성하기 위해 프로그램에서 활동하는 것 ㉮ • 홈리스들에게 잠자리 제공 • 직업훈련 제공 • 아동학대에 대한 교육 • 임산부상담	프로그램 활동의 직접적 산물 ㉮ • 지도한 교실의 수 • 수행된 상담의 수 • 분배된 교육자료 수 • 수행된 서비스 시간 • 서비스 참여자 수	프로그램 활동 중 또는 활동 이후 참여자들의 변화 ㉮ • 새로운 지식 • 향상된 기술태도 또는 가치의 변화 • 행동의 수정 • 향상된 조건 • 변화된 지위

[그림 12-1] **프로그램 성과모델**

출처 : United Way of America(1996). Measuring Program Outcomes : A Practical Approach를 수정·보완함

[그림 12－1]의 프로그램 성과모델이 보여주듯이 하나의 프로그램을 수행하려면 그 프로그램에 필요하고, 소요되는 자원들을 투입해서 구체적이고 실질적 활동을 통해 서비스를 제공하여 직접적인 양적 산출물을 얻을 수 있다. 여기서 더 나아가 프로그램 참여자들에게 나타난 변화, 효과, 이익 등의 성과를 확인할 수 있는데 이렇듯 성과모델에는 투입에서 성과에 이르기까지 하나의 연결선상에 있는 인과적 특성이 있다.

③ 성과의 범주

프로그램을 제공받는 클라이언트를 중심으로 성과를 세 가지로 나눌 수가 있다.

- **단기성과** : 많은 프로그램들의 주요 목적 중 하나는 잠재적 위험을 피하기 위한 수단으로써 특정 활동과 관련된 위험에 대한 참여자의 인식과 지식을 증대시키는 것이다. 그 예로 금연캠페인을 통해 '흡연이 건강에 유해하다'는 것에 대한 청소년들의 인식을 높인 것을 들 수 있다.

  태도, 신념, 의도 프로그램이 특정 참여자의 태도, 신념, 의도를 변화시키는 정도를 의미한다. 태도는 행동에 대한 좋음과 나쁨의 판단이다. 반면 신념은 행동이 긍정적이거나 부정적 성과와 관계가 있는지, 그렇지 않은지, 그리고 행동이 이러한 성과에 관련되는 이유에 대한 판단이다. 의도는 프로그램의 주제가 미래의 표적행동에 관여할 것이라는 가능성에 대한 주관적 판단이다.
- **중기성과** : 행동상의 성과로서 프로그램의 가장 명백한 지표는 프로그램 수행으로 클라이언트의 행동에 변화가 오는 것이다. 예를 들면, 흡연자가 금연을 하는 행동수정의 성과가 나타나는 경우이다.
- **장기성과** : 비록 장기적 성과로서 인과관계가 명확하지 않을 수도 있으나 클라이언트에게 매우 중요한 영향을 줄 수 있는 성과인 경우에 장기적 성과로써 설정할 수 있다. 예를 들면, 고등학교 탈락자가 학교로 복학하는 등 클라이언트 지위가 바뀌는 경우를 의미한다.

〈표 12-1〉 프로그램 성과

자원봉사관리	방과후학습	독거 / 결식아동 도시락 / 반찬	무료급식	노인주간보호	후원자관리
1. 분기별 자원 봉사 수 2. 분기별 자원 봉사 총 시간 3. 봉사자의 만족도 4. 지속비율(3개월 이상 활동비율) 5. 새로운 봉사 유입률 6. 분기별 1인당 교육시간	1. 성적향상도 2. 부모만족도 3. 아동만족도 4. 대상자 수 5. 출석률	1. 신체건강(영양)도구 2. 사회지지망 도구 3. 노인만족도 4. 대상자 수 5. 대상자 1인당 비용	1. 대상자 수 2. 영양상태 3. 지지망 4. 클라이언트 만족도 5. 대상자 1인당 비용	1. 가족만족도 2. 노인기능향상 3. 노인만족도 4. 1인당 비용 5. 대상자 수	1. 분기별 후원액 2. 분기별 후원자 수 3. 분기별 모임 수 4. 후원자 만족도 5. 후원지속 비율

(2) 성과와 과정

목표지상주의의 관점에서 목표를 달성하는 것도 중요하지만 수단이나 과정이 정당하지 않으면 그 달성된 목표의 가치에는 의문이 제기될 수 있다. 그래서 과정과 목표 중에서 어떠한 입장을 더 강조할 것이냐 하는 것은 매우 중요한 가치선택이 된다. 평가 영역에서도 마찬가지로 그 기본접근에 있어서 성과를 강조할 것인지, 혹은 과정에 더 많은 가치를 부여할 것인지에 따라서 다음과 같은 양대산맥으로 구분된다.

① **성과중심**(outcomes/performance approach)

- 프로그램 평가나 정부가 기관 평가 시 사용함
- 평가항목 수가 7~15개 정도로 단순함
- 핵심수행측정지표 중심으로 평가함

② **품질보증**(quality assurance)

- 민간 주도로 주로 인증제도 중심으로 운영함
- 평가항목 수가 60~200개 정도로 전반적 기관의 질(quality)을 평가함

하지만 대부분의 프로그램 평가의 경우 성과중심의 평가를 하게 된다. 성과중심의 평가는 그 결과를 명확히 파악할 수 있으며, 수량화가 가능하여 객관성을 확보할 수 있다는 큰 장점이 있다. 그래서 많은 선진국가의 공공부문에서는 비교적 간편한 성과중심의 접근을 선호하고 있다. 미국의 경우에는 GPRA(Government Performance and Result Act)라는 법을 근거로 보건복지부, 주택·도시개발부, 노동부 등에서 적용하고 있다. 다시 말해서, 공공자금을 사용하는 대부분의 사회복지 관련기관들은 이러한 성과중심의 평가체계에 영향을 받고 있다.

(3) 성과의 결정요인

일반적으로 사회복지기관 내의 프로그램 진행은 사회복지기관이라는 조직의 맥락에서 주로 이루어지며 나아가서 외부환경의 영향을 받게 된다. 따라서 프로그램의 성과는 다음의 네 가지 요인들에 의해 결정된다. 즉, 클라이언트의 특성, 서비스조직의 내부환경, 서비스 조직의 외부환경으로 이 세 가지 요인은 프로그램 성과에 영향을 미친다. 그리고 마지막으로 프로그램활동 자체가 네 번째 요인이 된다. 하지만 대부분의 평가는 성과와 클라이언트 특성에 중점을 두고 내부 및 외부환경에 대한 언급이 없고, 심지어 프로그램활동 자체에 대한 언급이 없는 경우도 있다. 프로그램의 성과는 단순하게 서비스활동에 대해 설명해 주는 것은 아니다. 다시 말해서, 성과중심의 접근은 프로그램 성과에 영향을 주는 내적·외적 환경결정 요인들을 모두 고려하지 못하는 한계점이 있다.

(4) 성과중심 접근의 장·단점

다음은 성과중심 접근법의 장·단점들이다.

① 장점

성과중심 평가의 장점은 단순함(simplicity)이다. 즉, 쉽게 이해할 수 있고 수행하기도 쉽다는 것이다. 그리고 프로그램 관리자가 자신들의 사명과 연관되어 있다고 생각하는 정보는 쉽게 만들어낸다는 장점이 있다. 이 접근법은 다년간 목표를 구체화시키고 적절한 절차와 도구들을 개발하고 발견하는 과정을 통해 기술적 발전을 이룩하였다.

② **단점**

- 실제적 평가 구성요소가 부족하다.
- 목표와 수행 사이의 불일치를 판단할 수 있는 기준이 부족하다.
- 목표 자체의 가치를 소홀히 한다.
- 프로그램 계획 시 고려해야 하는 중요한 대안들을 무시한다.
- 평가되고 있는 프로그램과 활동에서 발생하는 업무들을 소홀히 한다.
- 목표가 규정하는 성과 이외의 것은 소홀히 한다.
- 프로그램 목표에 반영되지 못하는 프로그램의 가치는 생략된다.
- 평가에 대한 단편적이고 비융통적 접근이 한계점으로 부각된다.

결과적으로 목표지향적 평가가 평가의 효과성과 잠재성을 제한하는 근시안적 결과를 초래한다.

특히 사회복지 프로그램의 성과들은 변화무쌍한 인간행동의 수많은 영향 때문에 예측하기가 어렵다. 따라서 사회복지서비스의 목표를 확정하는 데는 어려움이 따른다. 평가자는 서류상에 열거된 목표들과 프로그램 담당자들은 활동하는 데 갈등을 느끼기도 하며, 공적 목표에서 이탈하기도 한다. 더욱 큰 문제는 프로그램 관리자들이 대부분 자신의 프로그램에 대해 명확한 목표를 가지고 있지 않다는 것이다. 이것은 그들이 측정가능한 "행동적(behavioral)" 언어로 생각하고 말하는 것에 익숙하지 않다는 것을 의미한다.

2) 프로그램 성과의 도출

프로그램 성과를 이끌어 내기 위해서는 다양한 관점을 지닌 사람들과 논의하고 협력하며, 자료를 수집해야 한다. 또한 성과를 도출하기 위해서는 여러 가지 기법을 사용하게 된다.

(1) 성과의 원천

프로그램 성과를 도출하기 위해서는 아래와 같이 다양한 출처에서 아이디어를 얻을 수 있다.

- 기관 또는 프로그램 자료들을 검토하라.
- 서비스 대상자들과 직접적으로 일하는 프로그램 실무자 및 자원봉사자와 이야기하라.
- 이사회와 관련위원회의 핵심 전문가들과 만나라.
- 현재 및 과거의 서비스 대상자들과 이야기하라.
- 불만기록을 검토하라.
- 현재 프로그램의 다음 단계의 전문가들과 이야기하라.
- 비슷한 서비스를 제공하는 다른 조직들의 자료를 획득하라.
- 유사한 임무와 서비스 대상자들을 가진 다른 프로그램과 협력하라.
- 다른 부서의 실무자 또는 외부의 전문가들에게 프로그램을 관찰해 보기를 요청하라.
- 성과측정을 지지하는 후원자들과 이야기하라.

(2) 성과 도출을 위한 논리모델

일반적으로 성과 도출을 위해서 다음과 같은 세 가지 방법을 주로 사용한다. 하지만 가장 보편적 방법은 논리모델을 이용한 방법이다.

① **브레인스토밍**(brain-storming) **방법으로 개발**

소수의 전문가들이 모여서 특정 프로그램에 대한 성과들을 도출하는 것으로 브레인스토밍 방법을 활용한다.

② **표준화된 내용을 사용**

미국의 경우처럼 이미 프로그램이 표준화되어 있다면 프로그램에 의해 얻어지는 성과들도 이미 표준화되어 있다. 따라서 제시된 프로그램별 성과들을 차용하여 사용하면

된다. 가장 간편한 방법이지만 프로그램의 내용이 미국의 프로그램과 유사한지 반드시 확인해야 한다. 하지만 특정 프로그램에 대한 표준성과들에 대해서 기본적 아이디어를 얻을 수는 있다.

③ **논리모델**(logic model)**을 이용한 개발**

가장 일반적이며 체계적 방법으로 알려진 것이 바로 논리모델인데, 프로그램의 투입, 과정, 산출, 성과 등을 논리적으로 전개해서 성과를 도출하는 방법이다. 투입에서 성과까지 개념적 연계가 중요하다. 특히 성과(결과)는 세 종류로 나눌 수 있는데, 초기성과는 인지적 성과(예 태도 변화, 지식 변화 등)이고, 중간성과는 행동의 변화(예 금연행동)이며, 마지막으로 장기적 성과는 클라이언트의 지위, 환경변화를 의미한다.

제 3 절 사회복지기관 평가이해

1. 사회복지평가의 정의

평가는 효과성, 효율성 등이 측정되는 과정이라 할 수 있다. 사회복지행정에서 평가의 기능은 행정과정에서 필요한 기준의 선정, 성과에 대한 평가, 목표달성을 위한 변화유도, 책무성의 개발과 같은 관리 일반적인 기능의 한 유형에 해당된다(남일재 외, 2006 : 287).

평가는 정책이나 프로그램에 관한 의사결정을 목적으로 사회과학적 조사방법을 원용하여 정책 또는 프로그램의 수행과정과 결과를 측정하는 일련의 절차(Rutman, 1984 : 10)이기도 하며, 프로그램의 특성 및 활동과 결과에 관한 체계적 정보수집을 통해서 불확실성을 제거하거나, 효과성을 증진시키거나, 혹은 프로그램의 진행상황과 영향에 관한 의사결정을 위한 것(Patton, 1986 : 14)을 의미하기도 한다(한국복지행정학회, 2010 : 311).

또한 평가란 한 기관의 전체 또는 선별된 프로그램의 효율성, 효과성 및 적절성을 철저하게 그리고 비평적으로 검토하는 과정이라 할 수 있다.

평가란 어떤 것에 대한 심판이며, 장점, 유용성, 가치 등을 결정하는 과정이다. 평가는 전문적 활동에 대한 서술, 전문적 활동의 결과에 대한 조사, 새로운 치료개입 형태에 관한 실험 및 보다 효과적 개입방법을 개발하기 위해 설계된 조사를 의미하며 변화의 과정과 변화의 성과 모두를 측정하기 위해 객관적 조사방법을 적용하는 것이다(김형식 외, 2009 : 326).

사회복지행정에서 평가는 행정관리수단으로 서비스가 욕구를 지닌 사람들에게 정확하게 제공하는가, 적절한 서비스를 제공하는가, 서비스는 효과적이고 효율적인가를 파악하는 데 초점을 두게 되어 행정관리수단으로써의 역할을 지닌다(성규탁, 1994).

2. 사회복지평가의 목적

사회복지조직에서 평가를 왜 하는가에 대한 이유나 목적은 여러 학자에게 평가목적이 제시되고 있다. 프리맨(Freeman, 1993)은 평가대상으로의 프로그램, 조직, 혹은 정책에 대한 가치판단, 개선, 효용성 판단, 운영의 효과성 증진, 책임성 제고, 정보제공 등을 제시한다. 그들은 평가의 기본 목적으로 효과성을 측정하여 사업의 지속, 중단, 확대, 축소 등과 관련된 의사결정을 위한 정보를 제공하는 것이라고 주장한다(최재성, 1998 재인용).

또한 사회복지평가의 목적은 첫째, 사회복지사업의 목표가 어느 정도 달성되었는지 점검하기 위해, 둘째, 프로그램의 실시과정에서 나타나는 전달과정의 문제점을 파악하기 위해, 셋째, 프로그램의 형평성, 효율성, 효과성을 검토하기 위해, 넷째, 프로그램의 성취와 관리에 관련된 속성들인 사회복지서비스의 전체적 포괄성, 상호 간의 일치성, 사회복지서비스의 지속성, 지리적 · 공간적 접근성을 검토하기 위해, 다섯째, 프로그램이 사회적 요구나 도덕적 · 윤리적 · 사회적 규범에 어느 정도 부응하는가를 알아보기 위해, 마지막으로 객관성을 가진 평가연구를 통해 인접한 전문분야로부터 인정받기 위해서 평가한다(김익균 외, 2003 : 154).

사회복지조직에서의 평가목적을 다섯 가지로 제시하고 있다(박차상 외, 2008 : 321-323). 첫째, 행정상의 의사결정에 도움을 받기 위한 합리적 의사결정이다. 평가는 기관이 수행하는 활동에 관한 정보뿐만 아니라 클라이언트에 미치는 효과까지 자료를 제공한다. 이러한 정보는 의사결정자로 하여금 자원할당, 직원의 역할, 서비스 제공 내용과 여부 등에 관한 중요한 이슈를 다룰 수 있도록 도움을 제공함으로써 평가는 보다 합리적인 의사결정하에 조직이 운영될 수 있는 중요한 정보와 자료를 제공하는 목적을 수행할 수 있다.

둘째, 조직에서 운영하고 있는 프로그램 개선이다. 평가의 주요한 목적은 무엇보다도 기획 혹은 설계단계에서 마련된 기준에 비추어 진행 중인 프로그램을 비교하는 데 있으므로 프로그램의 질을 개선시킬 수 있는 도구가 된다.

셋째, 책임성의 수행이다. 책임성은 특정 업무에 대한 책임 이외에도 조직구성원의 책임도 포함된다. 사회복지조직에서 책임성은 프로그램 평가와 서비스 전달과정에 관한 조사를 통해 파악할 수 있다. 평가활동도 이러한 책임성을 보여주는 중요한 과정이기도 하지만, 기관의 활동과 활동결과를 담고 있는 기관평가보고서는 기관의 책임성 여부를 보여주기도 하고, 기관의 책임성을 강화시키는 역할을 한다.

넷째, 기관에 대한 외부의 지원을 확보한다. 평가는 기관의 효과성, 효율성 등을 입증해 주고, 이를 알리는 역할을 담당하기 때문에 지역사회나 정부로부터 지원과 지지를 획득할 수 있는 정보를 제공한다.

다섯째, 서비스 제공방법에 관한 지식개발이다. 평가는 기관의 활동내용이나 그 여부에 대한 일상적 평가의 의미도 가지고 있지만, 최근에는 기관의 성과에 대한 평가라는 의미로 이해되고 있다. 더욱이 평가에 사용되는 방법들은 기관의 개입활동과 계획한 성과 간의 관계에 지식을 개발하는 데에도 활용된다.

이상의 평가목적에 대한 논의에서 평가는 다양한 목적을 수행하기 위해 평가한다는 것을 확인할 수 있으며, 효과성, 효율성, 책임성 등의 검증 측면에서 평가하는 점을 알 수 있다.

3. 사회복지평가의 기준

평가항목이나 평가내용들을 추출하기 위해서는 기본적으로 그 기준이 있어야 한다. 평가의 기준이란 평가를 위한 척도이다. 즉, 프로그램의 성패를 판단하기 위해서 프로그램의 어느 측면을 평가의 초점 내지는 대상으로 삼아야 할 것인가에 대한 기준을 의미한다.

여러 학자들이 평가기준을 분류하였는데, 간략하게 요약해 보면 다음과 같다.

〈표 12-2〉 각 학자들의 평가기준

서치만 (Suchman, 1967)	트리포디 (Tripodi, 1983)	베넷과 웨이싱어 (Bennett & Weisinger, 1977)	요크 (York, 1982)	파울 (Paul, 1981)
• 노력성 • 성과 • 적절성 • 효과성 • 효율성 • 과정	• 노력성 • 효과성 • 효율성 • 예상치 못한 결과	• 노력성 • 효과성 • 효율성 • 서비스 질	• 노력성 • 효과성 • 효율성 • 영향 • 서비스 질 • 과정 • 형평성	• 노력성 • 효과성 • 과정

여러 학자들이 제시한 공통기준으로는 ① 노력성, ② 효과성, ③ 효율성, ④ 서비스의 질, ⑤ 이용자 만족도를 들 수 있다.

1) 노력성

노력성이란 기관이 얼마나 많은 활동을 했고 서비스를 제공했는가? 하는 사업의 산출을 평가하는 것이다. 즉, 제공된 서비스의 양 혹은 수행된 활동의 양이 얼마나 되느냐에 대한 분석이다.

이 기준은 사회복지 프로그램 평가에서 가장 흔히 사용되는 평가기준이며, 목표구조 중 활동목표와 관련이 있다. 이 평가는 이용자의 '변화', 즉 해당 사회문제가 얼마나 해결될 것인가를 제시하지는 않지만, 제공한 서비스활동이 기대한 목표를 성취하는 타당한 수단이라는 가정(假定)에 근거한다.

대부분의 기관들은 이용자의 수, 상담횟수, 진료건수 등의 프로그램 산출로 그 기관의 활동을 평가한다. 따라서 투입 / 노력의 계량적 측정은 모든 프로그램의 산출을 도표화하여 시간별(금년과 지난 해), 기관별(타 기관의 동일 프로그램), 서비스별, 지역별에 따라 서비스 통계치가 얼마나 달라졌는가를 관찰하는 것이다. 그리고 한 기관, 한 사업에 대한 절대평가보다는 상대평가로 이루어질 때가 많다.

2) 효과성

효과성이란 일반적으로 목표달성의 정도라 정의되며, 프로그램이 성과가 있었는지에 관한 정보를 얻기 위한 평가이다. 즉, 서비스의 목표를 달성하는 정도를 말한다. 효과평가에서 관심을 갖는 변화의 결과는 이용자 개개인에 대한 것이다. 효과성을 기준으로 한 평가를 하려면 사업의 목표가 확인되고 목표가 구체적으로 설정되었을 때만이 가능하고, 정확성 평가기준에 의한 평가결과가 긍정적으로 나왔을 때만이 효과성 평가기준에 의한 평가활동이 개시될 수 있다.

효과성 평가를 할 때에는 의도된 결과와 아울러 예기치 않았던 결과도 생각해야 한다. 휴먼서비스의 효과 측정 때에 가장 큰 어려움은 그 프로그램의 산물척도에 대한 합의이다. 예를 들면, 상담의 효과를 무엇으로 규정할 것인가에 대한 문제이다.

효과성을 측정하는 방법으로는 개인 / 집단의 변화를 측정하는 단일사례 분석, 성취목표를 확인하기 위한 목표달성척도(GAS : Goal Attainment Scale), 프로그램의 산출물(product : 업무량, 생산비용, 직원들의 전문성, 유지비, 수익성 등)을 선정해 확인하는 평가조사(evaluation research)가 있다.

3) 효율성

효율성은 '경제적 합리성'과 동의어로 사용되며, 최소의 자원투입으로 최대의 산출을 냈는가에 초점을 둔다. 효율성은 투입(비용) / 산출(노력)의 비율로 표현되며, 자원의 효율적 사용에 대한 정보를 제공해 준다. 효율성 평가는 쉽게 말해, 서비스 단위당 얼마의 비용이 들었는가를 계산해 프로그램의 능률성을 측정하는 것이다. 예를 들면, 연간 500명에게 상담서비스를 제공하는 데 얼마의 비용이 들었는가를 측정하는 것이다.

효율성 평가는 같은 시기에 같은 목적을 추구하는 다른 기관의 사업들과 비교함으로써 상대적 효율성을 알 수 있다. 예를 들면, 다른 기관에서 "1일 동안 소요된 서비스 비용, 상담서비스의 경우 시간당 비용, 각기 다른 서비스의 이용자 1인당 연간비용" 등을 비교할 수 있다.

효율성을 측정하는 방법으로는 투입과 산출을 모두 화폐가치로 환산하지 않는 방법인 비용 / 효과분석(cost-effectiveness analysis), 투입은 화폐로 환산 하지만 산출은 화폐가치로 환산하지 않는 방법인 비용 / 편익분석(cost-benefit analysis)이 있다(신복기 외, 2008 : 465-469).

4) 서비스의 질

서비스의 질이 얼마나 우수한가 하는 평가는 보통 제공된 서비스의 내용 자체보다도 서비스 제공자의 자격이나 서비스 제공형식이 전문기준에 맞는가를 진단하는 데 초점이 맞추어진다.

예를 들어, 어느 기관서비스의 질을 평가할 때 그 서비스 프로그램에 자격증을 가진 전문가가 몇 명이나 포함되어 있는가, 또 프로그램 담당직원 수와 이용자의 비율이 얼마인가를 검토하는 것이다(육아원의 보모당 아동 수). 이와 같은 외면에 대한 평가방법은 서비스 제공형태가 전문가들이 정해 놓은 기준에 맞출 경우, 더 좋은 서비스가 제공될 것이라는 일반적 믿음에 기초한 것이다.

서비스 질에 대한 평가방법으로는 TQM과 SERVQUAL이 주로 사용된다.

5) 이용자 만족도

서비스 이용자 만족도에 관한 평가는 가장 간편한 평가 중의 하나이며, 아래의 3가지 내용이 포함된다.

- 서비스 이용자들은 서비스에 대하여 만족하고 있는가?

- 전달된 서비스 또는 기술들이 실제 문제해결에 도움이 되었고, 효과가 있었는가?
- 서비스가 어떻게 하면 더 개선될 수 있는가에 대하여 이용자들의 의견수렴을 할 수 있는가?

이용자 만족도는 서비스에 대한 만족도라기보다는 기대에 대한 만족도라고 보는 것이 옳을 것이다. 즉, 똑같은 서비스를 제공하였다고 하더라도 기대수준에 따라 만족도는 다를 수 있다.

〈표 12-3〉 **평가의 기준과 평가요소**

기 준	정 의	평가요소의 예
노력 (effort)	프로그램 활동의 양	프로그램의 투입요소와 이의 전환과정 • 단위활동의 수 • 클라이언트의 수 • 전문지식과 기술의 소유와 활용 정도(전문인력의 수) • 프로그램 예산 및 자원 • 프로그램 기간 및 하위 활동들의 단위기간 등 • 프로그램활동에 대한 전문인력의 투입시간
효율성 (efficiency)	산출대비 비용 정도	서비스 단위 산출당 소요비용 • 프로그램 노력(위의 요소들)에 대한 비용 • 프로그램 결과에 대한 비용 등
효과성 (effectiveness)	프로그램 목표의 달성 정도	목표달성과 프로그램 노력과의 인간관계 • 클라이언트의 인지적 / 감정적 변화 • 클라이언트의 행동상의 변화 • 클라이언트군(群, clientele)의 사회적 변화 등
영향 (impact)	사회문제나 클라이언트 욕구 변화에 미친 영향	프로그램 노력과 사회적 지표변화 간의 관계 • 위험집단과 표적집단 내에서의 변화 정도 • 사회지표상의 변화에 대한 실증적 기대 정도 등
질 (quality)	프로그램의 전문성	프로그램 제공자의 전문성 • 서비스 인력의 전문자격 소유 여부와 정도 • 프로그램에서 활용하고 있는 전문지식과 기술의 발전 상태 등

기 준	정 의	평가요소의 예
과정 (process)	프로그램 결과의 경로	프로그램 운영상의 매개체 • 하위목표(수단적 목표)들의 달성 정도와 연계성 • 하위목표와 프로그램 결과 사이의 영향 정도의 차이 등
형평성 (equity)	프로그램 배분의 공평성	프로그램의 접근성 • 대상집단에게 동일한 접근기회가 주어지는지의 여부와 그 정도 • 프로그램활동이 지역 내에 균등하게 배분 정도 등

출처 : 한동우(2000 : 88). 사회복지 프로그램 평가의 방향과 실천.

4. 사회복지평가의 유형과 방법

사회복지 프로그램 평가의 유형은 목적, 주체, 자료수집방법, 성과와 비용 등에 의해 상호 구별된다. 사회복지 프로그램의 평가유형은 평가목적에 따라서 형성평가와 총괄평가, 자료수집방법에 따라서 양적·질적 평가, 적합성 평가와 메타평가, 프로그램 평가와 기관평가 그리고 외부평가와 내부평가로 나눌 수 있다.

1) 형성평가와 총괄평가

형성평가는 서비스나 그 전달방법의 개선, 프로그램 결과의 향상 그리고 서비스의 효율성을 증진시킬 목적으로 실시하는 평가이다.

총괄평가는 프로그램이 집행되고 난 후에 프로그램 투입에 대한 총체적 판단, 즉 그 프로그램이 사회에 미친 영향(효과 혹은 손해)을 추정하는 조사활동이다. 총괄평가는 모든 직원들이 기관의 사명(goal or mission), 목표(objectives)를 충분히 숙지하고 있다는 것을 전제로 하며, 얼마나 효과 있게 또는 효율적으로 목표달성을 해왔는가를 알고 싶어 한다는 것을 전제로 하고 있다. 총괄평가는 프로그램 목표달성 여부와 비교하여 프로그램이 의도한 대로 효과를 거두었는지를 평가하는 "효과성 평가"와 프로그램의 효과를 투입과 산출비율로 표현하는 "효율성 평가" 등으로 나눈다. 그 결과를 근거로 프로그램을 계속 유지할 것인지 혹은 축소, 중단, 확대할 것인지 등에 대한 판단을 내리게 된다. 총괄평가에는 효과성, 효율성, 공평성 평가 등이 있다.

2) 양적 평가와 질적 평가

양적 평가는 평가를 위해서 수집되는 자료가 주로 계량화되어 실험조사와 같은 설계를 통해 객관적 자료가 연역적 방법으로 분석되는 평가방법이고, 질적 평가는 자연스러운 상황에서 수량화되지 않는 자료를 수집하여 귀납적으로 자료를 분석하는 평가방법이다.

3) 적합성 평가와 메타평가

적합성 평가는 개별 프로그램의 평가가 이루어지기 전에 그 프로그램의 가치를 따져보는 데 의미를 두는 평가이다. 메타평가는 이미 이루어진 프로그램 평가를 차후에 종합적으로 검토해 보는 평가이다. 즉, 최종평가 보고서의 발간 전에 평가방법의 적정성, 자료수집의 오류 여부 그리고 평가결과의 해석 타당성 등을 종합적으로 검토하는 것이다. 평가 자체를 평가하기 때문에 '평가에 대한 평가' 혹은 '평가의 평가'라고 부른다.

4) 프로그램 평가와 기관평가

이 분류는 평가의 대상이 프로그램 또는 사업인가 기관 또는 조직인가에 따라 구분되는데, 프로그램 평가는 프로그램의 효과성, 효율성, 영향, 질, 클라이언트 만족도를 중점적으로 평가하는 것이고, 기관평가는 기관의 설립이념과 목적에 따라 운영되고 있는지와 조직의 관리 여부를 평가하는 것이다.

5) 외부평가와 내부평가

프로그램 평가의 주체가 내부의 관리자가 평가하는 것인지, 외부의 전문가가 평가하는 것인지에 따라 외부, 내부평가로 구분한다.

내부평가는 프로그램을 기획하거나 운영을 담당하는 사람 또는 같은 조직 내의 구성원이 실시하는 자체평가의 성격을 가진다. 또한 내부평가는 조직이나 프로그램 운영의 과정이나 결과에 대한 자기반성적 성격을 가진다.

외부평가는 외부 전문가가 실시하는 평가로 외부평가도 내부평가와 마찬가지로 조직운영이나 프로그램 개선을 목표로 하고 있다(황성철 외, 2009 : 360).

제4절 우리나라 사회복지기관 평가제도

1. 사회복지시설평가의 도입배경과 의의 및 목적

1) 실시배경과 의의

1996년 서울특별시에서 사회복지관에 대한 평가를 실시한 이래로 1998년 개정된 「사회복지사업법」 제43조 및 동법 시행령 제27조에 의거하여 정부와 지방자치단체는 매 3년마다 전국 사회복지시설을 대상으로 시설평가를 실시하도록 되어 있다. 1999년 장애인복지관과 정신요양시설에 대한 평가를 시작으로 1999년부터 2003년까지 한국보건사회연구원이, 2004년도에는 한국사회복지협의회의 주관하에 실시되어 오고 있다. 사회복지시설의 양적 성장에 따라 한정된 자원의 효율적 배분과 활용이 관심사로 대두되면서 사회복지시설의 책무성 차원에서, 그리고 사회복지서비스 질의 향상을 통한 사회복지시설의 전반적 전문성을 강화하기 위한 배경에는 사회복지시설평가가 도입되었다고 할 수 있다.

2) 목적과 기대효과

사회복지시설평가의 목적은 장 · 단기적 목적으로 구분할 수 있다(한국사회복지협의회 · 보건복지부, 2009). 장기적 목적은 첫째, 사회복지시설의 투명성을 확보하고 서비스 질의 향상을 통해 사회복지시설 이용자와 국민의 복지수준을 증진하는 것이고, 둘째, 사회복지시설의 평가결과를 정부의 사회복지정책에 반영함으로써 예산집행의 효율성과 합리성을 강조하고 사회복지시설의 선진화를 지원하여 복지시설의 상향평균화를 추구하는 것, 셋째, 사회복지시설에 대한 일련의 정보를 복지수혜자 및 일반 국민에게 정확하게 제공하여 향후 노인장기요양보험제도 및 시설이용권제도 등 국민의 시설선택에 관한 기초자료로 활용하게 하는 목적도 가지고 있다.

단기적 목적으로는 첫째, 생활시설 및 이용시설에 대한 평가를 통해 효율적이고 효과적 사회복지시설의 운영기반을 정착시키고 시설 간 선의의 경쟁을 유도하는 것이며, 둘째, 시설이용자의 인권을 보호하고 지역사회와의 긴밀한 연계 속에서 사회복지시설의 책임 있는 운영을 도모하고, 마지막으로 사회복지시설의 정확한 운영실태 파악을 통해 정부지원정책을 위한 과학적 근거자료를 제공하는 것이다.

이상에서와 같이 지난 1999년부터 시작된 사회복지시설에 대한 평가는 사회복지시설의 수준을 선진 사회복지시설화하는 데 크게 기여해 왔으며, 개별사회복지시설들이 각자의 시설을 타 시설과 비교해 볼 수 있는 기회를 제공해 왔다. 또한 평가사업이 전문인력과 예산확보의 어려움, 평가지표의 공정성, 평가위원들의 전문성 여부 등 많은 문제점이 제기되었지만 지난 3년간 각 평가대상 시설들이 평가준비를 하는 과정 속에서 개별 복지시설들의 서비스를 향상시키는 계기가 되었으며, 이를 통해 향후 우리나라 사회복지시설들이 나아가야 할 방향을 제고한다는 점에서 의의가 있다고 할 수 있다.

사회복지시설평가의 기대효과

- 사회복지시설운영의 질적 향상 및 시설운영 관리체계 마련
- 사회복지시설운영을 위한 객관적 기준 마련 제시
- 사회복지시설운영자의 의식개선
- 사회복지시설운영의 투명성 제고
- 사회복지시설과의 비교를 통한 시설운영개선 근거 마련

2. 사회복지시설 평가체계의 구성과 지표

2006년 한국사회복지협의회와 보건복지부는 동 협의회 내에 '사회복지시설평가단'을 두고 학계전문가, 시설협회, 공무원 등으로 이루어진 총괄위원회와 분과위원회를 두어 시설종별 지표의 수정·보완과 현장평가위원 교육 및 사회복지시설평가 담당자 교육을 진행하였다. 특히 각 시설별 평가지표의 수정과 보완과정에서 현장실무자들의 의견이 적극 수렴될 수 있도록 포커스그룹회의에 적극 참여시켜 지표의 수정과 보완을 진행하였다. 또한 본 지표의 타당도와 신뢰도 확보를 위해 사전평가를 실시하였으며, 현장평가 후 그 결과에 대한 확인평가를 실시하여 현장평가의 적절성을 파악하였다. 참고로 2009년 실시된 노인복지관 평가 및 노인복지관 인증평가제도의 차이점 및 지표를 다음과 같이 살펴보고자 한다.

1) 노인복지관 평가

① 평가목적 : 사회복지기관에 대한 책임성 검증과 전문성 향상 및 사업의 효과성과 효율성을 높이고 향후 사업에 대한 방향성을 모색하기 위해 실시하고자 함

② 평가근거 : 「사회복지사업법」 제43조와 시행규칙 제27조에서 보건복지부장관이나 시·도지사가 3년마다 1회 이상 사회복지시설을 평가하도록 규정함

③ 2009년 평가의 특징 : 노인복지관 평가는 서울특별시가 서울시복지시설의 평가사무를 서울복지재단의 사업으로 정한 이후 2005년 서울시 자체적으로 처음으로 평가를 실시하였으며, 두 번째 평가는 전국노인복지관 평가주기를 맞추어 2009년 실시함

④ 2018년 평가주기를 맞이하여 다섯 번째 평가를 실시하였다.

2009년 평가는 전국 평가와 서울시 평가를 병행하여 실시하기 때문에 전국 지표를 중심으로 서울시 적용이 가능한지 여부를 판단하여 적용 또는 미적용을 결정하고 일부 지표의 경우는 서울시 평가지표를 추가로 개발하여 적용하였다.

서울시 노인복지관 평가에서 평가지표의 이원화된 개발과 평가배점에 대한 조정으

로 인해 전국 평가와 상이한 평가결과를 도출될 수 있으며, 이는 평가영역에 대한 지역별 비중과 지향점이 반영된 결과라고 볼 수 있다. 그후 2012년 평가는 전국평가 지표를 중심으로 서울시를 적용하였다.

〈표 12-4〉 2012년 노인복지관 평가지표의 구성

평가영역	적용방안		평가항목
	전 국	서울시	
A. 시설 및 환경	적용	미적용	A1. 이용자의 접근 편리성 정도
		적용	A2. 건물의 환경관리
		적용	A3. 안전관리 및 화재 등 비상시 대책 마련
		적용	A4. 이용자가 활용할 수 있는 여가활동을 위한 시설
		적용	A5. 복지관 운영·관리의 적절성
		적용	A6. 노약자 및 장애인의 이용 편의시설 설치 여부
B. 재정 및 조직운영	적용 시설공통	적용	B1. 보조금 결산액에 대한 운영법인의 자부담(전입금) 비율
		적용	B2. 보조금 결산액에 대한 사업비 비율
		적용	B3. 보조금 결산액에 대한 후원금 비율
	적용	적용	B4. 기관의 미션과 비전
		미적용	B5. 기관운영 규정
		적용	B6. 운영위원회 구성
		적용	B7. 운영 계획서의 적절성
		적용	B8. 조직운영 전산화 정도
		적용	B9. 회계의 투명성
		미적용	B10. 예산집행의 적절성
C. 인적자원 관리	적용 시설공통	적용	C1. 법정 직원 수 대비 직원 충원율
		적용	C2. 전체 직원대비 자격증 소지 직원비율
		미적용	C3. 직원의 이(퇴)직률
	적용	적용	C4. 직원의 전문성 증진을 위한 내부교육
	적용 시설공통	적용	C5. 직원의 외부교육 참여
		적용	C6. 교육활동비
	적용	미적용	C7. 관장의 전문성과 경력
		미적용	C8. 최고중간관리자의 전문성과 경력

평가영역	적용방안		평가항목
	전 국	서울시	
		미적용	C9. 중간관리자의 전문성과 경력
		적용	C10. 슈퍼비전 정도
		미적용	C11. 직무분담 적절성
		적용	C12. 직원포상
		미적용	C13. 직원 고충처리
D. 프로그램 및 서비스 1. 프로그램 기본 지표	적용	적용	D1-1. 서비스 이용자를 위한 관리체계
		적용	D1-2. 전체 프로그램 이용실적
		적용	D1-3. 지역사회단체와의 연계
2. 평생교육 지원사업	적용	적용	D2-1. 단위사업계획의 전문성
		적용	D2-2. 이용자 관리의 체계성
		적용	D2-3. 전문성 향상을 위한 노력 정도
		적용	D2-4. 욕구조사 또는 만족도조사
		적용	D2-5. 사례관리
		적용	D2-6. 프로그램 운영평가
		적용	D2-7. 외부강사의 관리
3. 고용지원 사업	적용	적용	D3-1. 단위사업계획의 전문성
		적용	D3-2. 참여자 선발의 적절성
		적용	D3-3. 전문성 향상을 위한 노력 정도
		적용	D3-4. 욕구조사 및 만족도조사
		적용	D3-5. 프로그램 운영평가
		적용	D3-6. 전담직원의 배치 및 전문성
4. 건강증진 및 기능회복 사업	적용	적용	D4-1. 단위사업계획의 전문성
		적용	D4-2. 이용자 관리의 체계성
		적용	D4-3. 전문성 향상을 위한 노력 정도
		적용	D4-4. 욕구조사 또는 만족도조사
		적용	D4-5. 사례관리
		적용	D4-6. 프로그램 운영평가
		적용	D4-7. 건강생활지원사업을 위한 인력, 공간 및 설비

평가영역	적용방안		평가항목
	전 국	서울시	
5. 정서생활 지원사업	적용	적용	D5-1. 단위사업계획의 전문성
		적용	D5-2. 이용자 상담 및 관리
		적용	D5-3. 전문성 향상을 위한 노력 정도
		적용	D5-4. 욕구조사 또는 만족도조사
		적용	D5-5. 사례관리
		적용	D5-6. 프로그램 운영평가
6. 건강생활 지원사업	적용	적용	D6-1. 단위사업계획의 전문성
		적용	D6-2. 참여자 선발의 적절성
		적용	D6-3. 전문성 향상을 위한 노력 정도
		적용	D6-4. 자원봉사자 관리
		적용	D6-5. 욕구조사 및 만족도조사
		적용	D6-6. 프로그램 운영평가
		적용	D6-7. 노인자원봉사자의 수
7. 급식지원 사업	적용	적용	D7-1. 단위사업계획의 전문성
		적용	D7-2. 급식수행과정의 적절성
		적용	D7-3. 영양관리상태
		적용	D7-4. 도시락 및 밑반찬 배달 관리상태
		적용	D7-5. 위생관리상태
		적용	D7-6. 프로그램운영평가
8. 요양서비스 사업	적용	미적용	D8-1. 단위사업계획의 전문성
		미적용	D8-2. 케어계획 및 관리
		미적용	D8-3. 프로그램 계획 및 수행과정의 전문성
		미적용	D8-4. 프로그램 운영평가
		미적용	D8-5. 외부강사의 관리
9. 경로당혁신 프로그램 사업	적용	적용	D9-1. 단위사업계획의 전문성
		적용	D9-2. 경로당 관리의 체계성
		적용	D9-3. 전문성 향상을 위한 노력 정도
		적용	D9-4. 욕구조사 또는 만족도조사

평가영역	적용방안		평가항목
	전 국	서울시	
		적용	D9-5. 외부강사의 관리
		적용	D9-6. 프로그램 운영평가
		적용	D9-7. 경로당 임원관리
10. 특화사업 1	적용	적용	D10-1. 사업의 전문성
		적용	D10-2. 지역사회 특성
		적용	D10-3. 수행과정
		적용	D10-4. 파급효과 및 모델링
11. 특화사업 2	적용	적용	D11-1. 사업의 전문성
		적용	D11-2. 지역사회 특성
		적용	D11-3. 수행과정
		적용	D11-4. 파급효과 및 모델링
12. 재가복지 사업	적용	적용	D12-1. 사업의 전문성
		적용	D12-2. 욕구조사 또는 만족도조사
		적용	D12-3. 사례관리
		적용	D12-4. 프로그램 운영평가
E. 이용자의 권리	적용	적용	E1. 이용자의 비밀보장
		적용	E2. 이용자의 고충처리
		적용	E3. 시설의 정보제공 노력
F. 지역사회 관계	적용 시설공통	적용	F1. 자원봉사자의 활용
	적용	적용	F2. 민간자원 확보 및 성과
		미적용	F3. 후원금 · 품 관리상태
		적용	F4. 지역사회 단체활동
		적용	F5. 자원봉사 교육 · 관리
		적용	F6. 실습지도
		적용	F7. 연구(조사)활동
		적용	F8. 홍보매체

2) 노인복지관 인증제도

① 인증제도 목적

일정한 기준에 근거하여 전체적 (품)질을 평가하고 교육 및 자문을 통해 좀 더 많은 서비스를 제공할 수 있도록 하는 데 있다. 루니와 오스텐버지(Rooney & Ostenberg, 1999)는 보건과 관련하여 인증의 주요 목적을 다음과 같이 제시하였다.

- 서비스와 이의 제공을 위한 부대시설이 규정된 기준을 충족시킴으로써 최상의 목표달성 및 서비스의 (품)질을 개선함
- 서비스의 통합과 관리를 촉진하고 개선함
- 인증대상을 비교하고 분석할 수 있는 자료를 제시함
- 서비스제공기관, 관리자, 종사자 등의 전문가에게 서비스의 (품)질 개선 전략과 최상의 서비스 제공을 위한 자문 및 교육을 실시함
- 소비자가 서비스를 믿고 사용할 수 있도록 함
- 사회복지서비스 제공자나 이용자의 안전을 추구함
- 서비스 제공의 효율성과 효과성에 중점을 둔 비용을 절감함

② 인증제도의 기본 원칙

- 인증은 법이 규정하지 않는 한 품질향상을 원하는 사회복지시설의 자발적 참여로 이루어진다.
- 인증과정 전반에서 인증신청시설과 인증기관은 자문 등을 통한 상호협력관계를 유지한다.
- 인증은 사회복지시설 및 서비스의 지속적 품질향상과 유지를 목적으로 한다.
- 인증을 통해 사회복지서비스에 대한 이용자의 선택권과 권리를 향상시킨다.
- 인증신청시설과 인증기관은 인증과정 전반에서 객관성과 투명성을 유지시켜야 한다.

〈표 12-5〉 노인복지관 인증지표

■ 경영지표(공통)

대영역	하위영역(평가항목 수)	문항 수	최고점수
1. 인적자원관리	1.1 인력확보	3	9
	1.2 운영위원회 운영	3	9
	1.3 직원의 업무향상과 능력개발	4	12
2. 정보 · 문서관리	2.1 체계적인 정보 · 문서관리	3	9
3. 재정회계관리	3.1 재정 및 회계의 투명관리	3	9
4. 계획수립 및 평가	4.1 적절한 발전계획 및 사업계획수립 반영	2	6
	4.2 사업계획에 대한 평가 실시	2	6
5. 리더십	5.1 시설의 목표실현을 위한 시설 관리자의 노력	3	9
	5.2 서비스 제공에 대한 책임의식 확립	2	6
6. 시설관리	6.1 적합한 공간 및 기자재 마련	4	12
	6.2 재해 및 응급상황 대비	4	12
	6.3 감염병 발생 대비	2	6
7. 지역사회연계	7.1 지역사회와의 연계도모	2	6
	7.2 자원봉사자 및 실습생의 적극적 활용	3	9
8. 이용자관리	8.1 이용자와 가족의 의견이나 요구사항 적극 반영	2	6
전 체		42	126

■ 서비스지표(공통)

대영역	하위영역(평가항목 수)	문항 수	최고점수
1. 서비스안내	1.1 이용자에게 충분한 입소관련 정보제공	3	9
2. 이용자 권리보호	2.1 이용자의 프라이버시 철저히 보호	2	6
	2.2 이용자 및 가족의 의사 존중	2	6
전 체		7	21

■ **사업별 서비스지표**

대영역		하위영역(평가항목 수)	문항 수	최고점수
정서 지원	1. 전문상담 〈노인부부 관계개선 프로그램〉	1.1 서비스 계획	1	3
		1.2 서비스 접수 및 계약	2	6
		1.3 서비스 실행	1	3
		1.4 서비스 평가	2	6
		1.5 서비스 종결	1	3
		1.6 인적관리	2	6
	2. 정보화사업 〈휴대폰 활용교육〉	1.1 서비스 계획	1	3
		1.2 서비스 접수 및 계약	2	6
		1.3 서비스 실행	1	3
		1.4 서비스 평가	2	6
		1.5 서비스 종결	1	3
		1.6 인적관리	2	6
	3. 교육사업 〈실버 아카데미〉	1.1 서비스 계획	1	3
		1.2 서비스 접수 및 계약	2	6
		1.3 서비스 실행	1	3
		1.4 서비스 평가	2	6
		1.5 서비스 종결	1	3
		1.6 인적관리	2	6
건강 상담	4. 건강증진 〈허약노인 운동치료〉	1.1 서비스 계획	1	3
		1.2 서비스 접수 및 계약	2	6
		1.3 서비스 실행	1	3
		1.4 서비스 평가	2	6
		1.5 서비스 종결	1	3
		1.6 인적관리	2	6
	5. 건강상담 〈당뇨 자조모임〉	1.1 서비스 계획	1	3
		1.2 서비스 접수 및 계약	2	6
		1.3 서비스 실행	1	3
		1.4 서비스 평가	2	6
		1.5 서비스 종결	1	3
		1.6 인적관리	2	6

대영역		하위영역(평가항목 수)	문항 수	최고점수
사회 참여	6. 사회참여 〈노인전문 봉사단〉	1.1 서비스 계획	1	3
		1.2 서비스 접수 및 계약	2	6
		1.3 서비스 실행	1	3
		1.4 서비스 평가	2	6
		1.5 서비스 종결	1	3
		1.6 인적관리	2	6
	7. 문화활동 〈어르신 문화예술 전람회〉	1.1 서비스 계획	1	3
		1.2 서비스 접수 및 계약	2	6
		1.3 서비스 실행	1	3
		1.4 서비스 평가	2	6
		1.5 서비스 종결	1	3
		1.6 인적관리	2	6
자립 지원	8. 자립지원 〈노인 일자리사업〉	1.1 서비스 계획	1	3
		1.2 서비스 접수 및 계약	2	6
		1.3 서비스 실행	1	3
		1.4 서비스 평가	2	6
		1.5 서비스 종결	1	3
		1.6 인적관리	2	6
지역 보호	9. 지역사회 보호 〈식생활-도시락 지원사업〉	1.1 서비스 계획	1	3
		1.2 서비스 접수 및 계약	2	6
		1.3 서비스 실행	1	3
		1.4 서비스 평가	2	6
		1.5 서비스 종결	1	3
		1.6 인적관리	2	6
※ 취업 알선 사업	취업알선 〈취업상담〉	2.1 취업안내 및 상담	1	3
		2.2 취업알선	1	3
		2.3 취업 및 사후관리	1	3
		2.4 점검 및 평가	2	6
		2.5 인적관리	2	6

대영역		하위영역(평가항목 수)	문항 수	최고점수
지역 사회 보호	재가관리 대상자 사례관리 (3case)	3.1 접수 및 초기면접	2	6
		3.2 사례관리 사정 및 서비스 계획	2	6
		3.3 서비스 개입	1	3
		3.4 사례관리 평가	3	9
		3.5 사례관리 종결 및 사후관리	1	3
		3.6 인적자원	2	6
지역 연계	1. 지역연계 〈지역연계 협력사업〉	4.1 준비단계	1	3
		4.2 계획화단계	2	6
		4.3 연계활동단계	2	6
		4.4 점검 및 평가	2	6
		4.5 종결 및 사후관리	1	3
		4.6 인적자원	2	6
	2. 세대통합 〈1, 3세대 통합 아동 서당교실〉	4.1 준비단계	1	3
		4.2 계획화단계	2	6
		4.3 연계활동단계	2	6
		4.4 점검 및 평가	2	6
		4.5 종결 및 사후관리	1	3
		4.6 인적자원	2	6
전 체				

출처 : 서울시복지재단. 노인복지관 인증지표(2012).

3) 평가제도와 인증제도의 차이점

사회복지관 평가제도와 인증제도의 차이점을 살펴보면, 첫째, 평가와 인증은 심사 프로세서를 포함한다는 면에서 동일하지만 평가는 일회성 심사를 통해 시설을 평가하고, 결과의 공표로 평가기관과 대상기관의 관계가 끝나지만 인증은 인증심사 이후에도 지속적 관계 유지 및 교육과 자문 제공이 가능하다. 둘째, 평가시스템에서는 전문인력

교육이 거의 부재한 실정이지만 인증의 관점에서 심사전문인력은 심사의 객관성 및 신뢰성 확보가 가능하다. 셋째, 현행 평가지표는 다른 종류의 시설 간의 비교가 불가하지만 인증지표는 체계화되고 정교화되어 시설종별 간의 비교가 가능하다. 넷째, 현행 평가절차는 모든 과정이 단시일 내에 이루어져 평가지표 이해와 적용할 시간적 여유가 없지만, 인증은 준비된 지표를 미리 인증대상기관에 교육하여 자체적 심사할 수 있는 시간과 인증지표 및 인증 전반에 대한 교육과 자문수행이 가능하다. 다섯째, 현행평가는 평가결과에 대한 정보의 접근성이 낮고 평가대상 기관별로 통보되지 않아 서비스의 품질개선에 도움이 되지 못하고 있다. 마지막으로 인증결과는 피인증시설에 즉시 통보되며, 그 결과는 인증 여부와 상관없이 시설 및 서비스의 품질개선을 위해 이용이 가능하다.

3. 사회복지기관평가의 문제점과 과제

사회복지기관평가는 행정의 효율성을 제고하면서 책무성을 높여 정부정책의 실효성을 확보시키는 일련의 과정으로 볼 수 있다. 이러한 평가는 지난 10년간 수행된 평가를 통해 사회복지기관들의 투명성과 책무성 그리고 기관의 서비스 질의 개선에 적지 않은 성과가 있었다고 할 수 있다. 그러나 이러한 성과에도 불구하고 많은 문제점과 한계점을 드러낸 것도 사실이다(정무성, 2007).

첫째, 기관이 가지고 있는 고유성이 반영되지 못한 점이다. 사회복지기관의 평가를 단순히 수량적 산출결과만을 통해 평가한다는 것은 매우 위험하다. 따라서 기관이 가지고 있는 고유성이 평가에 반영되지 못한다면 공정한 평가결과로 신뢰하기 어렵다.

둘째, 객관성과 신뢰성이 떨어진다는 것이다. 평가과정에서 평가단의 평가지표에 대한 이해 부족과 불충분한 교육으로 평가지표를 자의적으로 해석하는 문제가 발생하고, 평가위원단의 평가결과에 대한 격차가 발생하는 위험이 있어 평가에 대한 객관성과 신뢰성이 떨어진다는 것이다.

셋째, 기관평가 이후 기관운영에 대한 구체적 지원방안에 대한 것이 없고, 평가결과를 토대로 대안 마련과 지침 등이 없어 형식적 평가라는 비판을 받고 있다.

따라서 신뢰성이 있고 객관적인 사회복지기관평가를 위해서는 평가목적 설정부터 명확하게 하고 이에 따른 평가체계 구축, 평가인력의 교육, 예산 등이 우선적으로 이루어져 전문성이 있는 평가 시스템이 확립되어야 한다. 이를 위해 실적 위주의 평가를 지향하고 전문성을 증진하는 평가제도를 정착시키기 위해서는 사회복지기관의 전문평가인증제도(accreditation)와 같은 제도를 도입해야 한다.

참고문헌

강남국(2008). **고객서비스경영**. 학현사.

강용규 외(2008). **사회복지행정론**. 공동체.

고수일(2006). **쉽게 읽는 MBA인사관리**. 새로운 제안.

고재욱(2011), **노인복지론**. 양서원.

곽삼근(2006). 청소년 리더십 교육프로그램 개발 기초 연구. 이화여자대학교 리더십 개발원.

권중돈(2010). **노인복지론**. 학지사.

김규정(2002). **행정학원론**. 법문사.

김만두(1994). 신한국 복지서비스 방향. 신한국의 사회복지정책. 한국사회복지정책연구원.

김민정(2007). 대학생의 셀프리더십 개발에 영향을 미치는 학습자 변인 연구. 이화여자대학교 대학원 석사학위논문.

김성국,박정민, 조기남, 천면중, 최재화(2015), 최신 경영학의 이해, 비앤엠북스.

김양수(2008). 사회복지사의 고객지향성에 영향을 미치는 내재적 요인에 관한 연구. 명지대학교 대학원 박사학위논문.

김영재 외(2009). **조직행동론**. 무역경영사.

김영종(1998). **사회복지행정**. 학지사.

김영종(2003). **사회복지행정**. 학지사.

김영종(2006). **사회복지행정**. 학지사.

김영종(2008). **사회복지행정**. 학지사.

김영종(2008). **사회복지행정론**. 학지사.

김용규 외(2008). **사회복지행정론**. 공동체.

김지연(2009). 우리나라 공공복지서비스 전달체계의 개선방안에 관한 연구. 서울시립대학교 대학원 석사학위논문.

김태수 외(1998). **복지행정론**. 대영문화사.

김통원, 윤재영(2005). **사회복지서비스 품질관리**. 신정.

김형식, 이영철, 신준섭(2007). **사회복지행정론**. 양서원.

김형식, 이영철, 신준섭(2008). **사회복지행정론**. 양서원.

김희경, 성은숙(2001), BSC 실천매뉴얼, (주)시그마인사이트컴.

남재우(1997). **문서관리의 이론과 실무**. 사회교육연구회.

박경일(2005). 사회복지조직에서 위험관리의 필요성과 동향. 한국사회복지학회 추계학술대회 자유발표논문.

박경일(2006). “사회복지조직에서 위험관리의 필요성과 대책 및 과제: 미국과 일본의 위험관리 연구 동향을 중심으로.” **한국사회복지정책학회**, Vol.24.

박성수 외(2007). **디지로그시대의 인적자원관리**. 박영사.
박차상(2002). **한국사회복지행정론**. 대학출판사.
박차상(2007). **사회복지행정론**. 양서원.
백석현(2002). **현대인적자원관리론**. 법문사.
보건복지부(2015). 사회복지통합관리망 구축현황 및 추진계획.
보건복지부(2015). 희망복지지원단안내.
보건복지부(2015). 사회보장기본계획 발표자료.
보건복지부, 한국사회복지협회(2012). 2012 사회복지시설평가 결과 보고서.
부산재가노인복지협회(2007). **노인복지시설의 위험관리**. 부산재가노인복지협회.
서상목, 최일섭, 김상균(1988). **사회복지전달체계의 개선과 전문인력 활용방안**. 한국개발연구원.
서울복지재단(2010). **복지관 경영매뉴얼**. 서울복지재단.
서울복지재단(2010). **복지시설종사자 위험관리 매뉴얼**. 서울시복지재단.
서울복지재단(2012). **노인복지관 인증지표**. 서울시복지재단
성규탁(1985). **사회복지행정론**. 박영사.
성규탁(1988). **사회복지행정론**. 법문사.
성규탁(1993). **사회복지행정론**. 법문사.
성규탁(1998). **사회복지행정론**. 법문사.
시립은평노인종합복지관 자료 참조.
신복기, 박경일, 이명현(2008). **사회복지행정론**. 공동체.
신복기, 박경일, 이명현(2009). **사회복지행정론**. 공동체.
신섭중, 부성래(1989). **사회복지기관의 재무관리**. 대학출판사.
신유근 외(1999). **신조직환경론**. 다산출판사.
신홍철, 서한준, 김태균(2006)역, BSC 진단과 개선, 네모북스.
안광호, 하영원, 박홍수(2007). **마케팅원론**. 학현사.
안영진(2007). **경영품질론**. 박영사.
안춘윤(2008). 지방공기업의 조직문화와 조직환경요인이 성과관리 효과성에 미치는 영향 연구 – 서울시 자치구 산하 10개 시설관리공단을 대상으로 –. 건국대학교 대학원 박사학위논문.
양승일, 정혁인(2009). **사회복지행정론**. 동문사.
양승일, 정혁인(2010). **사회복지행정론**. 동문사.
양용희, 김범수, 이창호(1997). **비영리조직의 모금전략과 자원개발**. 푸른북.
오두범(1991). **PR커뮤니케이션**. 나남출판사.
오석홍(2004). **행정학**. 박영사.
오세영(2009). **사회복지행정론**. 신정.

오창택, 유해운(1997). "서비스의 특성에 따른 관리상의 문제점과 극복전략에 관한 연구." **한국행정논집, 제9권 제3호**.

우종모, 김재호, 조당호(2007). **사회복지행정론**. 양서원.

윤종훈 외(2007). **경영학원론**. 학현사.

이동영, 변은지(2007). 비영리조직의 마케팅활동과 브랜드 자산 간 관계에 관한 연구. **한국사회복지학**, Vol.59. No.2.

이원우, 서도원, 이덕로(2008). **경영학의 이해**. 박영사.

이유재(2009). **서비스마케팅**. 학현사.

이정윤(2003). **사회복지기관의 홍보도구로서 웹사이트 활용에 관한 분석**. 숙명여자대학교 대학원 석사학위논문.

이종수 외(2006). **행정학원론**. 대영문화사.

이종수 외(2008). **새행정학**. 대영문화사.

이창희 외(2009). **사회복지시설의 설립과 운영**. 창지사.

이학종, 박헌준(2009). **조직행동론**. 법문사.

임창희(2010). **조직론**. 학현사.

임 혁(2007). 보건사회복지서비스 질의 결정요인에 관한 연구. 부산대학교 대학원 박사학위논문.

장동일(2008). **사회복지행정론**. 공동체.

장인협 역(1984). **사회복지조직론**. 집문당.

장인협, 이정호(1992). **사회복지행정론**. 서울대학교출판부.

장인협, 이정호(1993). **사회복지행정**. 서울대학교출판부.

장현주(1997). 사회복지관 자원동원을 위한 홍보방안. 동국대학교 대학원 석사학위논문.

정영철(2008). "유비쿼터스사회에서의 e-Welfare, U-Welfare 개념 및 발전모형." **보건복지 포럼**, 142, 48-66. 한국보건사회연구원.

조동규 외(2004). "조직구성원의 직무만족과 조직몰입에 관한 연구." **한국인적자원관리학**, 10.

조동성(2005), 21세기를 위한 전략경영, 서울경제경영

지은구(2007). **사회복지조직론**. 청목출판사.

지은구(2007). **사회복지조직연구**. 청목출판사.

최성재, 남기민(2006). **사회복지행정론**. 나남출판.

하대용(2008). **마케팅**. 학현사.

한국복지행정학회(2010). **사회복지행정론**. 양서원.

한국사회복지관협회(1992). **사회복지관현황 조사보고서**, 21.

한동우(2000). "사회복지 프로그램 평가의 방향과 실천." 2000년 추계학술대회 및 워크숍 자료. 한국사회복지행정학회.

한동일 외(2009). **사회복지행정론**. 양서원.

허만형(2005). **사회복지행정론**. 법문사.

황규대(2007). **전략적 인적자원관리**. 박영사.

황성철(2008). **사회복지 프로그램 개발과 평가**. 공동체.

황성철, 정무성, 강철희, 최재성(2003). **사회복지행정론**. 학현사.

황성철, 정무성, 강철희, 최재성(2005). **사회복지행정론**. 학현사.

황성철, 정무성, 강철희, 최재성(2008). **사회복지행정론**. 학현사.

황성철, 정무성, 강철희, 최재성(2009). **사회복지행정론**. 학현사.

황진수, 나종문(2010). **사회복지행정론**. 양서원.

Albrecht, K., & Zemke, R.(1985). *Service America! Doing Business in Service Economy*. Homewood, IL : Dow Jones-Irwin.

Allen, N. J., & Meyer, J. P.(1990). "The Measurement and Antecedents of Affective, Continuance and Normative Commitment to the Organization." *Journal of Occupational Psychology*, 63, 1-8.

Anderson, E. W., Fornell, C., & Lehmann, D. R.(1994). "Customer Satisfaction, Market Share and Profitability : Finding From Sweden." *Journal of Marketing*, *Vol.58*, 58-66.

Ansoff, H. I.(1965). Corporate Strategy : *An Analytic Approach to Business Policy for Growth and Expansion*. New York : McGraw-Hill Book Co, 165.

Austin, D.(1994). *The human service organization* : *A Distinctive administrative setting*. unpublished manuscript, Austin, TX.

Bansal, H. S., Mendelson, M. B., & Sharman, B.(2001). "The Impact of Internal Marketing Activities on External Marketing Outcomes." *Journal of Quality Management*, *6*(1), 61-76.

Barber, G.(1986). "Correlates Job Satisfaction among Human Service Worker." *Administration in Social Work*, *10*(1), 25-37.

Berman, E. M.(1995). "Implementing TQM in State Welfare Agencies." *Administration in Social Work*, *19*(1), 55-72.

Berry, L. L.(1981). "The Employee as Customer." *Journal of Retailing Banking*, *3*(1), 3-14.

Berry, L. L., & Parasuraman, A.(1991). *Marketing Services* : *Competing Through Quality*. New York : Free Press. pp.3-11.

Blake, R. R., & Mouton, J. S.(1964). *The Managerial Grid*. Houston : Gult Publishing Co.

Booms B. H., & Bitner, M. J.(1981). "Marketing Strategies and Organization Structures for Service Firms." In D. James & G. Williams(Ed.), *Marketing of Services Chicago*. American Marketing Association, 47-51.

Buchanan, B.(1974). "Building Organizational Commitment : The Socialization of Managers in Work Organization." *Administrative Science Quarterly*, *19*, 145-167.

Cahill, D.(1995). "The Managerial Implications of the New Learning Organization : A New Tool for Internal Marketing." *Journal of Service Marketing*, *9*(3), 108-116.

Cronin, J., & Taylor, S.(1992). "Measuring Service Quality : Reexamination and Extension." *Journal of Marketing*, *56*(3), 55-68.

DiMaggio, P. J., & Powell, I. W.(1983). "The Iron Cage Revisited : Institutional Isomorphism and Collective Rationality in Organizational Field." *American Sociological Review*, *48*, 147-160.

Drucker, P. F.(1954). The Practice of management, Harper & Row, New York.

Drucker, P. F.(1992). Management, for The Future, Trurman Talley Books.

Edvardson, B., & Gustavsson, B.(1991). "Quality in Service and Quality in Service Organizations." *Service Quality : Multidisciplinary and Perspective*. MA : Lexington Books.

Fiedler, F. E.(1971). "Validation and extension of the contingency model of leadership effectiveness : A review of empirical finding." *Psychological Bulletin*, 76, 130-133.

Fillppo, E. B.(1984). *Personnel Management*. U. S. A : McGraw-Hall Inc.

Fleishman, E. A.(1973). "Twenty years of consideration and structure." in E. A. Fleishman & J. G. Hunt(eds), *Current Development in the Study of Leadership*. Carbondale, Ⅱ : Southern Illinois University.

Fleishman, E. A.(1973). "Twenty Years of Consideration and Structure." in E. A. Fleishman & J. G. Hunts(eds), *Current Developments in the Study of Leadership*. Carbondale, Ⅲ : Southern Ilinois University.

Friedlander, F.(1959). "Underlying Source of Job Satisfaction." *Journal of Applied Psychology*, 47, 52-89.

Friesen, B. J.(1983). *Organizational and Leader Behavior Correlates of line Worker Job Satisfaction and Role Clarity*. Unpublished Doctoral Dissertation. University of Washington.

Friesen, B. J.(1987). Administration : Interpersonal aspects. *Encyclopedia of Social Work* (18th ed.). NASW.

Fulmer, R. M.(1978). *The New Management*(4th ed.). New York : Macmillan Publishing Co.

Gate, B. L.(1980). *Social Program Administration : The Implementation of Social Policy*. Englewood Cliffs. NJ : Prentice-Hall.

George, W. R.(1990). "Internal Marketing and Organizational Behavior : A Partnership in Developing Customer-Conscious Employees at Every Level." *Journal of Business Research*, *20*(1), 63-70.

Gordon, J. R.(1993). *A Diagnostic Approach to Organizational Behavior*(4th ed.). Boston : Allyn and Bacon, 239.

Grunberg, M. M.(1979). *Understanding Job Satisfaction*. New York : Wiley in Smith, H. C., 114-115.

Hales, C.(1994). "Internal Marketing as an Approach the Human Research Management : A New Perspective of a Metaphor too Far?" *Human Resource Management Journal*, *5*(1), 50-71.

Harkness, D., & Hensley, H.(1991). "Changing the Focus of Social Work Supervision : The Effects on Client Satisfaction and Generalized Contentment." *Social Work*, *36*, 506-512.

Hasenfeld, Y.(1983). *Human Service Organization*. Eaglewood Cliffs, NJ : Prentice- Hall.

Hasenfeld, Y.(1992). *Humans Services as Complex Organizations*. Newbury Park C.A. : Sage Publications.

Hasenfeld, Y.(1992). *The nature of human service organizations* In Y. Hasenfeld(Ed), *Human Services as Complex Organizations*. Newbury Park C.A. : Sage Publications, 2-23.

Hatch, M. J.(1997). *Organization Theory*. Oxford University Press.

Hauser, J. R., Simester, D. I., & Wernerfelt, B.(1996). "Internal Customer and Internal Suppliers." *Journal of Marketing Research*, *33*(3), 268-280.

Hayens, K. S.(1979). "Job Satisfaction of Mid-Management Social Workers." *Administration in Social Work*, *7*(2), 207-217.

Hersey, P., & Blanchard, K. H.(1993). *Management of Organizational Behavior; Utilizing Human Resources*. Englewood Cliffs, NJ : Prentice-Hall.

Herzberg, F., Mausner B., & Snyderman, B.(1959). *The Motivation to Work*(2nd ed). New York : Wiley, 52-89.

Hoffman, K. D., & Ingram, T. N.(1991). "Creating Customer-Oriented Employees : The Case in Home Health Care." *Journal of Health Care Marketing*, *11*(2), 24-32.

Ivancevich, J. M., & Matteson, M. J.(1993). *Organizational Behavior and Management*(3rd ed.). Homewood. Ⅲ : Richard D. Irwin, 584.

Joseph, W. B.(1996). "Internal Marketing Builds Service Quality." *Journal of Health Care Marketing*, *16*(1), 54-64.

Kaplan, R. S., & Nortom, D. P.(1992), "The Balanced Scorecard-Measures that Drive Performance." Harvard Business Review Janurary-Febrauray 1992.

Kerr, S.(1988). *Executive Integrity*. San Francisco : Jossey-Bass.

Kettner, P. K., Moroney, R. M., & Martin, L. L.(1999). *Designing and Managing Programs*. Thousand Oaks, C.A. : Sage Publications.

Kotler, P.(1996). *Principles of Marketing*. New Jersey : Prentice-Hall Inc.

Kotler, J.(1996). *Leading Change*. Boston : Harvard Business School Press.

Kurzman, P. A.(1998). "Managing Risk in Nonprofit Setting." R. L. Edwards & J. A. Yankey (Eds). *Skills for Effective Management of Nonprofit Organizations*. Washington, D.C. : NASW Press.

Lings, I. N.(2004). "Internal Marketing Orientation Construct and Consequence." *Journal of Business Research*, *57*(4), 405-413.

Litwin, G. H., & Stringer, R. A.(1968). *Motivation and Organizational Climate*. Cambridge : Harvard University.

Locke, E. A.(1976). *Handbook of Industrial and Organization Psychology*. Chicago : Raud McNally.

Lubove, R.(1965). *The Professional Altruist : The Emergence of Social Work as A Career, 1890-1930*. Cambridge, M.A. : Havard University Press.

Lukas, B. A., & Maignan, ????(1996). "String for Quality : The Key Role of Internal and External Customer." *Journal of Market Focused Management*, *1*(2), 175-187.

Luthans, F.(1998). *Organizational Behavior*(8th ed.). Boston, Mass : McGraw-Hill.

Manz, C. C.(1986). "Self-leadership : Toward an expanded theory of self-influence process in organization." *Academy of Management Review*, July, 585-600.

Manz, C. C., & Sims, H. P.(1991). "Superleadership : beyond the Myth of heroic leadership." *Organizational Dynamic*, Spring, 18-35.

McNeely, R. L.(1983). "Organizational Patterns and Work Satisfaction in Comprehensive Human Service Agency : An Empirical Test." *Human Relations*, *36*(10), 957-972.

Neugeboren, B.(1985). *Organization, Policy and Practice in the Human Services*. New York : Longman.

Ouchi, W. G.(1981). *Theory Z : How American Business Can Meat the Japanese Challenge*. Reading, Mass : addison-Wesley.

Parasuraman, A., Berry, L., & Zeithaml(1985). "A Conceptual Model of Service Quality and Its Implications for Future Research." *Journal of Marketing*, *49*(4), 41-50.

Parasuraman, A., Berry, L., & Zeithaml(1991). "Refinement and Reassessment of the SERVQUAL Scale." *Journal of Retailing*, *7(winter)*, 420-440.

Parasuraman, A., Berry, L., & Zeithaml(1994). "Reassessment of Expections as a Comparison Standard in Measuring Service Quality; Implications for Future Study." *Journal of Marketing*, *58*, 111-124.

Pascale, R. T., & Athos, A. G.(1981). *The art of Japanese Management*. New York: Penguin Book.

Patti, R. J.(1983). *Social Welfare Administration : Managing Social Program in a Development Context*. Englewood Cliffs, NJ : Prentice-Hall.

Pecora, P. J., & Austin, M. J.(1987). *Managing Human Services Personnel*. U.S.A : Sage Publications.

Pincus, J. D.(1986). "Communication Satisfaction and Job Performance." *Human Communication Research*, *12*(3), 396-419.

Porter, L. M., & Lawler Ⅲ, E. E.(1968). *Managerial Attitude and Performance*. Homewood, Illinois : Irwin, 12-34.

Porter, L. M., & Steers, R. M.(1973). "Organizational Work and Personal Factors in Employee Turnover and Absenteeism." *Psychological Bulletin*, *80*, 151-176.

Rafiq, M., & Ahmed, P. K.(2000). "Advances in the Internal Marketing Concept : Definition, Synthesis and Extension." *Journal of Services Marketing*, *14*(6), 455.

Reamer. F. D.(2001). *The Social Work Ethics Audit : A Risk Management Tool*. NASW Press.

Robbin(2003). *Organizational Behavior*. Upper Saddle River : Prentice-Hall.

Sargeant, A.(1999). *Marketing Management for Nonprofit Organization*. Oxford University Press.

Schein, E. H.(1985). "Three culture of management : Key to organizational learning. A Dynamic View." *Sloan Management Review*, *38*(1), 9-20.

Schein, E. H.(1992). *Organizational Culture and Leadership*(2nd ed). San Francisco : Jossey-Bass.

Schermerhorn, J. R., Hunt, J. G., & Osborn, R. N.(1997). *Organizational Behavior*. N.Y. : John Wiley and sons, Inc.

Singh, J.(2000). "Performance Productivity and Quality of Frontline Employees in Service Organizations." *Journal of Marketing*, *64*(April), 15-34.

Skidmore, R. A.(1995). *Social Work Administration : Dynamic Management and Human Relationships*(3rd ed.). Englewood Cliffs, NJ : Prentice-Hall.

Stogdill, R. M.(1974). *Handbook of Leadership*. New York : The Free Press, 7-14.

Trecker, H. B.(1971). *Social Work Administration; Principle and Practice*s. New York Association Press.

Weiner, M. E.(1990). *Human Service Management : Analysis and Application*(2nd ed.). Sanfrancisco, C.A. : Wadworth.

Wilcox, A. A.(1995). *Public Relations: Strategies and Tactics*. The Conference Board, 471-487.

York, R. O.(1982). *Human service planning: comcepts, Yools A Methods*. Chapel Hill, N. C.: The University of North Carolima Press.

Zastrow, C.(1984). "Understanding and preventing burn-out." *British Journal of Social Work*, 14.

Zeithaml, V. A., & Bitner, M. J.(1996). *Service Marketing*. New York: McGraw-Hill, Inc.

高澤武司加藤彰彦 編(2002).『福祉における危機管理』. 東京: 有斐閣.

橋本泰子(2002).『福祉サービスにおけるリスクマネジメントに關する取り組み指針より』. 月刊福祉.

宮崎和加子 編(2002).『在宅ケアにおけるリスクマネジメントマニュアル』.日本看護協會出版會.

冷水豊・淺野仁(1985). "全般的な仕事の滿足感の構造と要因分析."『社會老年學』, 22, 26-41.

小室豊允(2001).『福祉施設の経營改善とリスクマネジメント』. 東京: 筒井書店.

蘇珍伊(2006). "介護職員の動機づけと職務滿足に關する文獻的考察."『生活科學研究誌』, 15, 1-10.

茨城縣(2005).『在宅介護サービスにおける事故予防マニュアル』.

財団法人 介護勞働安定センター(2001).『介護サービスのリスクマネジメント』. 東京財団法人 介護勞働安定センター.

全國老人保健施設協會(2002).『介護老人施設におけるリスクマネジメントのあり方に關する調査研究事業報告書』.

全國社會福祉施設経營者協議會(2001).『福祉施設におけるリスクマネジメントのあり方に關する検討委員會』.

龜井敏明(2004).『リスクマネジメント争論』. 東京: 同文舘.

厚生省(2000).『社會法人・福祉施設のための實踐・リスクマネジメント』.全國社會福祉協議會

厚生省(2001).『月刊福祉』増刊新福祉システム Part 5.福祉サービスの質をむける.

桒尾慶次(2002).『介護事故とリスクマネジメント」. 東京: 中央法規, 68.

淺井タヅ子(2006. 3). "高齢者福祉施設におけるリスクマネジメント." 日本介護経營學會.『介護経營』.

찾아보기

인 명

내 용

ㄱ

ㅇ

ㅈ

기 타

저자약력

■ 고재욱

숭실대학교 대학원 사회사업학과 방법론 전공(석사)
명지대학교 대학원 행정학과 복지행정학 전공(박사)
현, 가톨릭관동대학교 사회복지학과 교수, 휴먼재활서비스 학부장, 복지정책연구센터장

〈주요 저서〉
노인복지론(공저, 2010), 사회복지현장론(2004), 자원봉사론(공저, 2011) 외 다수

■ 전선영

서울여자대학교 대학원 사회사업과 임상사회사업 전공(석사)
서울여자대학교 대학원 사회사업과 임상사회사업 전공(박사)
현, 용인대학교 라이프디자인학과 조교수, 용인대학교 라이프디자인학과 대학원 보건복지학과장

〈주요 저서〉
지역사회복지론(2008), 가족복지론(공저, 2011) 외 다수

■ 황선영

이화여자대학교 영어영문학과
University of Illinois, Health Policy & Administration(Ph.D)
한국사회복지행정학회 이사, 대한케어복지학회 회장
현, 그리스도대학교 사회복지학과 교수

〈주요 저서〉
사회복지정책론(공저, 2012), 사회복지조사론(공저, 2009) 외 다수

■ 박성호

명지대학교 사회복지대학원 노인복지 전공(석사)
연세대학교 경영대학원 재무관리 전공(석사)
현, 순천제일대학교 사회복지학과 교수

〈주요 저서〉
사회복지법제의 이해(공저, 2012), 사회복지현장실습(공저, 2011) 외 다수

■ 이용환

단국대학교 대학원 사회복지학과 사회복지학 전공(석사)
한서대학교 대학원 노인복지학과 사회복지학 전공(박사)
현, 혜전대학교 사회복지과 교수

〈주요 저서〉
사회복지법제론(공저, 2011), 인간행동과 사회환경(공저, 2010) 외 다수

:: 사회복지행정론

1판 1쇄 발행 2016년 2월 25일
2판 1쇄 발행 2018년 2월 26일
2판 2쇄 발행 2021년 7월 30일

저 자 고재욱 · 전선영 · 황선영 · 박성호 · 이용환
발 행 인 회장 박철용 · 대표 박세원
발 행 처 정민사
주 소 경기도 파주시 직지길 522 파주출판도시
전 화 031-955-8030
팩 스 031-955-8025
홈 페 이 지 http://www.jmpub.co.kr
이 메 일 yswgroup@naver.com
출 판 등 록 1979년 1월 22일 No. 406-2004-000130호

I S B N 978-89-5809-612-2
정 가 20,000원